WORLD TOP
EXECUTIVES
世界高管丛书

多赢对冲投资

温 天 / 编著

复旦大学 出版社

研究黄金投资应对货币危机的关键

周道炯

二〇一三年八月

温天博士

原 EDMOND DE ROTHSCHILD BANQUE 中国首席代表、资产管理董事总经理兼任上海代表处首代。2005 年起担任过七年该行中国地区领导人、创投基金经理人和投资委员会成员兼 QFII 中国策略负责人之一,兼任位于香港的 EDMOND DE ROTHSCHILF ASIA 董事和位于卢森堡的股权基金经理人。曾被业内称为内地外资私人银行第一人。2011 加入中广核产业基金管理团队任执行总裁、董事总经理。2014 年参与创办民生资本和民商创投基金并担任投资委员会主席,后于 2019 年发起设立来噻港股通证券基金并任管理合伙人至今,拥有澳大利亚公共会计师执业资格和高级会员资格;获得香港城市大学工商管理博士(研究方向)学位,香港中文大学专业会计硕士学位、美国亚利桑那州立大学凯瑞商学院 MBA 和长江商学院 EMBA 学位,复旦大学文学士学位。其还曾于华安基金管理有限公司担任战略总监,东方电视台东视财经主编和上海电视台编导等。

LA COMPAGNIE FINANCIÈRE
EDMOND DE ROTHSCHILD BANQUE

GROUPE
LCF ROTHSCHILD

Le Président du Directoire

Michel Cicurel

le 22 oct. 2008

My dear Wen,

Just a few words to congratulate you for our wonderful deal with BOC. This partnership is an extraordinary for our group, and it would have been impossible without your talent!

I have asked Marc Samuel and Marc Tevy to speak to you about your personal financial treatment and I know it has been done as I wished. I will personally make sure that every part of your compensation (salary, specific BOC bonus, and bonus pool) is in place starting from January 2009.

I'm very proud of my "Chinese team", and I'm sure this team will lead us to a real success concerning the cooperation plan with BOC.

With my warmest regards —

Michel

47, rue du Faubourg Saint-Honoré — 75401 Paris Cedex 08
Tél. + 33 (0)1 40 17 25 25 — Fax +33 (0)1 40 17 24 02 — Télex : Loesf 280 185 — Swift : COFIRPFP
S.A. à Directoire et Conseil de Surveillance au capital de 45.461.460 Euros — 572 037 026 R.C.S. Paris — N° TVA FR48572037026 — Code NAF : 651C
E-mail : info@lcfr.fr — www.lcf-rothschild.fr

上海市外事翻译工作者协会
SHANGHAI INTERPRETERS' ASSOCIATION
上海市北京西路1277号1607室 邮编: 200040 电话、传真: 63239910, 62898328, 63233608, 63239181
Rm.1607, 1277 Beijing Rd.(W)Shanghai 200040 E-mail: fuzyixiehui@vip.citiz.net http://www.shsedy.com

我亲爱的温:

我想用简单的几句话祝贺您帮助我们与中国银行达成这项完美的交易——这一合作伙伴关系对我们集团而言是一项创举,而如果没有您的才智,这一切都将是不可能实现的。

我已经让 Mac Samuel 和 Mac Levy 二人与您沟通您的个人经济待遇,并且都我所知已经如愿完成了。我个人确信您的薪酬(包括收入、中国银行项目的奖金以及红利基金)会适当地从 2009 年 1 月开始计算。

我以我的"中国团队"而自豪,考虑到与中国银行的合作计划,我确信这个团队将带领我们走向真正成功。

伴随我最温暖的问候,
Michel

序一：温天这本书

　　温天让我写序的当口，NASA 发表了韦伯望远镜所见到的宇宙深空。一片无尽的黑茫茫，竟然是无数的星星，晶晶亮。天上一颗星，地下一个丁，人类的个体靠着言说，让人们见到。言说的结晶是出版的书。温天这本书，让我们见到了温天。

　　星星闪烁，仿佛千篇一律，但每个却是独一无二的，人类的个体也如是。每个星星经有多少光年，在生命的尽头慢慢地呈现，每个人的个体也如是。观看星星，观看每个个人，我们是在品尝着时间的味道（光年：时间表征的行程）。温天这本书是由复旦大学出版社的望远镜呈现给我们的。独一无二的温天呈现于世的时间的味道。而我的序也是 35 年前与温天相缘始，由生活和学问事情慢慢地酝酿，水到渠成。卡尔维诺写过：读书的感受犹如看脱衣舞，一层一层地看到一本书的内容和微妙，虽说有点粗鲁；一本书的形成和呈现，则是其逆向：两者都值得细品。

　　七月初收到温天发来的博士论文评语，立马想到两点：一是，从上世纪 80 年代一起合作《中国的智慧》丛书时形成的印象——天马行空的想象和廓然无拘的视界，与今天博士论文评语反映的极端的理性规约：其圆通的机理在哪里？二是，站在大师的头上弄出一个托宾O，求导经济与金融公式，何以能在深不可测的金融殿堂发声，在锱铢必较的业界有一席之地？如此人生化合，令我思索。当初参与我课程的同学里有今天的营销首席大师、传媒集团第一把手、著名经济大报主编，但如上述的，稀缺。所以读这本书，是读温天的人生。

现在就事论事。

共同货币的历史和实践汗牛充栋，问题的核心和吊诡在于无穷的可能性和无穷的不可能两者的张力，由此生产出无数的博士论文。这个问题与经济学的所有问题一样，有规律可循，但没有放之四海而皆准的东西。例如，当下炙手可热的现代货币理论（Modern Money Theory，简称MMT）可以变成某某经济学，也可成为国家破产的大坑，无数的执政者、管理者和学者，都会在不同的城市和地区引用其理论，指导政策或为暗度陈仓造势。

同理，人们可能用各种的抽象物充当新的货币形态，但要变成共同，谈何容易！似乎也是"梦象易"（温天早期"中国的智慧"丛书中的书名）。不过，千差万别的个体，对"共同"的追求，他们之间的互动、合作和张力，又使"共同"永远成为一个共同追求的东西，无共同无己私焉。即使比特币，好多国家对其成为世界货币也在抗拒，但是，上海NFT（非同质化代币）交易平台建设等等已有规划，正在扎扎实实采取前瞻性的研究和实践。温天十年前的论说主张和实干推动的《基于黄金＋碳的共同货币机制研究》，绝非明日黄花。

然而，就如诺贝尔经济学奖人士的一种观点，他们认为经济学不应该有诺贝尔奖，因为经济学的任何发现，都是利益集团和阶层运作的要求和谋略，没有绝对的、可以与物理学数学化学有同等本真性的理论和公式；当然，所有经济学里的探索都有其历史重要性和特有的科学性。只是要注意，这种科学性的依据，恰恰是经济和金融活动的人文性和历史性。也就是说，经济和金融的各种理论表述和指导实践的理论概括，都是呼应人类经济的历史阶段和过程，升华而成，发挥作用，然后又被证伪又被超越，复孽生新的理论和概念。所以，温天这本书提出的见解具有自身的历史意义，也已引发新的讨论和新的突破，至今仍然处于流变（FLOW，易）之中。

当下流俗的经典隐喻，就是爱因斯坦之上帝不玩"骰子"，和量子力学的测不准"猫说"，两者之间的悖论，而放到整个由个体集团和个人组成的人类历史的流程和演变中，那么，这一玄奥状况应当比喻为中国人的打麻将："麻将"不断变化，而且有着不同的操盘手，智愚不一，各式小九九，兵不厌诈，老马亦失匹，相互争夺又互为资源，大家既要维持一个牌局，又要在其中成为赢家。麻将的比喻，对应着今天的经济和商界，而麻将之所以产生于中国，其实就是中国智慧的派生：要求我们既有类似于西方式的经济金融公式（用托宾Q似的数理做成"饼条万中发白"最佳配置？机器人用麻将算法胜出？），又有更多中国式"有法而无定法"、有规律又有变通的"权宜"、"简易不易变易"的《易经》功夫。所谓运筹帷幄，所谓戏法人人会变、各有巧妙不同：所有的概念规律，都要依操作个体的独特性和情境的制约性，而变幻莫测。亦是所谓知行合一，所谓致良知，所谓实事求是，所谓王阳明心学之奥秘所在：亟须寻智中国。

　　我在上世纪 80 年代主编的《多维世界的 100 种眼光》专门选了波普、哈耶克等人,以及主编的《犹太文化丛书》都是关注这个问题,并与温天有深入的讨论。索罗斯在《超越金融——索罗斯的哲学》中总结了他毕生思考的哲学——三者紧密相连的"人的不确定性原理,反身性理论在金融市场中的验证,开放社会理念"。那是研究生文化经济学的重要议题。温天用力研读过。巴菲特与索罗斯投资赚钱虽然策略迥异,但原理一也。西方理论的异类,他们的操作过程暗合了我们所提炼的方法论,他们的实践,也为我们进一步思考提供了世界范围的案例。这些东西依稀呼应以人为中心的妙不可言的中国哲理,能够在同样以人为中心的妙不可言的金融事情上有所建树,可谓冥冥之中的"互灵"!

　　古老智慧和现代企业和产业的管理可能的集合,在这里看得十分清楚,所以温天这本书,也提供了一个天马行空研究和升华古老的中国智慧的学者,能够担当主管这样一个事实:复旦大学管理学院 EMBA 最早把这方面的修养引入高管的培训,并在世界独占鳌头不是偶然的。2003 年我为 IBM 的 THINKPAD 的电脑做广告,他们的广告语也代表了业界对于古老智慧和现代科技的美妙交融的期许。IBM 的广告语是"世界上最具创新思维者的选择",我的身份就是"《中国的智慧》主编":"他思考如何从历史的角度,探讨人类生物学经济学政治学和媒体在社会文化中的关系。"

　　这篇小小的序写到 7 月 14 日初稿形成的时候,网上出现一篇文章:《让 AI"读懂"人类价值观!朱松纯团队工作登上 Science 头条》。仿佛暗示:类似温天所做的《托宾 Q 的两难:新经济公司估值视角下的 O 率新概念和托宾 Q 的对比》(Tobin Q's Dilemma:a new concept O ratio from new economy company valuation vs Tobin Q)的现代数理定量工作,能否最终与"梦象易"中国的智慧融合为一：互灵全(WHOLING)?

从当初(1997)我积极推进和参与的 SA8000(社会道德责任标准 Social Accountability 8000)培训,到 ESG(Environmental〔环境〕、Social〔社会〕和 Governance〔公司治理〕)投资,连同此前的"社会资本"论的创建和勃发,无形资产和投资正在成为当下热点,温天的托宾 O 概念和估值方式之博士论文获得通过,正当其时。

不期而遇,"温天"成了"热天"。

次日定稿,再不期而遇,响起了德国音乐剧《莫扎特》最好听的一首歌——"如何逃脱自己的影子"：言说,书写,结集,出版,本质上就应该是"逃脱自己的影子",吐故纳新,承上启下,开启未来的"温天一本书"。

而这个序,本质上是我本人的"自己的影子",在回味与温天 35 年相知相识的"时间的味道",现在,也到了"逃脱自己的影子"的当口了。

阿甘本："不应该把主体设想为实体,而应该设想为流动中的漩涡。"

7 月 11 日就写序与温天微信时,我说："一切都在酿造过程中,晚上一段对话也在促进内涵的提升。写序,讲真,难得为你这样的作者写序,是在写出更好的我。"(7 月 14 日此间明月最大。)

维特根斯坦："我开始认为这个世界并不具有明确定义的真理,而是一个充满无数可能性的地方。""科学的活动,而非其解释,定义了文字和符号意味着什么。"

"量子物理学中的形而上学争论没有触及'真相'——它们只不过是仪式、活动和文化的一种形式。"

7月16日定稿时,我微信道:"这与你信心满满寄予厚望的托宾O有关系。"

读者,谢谢你的阅读! 此刻,星空定然已时易位移出乎意料,另一番镜像。

顾晓鸣　写于 蕴华书房

2022 年 7 月 16 日

序二：黄金-年代-眼光-命运

  我和本书作者温天结缘于三十多年前的改革开放之初，那是中国金融刚刚开始探索改革开放和国际化的时代。

  当时，我刚从伦敦回到上海，主持中国银行上海分行资金市场交易业务，温天是东视财经记者。他来采访之余我们时常讨论上海金融中心的未来。

  他针对当时香港回归之后上海蓬勃发展的金融，提出上海要有国际金融的 image，外汇交易这方面，他认为就是中国银行外滩大楼交易室行情和一个国际化的交易员形象。他要推我，我说那不如推出一个群像。适逢当时号召领导干部要多学金融知识，而中国银行外汇宝又是一个急需打响的上海金融品牌服务，于是我们就策划出了国际外汇行情连线汇评，由东视财经与中国银行合作推出了外汇宝大赛电视节目并在上世纪就使用互联网社区概念。这一下子就吸引了道琼斯和路透的关注。这给我留下了深刻印象，觉得他对无形的东西有深刻的眼光。

  当他离开财经媒体转入基金行业时，我一点不觉得吃惊，有眼光的人总是看到无形的价值。他任华安基金战略总监，当时我任中国银行上海市分行副行长，由于我也分管基金托管，我们以金融同业的身份又相遇了。我觉得他学习新东西非常快。他很快就在基金业界成为创新能手。当时，华安基金管理公司在公募基金业独领风骚，成为第一个开放式基金、第一批指数基金和 ETF 管理人。温天在那里负责产品创新，每次见到他都能感受他兴奋的眼光和工作激情。

后来温天被老牌银行罗斯柴尔德法国资产管理分支挖去做中国首席代表董事总经理。据说猎头过程很传奇。这个银行历史上曾是金融世界黄金之王的代名词。后来，我们因为黄金概念再次联手。温天提出一个新的创意，通过黄金概念把中国银行与他所在的机构结合起来，因为他发现中国银行是中国黄金资产的代理行。"我向法国老板提出双方合作发行 2008 金牌金。"他告诉我

说。中国银行当时在银行界首先推出"黄金宝"，正在策划如何搞出服务特色并与优势结合。如果和外资银行黄金专家合作，就会增加国际化和专业化的色彩。当时我觉得这个主意一定会得到总行支持。上海分行主要领导也拍手叫好。我们就积极推动把这个创新营销和产品具体化。当温天陪法国老板来拜访我行时，我看到法国风格的设计和交易方案觉得找对合作对象了。双方由此开始了一段合作佳话。

2006年底，我到中国银行卢森堡分行担任行长。适逢温天和其法国老板正在与中国某大银行开展战略合作，他到法国总部工作时特地来卢森堡看我。当我向总行报告罗斯柴尔德正在洽谈引进中国战略股东的信息，立即引起了中国银行总行朱民副行长和肖钢董事长的重视，也开启了爱得蒙得罗斯柴尔德银行与中国银行奥运季的大合作。

随着双方总部领导的直接往返会谈，温天也更频繁来到卢森堡和我见面。欧洲中银事实上已把卢森堡作为欧陆上与金融机构合作的纽带。随着中法关系的跌宕起伏，两家银行的合资谈判也不断波澜起伏。温天要费很多时间处理合作伙伴解释工作。2008年北京奥运会法国领导人亲自出席开幕式。中法双方合资进展也渐回正轨。天有不测风云。就在中国银行入股法国爱得蒙得罗斯柴尔德银行协议签署前夜，一场震动全球的由雷曼兄弟倒闭引发的全球金融海啸发生了。2008年9月18日，中法双方当事人决定继续推进早已洽商好的合资，双方在法国巴黎签订协议。次个开盘日，中国银行股票价格开盘跳涨，伦敦金融时报也登出一篇文章《欧洲阴霾上空的一道阳光》，对双方合作给予了积极正面的评价。

　　然而，也许正是由于全球金融危机的不确定性改变了监管机构的心态，双方合资事项，中方迟迟没有拿到监管通行证。几经曲折，在过了合同约定期限后，法中双方先后宣布合资事项中止。

　　温天在此次促成交易和签约后等待监管过程中多次安排法国方面与中国各有关监管和主管机构积极沟通，化解疑虑。温天戏称自己变成了外交和公共关系专家。除了永不外宣的商业秘密，我和温天都知道的事实是无论是担任法国财长还是后来转任 IMF 总裁的拉加德都亲自关心过这一交易。就连卢森堡首相容克在 2010 年参观世博会卢森堡馆遇到我和温天时也说："听说你们促成的这个交易至今还不能获批，十分遗憾。"

　　我记得合资等待审批时，欧洲权威媒体《金融时报》又突然登了一篇让人不适的报道：《蓝血的罗斯柴尔德被染红了》。我意识到，这桩本应给温天带来荣誉的交易，可能会给温天带来麻烦。果然，在交易中止后，所有支持温天这个业务的老板相继离开了这家银行原来的位置。2011年我在巴黎见到温天，他也刚拿到了无过错离职通知。

温天是一个乐观的人。他遇到这样的突然中断职业生涯的事，并未表现出太多的惊惧。但我想，人到中年，又值全球金融危机之后，重新起步，确实很不容易。之后，我到中银香港工作，听说有人看到他一边给基金公司当顾问，一边读EMBA。

再后来，我在北京又见到他。他有一间小办公室在八宝山对面一栋楼内，请我去喝茶。温天告诉我，他现在常从北京东边大望路站到西边八宝山站，已经悟透了人生。这条路的确让人会产生无限联想。中年男人的人生之路，有时想起来充满了隐喻。

今天，我看到温天呈现在我面前的书中，既有他在北京写出的《基于黄金＋碳的共同货币机制研究》，也有在香港城大读博士写出的论文。我觉得三十年来我认识的温天一直在追求一个道，那就是人生的意义。

温天读博士也是我做推荐人之一。现在他结合自己二十多年投资生涯实践，发挥其综合知识优势，在香港城市大学深厚资料和导师帮助下，完成了突破性的博士论文《托宾Q的两难：新经济公司估值视角下的O率新概念和托宾Q的对比》(Tobin Q's Dilemma：a new concept O ratio from new economy company valuation vs Tobin Q)。我看到香港城大组织的博士论文答辩评委对他论文的评定，我认为是非常不容易的："This thesis proposes and examines a new concept，'O' ratio，as a kind of variation of Tobin's Q ratio. It takes account of，and emphasize the role of，intangible assets in the process of capital market valuation. It seems that the proposed ratio fits new economy firms better as their intangible assets play a vital role in their valuations. The main idea of the thesis is innovative and interesting. The thesis is clearly motivated，and the literature review is extensively conducted. Some empirical analysis and case studies are provided to demonstrate the merits of the new measure. As claimed by the author，the new ratio complements Tobin's Q ratio so that the thesis makes a significant contribution to the literature."。这个评论对他创造性地提出了一个全新的概念和分析框架予以肯定，对于他工作的方法论，上升到一个有高度的境界。

我其实一直为推荐他去香港读研究型的博士感到后悔，担心他年过半百往返内地与香港读一个注重研究的博士，对他各方面太过于考验。香港城大的研究要求是非常精细和程序化的。他曾说，也有几次想放弃，每一次 assignment 都好像新写一篇论文，太难了。但他还是坚持下来了，而且越来越深入地在金融投资中求道，在研究中求道，把投资实践真切发现的理论困境通过实证提出来。

现在他修订十二年前所写的对冲基金投资方面的书并纳入自己的硕士和博士论文。这本书第一版中含蓄地描述了作者亲历八代传承的家族如何选人，并揭开犹太首富家族驾驭全球基金经理的秘诀。（当然出于保护别人知识产权的考虑，他所写已十分有分寸。)如果温天能遇到一个伯乐，放手于他，理解他当年的作为和具体情况，他当能把在犹太人银行所学智慧发扬光大，也才不会埋没了一个综合能力突出的操盘手。

温天于国学也有很好的修养，我知道他这十二年来颇醉心于王阳明心学，并沿着王阳明生前的活动区域走过一遍。他曾捐款于王阳明家乡正蒙小学。拜谒王阳明写《象祠记》和《尊经阁记》的地方。他还时常兴奋地和我交流，一定要让我品尝他亲自配的四句教大红袍岩茶。我知道他深潜修行也许并不是要排遣心中忧虑。因为心学让人治愈，尤其是给人生起伏较大的人一种力量。中学为体，西学为用，没想到温天在金融思考上同时又上一层楼。现在他发现了托宾Q理论在实践操作中的隐蔽两难，并由此推论出新经济投资无形资产价值创造和估值规律的"O"律。投资圈朋友告诉我他这个发现在最底层逻辑上契合了巴菲特的商业前景投资法，同时也揭开了善于抓住大起大落趋势的索罗斯竟是"反经合权于道"运作无形资产，使用美国国运杠杆和反用古典均衡理论缺陷的"大师"。他的硕士论文《基于黄金＋碳的共同货币机制研究》将我们当初黄金结构产品合作时他的深度思考都写出来了。这两篇论文在我看来未来价值也许会更大。

我们太希望像温天这样曾进入罗斯柴尔德家族银行担任资产管理业务一线的基金经理人，以实践之体悟来丰富学界无法触摸的金钱和货币现象之"大象"。一切历史都是当代史。王阳明说过"良知即是易"。如果温天拿出他十九岁时就敢写《梦象易：智慧之门》的勇气，对心学运用于金融的实践也进行总结，说不定也能别开生面。当今世界处于百年未有之大变局，再往前走，更需要有一批底层逻辑站在思想史最坚实的基础上的具有全球投资视野的人。疫情之下,奔波于沪港之间,温天能不忘身上道义,继续完成学业。可贵! 作为推荐人,我对城大和温天都如释重负。是为序。

黄　洪

黄洪,上田八木货币经纪(中国)有限公司执行董事、总裁,香港城市大学工商管理博士、香港城市大学经济及金融系特约教授。

自 1981 年加入中国银行,历任中国银行上海市分行资金处长、副行长、中国银行卢森堡分行总经理、中国银行(卢森堡)有限公司执行董事及行政总裁(期间兼任中国银行瑞士有限公司董事长、中国银行瑞士基金管理有限公司董事长)、中国银行(香港)有限公司副总裁、中银国际英国保诚信托有限公司董事兼主席、中银人寿保险有限公司董事、中银集团信托有限公司董事兼主席等职。

长期在伦敦、卢森堡、瑞士、香港等国际金融中心工作,专长于金融市场业务线,包括环球交易产品管理、全球市场、投资管理、保险、信托、私人银行、资产管理及与资本市场相关的其他业务,以丰富的金融领域专业知识、国际视野和管理经验享誉国际金融界。

在卢森堡工作期间,曾获卢森堡司令官三级荣誉勋章。现兼任北京城市副中心"两区"顾问委员会委员,中国银行业协会货币经纪专业委员会副主任。

目录

第二辑　无形经济资本主义

第三辑　货币与共同货币未来机制

引　言

　　这本书的修订凝聚了我二十年投资和研究经历的三个主题：(1) 如何选基金和基金经理,我以亲身经历描述了驾驭资本的艺术：多赢对冲投资;(2) 无形经济资本主义,对无形资产和数字资本时代技术和服务最成功的企业如何估值提出一个完整的理论模型,发现了托宾 Q 率的不足之处,以及马太效应的无形经济来源;(3) 货币研究,从主权货币到共同货币,人类财富和未来责任究竟用什么符号来代表。

　　第一个主题带给读者的是体验驾驭资本的精细功夫,悟透基金这个机制;第二个主题是展示在学术层面如何面对最新经济现象和趋势,并用资本的思维剖析纷繁万象,悟出其中的"大象无形"之道;第三个主题是穿透人类财富终极形式——货币符号,思考人类整体如何在生存和发展、主权财富和个体财富、共同责任和共同债务之间实现"碳中和"。在引言中,我将对这三个主题做一简要的介绍,作为全书的导读。

　　正是由于 2010 年春在国金证券主办的国内私募基金年会上所作的一次关于对冲基金的基金的演讲在北京激发了热烈的反响,经过复旦大学出版社刘子馨先生点拨,使我认为应当向国内投资者介绍点大型金融机构的玩法和下一个十年中国资本故事的母题。

多赢对冲的投资思维

刘先生上个世纪推出的证券红宝书曾经影响了一代股票投资人。我和他一起联合中国银行外汇专家策划并编著的"八仙金融智慧丛书"直到现在仍是外汇做手们的入门读物之一。刘先生说：现在人们需要的不是教材，而是像你这样在里面的人写的亲身体验；不要写大家都知道的，要告诉人们一点新的玩法（尤其是世界高管们的说法和他们的商业逻辑）。这里的多赢对冲就是新玩法之一。它讲的是利用对冲机制形成的多元投资结构以达到最终结果。无论是商业操作还是人生选择，多赢对冲都是一个人成熟的表现。与赢家在一起，就像与国王一起散步一样，能帮助你站在有优势的趋势一边。永远也不要只跟一个国王散步，即使你有大如林氏家族在印尼的势力，苏哈托家族倒在经济危机中的时候，林氏家族也无法对冲风险了。他建议编撰一套"世界高管丛书"，并以本书"抛砖"以便于今后"引玉"。

在进入 LCF ROTHSCHILD GROUP（我们曾用的正式名称为"爱德蒙得洛希尔银行集团"）之前，我根本不知道对冲基金历史上最耀眼的三个人的名字都和这个公司联系在一起。这三个人就是：世界上第一个对冲基金经理阿尔弗雷德·温斯洛·琼斯，用宏观对冲策略打败英格兰银行的乔治·索罗斯和约翰·保尔森。这三个人是多赢对冲策略的最大受益人。没有对冲基金的基金这种机制，单凭他们的天才无法实现富可敌国。关于基金的基金和对冲基金的基金，对我个人来讲并不陌生。2004 年，我在华安基金工作的时候,为了扩大首发规模,曾经引进第三方合作信托上海信托及外部投资顾问公司发行了国内第一个基金杠杆信托。这一点点突破,如今已被那只信托的投资顾问上海证大投资的朱南松发挥到了极致,他由此而成为发掘制度红利、大胆使用杠杆的中国多赢对冲策略的一个大赢家。朱南松和一些像他一样的中国对冲基金策略家必将向世界展示投资界的传奇。

　　我与索罗斯的赞助人交朋友始自 2006 年。利用到法国总部参加集团基金经理大会的机会,为了求证索罗斯是不是像《货币战争》的作者宋鸿兵所描述的那样是罗斯柴尔德的黑打手,我找到了集团内当年为索罗斯做投资人的皮埃尔。他就是我们集团商品对冲基金的基金创始人皮埃尔·巴拉泽尔。他告诉我,银行基金的基金曾经长期投资在索罗斯的基金中,"但我们只是投资人,我们的回报一直很好,年均在 30%—40%。从 1969 年起大约有三十多年,大概 2003—2004 年在索罗斯基金转型为捐赠基金的时候,量子基金的投资人包括我们的对冲基金的基金从中退出。因为量子基金的管理团队只服务自己的钱了"。皮埃尔还耐心地向我介绍了他自己对于这个行业的理解。从他那里我知道,原来我们银行的大股东爱德蒙得·罗斯柴尔德本人就是把钱投给对冲基金的基金的第一人。此后,每次到总部我都想办法寻找一些机会与皮埃尔或他们团队中的 CIO 开一两次会议交流心得。他们最多的时候覆盖全球一万多只对冲基金,分为巴黎、日内瓦、伦敦三个中心来运营。为了理解他们所说的具有欧洲通行证的基金样式 UCITS 和一系列金融创新载体,我曾经三次去卢森堡,在这个全球基金托管和运营的第二大大本营,从托管和第三方服务的方方面面来剖解基金体系及其活力源泉所在。

　　本书说不上解开了对冲基金的什么奥秘。我唯一想做到的，就是告诉你世界上有这样一种人，他们靠智慧驾驭对冲基金经理来达到目的，他们选对冲基金经理的本事十分了得。与他们一起坐在爱丽舍宫边上古色古香的办公室或者后花园里喝咖啡，听他们风平浪静地讲资本市场上的惊涛骇浪，讲述对冲基金经理的故事，你懂得，那叫淡定。这是欧洲真正的富人掌握资本流动的规模之后一种顶级玩法。他们把自己的钱拿一部分让顶级高手们互搏，然后让更多的钱追随赢家行动。

多赢对冲投资的投资方式

　　在本书的叙述框架下，投资方式分为传统和另类。另类投资方式再细分为纯对冲基金和对冲基金的基金，以及私募股权基金和其基金的基金以及期货管理账户。多赢对冲指的就是多元策略的对冲基金的基金。虽然多赢对冲投资管理在过去二三十年内经历了高速的增长，但我们的媒体似乎还没有认识到多赢对冲投资管理的意义，它们既没有重视这一投资方式所带来的超额收益，也没有反思它对于市场的深远影响。但是，我们尤其不能忘记教训，以免人家叫你的钱为傻钱。

　　顾名思义，另类投资管理是非传统的资产管理方式（传统的资产如债券、股票与房地产）。如今它已经成为被公众广泛接受的投资方式之一。首先接受这一创新的是专业的机构投资者，现在它也被很多富有的个人投资者所采纳。对于机构和个人投资者来说，参与另类投资管理的主要渠道为多赢对冲基金。这种基金由不同的对冲基金组成,即多赢对冲基金的基金经理选择不同特性的对冲基金,并将它们最终纳入统一的投资组合体系。

这种管理方式为欧洲的绝大多数机构投资者所采用,并在金融投资组合中发挥着重要作用。不过,另类投资管理也有一个明显的进入门槛,那就是它的复杂性。主要原因是,目前即使股票和债券等有价证券也还没有被广大储户所真正了解。中国的储户和银行更关心的是能否保本,也因此成为另类投资管理中那些所谓保本结构产品的"洗劫"对象。直到现在,国内的另类投资管理仍然没有迈出具有决定性意义的一步。由于它的复杂性和不公开性,我们仍然没有抛开成见去真正认识它。鉴于此,我们告诉各位:另类投资管理首先是建立在传统资产的管理方法上的,同时它们也有基于自身特点的管理方式。我们前面说到的多赢对冲基金管理,正是在这众多投资管理方式的基础上诞生的。

这些另类投资管理方式所涉的产品种类与日俱增。对冲基金研究机构(HFR)提供的数据显示,即使在金融市场萎靡不振的2007 年,这些产品数量的增长幅度也达到了 10.41%。在欧洲,这一增长幅度更为显著。根据法国管理协会所提供的数据,该年度对冲基金产品的增幅达到了 42.6%,所涉及的资产总价值高达378 亿欧元。实际上,越来越多的企业和养老基金会的财务总管们被这些产品所展现出的优越投资收益所吸引。但是,另类投资的管理者是如何追求这种绝对利益的呢? 其核心理念是要选择那些和股指收益直接不相关的投资产品。

这一核心理念也支配了在中国公募基金中积累了经验的基金经理"私奔"到阳光化信托的过程。这种市场选择机制目前甚至改变了部分理财产品的格局。2007 年,传统的国内公募产品最鼎盛时曾一举达到 3 万多亿元管理资产;2011 年,带点另类色彩的信托理财产品加上私募股权基金已超过了公募基金。现在公募的专户又形成了 PK 信托的产品结构。分业监管在这里无形中为金融创新留下了一点自由度。

多赢对冲投资的特点

证监会用专户的特定处理方式,让公募基金推出了一个可以和阳光私募竞争阿尔法提供者的平台。接下来,从股权价值这个维度,如果实现了基金经理人的持股和合伙制基金管理公司的推出,中国资产管理行业会迎来一次大发展,多赢对冲基金就会有更大的空间来发挥其优势。它的优势在于以下五个方面:

(1)绝对收益:也叫独立于市场波动。对冲基金的最大卖点在于,它告诉客户通过理念和方法的确定性来确认收益的确定性。在一个不确定性的市场中,确定性是一个稀缺的东西,它实质上是降低了亏损的概率,而不是像人们通常所认为的不管客户死活,只管自己玩得心跳的乱冲。多赢对冲所采用的衡量确定性的指标是收益除以风险,这就是投资的性价比(为了避免在客户对自己质疑的时候毫无回旋余地,基金经理人把它叫作信息率——“客户赢得里子,经理赢得面子”)。

(2)私募:不公开发行,有限的投资者数量,这也叫资金的封闭性。它使对冲基金可以百里挑一,采用灵活复杂的投资策略,以较高的门槛,换得了门内的自由度,当产生超额收益时分享起来多方皆大欢喜。

（3）业绩提成：通常是双向的，使投资者和投资管理者共享收益和损失。好听一点的说法叫分红激励体制。

（4）对冲：通过技术屏蔽市场风险，使管理资产只承担胜算较大的风险，以取得较确定的最不冒进的收益。因此可以说它强调的恰恰是风险控制。对冲在这里其实反倒成了一种中庸之道。多赢对冲更上一层楼，通过发现善于对冲的优势基金经理人，成为知人善任的"王道"践行者，来减少波动性巨大的个别"霸道"对冲家造成的失误，达到了管理上的"用中"。

（5）杠杆：同时放大风险和收益。多赢对冲可根据风险承受能力调整预期收益和风险。翻译成听得懂的策略，就是索罗斯所说："投资的成功关键不在于你的对与错，而在于你做得对的时候你做得足够大。"这叫利用市场的弱有效性。

在中国的绝对收益产品市场上，基金专户、银行理财、券商集合理财、阳光私募和保险理财账户平分天下。它们在形式上也都设有投资门槛和业绩提成安排，很多还通过结构化的形式提供了杠杆。银行理财、信托产品、保险产品、基金专户事实上也出现了复合基金。在股指期货出现以及股票卖空还未有足够深度之前，这些产品的经理人没有培养起足够多克服化解风险的能力和对冲投资的理念。同时受制于监管的分业性、境外投资的过度监管以及对对冲基金的误解，中国市场上还没有足够多的对冲基金可供发展这种以多赢对冲为模式的第三方理财平台。

我要纠正的一个认识是：多赢对冲并不是保赢不输。它实际上是帮助投资者形成一种中国人称为平和的心态，即帮助人们在追求收益的同时，也考虑收益的性价比。它的能力在于寻找一个高性价比的经理群来形成自己高效的资本运营。

在成熟市场上对冲基金的投资信息率通常低于 1.5,洛希尔的多赢对冲策略长期低于 1.47。这意味着年亏损概率会在 10% 以下,这在中国的基金产品中会被描述成长期稳健收益。这些要靠多赢对冲策略才做得到的"性价比",你会在中国大多数的公募基金产品说明中看到。人们常常怪国内公募基金"杀进杀出",其实它们真的是好心要做到多赢对冲的实际效果,可那是非常不容易实现的事。这样一来,只是让券商的佣金多多益善了。

从本质上说,另类投资管理(无论单一对冲基金还是多赢对冲基金的管理)要面临以下几个方面的难点:

——它往往需要运用复杂的分析方法来建立严密的投资模型。

——它在某种程度上是对现有整套管理体系的结构化与重组,因此,传统意义上的单一投资体系已经不适用于它。

——另类投资管理目前的声誉欠佳,因为人们常常认为另类投资管理只是纯粹的"投机倒把"。

——另类投资管理操作上的不透明性、封闭性和缺少监管也是困扰该领域众多参与者的难题(原因如前所述)。然而,值得一提的是,那些机构投资者对另类投资管理的高涨热情,已经极大地促进了另类投资操作程序的规范化。

多赢对冲基金管理旨在建立不同投资组合策略的统一平台。那么,它究竟是服务于谁的? 它的最终目的是什么? 它又是如何具体操作的? 本书旨在解答这众多的疑问,并让读者对这一被媒体误解、看上去深不可测的投资领域有个大体清晰的了解。

同时,我们也拥有足够的历史资料对这一投资领域进行严格分析。事实上,第一只对冲基金诞生于 1949 年,而第一只对冲多赢对冲基金也在 2009 年庆祝了它的 40 岁华诞。后者至今仍然活跃,并且它的运营理念始终如一。这一理念也是所有对冲基金的共同目标:**在投资风险最小化的同时实现绝对利益。**研究对冲基金的历史能让我们更好地理解这个投资领域,更能让我们抛开以往的那些误解,以帮助我们在未来获得更有把握并且更优越的投资收益。

托宾 Q 和新经济 O

无论是在罗斯柴尔德家族银行还是后来与其他机构继续合作基金投资,我继续我的 EMBA 课程和 DBA 研究项目——研究价值投资与无形资产,研究黄金与货币理论。这些是我需要静心思考的重大课题。在我做资产管理这二十多年,世界金融经历了一系列史无前例的大危机,从 2000 年互联网泡沫破灭到 2001 年"9·11"恐怖袭击之后的衰退;2007—2008 年波及全球的次债危机,2010—2011 年欧债危机,2016—2016 中国股市危机,2020 年上半年全球股市在全球疫情下崩盘和熔断。2022 年又开始了新一轮动荡。美国经历了历史上第二长的牛市之后出现了前所未有的通胀和加息周期。持续了四十年的新经济浪潮正经历一次深刻的叠加全球化逆风的挑战。价值投资的理念也经历迭代。

价值投资理念本质脱胎于托宾的一般均衡理论。特别是托宾 Q 比率,为投资的估值提供了一个锚。托宾的方法从几十年前评估有形资产开始,形成了建立在重置成本概念上的 Q 方程式。Q 比率在理想的资本市场上是有效的。然而,随着新经济的迅速崛起,它所创造的价值取决于不包括在资产负债表中的大量无形资产,Q 比率已经不足以作为估值的代表。选入本书的这篇论文超越了 Q 比率所定义的有形资产,创造了一个新的概念——"O 比率",以探究不可替代的无形资产在资本市场估值运作中的作用。新经济高科技公司的无形资产,如其知识产权、商誉、独特的技术和其他无法体现在传统报表中的专有无形资本,构成其价值的主要来源。基于这些发现,当我们试图在高科技公司中确定投资目标或最终赢家时,我们不应局限于评估其有形资产,而应评估其"无形资产"的潜力。因此,我的论文从演绎和归纳分析的角度详细阐述了这一补充托宾思想的发现。此外,这一论文用 O 比率来衡量系统性的无形资产,并得出结论:市场赢家的平均 Q 创造了新经济"赢家"的 O,这有助于投资者找到正确的方向,增加资本投资效率。我还发现,新经济或数字经济体每当这个时刻托宾边际 Q 失去其平衡能力,从而平均 Q 高于边际 Q 并持续高于 2。这使市场趋势得到马太效应般延续,使传统托宾理论表现好像接近失效,O 率变为定价王道。多赢对冲投资策略和长线做多的区别在此时表现为其正好可以分析"赢家"的特征以及无形资产增长对投资效益的影响,分类施策。长线多头也仍然是优势策略之一。此时,虽然自由现金流仍然是估值的核心,但使用非决定性框架重新分类资产和重新审视股权价值是否来自非排他性的无形资产,可以深入了解未来的自由现金流和股权价值的巨大变化。对托宾 Q 则反其道而行之。因为此时发生的不是均衡和证券价格回归有形资产价值,而是价值向部分证券持有者集中,赢家通吃。

　　总结上述关于托宾 Q 面对的两难,实际上是我们在投资实践中发现的市场信息和会计信息的两难。因而,解开这个矛盾我们也要在突破传统会计制度局限时才得以实现。由于对新经济公司赢家们估值做贡献的主要资产无形资产不为传统会计制度所充分认识,作为专为表达它们贡献度的 O 率,就需要在市场上找到依据。在第二辑中,我表述它们唯一可以被估价的地方就存在于我们称为公共市场的大型规范股市或者大型私人证券化市场估价机制,通过金融资本对无形资产的期权效应实现定价。

　　今天,机构投资者普遍认可一种公开交易股票的价值必须反映该公司未来收入的净现值和市场根据公司实体及其环境和无形资产情况评定股东买入期权价值。总之,在能讲清楚这样巨大的现实差距有多大之前,在真金白银交易的资本市场上,对于一个公司的无形资产或一个局部行业的价值估值,没有比以市场为基础的资产定价模式更合理和确定的方式了。

　　我所呈现的这一发现,不仅适用于无形经济集中的资本市场定价资产,也适用于解释地缘政治因素和区块链解决方案,甚至 Web3 技术为基础的新一代无形资产占主导的经济形态。因为我们的新概念模型在生态系统权利意义上,重新确定了如何限制非排他性无形资产的价值流动的原则和其估值含义。选择越多,金融价值的变化就越大。“无形之象”的去向取决于路径的选择。大象无形意味着万变不离其宗。

　　这正如巴菲特将他拥有的最佳类型公司称为“注定必然如此”伟大的公司。这些公司拥有很强的长期竞争优势,并将主宰所在领域 25—30 年。而一个没有深度技术无形资产的公司是不可能主宰一个领域 30 年的。这些论证出来的结论与我们在高技术投资中所归纳的投资哲学异曲同工。假如巴菲特没有晚年投资苹果这一他最成功的大手笔投资，他一生的业绩也许不会这么辉煌。就是这一次投资苹果，将过往一直把技术投资列为能力圈之外的巴菲特拉进了无形资产价值论的阵营之中。

　　类似这些精彩分析在书中都有详细展开。它们把理论分析成果与大师思维相贯通。比如我们发现，巴菲特和索罗斯虽然一个是商业前景资产投资价值派，另一个是交易为王对冲基金宏观派，但他们实际上对底层逻辑都能深刻做到"知其白，守其黑"。用黑格尔的话说就是：如同坐在黑暗中看着光亮处的变化。

　　索罗斯认为，古典经济学的均衡概念是一个神话，有太多的假设，如完全竞争、完全信息、同质和无限可分的产品以及向下倾斜的需求曲线等。这一点也是论者研究均衡论的同感之所在。索罗斯认为，在现实生活中，人们的买卖决策取决于他们对未来价格走势的预期。如果一个生产者预期价格将要下降，那么他就会像投机者一样，在价格开始下跌时卖更多的产品，而不是更少。相反，如果价格上涨，根据古典经济学，供给将增加，需求将下降，从而价格上涨得到抑制。我的分析表明，如果人们确认他买入的对象在无形经济是一个拥有市场造市者地位的角色，无论是作为消费者还是这个对象的投资者，他都更有信心加码和跟进。尤其是金融市场，稀缺和垄断激发需求。索罗斯也同样发现，即使是货币这种特殊工具也是如此：一种货币升值了，而由于一国货币升值对通胀有抑制作用，再加上其他原因，于是这种货币的升值将"自我确认"。因此,由于供求曲线在很大程度上决定于市场影响,所以你得到的将是趋势,而不是均衡。我的统计表明,在企业的 O 率进入无形资产赢家区域或者平均托宾 Q 持续大于 2 的表面上不合常理的区域时,"反经合权谓之道"的现象开始出现。趋势的马太效应会加速趋势本身。

索罗斯将股价的走势看作是基本趋势和主流"偏差"——通常称为标准预测——的叠加,它们都受到股价的影响,这种影响要么是自我加强,要么是自我纠正。

每一次循环都是特殊的,但仍可以发现一般规律:

(1)当趋势继续时,投机交易的重要性随之增加。

(2)偏差(标准预测)跟随趋势;趋势持续的时间越长,偏差越大。

(3)趋势一旦形成,就将自行延续一段时间。

索罗斯的这种一般认识常常以反射论给人不确定的变化。然而,新经济 O 率起作用时出现的马太效应不仅有异曲同工之效,而且趋势常常是确定的。我们研究所界定的无形资产一旦确认其造市能力,其外部性将形成跟随趋势效应。投资者看中的历史性时刻及其带来的大起大落趋势,描述的正是在一般人看来不可能的情况下市场找到这个最弱的估值角度发起了进攻。寻找对手方防守最弱的地方开战——这是索罗斯的打法,也验证了马太效应在交易逻辑中的应用原则。

可以这样总结:索罗斯是一个特别善于运用宏观无形资产的大师,而这种资产原本无法从报表上看得到。所以,索罗斯们才显得神秘莫测。但恰好我们的 MKT invisible ＝ MKT intangible 框架除了能分析高科技无形经济企业股权的无形变现特性,也能捕捉到这些无形权益变化的存在。

新经济高技术股中的美股 FAANG 和中概股 BTM 在过去很长时间出现了我们概念图中所分析的赢者通吃而且充分显示了马太效应的现象。与巴菲特相反,索罗斯认清了大起大落趋势而不相信古典均衡理论,但却充分利用人们对古典自由经济均衡理论原教旨主义式的崇拜并反其道而行之。他常常在均衡被打破的那一刻前后加杠杆放手一搏,短期即清仓出场。

巴菲特则充分认清了市场的交易本质和不确定性,却反过来放弃投票器思维,而选择了马太效应哲学,选择强者恒强逻辑、称重器逻辑。两位大师可以说都深明其理,同样做到了"知其白,守其黑"。

巴菲特的投资企业哲学之第一条:所投企业必须拥有有利的长期前景,标志就是一个非常难以复制的经营优势,这种优势导致并且将继续产生持续盈利。换句话说就是严密保护的经济特许权。这和本人所论证的数字经济和技术时代高成长和高市盈率企业拥有难以被记入传统报表并形成了持久不可重置无形资产是一个逻辑。第二条:企业必须由诚信且有能力的人管理。管理层必须既能干又以股东利益最大化为导向。管理者高度诚信,足以让你喜欢、信任和敬佩他们。他们在管理上的特殊技能与他们的资本分配技能应该相称。这与我所论证的 O 率知识产权及其金融期权匹配理念也高度一致。第三条:能力圈,即投资于自己能力圈范围之内的企业。第四条:股票价格具有吸引力。就内在价值计算与价格的关系而言,价格必须是"明智的"(sensible)并存在一个较大的安全边界。巴菲特型投资者必须不被任何没有良好经济面或卓越管理者的公司所打扰,只集中关注少数明显优秀的公司。

数字经济、数字货币与未来共同货币

无形经济的崛起,首先表现为数字经济的无形资产越来越大,价值越来越高。数字货币在近十年来成为资产管理界最热门又最难以界定未来的资产。

本书作者研究货币机制多年。受限于法律,本书中所选论文并未涉及最近的加密支付资产,但仍保持对超主权储备资产的集中讨论,从而使宏观思考者不必受限于加密思维也能加入讨论之中。

2008 年金融危机的爆发与蔓延使我们再次面对一个古老的悬而未决的问题,那就是:什么样的国际储备货币才能保持全球金融稳定、促进世界经济发展;如何创造一种与主权国家脱钩并能保持币值长期稳定、供应有序、总量可调的超主权国际储备货币,避免主权信用货币作为储备货币的内在缺陷?

收入本书中的论文结合作者在罗斯柴尔德银行时的研究,从货币史和货币功能双重视角,参阅有关储备货币的广泛辩论,根据凯恩斯货币论中提出的管理货币概念及其分析功能,对储备货币分离出可交易管理货币这一共同货币的基因,形成了关于超主权国际储备货币(文中定义为共同货币)的创新设计。此共同货币不同于凯恩斯提出的与一揽子商品挂钩的 Bancor,也不同于周小川提出的基于特别提款权(简称 SDR)的超主权货币,它更接近于欧元的设计标准,但改进了欧元设计中价值标准约定和货币政策与财政政策分离的先天不足。

其实,对冲基金经理人设计理论一般都有非常契合现实的特点。很多理论当时看来很虚空,事后往往成为救命药方。如现在的 MMT 理论,就是对冲基金经理最早设计出来的。

作者在货币设计上,鉴于《京都议定书》签订后碳交易市场的形成与快速发展,在论文中创造性地将硬储备黄金和碳排放权这两种超主权信用进行结合,设计出金边债券,以期基于各国共识约定以各国国际储备中的可自由兑换货币、纸黄金和 IMF 储备头寸支付债券本金,强制约定以国际储备中的实物黄金支付债券利息,设计出共同货币。通过黄金与碳券的绑定实现储备货币可交易的管理货币功能的再发现,从而实现共同货币的币值稳定和供给有序。该共同货币既可作为国际储备货币管理货币,又可与各个主权货币进行交易,既满足了全球经济一体化对于稳定的国际货币体系的要求,又有望解决困扰世界已久的特里芬难题。

是否未来十年真有共同货币?从主要大国在 MMT 上的态度中,我们已可以看出,未来涉碳问题和加密问题,都不是原则问题,答案在这些国家"身体很诚实"地往哪里走。

2022 年 7 月作者修订于上海王阳明茶寮

第一辑
多赢对冲投资

资本家驾驶资本和资本玩家的艺术

多赢对冲投资,描述介绍的是资本主义世界"骨灰级"玩家返璞归真的做法,即使用竞争性机制让对冲基金为自己服务。多赢对冲投资既可以说是他们的一种策略,也是一种信仰,他们相信市场价值回归,也信仰总有人能以梦为马,成为一时潮流之中马太效应的优胜者。我的老东家就有这样一群人,他们的 long-only 基金和巴菲特抱持同样的信仰,他们的多赢对冲策略是索罗斯的最早和最长的投资者。现在人们已经普遍认识到,金融世界的创新思想常常来自对冲基金。瑞·达里奥是财经世界的一个思想家,当然本书下面所介绍的两位也都是靠一种思想而一战成名:一个成为打败英格兰银行的人,一个是次债危机中回报之王。

这一辑所要阐述的,是一种对中文世界读者而言很难接受但值得深思的理念:如何使智本和资本以相融的哲学服务于生存理想,做到让参与者多赢并风险对冲。

另类投资管理中的
系统化模式

　　要理解多赢对冲基金管理以及它的诞生与特性,我们不能不提到被那些多策略基金管理者经常运用的投资标的——那些名声显赫的对冲基金。然而,历经数载之后,这一另类投资管理方式才正式被公认为一项系统的管理策略。事实上,直到 2000 年初,欧洲的一些大型机构才开始真正推出多赢对冲策略基金产品。而且,综观那些运营这一策略的资产管理公司,有许多都是长期经营该领域的大型金融集团,比如爱德蒙得罗斯柴尔德金融集团、法兴集团、巴克莱集团。特别值得一提的是,这些大型金融集团都实行多赢对冲基金管理,尤其是在以机构名义进行套利交易方面。

　　尽管许多金融机构呼吁为另类投资管理正名,因为它现在已不再那么"另类",而是很流行和普遍了。必须指出,这一管理模式所涉及的产品在西方通常只面向那些最富有的高端客户,在英美国家,这些客户往往都是私人银行的服务对象。根据法国 AMF有关人士回忆,短短数年间,通过 UCITS 基金的机制,仅仅在法国和卢森堡等国,另类投资管理已出现在众多投资领域,如多赢对冲基金,甚至还出现了一些多赢对冲寿险合同。另类投资的普及化趋势似乎不可阻挡。这些年来,另类投资管理以"润物细无声"的方式逐渐渗透了整个欧洲;通过过去几年在中国香港和新加坡的扩张,另类投资进入亚洲。

在我刚刚加入资产管理行业的 2001 年,我从艾里克·本吉尔的《另类投资管理》中知道,另类投资管理在瑞士已经有将近 30 年的历史,在美国则是将近 50 年,第一只多赢对冲基金诞生于 1968年并且至今仍然在运作;但是,有关另类投资管理的著作在中国却寥寥无几。这些事实使我们不难发现一个矛盾:既然根据那些欧洲的专家所说,另类投资管理每天都在引发机构投资者和个人投资者的疑问,那么出版社和相关媒体为何长期保持缄默? 这背后有一系列的原因,包括另类投资的声誉欠佳以及长久以来的不透明性。2010 年,我在北京的中国私募年会上预感到中国真正有一批人要"大干一场"了。

定义另类投资管理:一项复杂的活动

所有的专家,包括最顶尖的专家在内,都同意如下说法:定义另类投资管理的确是一件颇费周折的事情。

为了定义另类投资管理,第一阶段的任务是需要解释其最基本的含义。根据非传统或者非古典的方法进行管理的投资载体均被视为另类投资管理产品。

然而,这一最简单的定义并没有确切反映其含义。一个简单的例子:在美国,根据上市公司所处的不同行业来选择股票的方式完全属于另类投资管理的高超技术。所以,数年以来,在欧洲很多行业基金——即只介入某一单独经济活动领域的基金——作为资金的集合平台(联合信托公司、共同基金、金融市场当局批准的外国基金或者多赢对冲基金)被推荐给投资者。

另一种常见的定义是:"另类投资"是指在股票、债券及期货等公开交易平台之外的投资方式(见图1),包括私募股权(Private Equity)、风险投资(Venture Capital)、地产、矿业、杠杆并购(Leveraged Buyout)、基金的基金(Fund of Funds)等诸多品种。

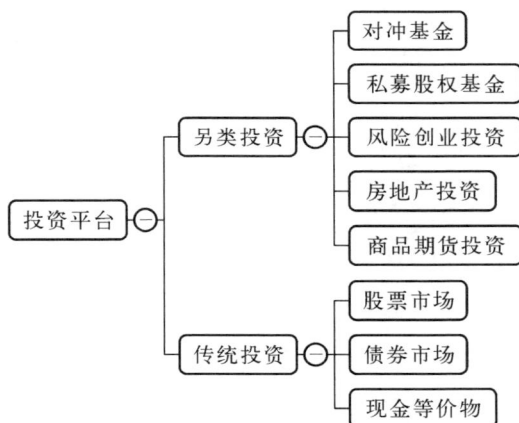

图1 市场上主要投资平台的分类

另类投资运作的一个根本理念是:市场未必有效率,许多企业、项目的价格没有体现其内在价值,因而离公共交易平台越远,价格与价值之间的偏差可能越高。另类投资的重点便放在没有上市,但具有包装潜力的企业和项目上,通过购买、重组、包装、套现,将收购的企业或项目的价值体现出来。

由于不在公共交易平台上运作,另类投资的一个重大特点便是缺少流动性。一个项目从购入到套现通常需要几年的时间,于是另类投资基金一般设有 5—10 年的锁定期,中途赎回很困难。

毫无疑问,对于传统的管理者来说,另类投资管理构成了一个重要的灵感来源。经过深入研发得到的理财产品被结构化并重组成"大众消费"产品。不管怎样,这一方法论的转换并没有对另类投资管理的边界作出任何精确的定义。尤其因为另类投资中的"另类"一词是有歧义的,在英语和汉语中具有不同的含义。

在英语中,它的含义是指所有与传统管理不同的管理方式,比如不动产或者非上市投资(私募股权投资);但在汉语中,另类的含义就是一个简单的第二选择,或非常规的选项。

依据某些理论,另类投资管理将是不直接介入传统金融资产(例如股票、债券以及货币产品)的管理模式。这一理论也有其局限性,因为有不少遵循另类投资管理法的对冲基金经理也和传统管理者一样在各级市场上自由驰骋。

其他理论也提供了不同的解释,即另类投资管理首先具有投机性。只要稍稍关注财经媒体——尤其是那些关于对冲基金的报道——就可以证实这一点。这些诞生于 20 世纪 60 年代末、用于管理美国一些本土和国际企业资产的对冲基金,在欧洲一些国家被直接译成"机会基金"。然而,"对冲"一词的本义是规避风险,"对冲基金"的本义是"风险被对冲过的基金",也可理解为在既定的风险程度下达到利益最大化(见表 1)。长期资产管理公司(LTCM)、曼哈顿、阿玛兰(Amaranth)等著名基金及其管理者,之所以成为众人眼中典型的金融投机者,是由于媒体的报道片面地夸大了失控的杠杆效应。

表 1 对冲基金和传统基金的主要特征对比

	传 统 基 金	对 冲 基 金
投资目标	相对回报	绝对回报
投资标的	股票、证券	所有可能的金融资产
投资策略	数量有限	数量广泛
法律管制	受到管制	几乎不受管制
业绩驱动因素	资产类型和大盘表现	基金经理的投资能力
收费	管理费用	管理费用 + 业绩表现费
流动性	开放式、不受约束	封闭式

2002 年 5—6 月间，一些欧洲和美国的上市公司的领导人曾把股价下滑的原因归咎到对冲基金经理身上。他们这么做，是为了向其股东解释为何股票表现欠佳。这一解释并不复杂，罪魁祸首就是那些不按常理出牌的投机者。因此，只要"投机"一词与对冲基金产生某种"必然"的联系，他们的辩解就天衣无缝了。然而，成熟的投资者都明白，在任何时候，我们都不能把某一上市股票以前的辉煌历程和现在状况的差异归咎于单一的原因。

然而，事实与这一偏见是截然相反的：对冲基金并非是金融市场波动的始作俑者。一方面，很少有对冲基金可以通过金融衍生品和高杠杆率作用于所有市场；另一方面，所有对冲基金经理们的共识也可以黏合起来共同牵制股市，起到缓冲垫的作用。众多历史数据已经证明了这一点。

实际上，那些市场交易员和证监会都注意到，在股市低迷不振的时候，比如 2002 年第一季度末和 2007 年第二季度，对冲基金经理们都大大减少了股票在投资组合中所占的比重。同时,在交易价格走势下跌时产生的卖空行为也是很少见的。

因此,那些斥责对冲基金扰乱了国际金融市场原有秩序的观点是狭隘而错误的。况且,实施卖空行为的也不仅仅是那些对冲基金经理,其中还包括众多的银行同业拆借市场,只不过这些卖空交易并不需要彼此之间互通有无。最后值得一提的是,在欧洲股市危机期间,正是这些对冲基金经理购买了法国电信、威望迪、瓦莱奥以及凯捷等企业的坏债,才帮助了这些企业在危机之中找到了急需的资金来源。

然而,在全球范围内,对冲基金仍是媒体上争议的焦点。这点在较为保守的欧洲尤为突出。以下是发表于 2007 年的几段报纸摘要:

　　对冲基金业务的持续热潮(摘自《新经济学家》)

　　这一业务的效应首先体现在微观层面:通过短期持有买进的股票,直接导致企业的兼并与破产。这让企业管理层压力重重。同时,对冲基金的这种超速发展也让公众顾虑不安,大家尤其担心这会造成金融业与工业的时间脱节。在宏观层面,对冲基金的角色也很模棱两可:它们一方面为国际金融体系的健康发展筹集必要的资金,另一方面,这些对冲基金产品内部互相牵制的特性也使它们本身成为一个不可忽视的风险体系系统风险。

　　对冲基金:天使还是魔鬼?(摘自《世界报》)

　　"对冲基金究竟是如某些人证实的那样能够帮助获益,还是会导致局势的动荡?"米歇尔·布拉达,金融市场监管会主席和监管员,在3月28日星期三的《回声报》上给了我们肯定的答复。他同时强调了对冲基金对市场的有效参与。在他看来,对冲基金确保了市场所需的流动资金,通过套利交易完善市场职能,并且能够像一个积极主动的股东那样采取行动以改善企业的管理体制。

与此相反的是,那些更加了解对冲基金的英美媒体却对此显示出不同的态度。当对冲基金管理法则的制订被推上议事日程时,一些英美媒体通过它们的专栏作家发表了题为《不要染指对冲基金》的文章:

> 我们能抛开那些著名的对冲基金去空谈另类投资管理吗?答案显然是否定的。50多年来,这一特殊的投资标的已成为孕育各种管理技术的"温床"。如果说在那些大型基金管理公司,尤其是跨国公司,管理者通常只采用一种管理方式的话,那么对冲基金的基金管理则恰恰相反。几乎每一种对冲基金都有与其相对应的特定管理方式。

这也是另类投资专家们的肺腑之言。

在日常工作中,基金经理、市场交易员甚至是那些工作小组有时会发现在某些股市行情中很难获利,例如市价评估的差异、短期股市性能失效等。问题是,在客户委托管理的情况下(比如可变资本投资公司、共同基金、联合信托公司等),传统的基金经理必须采用所有基金管理公司都遵循的共同守则。同样,出于谨慎考虑,他们还必须遵守某些定量标准,这就使他们所作的金融分析无法真正反映市场和市价的变化。为了突破这个局限性,基金经理们正考虑开发一种操作空间更大的投资载体。因此,我们可以这么说:2007 年底市场上有 1 万只对冲基金在运作,与之相对应的则是 1 万种另类投资管理方式。关于这些管理方式的分类,我们后面还会具体讲到。

即使我们无法给另类投资管理下严格的定义,我们也可以借助一些历史上的事实来说明它。第一批对冲基金诞生以来产生的惊人回报,早已证明了这一金融产品的优良性能。举个例子:在 30 年的管理生涯中,乔治·索罗斯通过惊人的投资洞察力,给他的股东们带来了平均每年 34% 的收益! 另外一个例子则是关于多赢对冲基金"杠杆控股资本",它于 1969 年诞生,目前的年度业绩高达 14% 以上。

传统资产管理人在面对这些数字的时候也会感到惊讶。在股市大动荡期间,例如 2001 年、2002 年和 2007 年,当时股指已跌到最低点,但是那些对冲基金依然能够保持获利,并以此证明了它们的优越投资回报。除了出色的投资回报之外,这一管理模式本身也引发了公众的兴趣。与传统观念相反,这些对冲基金其实都不能算是投机基金,因为它们自身包含的风险程度经常低于一些股票指数。正是出于追求"风险—收益"最佳比率的目的,众多传统的基金管理公司才开始对冲基金的经营,并最终接受了另类投资管理模式。另类投资的目标见图 2。

同时我们还看到,这一另类投资管理模式也运用在传统资产管理方面(股票、债券、信贷、外汇、商品期货等),以求获得高回报率。这也和本书引言中所述观点一致。

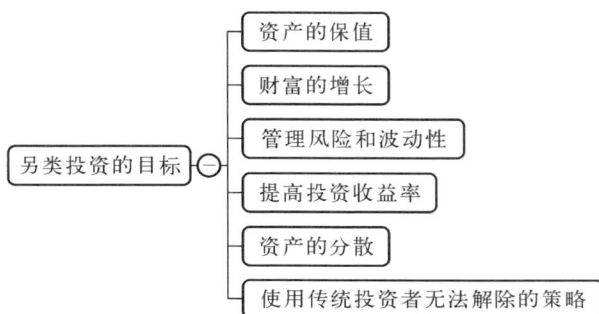

图 2 另类投资的目标

即使我们无法给另类投资管理下一个严格的定义,我们仍然可以从另类投资管理所涉及的众多方法中,提炼出若干共性。

复杂环境中的共同特性

每只对冲基金都有其特定的管理方法,这意味着每一个多策略投资组合都要面临大约 1 万种对冲基金管理方式的选择。撇开诸多差异不说,我们仍然可以归纳出一些共同特性来定义这一管理领域。当然,某些对冲基金可能并不同时具备所有共性,但这并不影响它们作为对冲基金的本质。

第一,无论那些大型金融市场(股票、债券、房地产)的走势如何,对冲基金都有保持收益的能力。这一独立于市场大盘绝对涨跌的现象也是至关重要的,因为它更能够使对冲基金经理获得与市场走势不相关的绝对利益,也就是现代金融术语所说的 α。不过,我们还是要小心那些认为对冲基金收益与股票市场以及利率水平走势完全不相关的商业言论,因为系统风险(β)和非系统风险(α)在理论上可以被区分对待,但在实践中则时常是含混的,特别是在市场震荡的行情之下。

对冲基金的获利在很大程度上取决并依赖于市场中的整体机会。但绝大多数的另类投资管理模式都会考虑市场上可能出现的不同情况,并制定相应的风险对冲交易策略,例如上升阶段、下降阶段和震荡阶段等。因此,从商业诚信角度来看,我们可以说,传统管理者无法通过另类投资管理模式达到他们想要的业绩。

第二,对冲基金管理致力于利用市场弱有效性,即市场价格中的不合理性来获利。也就是说,通过对估值不合理股价的观察、分析与捕捉(这一现象可能存在于两个市场之间,也可能存在于某一种股票和它的对应衍生品上),对其进行套利,达到获利的目的。这是一种非常灵活的弹性管理模式,旨在不间断地发掘潜在利益并使之最大化。在某些情况下,比如 2007 年,基金经理甚至还可以预测到一些反常经济现象(例如美国的房产抵押信贷危机),并以此设立投资基金,达到最终获利的目的。美国的约翰·鲍尔森小组就是这么做的,几个月之内他们成了传奇人物。

第三,对冲基金管理强调对于风险的控制。这也是大多数另类投资管理的首要原则。我们经常可以看到一些对冲基金的波动幅度(这是一个测量基金风险系数的指标)低于某个股市大盘指数,然而它们却拥有两位数的骄人业绩。

另类投资管理模式之所以能够得以成功推广,并非仅仅因为对客户投资回报的承诺,更重要的是因为它的安全性和可靠性。这点对于那些机构投资者(如养老基金会、企业等)显得尤其重要,因为这些机构最看重的是资产的保值。此外,我们也不能忘记这么一个事实,即在相当长的时间内,对冲基金的投资者都是那些资产雄厚的人，对于他们而言，长期稳定的投资行为的吸引力一定会大大超过短期的冒失投机行为。

第四，投资团队的分红与激励机制。这里的激励机制有两层含义。然后，他们会根据基金的收益情况收取佣金。这是一个单纯的企业激励逻辑。在美国，经常会有这种现象：一个经验丰富的基金经理联合一些合伙人创建一个新的对冲基金，并把自己的钱也作为本金投入该基金中去。

第五，大多数对冲基金会控制流动性，因为他们的筹资方式往往都是私募的。由于对冲基金的高风险性和复杂的投资机理，许多西方国家都禁止其向公众公开招募资金，以保护普通投资者的利益。此外，很多对冲基金都只规定一个最低投资数额和基金大体规模。因此，对冲基金份额的收购和转卖都需花费一定时间。根据基本法则，收购对冲基金份额需要一份预先通知(具体日期根据投资标的而定，通常需要提前几天或几个月)，同时禁止现任基金经理进行"暗箱"操作。然而，考虑到一些基金涉及非流动性资产，或者其投资周期较长，因此对冲基金经理无须保证充足的流动资金。这一特性看起来很不可思议，但是它已经被那些决定认购团结基金或创新领域共同投资基金的个人投资者所接受。因为在这种情况下，投资本金至少在5—8年内无法取出。这一投资方式从本质上更强调投资周期的长度。

然而，至少在欧洲，由于很多投资者偏好于资金流动性强的产品，使得这个共同特征已不那么明显。同时，对于很多已经在苏黎世、都柏林、阿姆斯特丹以及卢森堡等金融中心上市的对冲基金而言，它们至少每个星期都要准备最低限度的保证金，以应付可能出现的赎回行为。

上述五个主要特性能帮助我们找出一些有别于传统管理模式的不同点(见图3)。

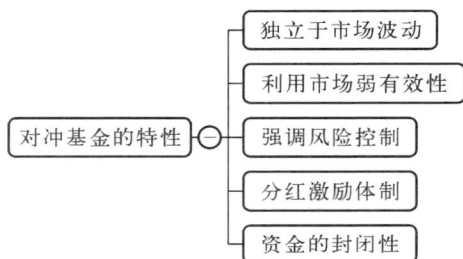

图3　对冲基金的五个主要特性

与市场走势的不相关性

说起CAC40或者道-琼斯指数,已是众人皆知的了,内行的投资者对此了解当然更多。每天,我们随处可见这些股市指数,无论是通过普通报纸、专业报纸还是电视新闻。公众认为这些指数能够直接反映股市的现状和走势。

由于这些指数都是由精选出的具有代表性的基础股票组成,因此我们理所当然地认为它们可以反映股市走向。不过要注意了,这些指数有时候也并不完全准确。

究其原因,一方面是因为它们没有考虑到股市成交量。在成交量相当低的情况下,指数往往是缺少代表性的,CAC40指数可以一次性记录下3%的股价增幅。反之,在市场仍然十分活跃的情况下,只要一场交易结束,这个巴黎股市的著名指数也完全有可能呈现负值。

另一方面,构成一个指数的各股价比重可能是不均衡的,这也会误导对股市行情的分析。我们举两个例子。第一个例子是关于瑞士股指 SMI 的,在构成这一股指的所有基础股票中,有 4 家企业的股票占了超过一半的比重,即雀巢、诺华制药、罗氏和瑞士银行。第二个更加极端的例子是赫尔辛基股指,2000 年底,仅诺基亚一家企业的股价就占了整个股市指数一半多的比重,几乎达到了科技股发行的顶峰。上述两个例子说的都是被极度垄断的股市,这种情况下,处于垄断地位的股价一旦下跌,就会严重波及整体股市指数,即使其他大多数企业的股价上升也无法扭转这个局面。

我们必须逾越那些简单的指数,去从整体上观察股市的波动,从而把握股市真实的走势。

与此同时,我们还要意识到,没有任何一个股票市场可以每年都向我们保证一个确定的投资收益。

对冲基金经理的工作范围可以局限于某个市场,甚至是某一类型的资产或者行业。但是,他所运用的管理模式,应该能够帮助他的基金业绩抵御该市场、该资产或该行业的波动所带来的干扰。

为了理解这一不相关性,金融专家们通常使用一种名为"相关系数"的测量指数。这个比率主要测量一个投资基金的收益率与其参照指数的相关性,以及两种资产价值之间的相关性。如果这两个变量同时升降,那么它们就是正相关的;如果变化方向相反,那么它们就是负相关的。比如,黄金价格和美元指数之间主要呈现负相关性,而石油期货和石油公司的股票价格之间则主要呈正相关性。

该比率的范围,严格包括在 $+1$(绝对正相关)和 -1(绝对负相关)之间。

如果该比率在 0.3 左右,那我们就可以认定这两个变量之间几乎没有相关性。

另类投资管理策略的目的,就是尽量减低相关性,这样做的目的是为了降低非系统风险,并获取超额收益。这意味着投资者,尤其是个人投资者,不应该仅仅通过股市指数来分析投资收益,即使另类投资管理本身有参照指数也不例外(参照对冲基金的发展)。因为在金融市场剧烈波动的每个瞬间,个人投资者都有可能将资产估价与某些市场走势进行对比。然而,另类投资管理与其他管理模式一样更着眼于较长的时间段(至少 3 年甚至 5 年以上,尤其在资产价值与股市波动息息相关的时候)。

另外,这种倾向于把资产评估与参考指数相对比的思路,从理财角度来看也是不明智的。把投入中小盘股市的资本回报率拿来和 CAC40 这样的重要股市指数相比是没有意义的。还有,2000年以来的股市波动,已经向那些个人投资者阐明了一个道理:任何一个市场指数都不能保持持续的投资收益。

市场弱有效性

一些对冲基金经理认为,所有的另类投资管理模式还有一个共同点,就是最大限度地利用市场的弱有效性。这是什么意思呢?

首先,我们要理解什么是“市场有效性”。从严格意义上说,当一个金融市场的定价能够及时反映出市场的所有信息,那么这个金融市场就可以说是有效的。

如果一家公司的利润增长 10%,它的股价就相应地上涨10%,那么这一市场就是完全有效的。但是,真实的股市并不是这样运作的,大量的实证研究并不能支持有效市场理论。市场并不是这么的高效灵敏,由于市场上的信息不对称、投资者处理信息的能力有限,以及市场固有的不确定性,市场的效率也是有限的。我们可以从以下几个原因来分析市场的弱有效性(见图 4)。

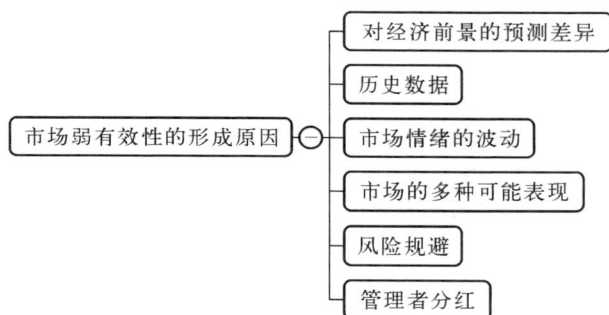

图 4　促成市场弱有效性的六大原因

(1) 对经济前景的预测差异

从理论上讲,投资者的首要任务是根据多种不同的信息(市场调查、公司盈亏差额的情况等),预测市场的行情和上市公司的运营状况,这和投资者所持有股票的种类关系并不大。然而,很明显地能够看出来,即便是在同样的经济环境中,所作出的经济前景预测却并不相同。总结起来,证券交易的投资者们能够更加敏锐地预测到经济的复苏,却难以预测到证券市场的下跌和衰退。理由是:股市的变化发展一定会依赖于大的经济环境,同时也会与每家上市公司的特征相符合。某家企业所签下的一份重要合同对于经济前景来说无疑是一个利好消息;由此带来的源源不断的订单,在系统效应的作用下,会导致股价的上涨。但是,这样的变化发展也可能会导致这样一些数字的出现,比如说:失业率和 GDP 增长率并不能显示出总体经济环境的改善。为什么这么说呢?首先,这些增长统计是建立在一些从两个月、三个月甚至六个月之前就收集来的数据的基础之上的。简单来讲,证券市场行情的坚挺并不能够和良好健康的经济环境完全画上等号。可是,股市能够预测到这种变化的趋势。

相反地,经济圈很难预测证券市场的突然变化已经是一个公认的事实。因为当股票每天能够带来可观的利润的时候,很难有人能够留出一只耳朵来仔细听听那些经济学家究竟说了些什么,像是他们根据所掌握的数字预测到下一次经济拐点的到来。尤其是一些业余投资者,除了希望自己的股票不断上涨外,他们觉得其他一切都是不重要的。

很明显,通常能够预测到的是经济复苏而不是经济停滞。在拒绝接受多项投资交易周期结束这一事实的同时,证券经纪人将很有可能加大证券下跌幅度。

(2)历史数据的权重

预测未来自然不能摒弃对过去的回顾。同样的道理也适用于证券投资者。因此,经济指数(例如"历史最高")的应用可以帮助我们对于行市作出评价。供职业经理使用的大部分数据处理工具能够引导他们当前的投资选择。这样的市场"备查"使得我们不必等待太长时间就能够得到出人意料的证券交易,只要稍微有一些宽阔的投资眼光。

（3）市场的不合理性

我们能料想到，在每个投资者的范围内，各自深入的分析都表现得十分合理。也就是说，在分析中要纳入最全面的参数，以便提炼出恰当的观点和成功的机会。但是正因如此，大量合理的推论并没有能够得到合理的趋势。为了说服自己，只需要想想证券市场是在供需矛盾的基础上运行的就可以了。我们经常可以看到，在同样的数据基础之上，两个合理分析的结论却是截然相反的。在众多的市场参与者范围内，呈现出来的逐渐上升的全球趋势只是许多分析看上去比较合理。这些分析应该被看作是合理的吗？当然不是，而且激增的截然相反的分析可能会导致市场反常。

（4）市场反馈存在多种可能

同样的原因，会导致同样的结果吗？对于证券市场来说，并不完全是这样的，尤其是股票市场。根据证券交易的涨跌幅和流动性，在不同时期相同的指数会有不同的结果。因此，美国贸易赤字的总额牵动着所有投资者的神经，赤字的大幅增加会引发股价的大跌，以及由交易环境引起的后续上涨。

除了这些理论分析，证券市场总体上还是存在着许多不稳定因素（不同市场间的差价、汇兑损益效应、同一家公司股价和可转换债券价格的差额等）。

另类投资管理者可以选择不同的公司工作。最重要的，就是能够建立抑制投资风险的管理模式。

（5）规避风险

基本上，投资者在争取更高收益的同时，也需要承担更高的风险。许多产生于新经济的股价上涨带来的失望无疑是对"股市有风险"的最好诠释。

因此,直到 2003 年 3 月份,对于这些证券市场中出现的一些惊人上涨基本面分析已经很难进行解释了。不过,事实就是如此。很多金融分析家力图使专业投资者和个人投资者相信,重新考虑一家企业的评估标准是十分必要的。不过,这一切都要冒着完全没有道理的上涨所对应的没有道理的风险。

这一匪夷所思的上涨所带来的最终结果是:从 2000 年 3 月份开始,由于 TMT(TMT 代表着来自科技、媒体和电信产业的价值的首字母缩写)产业的大跌而引发了股市的大幅下跌。新经济泡沫的破碎可能引发的后果不仅仅是行业公司股价的下跌。为了反映新经济的重要性,当时许多重要的股指将这些网络公司纳入了自己的计算范围。网络经济泡沫的破裂也把这些重要的股票指数拖进了漩涡,形成了一个相互影响的恶性循环。

个人投资者往往对于潜在收益的概念要更加敏感一些。对于理智的机构投资者来说,他们则把风险因素看成是首要原则;一般来说,不承担一些风险,基本上不可能取得比国债更高的收益。在他们所持有的全部证券中(当然这些并不是他们所有的,而是领取薪酬者、退休者、储户的储蓄),他们监控补贴的发放和金融交易所潜藏的风险。然而,另类投资管理上所运用的一些方法恰巧能够实现严格的风险监控。

(6) 管理者分红

与一些传统观念不同的是,对冲基金经理并不是在避税天堂里进行投资运作的,虽然他们常常被看作是毫无顾忌的证券投资者,能够用他们仅有的笔记本电脑撼动整个国家的经济,甚至是整个财政体系。

差不多所有对冲基金经理都不能在像纽约、芝加哥、波士顿、伦敦、香港和巴黎那样宽松的环境下进行投资(甚至还有条条框框的束缚)。

而且,他们大部分起初都支持维系着真正有关于企业创新与存活的计划。这些基金经理往往也以个人的名义参与投资他所负责的收益项目。出于对自身投资经验和投资模式的自信,有些基金合伙人甚至抵押一部分个人财产来参与投资。这就为他所管理的证券的稳定收益提供了一定的保障。

对冲基金经理的业绩是和他的投资收益直接挂钩的。对冲基金的经理首先需要给予投资者与其头衔和收入相匹配的成绩单,这基本上取决于基金经理的能力,而不仅仅是金融市场的某些发展变化。即便是在 2007 年,处于危机之中的市场环境也不会阻碍顶级对冲基金经理得到天文数字的报酬,就像表 2 当中给出的证明那样。

表 2　Alpha 杂志排行榜(2007 年收入,以美元计算)

约翰·鲍尔森	鲍尔森公司	37 亿
乔治·索罗斯	索罗斯基金管理公司	29 亿
詹姆斯·西蒙	复兴科技公司	28 亿
菲利普·福孔	赫平投资伙伴公司	17 亿
肯尼斯·格里菲	西达投资集团	15 亿
斯蒂文·科恩	SAC 投资咨询公司	9 亿
蒂莫西·巴拉克	阿迪克投资公司	7.5 亿

小斯蒂文·门德尔	龙派投资公司	7.1 亿
约翰·格里菲	布里瑞奇投资公司	6.25 亿
阿德里亚·哈佛森	维京国际投资集团	5.2 亿

即使我们不能给出一个被公众认可的另类投资管理定义,我们仍然可以说,另类投资管理致力于在取得"风险—收益"最佳比率的同时达到收益最大化。

另类投资管理与股市体系

今天我们说股市仍然让人担惊受怕,那是因为所有的股票都无法保证我们获得稳定的收益。尽管昔日的股市大动荡已基本一去不复返,现今我们看到的更多都是股市的一派繁荣景象,然而大熊市带给我们的记忆,却远比大牛市带给我们的短暂欣喜深刻得多。近几年的股市带给了我们怎么样的回忆呢?是直到 2000 年 9 月才停止的股价投机性上涨,还是之后两年多内严格的整顿措施?是 2003—2007 年间的股价大反弹,还是 2007 年 9 月,因美国信贷危机被曝光,而等在英国诺斯洛克银行(Northern Rock Bank)门口的人群(见图 5)?

在金融大鳄、媒体和一些政治人物的共同操作下,首先是 1929 年 10 月的那个"黑色星期四",接着是 2007 年 10 月,股市两度混乱,甚至陷入瘫痪,数以千计的储户在短短几小时内就失去了他们所有的财产。反之,当股市行情看涨的时候,和那些缺乏信息来源的芸芸大众,以及极少数的内幕交易者、娴熟的交易员、谣言的散播者相比,能够真正从股市崩盘中获利的人毕竟是少数。

图 5　2007 年 9 月在 Northern Rock 银行等待取回存款的人们

然而,股市的威力还不止停留在价格的上涨和泡沫的破灭上。在本质上,它是企业在国内外进行融资的一条重要渠道,此外,它也是上市企业筹集资金的一种有效途径。为此,上市企业还必须公开它们的管理流程,使之透明化。那些金融分析师们也一直强调,如果一个上市企业的股票业绩不佳,这说明它自身的管理有问题。倘若一家公司的股价严重下跌,那么接下来必须由那些公司真正的所有者——也就是股东们——来严格制定整顿措施。

所幸的是,股价下跌并不会殃及所有投资者。首当其冲的还是那些企业领导者,他们往往会反过来斥责那些投机者,夸大那些次要的损失和错误,比如国外市场份额的减少、期望值过高等,以此来推脱自己的责任。

具体而言,投资者在买进某个企业的股票时,就应当知道他会面临两种风险：第一种风险与企业经营状况息息相关，我们称之为"非系统风险"；第二种则是基于整体股市的"系统风险"，它与一些宏观因素相关，比如利率和汇率的升降等。简要地说，如果 X 先生购买了 20 只道达尔的股票，他就面临两种风险：一是企业自身的经营风险（比如企业因污染环境而遭到起诉的时候，其股价可能下跌）；另一个则是市场和行业的整体风险（如果整个石油行业的股票行情都看跌，那么 X 先生的股票也很难幸免）。

股市和赌场是表面上容易被混淆，但实质上完全不同的两个概念。由于股市直接反映了上市公司的经营业绩，它也为种种经济预测的产生提供了"温床"。而这些预测数据都是人们对股市信心的基础。当一些人预测股价上涨的时候，另一些人则坚信股价下跌。买方和卖方都只遵循这么一个原理，即卖方总是期望能在市场最高点抛出所有股票，而买方则坚信自己买进的股票会继续上涨。尽管事实上"人们从不在最低价买进，也不会在最高价卖出"，但在股市上，这一古老谚语似乎早已被淡忘。

另类投资管理与股价下跌

在股价上涨的时候，人们很少去探究其上涨的原因。因为在信息技术革命和商业模式创新的双重推动下，这一切看来都是理所当然的。股市上涨特别明显的阶段有两个：第一个是 2000 年春以前，第二个则是 2003—2007 年之间。2008 年的商品期货市场即是如此。这一始于 2005 年的经济周期首先影响到稀有金属，然后是能源和农产品。在这种情况下，一些农产品例如谷类和大米的价格也随之攀升，大幅的价格上涨最终直接影响到全球市场，特别是对发展中国家的市场来说,农产品的价格上涨是难以承受的。这一持续到现在的商品价格上涨风波引起了全球范围的市场骚动和激烈的争议。

在许多人眼里面,股市的正常逻辑就应该是不断地上涨。在股价下跌的时候,舆论往往变得毫不留情,急不可耐地想要找出背后的罪魁祸首,而那些对冲基金经理们往往就会成为首当其冲的替罪羊。为什么矛头往往会指向对冲基金呢? 首先,另类投资管理本身就带有点神秘的色彩,即便是上市公司和金融业内人士也很少了解这种管理模式,因此他们很自然地就会把错误归结到对冲基金经理身上。其次,由于对冲基金有许多自我保护的手段,导致了人们的不信任感。另外,多数人还是倾向于把对冲基金和那些纯粹的投机倒把行为画上等号。

然而还有一个现象值得我们关注。最近几年,在好几次的股价下跌过程中(2002 年、2007 年,以及 2008 年第一季度),巴黎股市一些主要上市企业(非金融行业)的负责人因为没有采取任何补救措施,遭到英、法两国证监会不少官员的异议。

法兰西银行主席让-克洛德·特里西在 2002 年 7 月 2 日接受《世界报》采访时表示,股市下跌的原因不能完全归咎于对冲基金。英国的金融市场监管局(FSA)显示的数据也表明,截至 2002 年 6 月,卖空交易的涨幅并没有因为股价狂跌而直线上升。所以,那些经验丰富的对冲基金经理并不会因为股价下跌而进行卖空套利。但这一切都不影响媒体对那些对冲基金大肆指责,正如 2002 年 6 月 14 日《世界报》一篇报道摘要所述:

> 1992 年将英镑抽出欧洲汇率机制,并在 1998 年迫使美

国央行拯救了受破产的长期资产管理公司基金威胁的世界金融体系之后,对冲基金又回来了……对冲基金(又称"避险基金")是一种特别活跃的具有投机性的私募基金,它的总规模达到6 000亿美元(约合6 370亿欧元),占全世界股市3%—4%的比重。这些基金的运行采用的是另类投资管理模式,这一模式也为银行界所熟悉,其投资周期一般较短。这一类型的交易有时候占到了巴黎股市总交易量的75%。通过杠杆效应("买空")和"卖空"手段(基于股市看跌的预测),这些对冲基金极大地影响了股市。它们的威力在于影响股市指数走势的同时,让自身收益率免受这一股市指数的干扰。

在2008年出版的《海盗资本家》(作者:索维格·古德鲁克、菲利普·埃斯康德)一书中,我们还看到如下论述:

对冲基金每天都在运作借来的大笔资金。这些基金也像第一家荷兰银行和威望迪一样大举向投资机构者进行推销。它们迅速壮大,直到2007年夏天那场危机来临,才给这一火热现象降了温。但是,对冲基金的增长势头仍然很猛。

接下来是以下观点:

"私募基金"、"对冲基金"、养老基金、捐赠基金……有一些被用于企业短期投资,而另一些则被用于中长期投资(例如几年)。这些基金数目虽然不大,但它们的交易量却占整个市场的三分之一。

欧洲一家《财经周刊》的网站曾公布了一张可以免费下载的金融词汇解释表。这张表是如何定义对冲基金的呢? 我们看到如下解释:"这是一种不受任何规范制度和监管会制约的、具有投机性的基金。"

此外,毋庸置疑,那些对冲基金经理的存在,还变革了金融界成功人士的传统着装方式。正如 2008 年 3 月 21 日《回声报》所报道的:

> 紧接着,金融界迎来了与众不同的新成员,就是那些(对冲)基金的创立和管理者。这些人通常很好辨认,他们敞开的衬衫领口时时都在昭示他们无拘无束的个性。

总之,所有这些特性都使我们无法放弃对冲基金管理:对冲基金的投机性、短周期性以及强劲势头,让它们在自身收益不受股市干扰的同时仍旧影响股市的走向。而这一切的发展都跳出了传统管理的框架!

不过在专业媒体上,我们看到的却是不一样的说法。

长期以来,欧洲最大的另类投资管理者协会(AFG)一直在努力制定一套适用于本行业的规范体系。可尽管如此,要深入理解另类投资管理还不是一件容易的事情。

另类投资管理和股市波动性

舆论通常认为,对冲基金不仅造成股市下跌,还加剧了股市的不稳定性。AFG 主席阿兰·勒克莱于 2002 年 7 月发表的另类投资管理评论文章对此反驳如下:"目前好像还不能肯定对冲基金加剧了股市波动,我们甚至还可以说这些基金反而稳定了股市。它们在帮助股市正确定价的同时,还为股市注入了新的流动资金,从而降低了股市的波动性。"

　　芝加哥大学经济系教授皮埃尔-安德雷·齐亚波利对此也持相同意见。他在同一篇文章中写道："同样,对冲基金加剧股市波动这一论点缺乏充分依据。首先,对冲资金为股市注入新鲜血液,从而降低了股市波动。其次,在另类投资管理模式下经营的对冲基金也有别于那些传统的股票、债券,通过将资金分配到低相关性的金融资产中,它们的业绩通常不容易受股市的干扰。这种分散性投资实际上也起到了稳定股市的作用,因而是有益的。最后,也是最重要的一点,那些认为另类投资管理策略导致股市波动性有增无减的观点并不成立。撇开这一管理模式的高度复杂性不说,让我们来对该领域中的所谓投机行为作一番常规分析:通过购进估值过低的股票(之后会引发该股价提升)和卖出估值过高的股票(之后会引发该股价下跌),投机者通过理性地处理市场中的信息,来进行有针对性的套利,使市场的价格实现了更稳定的平衡这一套利过程纠正了股价的反常上涨和反常波动,从而达到了促进股市健康发展的目的。"

　　由此,另类投资管理究竟在金融市场中扮演了何种角色,目前还没有统一的观点。我们当然也有必要加大研究力度,来深入地分析那些被舆论认为具有不稳定性的对冲基金。

　　此外,抛开那些认为对冲基金破坏金融市场原先秩序的争议,让我们来看看下面的几个观点。舆论之所以会指责对冲基金通过高杠杆率加剧市场波动,很大程度上也是由于长期资产管理公司(LTCM)事件的影响,因为这只基金的专业运行模式后来被同行业其他管理者所采纳。其实,所谓的杠杆效应也并非想象中那么巨大。假设所有运行中的对冲基金都有 1—2 的杠杆率,和那些共同基金和联合信托公司等传统基金相比,它们所占的较少市场份额还不至于扰乱整个金融市场。

另一方面,对冲基金经理也被那些传统的基金经理看成学习的楷模,他们一哄而上照搬那些对冲基金的投资模式,并且期望从中获利。这种不断扩散的模仿效应也是不可忽视的一点。

传统基金对于对冲基金的模仿事实上是很不恰当的行为。首先,那些对冲基金经理往往会根据自身情况,因地制宜地决定投资策略。有时,他们进行的期权交易往往事后才为人所知。其次,那些传统管理者要受各项法规的制约(这些法规是为了保护广大储户的利益),而对冲基金所受到的管制则相对少了许多。因此,很难想象一个必须循规蹈矩的共同基金管理者有条件全盘照搬一个对冲基金经理的投资策略,这一行为本身就要冒极大的风险。

相反,这一模仿行为倒是存在于银行和保险公司的内部拆借市场里。但是在那里,只要用于投资的那些机构与个人存款不受威胁,其他行为都可以不受额外的管制。

除了上述讨论对冲基金影响的种种观点之外,我们还有必要研究一下对冲基金经理们常用的主要投资工具,并以此来更好地认识另类投资管理在当今金融市场所处的地位。正是对于这些常用的投资工具的巧妙组合,使得对冲基金能在尽可能低的风险下取得两位数的骄人业绩。

对冲管理常用的投资工具

即使是对同样的资产进行管理(股票、债券、商品期货、信贷等），另类投资管理仍然有别于传统管理模式，其区别就在于所运用的技术和工具。

期权

期权在另类投资管理策略中占有重要地位。期权这一工具主要产生以下三方面的影响：

——投资组合的风险规避；

——投资者的观察与预测对市场产生的影响；

——杠杆放大效应。

这说明，期权是在期货市场上进行交易的。

期权交易的进行是基于投资者对市场的期望值。当然，不同的投资者对市场价格的期望值也不一样。当一些股票持有者不愿意再承担来自上市企业或股市自身的风险时，另一些持有不同意见的潜在投资者正跃跃欲试。他们相信与这些风险相比，获利的可能性更大。而且，高风险固然可怕，但是杠杆带来的高收益的吸引力更大。期权的出现正是基于这一原理。期权交易中通常有买方和卖方，双方的目标和期望值都不同。之所以会有这样的分歧，就是因为未来是不可预测的，即使是信息技术工具都无法准确预测明天究竟会发生什么。

图6　古希腊哲学家
　　　泰勒斯

期权如今已成为一种新的金融工具，但它并不是新生事物，在古希腊时我们就已经可以看到期权工具的滥觞。

古希腊哲学家泰勒斯精通天文、地理、数学,可是有人讥笑他不会赚钱。泰勒斯不服气,决定赚笔钱给那些嘲弄他的人看看。

有一年,泰勒斯凭着他对天文、气象的知识断定下一年橄榄必有丰收。古希腊人吃橄榄油,用橄榄压力机将橄榄榨出油来(见图7)。泰勒斯就和城里每个拥有橄榄压力机的业主签了一份期权合同:泰勒斯付少量佣金,可以享有优先使用压力机的权利。需要注意的是,签下的只是权利而没有义务。果然,橄榄获得巨大丰收,压力机供不应求,泰勒斯以10倍的高价出租压力机而大赚一笔。泰勒斯跨越时代的智慧已被今天的资本市场所印证,他确实不愧于其墓碑上所镌刻的颂辞:"他是一位圣贤,又是一位天文学家,在日月星辰的王国里,他顶天立地、万古流芳。"

图7 泰勒斯借入的橄榄压力机

在此之后,主导15世纪海上贸易的意大利商人开始在货运行业进行期权交易。在那个年代,由于出海作业风险度高,人们无法保证货船最后能够平安到达,为了能够兑现销售合同,这些商人就预约购买另一艘航道相同的货船上的相同货物。如果他们自己的货船由于受到攻击或遇到事故而沉没,商人们就会按照事先定好的价格买下另一艘货船上的货物,这样就能保证商人不会因为交不出货物而失掉信用。

最后的例子是有关荷兰郁金香交易的,这个案例也曾多次被那些研究股市交易的书籍所引用。历史上第一批郁金香种子于 16 世纪末通过荷兰推广至全欧洲,很快就出现了投机活动猖獗的郁金香交易市场。1636 年,郁金香期权交易随处可见,这些交易都建立在买卖双方自愿的基础上,因而没有任何的清算体系予以保障。不久之后,由于郁金香产量大大供过于求,随之引发的价格下跌导致无数的期权交易者破产。郁金香半年之内的价格走势见图 8。

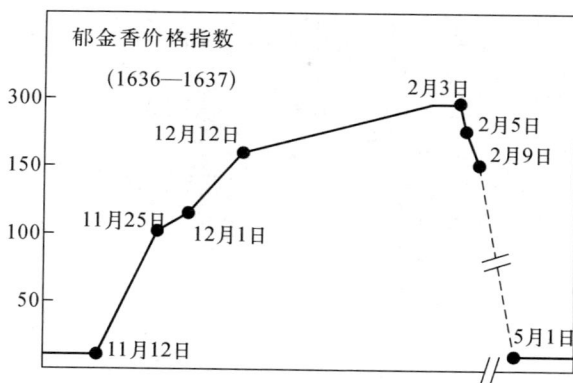

图 8　郁金香半年之内的价格走势

这三个有关期权的事例说明了什么呢?我们可以总结出以下三点:

首先,期权交易的杠杆效应十分显著。它可以让交易者获得惊人的利润,比如泰勒斯以高出十倍的价格出租那些低价购入的橄榄压力机。如果再深入分析下去,假设那年的橄榄果收成很糟糕,泰勒斯的损失也只不过是他购进那些容器所花的钱。

其次,期权也起到了一种保险的功能,意大利商人的事例就说明了这一点。无论是货物还是衍生品市场上的流动资产,期权交易都可以通过风险规避来保护有形资产和无形资产。

最后,阿姆斯特丹郁金香市场的事例向我们证明了规范期权市场的必要性。如果没有任何规范体制,期货市场对那些投资者来说将会变得很危险。要规范这一市场,当务之急就是要建立一个处于买卖双方之间的交易清算体系。

杠杆工具

简单地说,杠杆工具就是借用更多的钱来投资。然而,要这么做的话,投资者必须肯定他所获得的利润一定会大于当初的借款数额以及附加利息。也就是说,如果他可以提供担保让某个机构再借给他剩下的 5 元钱,一个有 5 元钱的投资者可以投资 10 元,在这种情况下,投资者往往会在不增加本金的情况下扩大投资组合的容量。那些衍生产品会帮助投资者利用不多的本金获得高额利润。

我们可以将这一杠杆工具数量化。让我们设定 1 和 X 两个数字,1 在这里代表投资者拥有的本金,X 则代表他最终的投资数额,同时 X 也是交易的杠杆率。如果杠杆率为 1,那么这个投资策略就不用承担借款所带来的额外风险。如果杠杆率为 5,那就表示投资者本身只有 1 元钱,但是他最后投资了 5 元钱,其中 4 元钱是他借来的。对于基金经理而言,这一杠杆效应能产生巨大的优势,因为在他们看来,严密的投资策略所产生的收益几乎总是大于借款利息的。如果杠杆率是 3,交易收益是 10%,那么对冲基金的总收益将会高达 30%。

反之,如果投资策略失败,杠杆效应将会带来灾难。由此带来的损失也和杠杆率成正比。在我们前面的例子中,如果交易的损失是 10%,那么对冲基金所要承担的损失也达到了 30%。这也反映了资产管理的基本原则:想要获得更大的收益,前提是承担更大的风险。"天下没有免费的午餐。"

对于杠杆效应,我们前面已说了很多。长期以来,很多传统的基金经理认为美国那些著名对冲基金之所以能取得良好业绩,差不多都是因为杠杆效应的存在。

当然,一些大的对冲基金运行事故也在提醒我们要谨慎使用杠杆这一投资技术,特别是长期资产管理公司(LTCM)事件。然而我们也看到,当今绝大多数对冲基金经理在杠杆率的运用这点上还是很慎重的。一般杠杆率多在 2—5 之间,并被专家们认为正常。统计数字显示,截至 2007 年底,在全世界的 1 万只对冲基金中,只有 3% 的基金杠杆率偏高。更让人吃惊的是,选择高杠杆率的基金经理,都是那些选择信贷和债券等传统资产的投资者。这恰恰体现了对冲基金的原则:风险可控是第一原则,其次才是扩大收益。

此外,杠杆率的使用并不局限于对冲基金的领域。

实际上,欧洲的很多股票市场很早就向其投资者——包括那些投资个人——提供了分期还款的贷款服务,并以此取代月付款制度。投资者可以通过金融中介提供的贷款,买入或转手卖出比其原先持有本金高出 5 倍价值的股票。这意味着个人投资者也可以通过银行信贷来运用高达 5 倍的杠杆。

不仅如此,还有其他许多金融产品和投资组合通过杠杆效应发挥功能。例如存货单(warrants,这种产品被大力推荐给个人投资者)、可议价期权市场交易、认购债券、存款证明,以及具有债券功能的抵押贷款产品。同时,那些借钱投资的个人储户也会运用杠杆效应。

所以,杠杆效应的运用并不仅仅是对冲基金的专用技术。我们看到,杠杆率已经被运用到其他许多金融产品中,包括面向新入门的投资者的产品。

此外,我们还应该注意到,并非所有的另类投资都会运用到杠杆效应。在债券和可转换债券投资上,杠杆效应的作用可能会很重要,但是在股票买卖方面就未必如此。这一点再次提醒我们:不能把另类投资的功能简单等同于杠杆效应的运用;杠杆只是另类投资的特性之一,而不是全部。20 世纪 90 年代末的平均杠杆率曾接近 6,而如今却跌到了 2.5 左右。但是有一点很清楚,那些因为投资损失而破产的对冲基金,其杠杆率都很高(大于 5),长期资产管理公司(LTCM)事件和阿玛兰(Amaranth)事件就是最典型的例子。

卖空

这一另类投资管理技术在股价的估值过高的时候被广泛运用。简要地说,它通过挖掘市场中过热的估价,对其进行做空交易实现获利。具体而言,卖空技术比某些轻描淡写的文章所描述的要复杂得多。

卖空行为通常需要三个参与者:对冲基金经理、交易经纪人以及股票出借者。对冲基金经理的思路是：在市场的弱有效性这一条件下，某些股价被市场错误地高估了，他预测理性的投资者会发现估价过高，并进行抛售，随之股价将会下跌。对冲基金的经理会通过交易经纪人，向不同的股票出借者(通常是那些机构投资者)借进一定数量的股票。紧接着，他将这些股票转手卖出，等到股价下跌后再收购这些股票归还给原先的出借者。下跌过程中，前后价格的差值就是对冲基金交易的获利，而在利用杠杆借入股票的情况下，对冲基金的收益则数倍于交易的获利。

卖空技术的原理

根据一系列标准，对冲基金经理判断 A 股票被过高估价。他由此预测其股价之后将下跌。

于是，我们的基金经理决定找一位股票出借者，暂时借进后者手中的股票。他首先通过交易经纪人。我们假设交易日当天 A 股票价格为 100 元(见图9)。

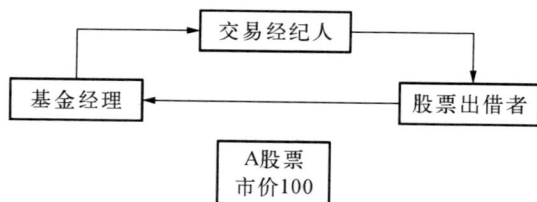

图9 卖空过程的流程

随后，基金经理以市价 100 元将这些股票转手卖出，并答应日后将这些股票如数归还，外加支付一笔佣金。如果之后股价下跌到 80 元，那么基金经理就会按照这个价位再次收购这些股票，然后通过交易经纪人将这些股票归还给原先的出借者。这一策略能够让我们的基金经理赚到20(100—80)元。不过,他还要从中扣除佣金。假设佣金为 2 元,那么最终他还是能够在低成本的前提下净赚 18 元。

关于卖空技术,有三点需要注意:

首先,这一技术被广泛运用于期权组合策略中(这一管理模式我们后面会讲到)。简而言之,就是卖出那些市价被高估的股票,同时买入那些在投资者看来市价被低估的股票。这样,投资者就达到了风险规避的目的。

其次,这一技术首先被运用于另类投资管理(参考"另类投资管理的起源")。

最后,卖空技术也会导致杠杆效应的出现,然而这并非其最终目的。如果基金经理的预测正确(即买进股票的价格上涨,卖出股票的价格下跌),他就会取得很好的业绩。这也让我们明白了为什么在某些股票价格下跌的时候,那些对冲基金仍然可以获利。然而,对于基金经理而言,做多绩优股是更主要的投资手段。一方面是因为卖空交易的风险更大;另一方面,如果公众看到对冲基金在股市看跌的时候也能赚钱,他们就会认为那些对冲基金经理只能在股市下跌的时候大赚一笔。接下来,他们就会断定那些对冲基金经理将会想方设法让股市下跌。

然而我们也要看到,卖空技术在实际操作中并不那么容易。不少经验丰富的对冲基金经理都承认很难选择那些走势看跌的股票。仅仅与上市企业财务主管的一次会晤,和市场之中躁动不安的情绪,都不足以让他们作出抛售该企业股票的决定。因此,卖空技术是一种检验基金经理能力的高难度技巧。

当然,基金经理们运用的还有其他投资技术。我们上面提到的几种都是最常用的。此外,另类投资管理也和其他的投资模式一样,只有在作出正确决策的前提下才会有效,否则,再优秀的技术都只是空中楼阁。上面所提到的几种投资技术也不能保证基金管理者一定获利。

为了更好地理解另类投资管理的多样性,我们有必要分析一下对冲基金的缘起和发展。这些对冲基金不仅为传统管理模式提供了灵感来源,也为那些"投资于基金的基金"的管理者提供了宝贵的素材。

对冲基金管理和多赢对冲基金管理:基本原理

尽管面临许多偏见和误解,对冲基金(或者从广义上说,那些另类投资管理策略)仍然被推荐给大量的机构投资者和个人投资者。由于公众舆论混淆了私募基金、主动基金和对冲基金的概念,导致对冲基金长期以来受到不公的非议。即便如此,对冲基金仍然具有出色的投资前景。而且,这些被误认为投机基金的对冲基金,也都经历了时间的严峻考验。

如何看待这种复杂的对冲基金呢?首先我们需要认识到对冲基金领域中存在的多样性。我们可以这么认为,有一些对冲基金确实是以高风险性而出名的,它们有可能会破坏股市的平衡。相反,另一些对冲基金还是按照传统模式运行的。

此外,有些对冲基金经理试图运用所有的金融工具(股票、债券、外汇、高利率债券、期货、期权等),并且借助杠杆参与所有的投资市场,而另一些对冲基金经理却只愿意停留在某一他熟知的投资领域。虽然风格上大相径庭,但他们的目标是一致的:实现绝对收益。

60 年前诞生的"新生事物"

历史上存在着两种相互对立的投资理论。第一种有着更悠久的历史,那就是诞生于象牙塔里的市场有效性理论。这一理论基于亚当·斯密的基本经济学假设,即市场的参与者会运用理性为自己牟取尽可能多的经济收益。在理性交易的作用下,供求双方自动调节达到平衡,这一平衡点就是最佳价格。第二种理论则较为年轻,它认为市场并非具有完全的理性,供求关系时常会短暂性失衡。另类投资管理模式致力于从这些失衡状态中获利,也就是利用市场的弱有效性尽可能多地进行套利。在那些最早领悟到这点的对冲基金经理中,有一位后来被称为另类投资管理模式的奠基人。

这位奠基人名叫阿尔弗雷德·温斯洛·琼斯。他管理的基金,是历史上第一只真正以市场弱有效性理论为投资原则的对冲基金。

阿尔弗雷德·温斯洛·琼斯并不是金融家或者经济学家。他于 1900 年出生于奥地利,4 岁时和家人一起定居美国。1923 年从哈佛大学毕业后,琼斯离开了美国。不久后他又回到美国,进入外交部开始了他的外交官生涯,并在纳粹势力上台的时候被派往德国。随后,在西班牙内战期间,琼斯成为一名战地记者。他的记者生涯一直持续到 1938 年;那年秋天,琼斯决定入学继续深造。之后,他进入了哥伦比亚大学社会学系。在此期间,1929 年经济危机所引发的种种社会问题引起了琼斯的研究热情,而这也是他的博士论文的主题。在论文中,他研究了俄亥俄州工人面对失业高峰时所表现出的消极行为,以及他们对工会基本法则的无视。这篇论文发表于 1941 年,题目是《生命、自由和财产》。

阿尔弗雷德·琼斯

"尽管阿尔弗雷德·琼斯被称为对冲基金行业的先驱者之一,他以前从事的社会学研究与资产管理没有任何关系。1941 年,他发表了一篇论文,主要研究工人阶级面对经济危机时的表现。这篇论文至今还被人传阅;不过谁也没料到,其作者琼斯会在 49 岁那年投身新闻界,之后又创立了一种全新模式的基金,成为资产管理人。"

图 10 阿尔弗雷德·琼斯

从哥伦比亚大学毕业后的琼斯并没有如人们所想象的那样,最终成为社会学教授。他后来又重返新闻界,去《财富》杂志当了一名记者。1948 年,他正在撰写一篇有关股价分析技术的文章,于是他对当时的投资组合管理和财经预测方法作了详细分析。同年 3 月,他发表了题为《预测技术之风尚》的报道。很显然,他对那些金融学家提出的有效市场模型半信半疑。于是,他再一次改变了自己的职业生涯,离开了杂志社。1949 年,他和四个朋友一起创立了一家投资合伙公司(这一公司模式可以不受美国证券和交易委员会的监管),开始运行一种全新的基金。首个对冲基金管理技术正由此而诞生。

琼斯对他的管理模式信心十足,并把自己所有的 40 000 美元积蓄都投了进去。由于他出众的说服能力,他的一些亲友也相信了他,并给了他 60 000 美元用以投资。不过,琼斯提出了一种新的收费方法:主要按照基金业绩来提取佣金。如果业绩不佳,琼斯就按照行业惯例只收固定佣金;反之,如果业绩很好,他就会收取 20%的总利润作为佣金。为了让人们接受这个新的收费方法,琼斯查阅了不少历史资料。他告诉广大投资者,这一方法并不是他发明的,在古代腓尼基人中早就有类似的做法。当时的腓尼基水手在出海前,通常会提前对船只上的货物收取部分定金,在送达货物后收取剩余的部分,这也是在向雇主保证,他们会不惜全力将货物顺利运到目的地。

更直接地说,这位社会学博士兼杂志记者提出的管理模式是这样的:选择那些投资流程清晰的标的,以此来避免不可预测的市场波动。这一投资策略包含四个基本点:

首先,琼斯要辨认并且买进那些他认为市价被低估的股票。

然后,辨认那些市价被高估的股票,对其进行卖空交易。

调节买入股票和卖出股票的比例,以达到风险对冲,避开市场波动的干扰,以此实现投资风险的最小化。

最后,利用杠杆效应实现投资收益的最大化。

琼斯管理基金的业绩(见图 11)

直到 1966 年,《财富》杂志才发表文章对琼斯的基金业绩进行报道。这些基金的回报率几乎每年都高于同业指数的回报率,也高于同期表现最好的共同基金的回报率。

当然,与那些现代的对冲投资的技术相比,琼斯的这一模式是很中规中矩的。但这在当时却属于跨时代的金融创新,通过这一

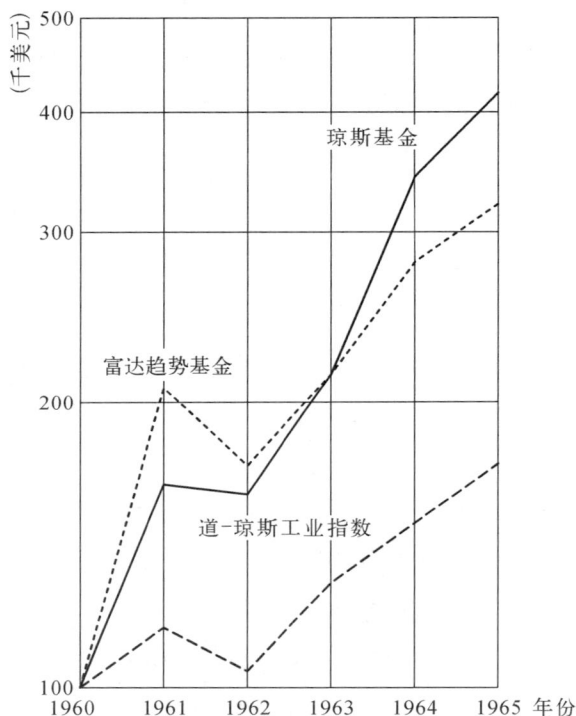

图 11 琼斯基金和富达基金、道-琼斯指数的对比

套简单而清晰的投资策略,琼斯创造了一个奇迹,他采用的技术不仅让他的基金业绩高于其他管理机构,更使他的投资风险全面降低。琼斯虽然没有率先使用杠杆和卖空技术,但是他对这些 20 世纪 40 年代之前仅用于投机交易的技术加以创新,赋予了它们一种新使命,那就是通过同时进行做多和卖空的相反交易,对风险进行对冲,以减小对市场中系统风险的敞口,这不仅起到了资金保值的目的,同时也在最大限度地挖掘超额收益。在此基础上,他才进一步深入分析那些可以被买进或者卖出的股票。

然而,琼斯的功劳还不止于此。弗朗索瓦·塞尔吉·拉比当(大学教授兼日内瓦私人银行联合会定量分析主管)曾在 2002 年 5 月 6 日发表的一篇副刊文章中说道:"如果我们把琼斯的观点和后来马科维茨以及夏普的观点放在一起,我们将发现一些有趣的事实。马科维茨和夏普曾因他们的现代资产管理理论获得了 1990 年的诺贝尔奖,他们认为所有的股票都包含两种风险:一种是非系统风险,这可以通过分散经营策略加以消除;另一种是系统风险,它是无法消除的。琼斯的理论尽管专业术语不同,但结论却是相同的,只是琼斯主张市场风险可以消除,而非系统风险则不能消除。为了让买进股票和卖出股票的比例达到平衡,琼斯还发明了'速度'这一专业术语,专门用来测量股票在股市上的表现。现在我们只要稍加思索,就不难发现这个'速度'其实就是 β 系数的原型。这个系数后来由夏普在 1964 年提出,也就是琼斯基金运行的第 15 个年头。"

即使那个年代很少有人意识到琼斯这一创新投资模式的意义,但仍然有不少投资者被琼斯基金的骄人业绩所吸引。他们陆续来到琼斯的公司,把自己的一部分资金投到琼斯的基金中去。迅速膨胀的资本让琼斯产生了担忧:如果说他对投资 10 万美元还算有信心的话,那么面对翻了两倍的资金数额,他还能照样应付自如吗?因此,为了不给自己的基金管理带来过大的管理压力,琼斯决定停止吸收新的资金。紧接着,其他许多对冲基金经理也效仿了他的做法。此外,面对繁忙的业务,琼斯也雇佣了其他几名基金经理,并且推出了首个有多名管理者介入的投资平台,这就是至 20 世纪 90 年代才为人所知的多头对冲基金。

可是这一切并没有让琼斯在华尔街出名。他是个低调的人,只想默默无闻地效力于那些始终信任他的投资者。因此,这位内行的投资者在很长时间内都不为人们所知。当时,琼斯的雇员们甚至都没有自己的名片,而且也没有任何标记显示琼斯的公司到底在纽约的哪一幢大楼里。不过在 1966 年,琼斯破例接受了一次采访,并将他旗下基金的骄人业绩透露给了记者卡罗尔·卢米斯。后者对此大为感慨,并在《财富》杂志(这也是琼斯做记者时曾经工作过的杂志社)上发表了题为《无人能及的琼斯》的文章。通过这一报道,人们才发现:原来,无论在哪一个阶段,琼斯旗下的基金所取得的业绩,都要远远高于所谓排行榜上的那些基金的业绩。

在 1960—1965 年 5 年的时间里,富达基金的回报率为 225%,而琼斯基金的回报率则高达 325%。

奠基人的传奇

很自然,《无人能及的琼斯》这一报道在投资者以及基金经理中引发了琼斯这一投资模式的热潮,有好几百人开始效仿琼斯自行创业。根据美国证券和交易委员会 1968 年的统计数据,那一年的有限合伙公司数量达到 215 家,按照阿尔弗雷德·琼斯管理模式运行的对冲基金数量达到 140 只。

琼斯的经验也加速了许多基金的诞生。1969 年,第一只专注投资于对冲基金的基金——"杠杆资本控股基金"正式问世。说起来,阿尔弗雷德·琼斯以前也曾提出过类似的设想,即将一部分资产委托给另一些对冲基金经理。不过,"杠杆资本控股基金"的出现,将这一过程变得更加正规严谨。

最初,这一基金是为金融大亨爱德蒙得洛希尔私人银行量身定做的,当时这家公司希望设计一个无论在怎样的市场条件下都能盈利的投资模式。在建立这只基金的过程中,爱德蒙得洛希尔私人银行还推出了第一只多赢对冲基金,这一投资模式如今仍在被使用,并且通过另类投资管理中的分散投资策略获得了出色的业绩。

我们前面看到,琼斯的管理模式被媒体报道后,很多基金经理纷纷开始效仿他的做法,但是时间证明他们的基金业绩并不能让人满意。大多数基金经理被市场所误导,致使投资失败,或者基金业绩平平。1973—1974 年间,随着股市普遍下跌,很多基金都消失了,只有少数几只成功地经受了考验(其中就有索罗斯和迈克尔·斯坦因哈特的基金)。

多赢对冲基金管理和股票指数

1969—1981 年间,美国股市的两个重要指数——道-琼斯和标普 500,都没能准确反映股市走向。相反,第一只对冲基金"杠杆资本控股基金"的形势却很喜人。这让我们相信,通过抵御市场的系统性风险取得绝对收益是完全可能的。

如同琼斯开始创业时那样,20 世纪 60 年代推出的大多数对冲基金由于投资门槛高,使得投资者数量一直停留在很低的水平。很快,这些基金响应国际市场的要求,开始对国际市场发行份额。出于税收方面的考虑,基金经理通常会选择在那些避税天堂发行面向国际市场的基金。因此,加勒比海地区(主要是开曼群岛和维京群岛)成为迎接这些基金管理公司的宝地。

如今,大多数基金经理运用的投资主体主要有以下两个:

——基于美国法律产生的有限合伙制度;

——建立在外口岸(离岸)地区、面向国际市场的股份公司。

通常,这些外围离岸基金并不向美国投资者开放。不过,如果基金公司所在地的法规没有这方面的限制(参考本书后面章节),它就可以绕开美国法律关于股东数量的规定,借此募集到尽可能多的资金。这也是为什么近年来离岸对冲基金发展迅速的原因。

在开始研究对冲基金管理和多赢对冲基金管理的全球性发展之前,我们有必要先探讨一下它们的特性。

对冲基金的主要特性(见图 12)

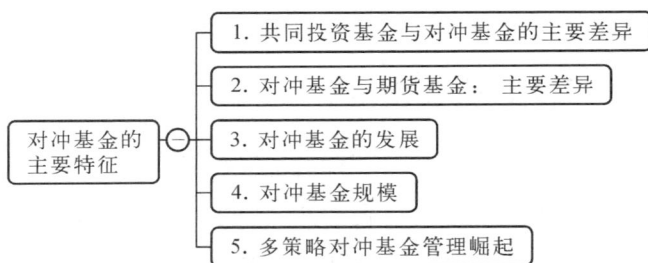

图 12　讨论对冲基金特征的五个方面

简单地说,传统对冲基金有两大显著特征。首先,它涉及一种投资合伙制度(或者更确切地说,叫"有限合伙制度"),这是一种投资者和基金经理的自由联合体。这一委托管理模式在收费方式、投资哲学和资金冻结期限等方面都作出了规定。这种对委托协议精确性的要求是有其原因的,因为从法律角度而言,最初的对冲基金是为了美国的几家龙头企业进行资产管理而创立的。

第二个显著特征,就是它的收费方式。除了那些传统费用之外(管理、资本注册、本金抽出等),对冲基金经理还可以根据基金的超额收益情况(超出股指平均收益的部分)来收取佣金。

这种灵活的收费方式几年前曾经震惊了不少保守的欧洲投资者。尽管后来不少法国、英国和卢森堡的基金管理公司也开始采取这一收费方式,但前提是这些公司的投资管理产品必须在市场上表现活跃。这种让某些美国基金经理腰缠万贯的收费方式,其本身真的那么令人反感吗? 实际上,它只不过是基金经理应得的报酬。如果愿意支付这一报酬,就说明这个基金经理有能力比市场标准做得更好,让投资客户们获得更多的收益。渐渐地,这种灵活的收费方式开始被广大投资者所接受。投资者们将这一收费方式看作是投资收益的保障和判断基金经理工作表现的标准,这可以让那些真正出色的基金经理得到应有的报酬和奖励。

在这种收费方式的激励下,绝大多数对冲基金经理也把个人财产投入他们管理的基金中。在欧洲国家,那些对冲多赢对冲基金的创立者,绝大多数都是知道如何鉴别对冲基金好坏的职业对冲基金经理。很明显,那些把个人财产投入自身所经营项目的基金经理,会更加注意他的投资策略以确保成功。这也是衡量一个基金经理能否全力以赴取得佳绩的标准。

不过,我们也要注意到上面所谈及的灵活佣金制度。在这种制度下,佣金的数额根据基金的年度业绩而定,但我们千万不能把它和指数挂钩佣金模式混淆起来。同样,只有确定基金业绩超过预先制定的业绩目标时,这种灵活佣金制度才能生效。举个例子,如果对冲基金预先制定的业绩目标是每年8%,那么,当年度业绩刚超过5%就开始收取超额佣金显然是不合适的。在欧洲,这种超额佣金制被用在多赢对冲基金管理方面,但是其目的在于激励基金经理达到并超过业绩目标,而不是找个借口向投资客户乱收费。

对冲基金和共同投资基金的主要差异

为了解对冲基金与那些为大众所熟知的传统基金(比如美国的互助基金、欧盟的可变资本公司基金和共同投资基金)的区别,我们先来看看这两类基金的一些差异(见图 13)。

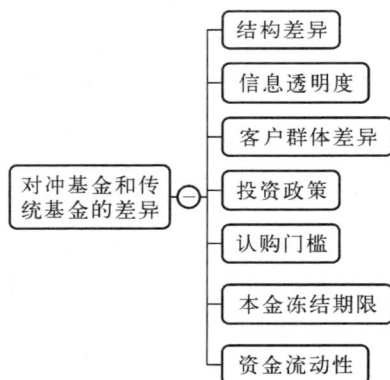

图 13 对冲基金和传统基金的差异

（1）结构差异

在美国,绝大多数的对冲基金长期都在宽松的管制之下进行运作。这主要有两个原因:第一是因为这些基金公司都设立在海外口岸地区,第二则是因为这些基金公司都采用了有限合伙制,这样它们就不必受证券交易法(实施于 1933 年)的管制,在公司成立的时候也不必进行公告或者登记为"证券交易商"。而且,在公司股东数量少于 100 的时候,只要把股东说成是公司唯一的客户,基金公司就可以绕开那些针对拥有 15 位以上客户的基金公司的条款限制。对冲基金的基金经理手中往往都有大量的投资工具和技术,对于传统的基金而言,这些投资工具和技术在西方所有大型金融市场都是被严格限制的(因为考虑到对个人投资者存款的保护)。这一局限性早在 1949 年就已经被阿尔弗雷德·琼斯观察到了。不过,那些传统基金(可变资本公司基金、共同投资基金或互助基金)的运营始终是在严格监控下进行的。

然而,到了 2003 年,美国金融监管当局开始密切关注这些对冲基金。美国证券和交易委员会围绕对冲基金立法这个主题,展开了一系列的研究和探讨工作。2003 年 5 月 14 日和 15 日,美国证券和交易委员会召开了一次圆桌会议,与会的有 30 多位另类投资管理专家:基金经理、行政管理人、律师、大学学者、对冲基金项目挑选决策人以及监管会代表。会议认为,对冲基金虽然不在美国证券和交易委员会的直接管制范围内,但是监管当局应该出台必要的监控措施,以保护那些个人投资者。与此同时,美国证券和交易委员会也列出了针对对冲基金的立法所面临的几个主要难点:对冲基金的会计清算体系、模糊的收费方式以及基金经理的能力与素质问题等。

可是,经过几番讨论之后,美国证券和交易委员会最终还是未能制定出一项令所有人都满意的法规。这是因为在证券和交易委员会内部,有一部分成员赞成制定对冲基金管理法规,但是另一部分成员却强烈反对。这些反对者都有其后台,例如,当时美联储(即美国的中央银行)的主席阿兰·格林斯潘。在这场争议中,赞成制定法规的威廉·唐纳森于 2004 年 2 月提出聘请 160 人注册并监控美国的对冲基金运行。对于某些面向机构投资者的对冲基金来说,进行基金注册对它们的发展是有益的,因为这样会提高基金管理的透明度。

(2)信息与透明性

与传统基金管理机构按时提供基金产品特性和业绩等信息相比,对冲基金的运行有着显著的封闭性和保密性。在相当长的时间内,那些主要的对冲基金经理都拒绝透露他们的投资方法、投资标的、分析模式(宏观或微观)以及基金业绩。这种保密特征目前正在渐渐消失,这对于专业投资者来说应该是件好事。

(3)客户群体的差异

在美国、法国、卢森堡等国家,对冲基金都没有权利向公众募集资金,因此任何形式的对冲基金广告都是被禁止的。而且在美国,只有那些专业投资者才能认购对冲基金。此外,这两个国家对于对冲基金的界定也大不一样。在欧盟国家中,对冲基金的定义只是简单区分了个人投资者和机构投资者(尽管目前还出现了"专业投资者"的说法)。但是在美国,决定一个投资者是否专业的唯一标准就是他的财产。对于单身者来说,这一标准为 20 万美元;对于已婚者来说,则是 30 万美元……总之,大体需要超过 100 万美元的财产才能被称为"专业投资者"。

美国证券和交易委员会通常认为,高收入人群对投资了解更多,从而更能承受高风险。他们认为高收入人群更加理性,不会把所有的鸡蛋都放在同一个篮子里,同样也不会将所有的资产都押在单一的投资标的上。

之后,投资者可以根据他的整体计划,分散投资一些风险程度高于传统基金的投资标的。这种模式类似于欧洲的流动资产共同基金管理方法。

在欧盟,为了更有效地监控多赢对冲基金,监管局还出台了一项标准,即认购的基金数额不能低于 1 万欧元。为什么是 1 万欧元呢?其基本出发点是分散性投资产品在所有资产中占的比重为10%。所以,如果投资者的资产价值为 10 万欧元,那么他会首先考虑投资 1 万欧元。

(4)投资政策

在大多数金融市场上,那些共同基金经常会受到各种法规条文的严格限制。举例来说,传统基金买进某种股票不能超过某一比例(比如,某一种股票只能占资产组合 5% 的比例)。相反,对冲基金经理就不受这种限制。因此,他们可以控制一些上市公司很大一部分的股权。例如以前的老虎基金(Tiger Management),这只由朱利安·罗伯森管理的对冲基金最高时曾控制了美国航空公司 24.8% 的股份。这种情况在那些可变资本公司是无法想象的,尽管在那些公司里也经常出现这样或那样的控股现象。

同样,如果说在今天,每一类型的对冲基金都具有相对应的投资策略,那么我们就不难理解那些对冲基金经理为什么有时候会彻底转变投资策略。在每年年初,基金经理们会更多关注美国的那些小型企业;而到了第二季度之后,他们则会把眼光更多地投向那些发展中国家的市场。当然,这一灵活机动的管理风格只局限于那些规模较小的基金,而那些规模较大的对冲基金,其管理方式则始终表现得循规蹈矩。

（5）认购门槛

如果说在欧洲，任何投资者都可以用较少的本金认购投资基金或股票的话，那么想要认购对冲基金则完全不是这样。事实上，这些对冲基金最初只为美国一些龙头企业量身定做，他们对投资者的资金数额有着很高的要求。通常情况下，其最低限度为一百万美元，不过那些投资一千万美元的投资者也是屡见不鲜的。

因此，我们可以这么说：对冲基金作为一种投资载体，主要面向那些机构投资者和财力雄厚的个人投资者。

（6）本金的自由支配度

通常，对冲基金投资者的本金都将被冻结一段时间（"冻结期限"），这一期限的具体起始日期，将会在投资者与基金经理签订的委托管理协议书中加以注明。

为了防止基金规模的经常变化所带来的消极影响，基金经理通常会在协议签订之后禁止投资者在某一时间段内抽出本金，对冲基金的本金冻结期限是保证基金管理顺利进行的前提。

（7）资金流动性

简要地说，一种投资产品的资金流动性的强弱程度，就意味着投资者在任何时候购进或者转让投资份额的难易程度。某一种金融资产的流动性越强，投资者对其的交易就越频繁。

对于大多数基金来说，其资金流动性的计算周期为每天或每周。而在对冲基金的管理过程中，这种资金流动性的计算周期更为多样，它可以是每月，也可以是每半年或每季度。这种较长的计算周期让不少对冲基金的投资者非常不安，因为这大大降低了投资的灵活性。不过，对冲基金的客户结构目前有了变化（越来越多的机构投资者开始介入这一领域,而且在不久的将来,那些财力平平的个人投资者也将能够参与投资),并且现在许多对冲基金的资金流动周期也变成了每周制。通过账户管理平台,客户可以方便查询目标对冲基金的头寸情况,这一切也大大提高了对冲基金的资金流动率。

另外,对冲基金的资金流动性和其业绩之间的相关性并不大。任何一只对冲基金的资金流动性,必须与该基金所涉及的资产流动性相吻合。有些对冲基金的投资策略非常接近私人股权管理模式,其实大可不必如此,因为这些对冲基金并不需要有很高的资金流动率。

我们在前面已经看到那些为广大欧洲的投资者们所熟知的传统基金,此外还有被国际上的大投资者们所推崇的对冲基金,而这两者所涉及的管理规则其实大相径庭。前一种传统基金的运行要受到很多旨在保护广大储户利益的法规的限制,而后一种对冲基金的运行则具有更大的封闭性和自主性。以上是两种全然不同的理念。

通常,很多人都会不自觉地将另类资产管理和投机画上等号。有些职业经理时常把对冲基金和另一些基金比如期货基金(已被欧盟金融市场当局批准)——作对比。不过,如果我们对此进行一番深入分析,就会发现上述两者之间并没有什么可比性。

对冲基金与期货基金:主要差异

对冲基金在各级市场上的强大渗透性使我们开始意识到,除了股票和债券等传统市场之外,投资者还可以将其他金融资产作为投资的选择。比如,根据 1987 年的一项立法,欧盟的基金管理公司建立了一种期货市场共同基金(简称 FCIMT)。

这是一种特殊的共同投资基金,因为它无权向公众募集资金。和对冲基金一样,所有关于期货市场共同基金的广告和商业宣传也是被禁止的。这是为什么呢?因为这种基金只能在被有关当局批准之后,才能进入期货市场。这些相似特点使期货市场共同基金常常被等同于对冲基金。然而,这两者之间是有很多差异的,这些差异具体如下:

首先,相对于某些对冲基金可以涉足所有的金融市场,期货市场共同基金只能介入那些被金融市场监管局批准的期货交易市场。

其次,期货市场共同基金的运行只局限于有组织的市场,也就是那些资金流动性强、信息系统被高度监控的结构性市场。相反,很多对冲基金所涉及的市场,其资金流动性都很小,而且信息监控系统也很难介入。

再次,目前全球的期货基金在运行上都有很多风险方面的限制。通常,投资者只能将 50% 的资产用以投资,剩下的 50% 必须全是流动资金。这一规定的主要目的是降低投资风险。而那些对冲基金可以完全不受这种限制,投资者可以将资产全部投入,甚至还可以巧妙运用杠杆效应投入更多的资金。

最后,很多对冲基金的运行策略都着眼于对市场的预判理性的价格,并对不理性的价格进行套利,而那些期货基金则更多地通过放大效应来跟随期货市场的走势。

显而易见,对冲基金和期货基金的差异性远远大于相似性。

这也在很大程度上解释了为什么众多管理公司在推出期货基金、扩大产品范围的同时,仍然密切关注对冲基金的发展,特别是当这些公司还无法为高端客户提供对冲基金产品的时候。

对冲基金的发展

十多年来,金融市场中充斥着不符合经济学理论的反常现象。很多人指出,造成这种情况的首要因素就是那些对冲基金。我们可以给出几个例子。1992 年,匈牙利裔的美国基金经理乔治·索罗斯,被指控在英镑市场进行大规模投机活动。他管理的量子(Quantum)基金通过操作外汇市场做空英镑,迫使英国当局放弃了英镑与欧洲汇率机制的挂钩,而他本人也因这一操作获得了 10 亿美元的可观利润。

在接下来的一年里(1993 年),法郎在金融市场几度受袭。那年 7 月 26 日,乔治·索罗斯在接受《费加罗报》采访时,表示他"不会针对法郎展开投机行动",并鼓吹法郎的货币贬值率"仅仅为 3.6%"。几年之后,他又发表了相同的言论,只不过这次是针对日元。同时,索罗斯管理的量子基金运行情况很糟糕,其净亏损额高达 20 亿美元。之后不久,一些对冲基金被指控为造成 1998 年俄国金融危机的背后凶手,尽管其中不少对冲基金本身因为不当的高风险操作已经出现巨大亏损。就这样,在经济不稳定、股市大幅波动的背景下,对冲基金被理所当然地认为是造成市场失衡的最根本原因。这也让我们想起 2002 年欧洲股市大幅下跌事件,当时那些上市企业领导人都把股价下跌归咎于对冲基金。大多数对冲基金经理尽力为自己开脱,而且他们也有充足的理由:股价的下跌,并非单纯是那些对冲基金经理的过错。

之所以这么说,是因为根据那些公开统计数字,全世界只有3%的对冲基金可以被称为"宏观对冲基金"。只有这些对冲基金的目标才是在运用杠杆效应的同时,介入所有的资本市场。我们前面提到的乔治·索罗斯、朱利安·罗伯森还有迈克尔·斯坦因哈特所管理的基金,都是被归入那3%的所谓"宏观"对冲基金。

不过,几年前被认为正确的事物,现在也正在发生着变化。如今,无论是在股票、利率市场,或者是商品、期权市场,将那些造成大多数股市每日大幅波动的原因简单归咎于对冲基金是不公正的,因为近几年对冲基金行业经历了翻天覆地的变化。

当迈克尔·斯坦因哈特的基金关闭这一消息被公布后,投资者们发现,他们在1967年投入该基金的1美元,到了1995年其市价已飙升至462美元。在28年里,该基金年度业绩达到了23.8%,充分证明了斯坦因哈特这位19岁就投身华尔街的基金专家的杰出才能。这一出众业绩也将他推上了业内排行榜的第三位,仅次于乔治·索罗斯(自1969年来的基金年度业绩为34%)和朱利安·罗伯森(自1980年来的基金年度业绩为27%)。

当然,这些对冲基金经理头上的光环,并非仅仅来自他们旗下基金的骄人业绩,同样还来自他们所管理基金的庞大规模。

1995年,这三位事业如日中天的著名人物所管理的基金规模达到150亿美元左右。不过,与先锋(Vanguard)和富达投资基金(Fidelity Investments)等大型投资机构旗下的基金规模相比,这一数字就显得微不足道了。

同样,那些价值几十亿美元的投资基金也是很常见的(资产管理人称之为"巨轮")。比如,Vanguard 指数 500 系列基金(2007 年底总价值为 1 200 亿美元)和 Pimco 机构总体回报基金(1 250 亿美元)。另外一个例子:全世界对冲基金加起来的总体规模约为 18 000 亿到 20 000 亿美元,而巴克利全球投资集团(资产管理龙头机构)一家旗下的对冲基金规模就达到了 14 800 亿美元。

对冲基金规模

对冲基金规模的大小通常会引发两类问题:

第一,在小型市场上,对冲基金的运行常常会导致市场失衡。如果很多在银行机构工作的传统基金管理者都纷纷效仿对冲基金经理的做法,那么这一普遍现象将会给不少市场带来灾难性的后果。

第二,那些对冲基金经理自己也承认,当自己旗下的基金规模过大时,他们自己也会因为重重压力而备受煎熬。因此,只有具备最佳规模的基金,才能充分调动基金经理的积极主动性。那些数字庞大的资金(例如用于买进上市公司股票的投资基金)只会对整个投资计划造成干扰。另外,很多处于投资阵地前沿的基金经理,有时也会很难辨认究竟哪些金融资产会给自己带来高额回报。

通常,如果基金的规模扩大,那么组成该基金的每一份额都会显得更加重要。在这种情况下,如果一只基金的规模为 10 亿欧元,那么份额每扩大 1%,就意味着必须找到一家流动资金库运转稳定的上市企业来接受这 1 000 万欧元的投资资金。不过,并非只有那些对冲基金经理才会遇到上述问题。那些中型基金管理机构也会面临相同的难题,即那些业绩良好的基金都必然会吸引众多的投资者认购大量份额。

然而,如果基金规模相对较小且只面向国内市场开放的话,大量的注册资金就会在某种程度上对基金管理程序造成干扰。要改善这种现状,就需要基金经理扩大经营范围,或者更改投资标准,以尽可能地扩大基金的规模。

多赢对冲基金管理的崛起

在另类投资这一个生态圈内,对冲基金经理还应该考虑到其他的另类投资者,例如多赢对冲基金,相关统计数据显示其年均增长幅度可达 25%—40%。如果这些多赢对冲基金面对的是那些机构投资者的话,那么委托管理协议书的签订是至关重要的一步。

通常,那些多赢对冲基金经理人是可以吸纳更多资金的投资平台。这一点与对冲基金不同,因为近年来有不少还在运行中的对冲基金不再对外进行募资,除非在某个基金股东想进一步扩大股份的情况下。只有这时,对冲基金经理才可以接受新投资者及其募集资金,以保持基金规模的稳定。

这就涉及对冲基金的开放性的关键问题。其实,大多数投资者,尤其是那些稳健的机构投资者,都会比较偏爱以往业绩良好("历史纪录优秀")的基金,因为历史业绩是他们作出投资决策的最关键依据。然而,这些一贯表现优秀的基金通常都不再接受新的募集资金,只有那些投资时间长的老股东才能享受扩大投资规模的优惠政策。那么,新的投资者该怎么办呢?他们可以首选那些大的金融机构、银行或者保险公司,这些机构除了发行对冲基金之外,还发行对冲多赢对冲基金,并且具备足够的财力和人力为广大投资者服务。不过尽管如此,上述机构在这一领域仍然不是很活跃。

但有一点是肯定的:在短短几年内,另类投资管理在欧洲已经发展成为一种整体的资产管理模式,在这一领域云集了众多大型金融机构。有好几个方面的原因可以解释它的成功。

多赢对冲投资成功的秘诀

根据对冲基金研究机构(HFR)2008 年第一季度的统计数据,对冲基金的资产价值已经达到 18 750 亿美元。另外,根据"对冲基金智囊团"(HFI)同一时期的数据显示,对冲基金规模已达到 26 500亿美元。而在 2000 年,对冲基金的整体规模只在 5 000 亿美元左右。

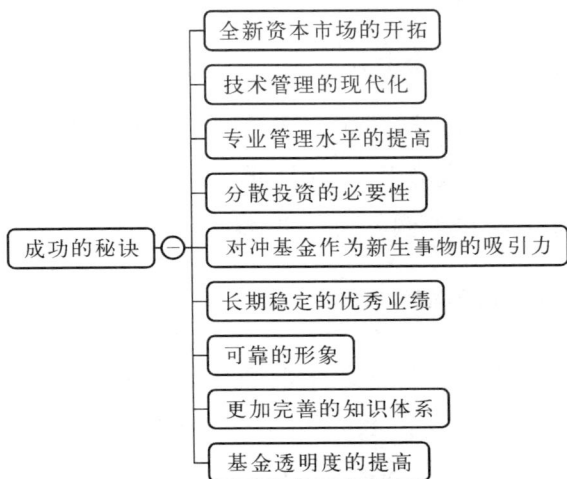

图 14　构建成功对冲基金的九大要素

相对股市规模而言,上面的数字也许显得无足轻重,但是我们应该看到对冲基金数量在 15 年间的迅速增长(在 2004 年仅为 7 000只,到了 2007 年底则迅速上升为 10 000 只),而且那些对冲基金经理们娴熟的投资手法也征服了众多投资者。我们可以列出 9 个主要原因来解释对冲基金取得的成功(见图 14)。

全新资本市场的开拓

20 世纪 90 年代,新兴市场、科技业证券、抵押证券市场等全新金融市场的出现,促使对冲基金经理们不断探索新的投资领域。他们试图运用有别于传统管理方法的全新投资技术,以此开发出新的投资契机。因此,随着这些全新市场和全新资产的出现,那些新颖独特的管理技术也随之诞生。

技术管理的现代化

在全新市场和全新资产出现的同时,计算机科学和计量科学也得以广泛普及,并被赋予了很多前所未有的功能。这就使建立投资机构的成本大大降低。同时,通过对数据库和其他信息载体的直接查询,基金经理们可以方便地获得准确信息。

专业管理水平的提高

随着对冲基金运行成本的降低,很多来自不同机构的基金经理纷纷建立了自己的对冲基金,根据实际情况因地制宜地设计投资模式。这就使他们自身的专业管理水平显得日益重要。

分散投资的必要性

总体而言,20世纪90年代可以说是资产管理者的黄金年代。在股市看涨的大背景下,很多投资者都改变了策略,决定将他们的资金分散投资到不同的金融资产上。对冲基金经理们迎合了投资者的这种需求,在股市全球化的进程中将投资者们的资产加以分散经营。

对冲基金作为新生事物的吸引力

一些在银行和保险公司下属基金公司工作的基金经理,以及另一些以机构投资者名义进行基金操作的基金经理,在运营传统基金的过程中也发现了市场弱有效性所能带来的潜在收益。

这种利用股价的不连贯性来获利的动机,再加上全球金融市场一体化的趋势,促使很多传统基金管理者纷纷转变思路,开始经营对冲基金。

长期稳定的优秀业绩

任何行业的持续性发展都取决于它优秀的历史业绩。总体而言,那些对冲基金经理的成功事例,有力地证明了这一点:尽管金融市场中存在着不可避免的风险,但是对冲基金仍然可以获得较好业绩。

可靠的形象

发生在2000—2002年以及2007年的股市强烈波动,令广大投资者深受其害。股价先是反常上涨，接着又强烈下跌。与此同时，对冲基金管理以其注重风险控制和资本保值的保守原则，得到了众多投资者的青睐。

这一现象在发展最为迅速的多赢对冲基金领域中尤为明显。由于不同投资标的之间可以进行风险抵消，最终使得"风险—回报"这一比率达到最优化。

更加完善的知识体系

对冲基金的广泛普及，也要归功于现代金融理论的完善，以及基金收益衡量指数的出现。如果说在最初的阶段，另类投资管理只被认为是一种在任何市场走势中都能盈利的"技巧"，那么如今大多数的投资者都明白另类投资管理其实是一门基于统计学、心理学和经济学的复杂学科。

很显然，在短短几年的时间内，无论是在管理技术方面，还是在基金运作的公开透明性方面，另类投资管理已经趋于结构化、工业化、职业化。

即使另类投资管理不像有些投资者说的那样"另类"，我们也不能把它和其他管理模式混为一谈。这是因为，尽管历经重大变化，另类投资管理对我们而言仍然是一门难以捉摸的学科。

基金透明度的提高

对冲基金经常被认为是一种致力于发现套利机会的封闭性基金，投资者在把大量资金交给基金经理之后，有时几年之内都无法知晓该基金的运行情况。一些比较负责任的对冲基金经理每年也只向其投资者汇报一次有关基金运行的情况,这些有限的信息大多只是为了通知投资者基金的收益状况。

我们也看到,另类投资管理这几年正趋向职业化和规范化。在一些基金管理公司,组成专业投资工作组的成员往往有十多人之众,其中包括分析师、基金经理、律师等。

同样,那些机构投资者和多赢对冲基金管理者正越来越多地关注着对冲基金,这也促使对冲基金的操作更加透明化。如今的投资者们已经不会再轻易把几百万欧元的资产交给身边某一位熟人推荐的传统基金。即使对冲基金的挑选仍旧是一项风险度高、成本昂贵的行动,但是如今那些对冲基金经理都纷纷加大了与投资者的沟通力度,这也让投资者们有了更强的安全感。虽然就某些管理策略而言,基金经理们不能将其中的细节和盘托出,但很多投资者都认为对冲基金经理们提供的报告要比那些传统基金经理所提供的报告更完整,因为这些报告文件能让投资者们更好地了解他们的具体收益和收益的来源。

在对冲基金创建伊始,其客户都是那些财力雄厚的个人投资者。现如今,那些机构投资者在对冲基金资金总额方面已占据了重要位置(2007年约占50%的资金总额)。

在建立商业合作之前,基金挑选决策人通常都会要求对冲基金经理(或基金的管理者)完成一份相当重要的尽职调查报告(英文也叫作"招标细则")。这份文件详细列出了所有关于该投资项目的重点,其中包括基金经理的履历、项目风险监控程序、基金经理使用的数量分析工具乃至所使用的数据库系统等。

通过阅读这份长达十多页的详细文件,基金挑选决策人可以大致掌握该对冲基金的特点。在某些情况下，如果尽职调查中出现了含混之处，那么即使该基金的业绩再怎么突出，也无法避免它最终被淘汰出局的命运。

然而，这份所谓"完整详细"的尽职调查报告也无法预防某些基金的破产和某些基金管理中的欺骗造假行为。因为另类投资管理也和其他经济部门的管理一样，在巨大的利益诱惑面前，总会有人想逾越道德底线做损人利己的坏事。

尽管我们不能断言另类投资管理行业纵容高科技犯罪行为，但我们仍然要列出那些最著名的对冲基金欺诈或破产事件，同时列举那些不择手段的基金管理公司的所作所为，来表明那些另类投资管理技术并非是无懈可击的。投资者对于这些"市场精英"的选择应该是慎重而周全的。

欺诈、破产与清盘

即使另类投资管理行业中的欺诈行为并不比其他一些行业（比如金融咨询业）多，我们也不能对这些由对冲基金引起的灾难性事件视而不见。然而，根据数字显示，美国证券和交易委员会曾经收到投资者递交的对 1 万只对冲基金的投诉报告，但它最终只对其中 38 只展开了调查。

除了广大投资者记忆犹新的长期资产管理公司(LTCM)破产事件之外，20 世纪 90 年代还有几个对冲基金事件让投资者深受其害。现在让我们来看看个中曲折，这不仅是为了更深刻地认识资本市场的复杂性，也是为了在以后的投资中防微杜渐，在风险控制上把好关。

罗恩与尼查基金(Roon and Nidra Capital)

理查德·S·罗恩在 1986 年创立了尼查资本基金。这个自称曾效力于著名机构潘韦伯投资公司的人,向投资者鼓吹自己掌握不少有关股市和上市企业的内部消息,从而吸引了大批投资客户。

除了过去的工作经历,罗恩的美国华盛顿大学经济金融学文凭也让他得到客户的不少青睐。从第一年的运作开始,罗恩的基金业绩达到 62.5%,连他自己都不知道是怎么回事,不过这一切都无所谓。之后,一些大人物也慕名而来,尤其是纽约的大律师马夏尔·曼利把自己的 52.5 万美元全都交托给罗恩打理。但基金成立仅仅两年之后,罗恩就不得不面对一个悲惨现实:他的基金破产了,其亏损总额达到 260 万美元。紧接着,罗恩被查出从来没念过大学,所谓的金融职业生涯也是捏造出来的。相反,他在 20 世纪 80 年代还曾经与一桩网球场建造的诈骗案有牵连。理查德·S·罗恩后来因获罪被判入狱一年零一天。

巴里布尼昂合伙基金(Ballybunion Capital Partners)

米歇尔·T·希金斯在圣弗朗西斯科成立了巴里布尼昂合伙基金,该基金的运行采取的是长短期资产管理模式,并且着重于科技证券市场。希金斯同样也伪造了基金的良好业绩,他向外吹嘘其基金业绩在 1998 年高达 39%,而到了下一年又飙升至 53%。他通过互联网宣传其基金,并且吸收了 760 万美元的注册资金。但是,他的基金很快就垮台了。其亏损额达到基金规模的 60%,而希金斯本人也被证券交易委员会列为调查对象。他后来被判有罪入狱18个月,并且被终身禁止从事资产管理行业。

阿什贝利合伙基金(Ashbury Capital Partners)

马克·亚加拉的一切努力似乎都是白费的,即使他不那么勤奋,也照样不妨碍他在投资行业里迅速声名鹊起。当亚加拉还是个十多岁的少年时,他就被迈克尔·道格拉斯主演的电影《华尔街》深深吸引,并由此开始涉足一些小额证券交易。在初尝甜头之后,他便建议他的伙伴们购进美国在线(AOL)和戴尔计算机公司的股票。由于这些建议很成功,从此亚加拉就坚信自己可以在这一领域深入发展下去。

于是,他决定创建阿什贝利合伙基金,此对冲基金专门从事长短期资产管理。他的名声通过良好的人际关系网得以广泛传播,随后有几百万美元的资金流向他所管理的基金。

在商业宣传方面,由于年仅23岁的亚加拉向客户承诺其基金的年度业绩能达到60%,因此也没有费太多周折。不过,我们的"股市小天才"接着就有了麻烦,其中最主要的麻烦来自桑德拉·贝特利,《花花公子》杂志的头号模特。在亚加拉经人介绍认识该杂志创办人之后,他就开始热烈追求桑德拉。

随后,他送给桑德拉价值几百万美元的别墅、两辆法拉利、一辆奔驰敞篷车、一辆宾利以及一些黄金与钻石珠宝。接下来,亚加拉为讨得美人欢心,已无暇顾及基金业务。他的基金业绩一路下滑,之后他为了支付高额费用竟然还从基金中挪用。2000年10月18日,马克·亚加拉被捕。他因为导致110名投资客户资金亏损,最终被判入狱5年。

剑桥合伙基金（Cambridge Partners）

约翰·纳达尔自称是科技证券投资专家。他在基金管理的过程中，购进那些他认为市价被低估的股票，同时卖出那些市价被高估的股票。他于 1992 年创立对冲基金，但是到了年底就亏损了 2 万美元。可是他并没有立即对外公布这一坏消息，也没有采取任何补救措施，而是选择了欺诈手段。

从 1992 年到 1999 年，他一直在做假账，并且虚构基金业绩。当某一个客户决定抽出资金时，约翰·纳达尔就采取拆东墙补西墙的办法，将新吸收进来的一部分资金归还给他。然而，到了 2000 年 1 月，一个客户要求抽出他投资的 1 200 万美元资金，可当时整个基金只剩下 300 万美元了。

同年 2 月，约翰·纳达尔到法院自首，并对其罪行供认不讳。他被判入狱 10 年，并且被判终身禁止从事金融行业，此外还被勒令赔偿 510 000 万美元的损失。根据调查显示，约翰·纳达尔早在 1986 年就因非法操作被芝加哥期货交易所停业 6 个星期，并被罚款 15 000 美元。

玛利科巴投资公司（Maricopa Investment Corp.）

在七年之内，大卫·莫比利一直在欺骗监管局和投资者。这个所谓自学成才者始终吹嘘自己从 13 岁起就开始学习炒股，并且自称这段经历让他产生灵感并创造了名为"捕食者"的数据处理工具。这一工具的功能确实非常先进，但是，大卫·莫比利对其操作和功能始终保密。同时，他对其基金管理的方法也只字不提。但这并不影响投资者们蜂拥而来,先后被诈骗的资金额高达 5 900 万美元。其实,大卫·莫比利也并没有什么神奇之术,就是将几个高风险投资计划同时运用于一些非上市企业,比如一家高尔夫球场、一家房产信贷企业、一个雪茄爱好者酒吧等。

另外,大卫·莫比利以"应得报酬"为名侵吞了很多资金:他的年薪高达 100 万美元,奖金则是 200 万美元。同样,美国证券和交易委员会的调查也显示,莫比利的生活是非常奢华的:价值 100 万美元的位于纳波尔(佛罗里达)的别墅,位于科罗拉多州、价值 200 万美元的第二住宅,以及好几辆轿车,其中包括一辆价值 10 万美元的保时捷。不过,作为富豪,大卫·莫比利也没有忘记显示其"慷慨"的一面,他给各类慈善团体的捐款达到 350 万美元。可是这些钱都来自投资者的资金,所以这种"慷慨"也是相对而言的。大卫·莫比利因为其诈骗罪行,可能会被判 10 年监禁。

曼哈顿投资基金(Manhattan Investment Fund)

1996 年,迈克尔·伯杰在百慕大地区创立了自己的外围离岸基金。2000 年 1 月,这个年轻而"有前途"的基金经理决定通过信件开诚布公地坦白真情:"我刚刚通报了美国当局,近年来公布的有关本人名下基金的运行情况的信息都是不正确的,这只基金目前的净资产价值要远远小于以前所公布的数字……"

这封招供信让 280 名投资客户猝不及防,其中还包括一些投资多赢对冲基金的欧洲客户。情况怎么会是这样?很简单,就是通过谎言欺骗。

即使这一诈骗罪名足以让伯杰被送上法庭,但是他的罪行还不止于此：为了掩盖基金的糟糕业绩，他还做了一系列假账。他名下的基金最初有 3 500 万美元的资金，但是到了最后只剩下了几十美元。由于种种恶劣罪行，伯杰最终被判入狱 4 年。

休斯资产管理基金（House Asset Management）

在伊利诺伊州（更确切地说，在姬翁山），保尔·休斯和布兰顿·摩尔创立了他们的休斯资产管理基金。这两位不到 30 岁的"基金经理"，通过宣传他们的基金可以抵御股市的波动，从而吸引了 60 多位投资者。很快，基金规模就达到将近 300 万美元。休斯和摩尔甚至准备接收第二批规模达到 500 万美元的募集资金。

可是，之后公布的基金业绩却不理想，而且所有的账目也有做假的痕迹。2001 年，美国证券和交易委员会经过调查，发现休斯和摩尔用这些募集资金，以自己的名义购置了办公场所和公寓。即使一家当地报纸曾报道这两位金融家经常出入很多宗教场所，并且常常慷慨解囊，但这一切仍然无法抵消他们的罪行。其实，早在休斯因为违规操作而被禁止从事金融行业之后，有关部门就应该对此有所警惕了。

格兰尼特基金（Granite）

这一事件并非涉及诈骗行为，而是涉及管理模式的错误。该基金创始人大卫·阿斯金曾是一名抵押债券专家。由于风险监控失误以及评估系统的过时，格兰尼特基金失去了与之合作的主要经纪人的信任。结果，该基金在 1994 年被宣告破产。

老虎基金(Tiger Management Corp.)

与乔治·索罗斯和迈克尔·斯坦因哈特同时代的朱利安·罗伯森,他旗下的老虎基金管理同样体现了宏观策略。

这三位基金经理以他们的巨大成功,在另类投资管理史上曾写下过辉煌的篇章。不过,到了20世纪90年代末,朱利安·罗伯森已无法跟随股市的发展。他公开承认自己已经无法理解现今股市操作的逻辑性,并对新经济的可持续性表示怀疑。即使朱利安·罗伯森堪称宝刀未老,他还是在2000年3月宣布隐退。

沃尔特基金(Volter)

这一对冲基金创立于法国巴黎,专门利用股市波动进行套利交易。仅仅在2000年9月左右,这只基金就如同阳光下的积雪一样融化消失了(其亏损额达到420万欧元)。该基金被关闭,其投资小组成员之后也被列为调查对象。

长期资产管理公司(LTCM)

在以往20年间发生的有关对冲基金破产的著名事件中,长期资产管理公司事件是最广为人知的。

长期资产管理公司是一位被全世界所有交易机构推崇的基金经理——约翰·梅里维瑟所创建的项目。约翰·梅里维瑟的父亲是一名会计,母亲则在一所学校工作,他本人从小就对那些金融市场表现出了浓厚兴趣。从12岁起,聪明好学的梅里维瑟就开始投资美国股市。在芝加哥大学取得 MBA 学位后,26 岁的梅里维瑟进入了所罗门兄弟银行,并于几年之后在那里建立了套利交易部门。在股市预测方面,梅里维瑟确实具有超常的天赋,他经常与那些投资者,尤其是那些市场交易员唱反调。梅里维瑟的才干使得他领导的套利交易部门连续几年为银行带来最高的利润,同时也使他本人获得的奖金达到了天文数字。对自身才华自信满满的梅里维瑟从来不畏惧任何挑战。他还曾经下注 1 000 万美元,向所罗门银行总裁约翰·古特福德提出赌扑克。由于他的镇定气势震慑了古特福德,使得后者最终没有接受这一挑战。但是,撇开性格不谈,梅里维瑟似乎还不满足于他的成功现状。1991 年,美国证券交易委员会发现他曾经伪造了一份美国国库债券招标文书,以此来扩大投资规模。为此,所罗门兄弟银行被罚款 29 000 万美元。梅里维瑟本人也被开除,并被罚款 5 万美元。之后的两年内,我们的金融家隐居在他位于纽约北部、占地面积 27 公顷的私人住宅里。他每天都沉迷于高尔夫,这是他最擅长的运动项目,因为他小时候曾做过高尔夫球童。后来,他又重新认识到自己的才能,认为自己可以私下建立一些有用的管理模式。就这样,他决定建立自己的对冲基金,并将其取名为"长期资产管理公司"(LTCM)。图 15 为长期资产管理公司的商标。

图 15　长期资产管理公司的商标

1994 年 2 月,梅里维瑟开始大规模招兵买马,并从他原先工作过的所罗门兄弟银行挖了不少人才。很快,他的基金公司在套利交易领域初绽头角。劳伦斯·希里布朗(1991 年年薪 230 万美元的市场交易员)、格利哥里·霍金斯、汉斯·赫夫施密德、埃里克·罗森费尔德、理查德·里希、大卫·慕林斯(美联储副主席)以及罗伯特·默顿和迈伦·斯科尔斯(二人于 1997 年共同获得诺贝尔经济学奖)等人纷纷加入了这支"梦之队"。

图 16　诺贝尔经济学奖获得者默顿(左)与斯科尔斯(右)

之后,对冲基金开始运行,它所面向的客户群也是经过严格挑选的,被接受的 99 名投资客户每人至少出资 1 000 万美元。在基金运行信息的公布方面,这些客户每个月才会收到一份基金报告。如果要想掌握更多信息,除非成为基金公司的合伙人。这样就确保了最低 1 亿美元顺利入账。此外,这些资金在 1997 年 12 月 31 日前都将被冻结,而且所有的投资客户还要接受高昂的收费制度:2%的管理费用以及上交的 25%基金业绩分红。

基金公司内的一些合伙人对这一基金持高度乐观的态度,他们还以个人名义借了 4 000 万美元用以投资。在最初的四年里,长期资产管理公司没有让投资者失望,它取得了很好的业绩:

1994 年为 20%,1995 年为 43%,1996 年为 41%,1998 年为 17%。
之后,基金管理小组决定将其中 20 亿美元返还给原先的老客户,
同时向他们说明基金规模过于庞大将会干扰他们的管理程序。

但是,到了 1998 年 9 月,金融界发生了剧烈震动。由于受到
银行业突发事件的影响,长期资产管理公司陷入破产边缘。紧接
着,基金管理出现入不敷出的局面。1998 年初,该基金自有资产
总价值为 48 亿美元,然而它的头寸却达到了 1 200 亿美元,杠杆
率高达 25。1998 年 9 月底,基金规模仅剩 6 亿美元,但是同期头
寸仍高达 1 000 亿美元,杠杆率随即飙升至 167。同时,俄罗斯以
及拉丁美洲国家的一系列债务危机(尤以巴西为甚),使得银行无
法再贷款给梅里维瑟的基金公司用以保证金的储备。这时,美联
储副行政总裁彼得·费舍尔主动提出为这只处于危机状态中的对
冲基金进行风险清算。之后经过严格审查发现,梅里维瑟的基金
公司头寸实际超过了 1 万亿美元。这种情况急需监控当局的介

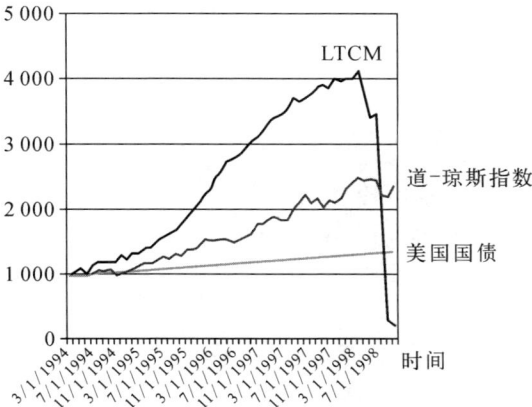

图 17 LTCM 与道-琼斯指数、美国国债的对比

入,因此,当时的美联储主席阿兰·格林斯潘领命开始实行对这只基金的救助计划。

格林斯潘调集了众多大银行(高盛、美林、摩根士丹利、瑞士银行、瑞士信贷第一波士顿、德意志银行等),为梅里维瑟的基金公司及时注入了 35 亿美元的保证金,就此避免了一场灾难性的金融风暴。在这些银行中,也有几家法国的大银行,例如农业信贷银行(通过其隶属机构东方汇理银行)和法国兴业银行等。

总体上看,梅里维瑟的基金公司一共需要 200 多亿美元的救助。其中,法国兴业银行投入了 1.25 亿美元。但是在两年之后,即 2000 年 8 月,兴业银行宣布退出这一事件,不再对梅里维瑟的基金公司提供援助。

1998 年夏天的金融危机同样也波及了其他另类投资管理载体,但是后果相对而言没那么严重。这其中的主要原因,是因为这场危机首先重创的是那些新兴国家的经济(主要是亚洲国家),然后才缓缓蔓延到俄罗斯和拉丁美洲国家。然而,有一些对冲基金由于紧盯那些高风险但是有利可图的市场,并且使用了一系列特殊的投资模式,因此,在金融风暴的袭击下,仅仅几个星期,这些对冲基金就遭受了严重损失,其中有的甚至还受到了致命的打击。

莱昂·考伯曼的基金就是其中一个典型例子。这位投资明星到后来不得不亲口承认,他管理的"欧米加咨询基金"原先规模为 40 亿美元,但是仅仅在一个月内(1998 年 8 月),该基金就亏损 10 亿美元。另一只面对新兴国家市场的"埃弗里前沿资本基金"原来规模为 27 亿美元,但是在短短几个星期内,其损失就高达 13 亿美元。

以上这些都发生在 1998 年。在此之后,又有几只对冲基金相继倒塌,这其中不能不提到阿玛兰基金(Amaranth)。这只基金着眼于能源市场的投资,其创建人名叫布里安·亨特,是一名年轻的套利交易员。然而,就是这位深受投资者喜爱的基金经理,于 2006 年 9 月承认他在天然气期货交易市场上,于一个星期之内亏损 60 亿美元,而其基金的总资产规模也只有 90 亿美元。后来,JP 摩根接手了剩下的资产,但这一切还没有结束。2007 年,布里安·亨特因非法操纵股价而被指控。但是,面对如此形势,他后来仍创立了另外一只新的对冲基金——索兰格咨询基金(Solengo Capital Advisors),并且决定把原先接手阿玛兰基金的 JP 摩根告上法庭。

与亨特一样,约翰·梅里维瑟后来也创立了新的基金——JWM 合作基金(JWM Partners LLC),不过他之后也遭遇了重重挫折。在 2008 年最初的三个月内,这只基金亏损额达到了 28%,从而引发了那些原本就不信任他的投资者们的公愤。

对冲基金面临的新问题

除了上面所说的欺诈和破产案例之外,我们还要看到对冲基金市场的结构性问题。2007 年夏天的信贷危机加大了某些投资管理策略的操作难度,特别是对于那些新建立的基金而言。因此,贝尔·斯蒂尔斯也和其他的基金经理一样,把他旗下两只对冲基金的失败归咎于 2007 年夏的这场金融危机。但这一武断结论却忽略了以下几个事实:第一,斯蒂尔斯所管理的富肯(Falcon)基金与阿斯塔(Asta)基金 2007 年才问世;第二,在此之前,尽管很多银行的处境也开始不妙(例如 JP 摩根银行当时所遇到的困难),但这些银行仍在尽力抢救陷于危机中的对冲基金(例如花旗银行在

2008 年 5 月接连拯救了两只对冲基金）。

当然，上述事例并不能说明所有对冲基金就此名誉扫地，大多数对冲基金的运作还是成功的。统计数据显示，最近十年内，资本市场上每 1 000 只对冲基金中，每年只有大约 3 只最后破产，3‰的比例是很低的。那些破产的对冲基金一般都具有以下特征：

（1）基金规模较小（小于 1 亿美元）；

（2）基金管理策略复杂，且操作透明度低；

（3）基金杠杆率较大。

我们已经看到多赢对冲基金运行过程中所遇到的种种困难：从几千个候选对象中挑选合适的对冲基金，根据市场风险系数（Alpha）慎重建构投资组合，然后还要随时随地对基金操作实施监控，以避免重蹈那些破产的对冲基金的覆辙。

从整体角度来看，本书章节中凡是提到对冲基金时，就会提到给对冲基金规范立法的话题。这一话题看来真的是要贯穿全书了。

对冲基金的规范立法

原则上，目前的对冲基金并不受任何立法的限制。如果一只像长期资产管理公司（LTCM）那样的对冲基金，在面对负责监控基金操作的立法当局时表现得唯命是从，那看起来就会有点出乎意料。这一不合常理的现象几个月之后引起了广泛争议：当局是否应该立法规范对冲基金的操作管理，以防止类似长期资产管理公司破产的事例再次上演？这一考虑除了金融方面的原因之外，国际社会也认为某些对冲基金操作的不透明性容易导致黑幕交易的出现。最直接的例子：我们都看到 2001 年的"9·11"事件之后,犯罪现象层出不穷,这种情况使得那些对冲基金也可能被用来为"基地"组织这样的恐怖组织服务。

除此之外,一些严谨的专家纷纷开始研究那些几乎不受任何监控的对冲基金。

巴勒委员会的立法提议

如前所述,长期资产管理公司于 1998 年破产。这一事件过去 4 个月后,负责银行监控的巴勒委员会(类似国际银行清算体系)曾发表一系列提议,用以整顿金融机构和高风险投资机构(主要是对冲基金)。该提议并没有涉及对高风险投资机构单独立法这一主题,而是提出"推动证券转让和衍生品交易风险衡量体系的出台、高风险投资机构借贷底线的制定,以及信贷提升工具的调整"。此外,委员会还提议,鉴于高风险投资机构所从事的交易特性(例如,证券转让等杠杆率较高的风险交易)以及这些机构目前的风险监控体系所存在的缺陷,有必要对它们实施更加严格的风险监控措施。

其实,对于巴勒委员会来说,最根本的问题并不在于制定规范,而在于为那些高风险基金和金融机构(银行、保险公司等)的交易划定底线。

1999 年的美利坚报告

在克林顿总统的要求下,一个由美国财政部、美联储、美国证券交易委员会、商品期货交易委员会和联邦保险委员会等机构成员组成的工作小组,于 1999 年 4 月撰写了一篇报告,建议规范对冲基金的管理,以提高其运作透明度。该报告明确要求对冲基金经理必须每半年公布基金运行情况。除此之外,该报告还分析了在衍生品交易上提高自有资产率的必要性。最后,工作组还建议所有的上市企业公布"与高风险投资机构进行交易操作的情况概要"。

达万(Davanne)报告

奥利维埃·达万是最早提出对对冲基金进行强制性约束的专家。应当时的财政部部长多米尼克·施特劳斯的要求,他曾向法兰西银行、股市交易委员会和银行业委员会递交了一篇题为《资产组合的透明度与市场风险的控制》的报告。在该报告中,他建议提高那些对冲基金的操作透明度。

为此,他提议成立专门监管机构,负责审查每一只基金所提供的信息。同时,这一透明度要求也适用于所有的银行,通过这一信息审查程序,那些借贷机构就可以及时了解自己在金融市场上所处的位置,并将具体信息及时公布于众。

2003 年美国证券和交易委员会的分析报告

随着另类投资管理在美国的崛起,美国当局立法规范对冲基金业务已是势在必行。尽管一些对冲基金经理百般阻挠,美国证券和交易委员会仍然在 2004 年出台了有关法规。不过要注意的是,为了谨慎起见,委员会接触了很多另类投资管理从业者。同时,该委员会希望对冲基金最好由那些共同基金(例如互助基金)管理机构来操作,这一提议的目的仍然是为了保护个人投资者的利益。此外,证券和交易委员会在其网站上开辟了一个教学单元,用于解释另类投资管理的主要原理,还提醒投资者注意这种投资模式所包含的特殊风险。但是,即使在证券交易委员会内部,成员们对于法规能达到的约束效果也各持不同意见。最后,在证券交易委员会的网站上,投资者自己也可以核实那些运行对冲基金的管理机构是否被批准营业。

争论远远没有结束。在尼古拉·萨科奇、安琪拉·默克尔和乔治·布什(他曾于 2007 年命令美国财政部部长亨利·保尔森加大对对冲基金的监控力度)这些大人物的影响下,有许多政客时常把立法规范对冲基金的话题挂在嘴边。

金融界对这些争论当然不会无动于衷。他们中的一些人拒绝被各种立法条文所限制,并开始反击政客们的行为。2007 年年底,一些基金经理在伦敦创立了一部对冲基金管理行业行为准则,并将它推广至对冲基金行业联合会的所有成员的管理过程之中。

上述这些权力机构所作的研究表明,国际社会对于对冲基金的角色定位仍有疑虑。大多数国家都不希望对冲基金成为犯罪帮凶,不过它们仍然希望对冲基金从业人员能遵守最起码的行业准则。说得清楚点,就是降低对冲基金管理的自主程度。因为,那些拥有良好投资前景的对冲基金,通常都会用两种方法吸引投资者加盟:或将一部分资金向投资者开放;或怂恿投资者加入,以获取必要的资金作为投机交易的保证金。不过,我们要注意的是,有些对冲基金的操作和别的对冲基金相比还是不同的(例如,有些对冲基金只着眼于那些西方发达国家政府债券的投资),而且我们还要抵制那些认为另类投资管理仅仅局限于对冲基金管理的狭隘想法。

即使大多数监控当局都希望专门立法用以规范对冲基金操作,我们也不能保证他们的愿望有一天会完全实现。实际上,如前所述,对冲基金和另类投资管理本身就涉及十多种不同的投资类型。如果某些投资模式的运行需要严格监控的话,那么对于另外一些投资模式,我们只要制定相应的具有约束功能的行为准则就可以了。

最后,我们还要指出,对冲基金经理并非生活在一个封闭的世界里。实际上,如同资本市场上的任何一个参与者一样,他的一举一动都和市场上其他的参与者紧密关联。

对冲基金运行中的主要参与者(见图 18)

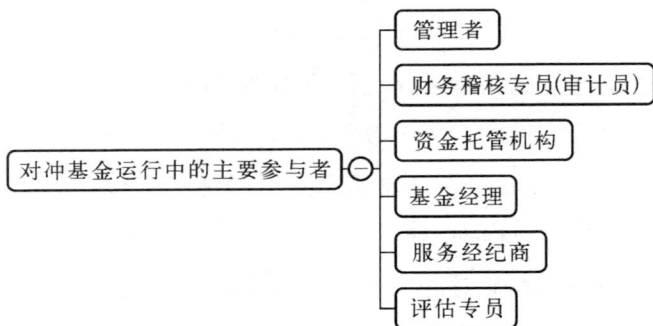

图 18　对冲基金运作所需要的参与者

管理者

这里的管理者指的是一些投资银行或者专门的投资管理机构。管理者主要负责投资计划的落实,并管理基金资产与负债情况的变动,包括资金募集和买断。通常情况下,管理者的工作地点都在基金的募集登记地(例如比荷卢三国关税同盟、爱尔兰等)。如果基金募集地是在巴拿马这样的遥远国家,那么该基金就被叫作外围离岸基金,可以不受立法的限制。在这种情况下,基金净资产价值会根据服务经纪商(这点我们以后会说到)和基金经理提供的信息得以哄抬。此外,管理者的责任还包括对基金运行中的有关错误行为进行纠正。

财务稽核专员(审计员)

财务稽核专员主要负责对会计账目进行审查核实。他从基金经理和其他参与者那里获取信息,并且审核基金净资产和托管机构资金的运行情况。此外,他还负责查实资金状况及其流动去向,并检查是否有表外资产的存在。

资金托管机构

资金托管机构通常指银行,或那些接受资产托管并且提供整套服务(红利支付、证券托管等)的金融机构。

基金经理

基金经理负责基金的整个投资流程,他平时也负责接纳新投资者的注册资金。

服务经纪商

服务经纪商有别于那些资金保管机构,区别就在于服务经纪商可以帮助那些杠杆基金进行融资,这也是他们得以生存的根本能力。他们通常与基金经理保持密切联系。大多数情况下,服务经纪商指的是可以对基金操作进行交割清算的投资银行,它接受资产托管,对卖空交易进行二次融资,并对基金整体风险了如指掌。

评估专员

评估专员负责对交易数额进行评估,以此决定抵押金(必要情况下)或者由双方通过协商确定付款金额。如果证券没有标价,或者没有定期标价,基金经理可以自行评估,但是评估结果需要管理者的同意以及财务稽核员的审核。评估专员可以与上面某一个参与者(管理者、服务经纪商)共同效力于一家机构,也可以是独立的第三方。

因此,如果说舆论大多呼吁立法规范对冲基金业务(这一呼声在美国特别高),那么认识对冲基金操作中的全部参与者是很有必要的。

另类投资管理的方法

　　另类投资管理基金,尤其是对冲基金,它们的主要目的都是为了获取绝对收益,但是这些基金操作所涉及的管理方法是多样的。这些基金在发展过程中也建立了一系列的投资策略,通常这些策略都被用以建立精密的数据模型。在描述这一原理之前,我们先来看看这些基金管理方法。不过,这是一项复杂的任务,之所以这么说是有很多原因的。

　　首先,如果说对冲基金的种类多到令人吃惊,最主要的原因是因为对冲基金的分类标准主要是他们所采用的投资技术。在一个竞争激烈的领域(不仅仅是金融业),某种改良的投资方法可以让基金管理者在风险得以控制的基础上取得良好业绩,从而让基金及其管理者获益匪浅,并且在竞争中脱颖而出。在这样的环境中,通常每个基金经理都有自己独特的投资方法。为了保护自己的管理方法,不让别的竞争者"偷师学艺",基金经理往往要花费很多心思。直到今天,大多数对冲基金经理们仍然对他们的投资计划和投资策略三缄其口,也不会主动透露这方面的细节。因此,另类投资管理不仅涉及的方法繁多,而且其中一部分方法仍然处于保密状态。

然而,在今天,还是有相当一部分投资方法在理论上已被人熟知。事实上,如果我们只是轻描淡写地说哪些领域可能会被某些专业的基金经理所关注,那么我们还是不能了解基金管理模式上的每个细节。尽管如此,为了更好地了解那些另类投资管理基金,我们还是有必要阐述与之相关的主要管理方法,尽管这些方法的分类并不正式。

此外,我们还必须注意到,与传统管理相比,有关另类投资管理的术语用得更多的还是那些英文词汇。当然,我们完全可以把它们翻译成中文,不过之后可能会产生两个问题:首先,我们不能肯定翻译过来的词汇能够准确无误地表达原意;其次,另类投资管理在英美国家更为发达。实际上,这些英文词汇目前已被全世界的另类投资管理从业者所通用,也包括亚洲的投资者们。

中性市场策略:风险的抵消

对于支持这一方法(中性市场策略或"相对价值策略")的管理者而言,实施这种管理方法的关键在于建立一种能精确控制其风险,并且与传统低风险市场挂钩的产品。这一类型的管理方法主要有以下几种:

可转换证券套利

这是一种最为保守的技术。简要地说,就是买进一家公司的可转换证券,同时卖空这家公司的股票。通常,那些可转换证券的发行者可以是企业,也可以是交易所。可转换证券有两个优点:第一,这是一种债券,因而具有安全性;第二,这种债券可以按照事先约定的比例转换成股票。因此当股价上涨时,可转换证券的回报率也会相应上涨。基金经理可以通过这种可转换证券进行套利交易,利用这两种资产的市场波动来获利。

股指期货套利

在套利中,基金经理只涉足股市。为了减少风险度,并获得良好业绩,他通常会采用两种交易行为进行风险对冲:

(1)购入一揽子股票,同时卖空相应的股指期货;

(2)抛出一揽子股票,同时买入相应的股指期货。

固定收益套利

在固定收益套利中,基金经理只涉足利率市场,他的投资组合中只包含债券(通常是国库债券,比如美国债券,但也包括其他一些政府和企业的债券)。为了达到收益最大化,在持有债券的同时,基金经理会卖空以持有债券为标的物的衍生品,以此期望从衍生品与债券两者的差价中获利。由于这一类型的标的物(利率)波动幅度非常小,因此基金经理通常会考虑运用杠杆放大收益。

相对价值/套利交易:差价利用

这一技术在于充分利用两种具有相似性的资产之间的微小价格差异,当两者的价格出现差异时,则对其进行套利交易。许多基金经理都在积极利用这种微小差价(例如外汇差价)来达到获利的目的。他们同时还会利用杠杆效应,最终使自己的业绩成倍增长。在市场价格预测方面,基金经理可能会预测价格上涨,也可能会预测价格下跌,但是他们不会采取高风险手段。他们的最终目的是抵消价格波动(上涨或是下跌)幅度过大而带来的风险。这一策略同样也包含很多倡导"公允价值"的数量化模型。从理论上说,经常采用这种技术能使基金经理从市场微小波动中赚取较大利润。相对价值的买入和卖出区间见图1。

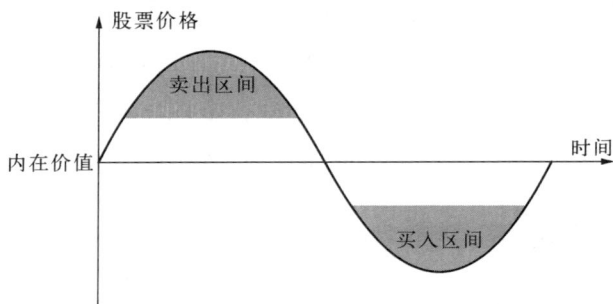

图1 相对价值的买入和卖出区间

事件驱动型策略:对于意外事件的利用

投资策略的用处,有时候也在于利用一些意外事件及其带来的市场波动而借机获利。与前面的管理策略相比,这种策略面临的市场风险要大得多。因此,它在提高基金潜在收益的同时也增加了基金运作的波动性。常见的"事件驱动型策略"主要有以下两类:

困难公司

基金经理将资金投入那些重组或破产的企业所发行的证券(所谓的"垃圾证券"),他可以选择股票,当然也可以选择债券。值得我们注意的是,近年来,在传统管理领域也出现了按照上述管理思路来运行的基金,比如高收益债券基金。基金经理通常选择那些传统基金经理不感兴趣的问题企业,并以低价购入这些企业所发行的证券。因为等到这些企业走出困境之后,这些曾经被低估的"垃圾债券"将会被大幅看涨。

在企业兼并收购过程中的套利交易

基金经理购入被兼并(被收购或者被合并)企业的股票,同时将兼并企业的股票抛出。

这一操作如果成功,由于兼并成功后被兼并公司的股价往往会出现大幅上涨,基金经理就可以充分利用杠杆来放大这一事件带来的收益。相反,如果因为经济原因(例如双方无法就某一价格达成协议)、法律原因(例如监管局为了防止垄断而宣布此兼并收购行为无效)或其他方面的原因(例如工会的排斥)造成上述基金操作的失败,那么基金经理的损失将是巨大的。对于兼并套利来说,很重要的一点就是:基金经理如果要利用企业兼并收购之类的突发事件来进行套利交易的话,他们必须要得到官方消息的确认后才能开始投资计划。在官方消息没有公布前,基金经理的任何举动都将被视为非法的内幕交易行为,这一不法行为将会受到立法当局的严厉处治。

这种在企业兼并收购过程中的基金管理策略通常很复杂,因为它涉及金融、税务、法律等很多方面的问题。所以,对冲基金管理机构在制定兼并套利策略的时候,常常会请那些有经验的律师或者法学专家加入它们的工作小组,以使法律风险最小化。

这一类型的管理方法往往风险度最高,它基本上可以分为以下几种策略:

投机策略

商品交易顾问(CTA)

这一基金管理方式通常用于期货行业。基金经理可以选择在金融市场上投资,也可以选择在非金融市场上投资,例如,商品期货市场。

在实施商品交易顾问这一策略时,基金经理通常会使用两种分析技术:

(1)双向分析法:基金经理根据"自下而上"分析法(从微观到宏观,例如对某些证券的基础分析)和"自上而下"分析法(从宏观到微观,例如对宏观经济的分析),自由构建投资组合。通过"自上而下"分析法,基金经理可以给他所管理的基金作个大致定位;而通过"自下而上"分析法,他可以大概了解该基金运作的整体风险。

(2)系统法:基金管理程序可以通过数据模型来表达,这些模型通过不同的设置标准选定不同的市场参数,最终获得买卖指令。系统法也可以分成两种:趋势跟踪法和随波逐流法。

很自然,每位基金经理都可以将上述种种方法加以组合,从而形成能让自身基金利润最大化的投资策略。此外,信息科技的发展,让我们可以通过那些含有几百个参数的复杂模型,以及那些不带任何感情色彩的曲线图,来大体判断目标市场的走势。现实生活中,那些 CTA 专家主要着眼于外汇、债券以及股指市场的投资。

整体策略：经济学家的眼光

顾名思义，这一投资方法主要是通过预判国际经济的宏观变化来获利。它可以分为以下两类：

（1）从国际角度来看：基金经理跟踪并分析全球主要国家和市场的经济变化。他们根据"自下而上"的方法挑选投资证券（行话叫作"挑选绩优股"），并在心仪的国际市场上进行投资。

确切地说，在这种情况下，基金经理是否会选择在某一市场上进行证券投资，很大程度上取决于他对该市场的信心。在同一个市场上，即使这些基金经理会选择某些衍生品（特别是某些衍生品指数），但和其他实行"宏观策略"（我们下面会讲到）的基金经理相比，其投资幅度也一定会小得多。

（2）从新兴地区角度来看：这种基金经理通常会把投资眼光转向那些新兴的金融市场，甚至是某些区域性市场。投资这些尚未成熟的市场意味着将有更多的套利机会，但是这也往往需要更高超的投资技巧。因为这些市场都是不稳定的——也就是说，可能在短时间内就会遭受巨大的波动。随之而来的就是极为猛烈的风暴，例如1998年的危机或者2008年初中国和印度股市的大幅下跌。

宏观策略：备受争议的策略

毫无疑问，这一类投资策略创造了最著名的对冲基金。这一具有投机性、基于机会主义的投资方法，因为乔治·索罗斯、朱利安·罗伯森和迈克尔·斯坦因哈特这些大人物而名声大噪。这一

**图2　宏观策略投资家
乔治·索罗斯**

方法的实质在于确定市场形势后立刻进行果断大胆的交易。为了突出这一策略的成效,基金经理们还积极运用杠杆效应和多种衍生品。在这种策略下运行的基金,其操作周期往往为一个月至一年,并且不受法规条文的限制。此外,基金经理们还可以在不受资本负债率限制(自由使用杠杆)的前提下涉足所有市场。

长短期资产管理

　　股票的长短期(资产)管理策略早就被那些对冲基金经理所使用,目的在于利用证券价格的看跌来获利。通常,基金经理在市场上借入某一证券,随即将它抛出,并准备在今后以更低价格将这一证券收购。由此我们可以推断,基金经理在上述交易中使用的是"卖空"技术,这种技术可以让基金经理在市价看跌的形势下盈利,当然还有另外一个条件:市场上必须有人愿意将证券借给基金经理。

　　这种管理技术的叫法也很容易让人理解:"卖空"指的是一种短期投资行为(即短线投资)。反过来说,传统意义上的证券持有指的是一种长期投资行为(长线投资)。

　　长短期资产管理方法的目的,在于超越传统投资模式,并提供一种新的投资思维。它不仅分析绩优股,也分析所谓的垃圾股,并着眼于市场的稳定性,使得股市参照指数在股价下跌阶段仍能取得超额业绩。

现实中,长短期资产管理囊括了很多不同的投资方法。最常用的投资方法有以下四种。

(1)做多投资策略:基金经理通常会同时使用长期投资策略和短期投资策略,这两种策略至少涉及50%的资产管理。当然,这一过程还可能会运用到杠杆效应。举个最典型的例子,在一个价值100美元的资产组合中,如果30美元用于长期投资,50美元用于短期投资,那么就有80%的资产管理涉及了长短期资产管理策略。这一做法的目的是让那些参照指数在市场稳定的前提下取得超额回报。

(2)看跌投资策略(或者"抛售"):在这种情况下,基金经理认为市场走势看跌,但是他只选择投资那些市价被高估的股票。接着,他借入这些股票并将其抛售,等到股价下跌时再将原先那些股票如数收购回来。对于那些传统基金的投资组合,或者那些认为市场走势将下跌的投资者来说,短期投资策略能够起到很好的避险作用。然而,这一策略具有高风险性,因为短期投资需要承担杠杆,错误判断的后果也可能是天文数字般的亏损数字。因此,短期投资策略需要一项极为严格的风险监控体系。

(3)中性策略:基金经理将其资金平均分配,分别实施短期投资和长期投资,以达到风险抵消的目的。从理论上说,这一策略确实可以大大降低风险,但是仅仅采用分散投资方法的投资组合很难让投资者获利,如何挑选有潜力的证券就成了关键。这一投资策略的目的,在于通过对冲控制市场波动性的同时,通过证券的选择获取绝对收益。

(4)行业角度策略:基金经理根据他所熟悉的行业或部门进行基金管理。

　　大多数根据长短期资产管理策略运行的基金都试图聚焦其投资领域,以便让其基金经理最终成为某个行业、某个地区或者某一类资产方面的权威专家。因此,我们经常会看到不同领域的专业基金经理,这些领域往往会根据市场规模的不同(大型、中型或小型),或者根据证券类型的不同(比如"面额股",其主题通常为资产、负债或增值;或者"增长股",其主题通常为营业额增长、盈利或市场份额)而进行细分。

私人股权管理：非上市投资

　　私人股权管理又是另外一种管理策略。如果说在英文中,另类投资管理包括了所有非传统管理策略的话,那么私人股权管理也应在其中。不过,在欧洲,这种管理策略并不多见。由于资金被投入非上市公司中,其资金流动性受到了很大的限制,这种管理策略很少用在多赢对冲基金管理方面。但是,相对较低的流动性也可以让基金业绩不受市场波动性的干扰,因而还是受到了一些投资者的青睐。下面,让我们来分析这一管理策略。

　　如今有很多企业都通过资本市场来筹集更多资金,不过也有相当一部分企业没有上市。然而,这些未上市企业同样也需要资金来源,用以维持企业的发展。于是,投资者就通过私人股权投资这一方式,来买进、管理和卖出那些未上市企业的资本份额。

私人股权投资技术的运用

　　在私人股权管理过程中,基金经理并不需要采取什么独特的管理方法。而且,在这一领域,基金经理最好能够把所在的工作小组的一贯做法和他以往取得的经验相结合,那将会促进他的工作效率。

此外,大部分的基金管理专家也确信,任何一种另类投资管理方法都不是凭空创造出来的,而是在实践的基础上不断加以完善总结才得以最终形成。

我们前面提到的种种基金投资策略很少被单独运用在某只基金的运行上,大部分的基金管理在实际操作中往往会结合多重策略。想要系统地认识对冲基金的价值,以及它的发展规律,就有必要根据一定标准对这些管理策略重新作一个分类。

根据投资策略的细分(见图3)

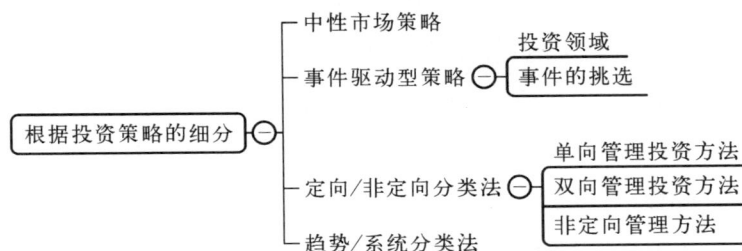

图3 按照不同的投资策略的对冲基金分类

中性市场策略

如前所述,中性市场策略的建立旨在对市场的系统性风险进行对冲,降低基金的波动性,提高潜在收益。通过中性市场法,管理者推出的基金可以介入不同的资产类别,这主要指的是:

(1)股票;

(2)可转换债券;

（3）利率产品。

有许多基金同时介入以上三种资产类别，这也催生了那些多策略基金管理技术。

事件驱动型策略

采用这一策略的基金经理热衷于追踪那些造成市场混乱的突发因素。这些突发因素主要是指企业合并、收购、重组或者破产事件。上述任一事件的发生都会引发金融市场的价格动荡，因为不同的市场参与者对这些突发事件的预期是相去甚远的，多头和空头形成强烈对立的时候，股价的大幅波动就在所难免。

当某一位投资者认为两个企业合并能够带来有积极影响的协同作用时，另一位投资者也许会认为这两个企业的经营范围并没有互补性，合并反而会成为双方的累赘。这两位投资者对于同一事件的不同观点，使得他们在资本市场上会作出截然相反的投资决策，并最终导致股价走势的分歧。

采用事件驱动策略的基金，通常大部分都是股票基金，然后是可转换债券基金，最后是那些利率产品基金。

这一投资方法是如何使用的呢？如果某一只基金的运行采用了事件驱动型策略（例如公开出价买进或公开兑换证券等事件），那么在管理过程中，只有当该事件主角亲自向股市监控当局发布正式公告时，基金经理才可以实施整个投资计划，否则就会因为内幕交易而受到处罚。不过，在开始详细分析这一管理方法前，我们有必要对这些特殊事件作个简要叙述。

一些主要的工业国家，甚至包括一些新兴国家，对一些经济领域和公共服务部门都或多或少地减轻了管制力度。例如,在欧洲,很多人都知道欧盟当局致力于消除垄断局面,让电信、公共交通、水、电、邮政服务等方面的企业自由落户,开展经营活动。

同时,经济的全球化也吸引着越来越多的企业走向海外进行企业兼并,通过兼并的模式扩大海外市场份额,或巩固自身在其行业内的领导地位。由此出现了很多企业兼并和收购的契机,无论是那些大型工业集团,还是那些中小企业,无论是传统制造行业,还是新经济领域,都被卷入了这一企业兼并收购的热潮之中。

在企业兼并收购事件下进行的股票套利交易,其目的在于利用被收购企业股票的最新标价和潜在收购企业正式公布的标价间的差异,并以此获利。出现这种标价差异的原因是多样的:

——对于该事件持续时间长度的不确定性;

——对于该事件进展的不确定性;

——红利(如果有的话)的支付;

——卖空收购企业的股票所面临的困难;

——由于种种原因产生的、会导致事件失败的风险因素,这些原因包括:法律上的问题(例如公司形式的缺陷)、规章条例方面的问题(例如兼并之后将会出现垄断局面)、政治方面的问题(例如跨国兼并将可能导致经济殖民)、被兼并企业的抵制策略,以及与被兼并企业联系紧密的新参与者的出现(行话叫作"白马骑士")。

简要地说,股票套利基金经理在面对特殊事件时,可以采取如下策略:

——公开兑换证券:购入被并购企业的股票,抛售发起并购企业的股票。

——公开出价买进：购入被兼并企业的股票。

在以上两种情况下，基金经理采取的投资策略都可以不受股票和利率市场的波动干扰，投资的收益纯粹来自上市公司股票价格和上市公司被并购价格之间的差异。

这种股票套利交易的高度复杂性和不确定性，决定了其管理过程的严格。我们接下来进行的对于管理阶段的分析也会证明这一点。

投资领域

投资领域在这里主要包括欧美的所有股市，同时也包括亚洲那些企业兼并收购现象普遍的国家。投资小组实行每日值班制，以尽快了解那些潜在的或已经证实的企业兼并收购消息。这方面的信息来源是很多的：财经媒体、Bloomberg 查询工具、汤姆森财经、网站、人际网络以及外部调查等。

这些企业兼并收购操作的数量取决于市场条件（例如，价格稳定）和金融条件（例如，贷款利息不高）。

事件的挑选

毫无疑问，在那些已被证实的收购或兼并事件中，投资小组应当选择那些可以为自己带来可观利润的企业。这一挑选可以参考以下几个标准：

——公司市值规模：这一公司市值规模应该足够大，通常至少在 10 亿欧元以上。

——股票的流动性：股票的每日成交量应该足够大。

——产业逻辑：所有企业兼并收购事件，在被公布前都经过了有关专家的深入研究，以分析被收购企业和收购企业的产业相似性所带来的利弊。

——交易类型：被兼并企业的态度是合作的还是恶意的，兼并事件主角的意图是否健康，将对整个事件的成败起到决定性作用。

——法律分析：通常情况下，我们在投资管理小组内还能见到律师的身影。他们负责列出行政与规章制度方面的基本点，以使兼并行为在特定的法律环境下得以顺利进行。

——信息的透明度：信息透明度的提高，将有助于投资者准确预测企业兼并事件的进展。

在根据以上标准进行一系列的筛选之后，通常基金经理会最后选定 20—60 个企业兼并收购事件，用于自己的投资策略。

投资策略的交易流程

在选定了有关事件后，基金经理接下来就要为每一个事件设定相应的投资策略和套利交易程序。在大量的相关信息面前，内部设计的数据模型将是当前对冲基金必不可少的工具，这些模型可以统计出驱动事件的成功概率和潜在风险，并综合风险与收益估计出预期的投资回报。

根据基金投资组合的特性（预期收益、不稳定因素的干扰等），投资小组应该随着事件的发展定期实行一些调整措施。这样，某一个不成功的事件就可以被及时删除，并被代之以刚刚公布的另一桩新事件，等等。

另外，管理过程中所运用的数据模型应当帮助基金经理分散投资其资产组合。这一点体现在以下几方面：

——地理因素：被采纳的事件应当发生在不同的股市。

——行业因素：这些事件应该涉及不同行业的企业。

——外汇因素：即使基金经理一般都使用外汇风险规避工具，他们还是应当选择涉及不同货币的事件，以避免单一货币运行所带来的高风险。

——交易种类：被兼并企业的友好或者敌对的态度，将直接导致基金经理认为有必要采取不同的投资策略。其投资组合也应当同时考虑到上述两类态度的影响。

——成功概率：如果说某些企业兼并事件进展顺利、结果让人可以放心，那么另一些兼并事件则充满了不确定性和复杂性。由上述事件成功概率所决定的投资回报是个可变值，应该结合每一个基金来衡量。

——事件演变方向：对冲基金应该将事件成功条件下的投资策略和事件失败条件下的投资策略融合起来，在两种情况下都能进行套利。

——事件规模：从传统意义上说，那些基于中小企业的兼并成功率更高，因为它们所受的制度和经济约束更少，针对这些兼并的套利波动也更小。

当基金经理考虑了上述因素之后，他就可以根据预期收益和既定风险程度各自的比重，综合配置投资组合。

欧洲的基金管理机构已经开始运用上述管理程序，当然各家金融机构都有自己的特点，在管理细节上也不尽相同。在这一程序下运行的基金通常都有很远大的目标，比如：

——年回报率在 10%—20% 之间；

——波动系数控制在 8%—13% 之间（这一数值为股票波动

系数的一半）；

——基金对市场波动的敏感度系数（β相关系数）小于 25%。

正如我们前面提到的，绝大多数运用另类投资管理方法的基金运行都牵涉到好几种管理技术。除了上述分类，我们同样还应该介绍另一种分类方法——定向分类法。

定向/非定向分类法

尽管基金投资需要融合许多种方法，然而那些专家认为，我们还是可以通过对冲基金对于市场走向的运用来理解他们的差异。我们可以列出以下三种基于市场方向的分类：

单向投资方法

基金经理通常会根据某一些评估参数来预测股市走向是看涨还是看跌。因此，他所管理的基金也会受到这一市场预测走向的影响。

在股市看涨的情况下，基金经理采用最多的方法无疑是"单向价值建仓"。也就是说，根据个股质量来建构投资组合，而不考虑个股在整个市场上的比重。说得夸张点，就是建仓者首先考虑的是个股质量的好坏，而不是整个股市的形势。通常，基金经理会选择那些有形证券，即以股票和债券为主。然后，根据其风险策略的不同，他会将投资组合资产的 0—150% 投入资本市场。同样，这种单向管理方法会考虑特殊事件的应用（"事件驱动型策略"），例如企业合并与收购、企业重组等。

在股市看跌的情况下，基金经理的投资方法就会着眼于利用股价长期内将下跌或短期内将得到纠正等这些走势获利。这种方法使用较少,而且它也不是最受推崇的,因为当股市看涨时,基金经理可以立刻背道而驰,采取相反的策略。

双向投资方法

顾名思义,这种双向投资方法是从两个方向(看涨或者看跌)同时跟随市场走势,并且运用杠杆放大其效应。这种方法主要可以分为以下几类:

(1)宏观策略:采用这一方法的基金经理会同时预测资本市场的两个走势,并且通过在有组织的市场上投资衍生品来放大这两种走势的效应。整体宏观法是目前最具有投机性的投资方法之一,它可以被用于那些传统的投资标的(例如,股票、债券等),也可以被用于商品期货和外汇等其他投资标的。我们也许仍然还记得1992年发生在乔治·索罗斯和英国当局之间关于英镑交易的对峙。

(2)短线交易策略:这是一系列的短线交易操作行为的总称(这也是其名字的由来)。基金经理通过这些操作,可以同时预测市场看涨和看跌两种走势,并从中获利。

(3)趋势跟随策略:赞成这一方法的基金经理往往是期货交易的推崇者。他们主要着眼于资金流动性强的投资市场,根据事先预测的风险程度,通过不同的杠杆率放大市场双向走势(看涨和看跌)的效应。

非定向管理方法

这一类的管理方法并不看重市场走向,甚至可以说它们旨在通过对冲独立于市场的波动,因为它们通过市场弱有效性(通过观

察市场以及证券价格获知)来发掘套利机会。在这一类的管理方法中,最受另类投资管理者青睐的有以下两种:

(1)中性市场策略:对不同证券和市场指数的定向追踪,往往可以让基金经理及时发现市场上的估值不合理的现象。这种套利技术让基金经理可以利用同一证券在两个不同市场的标价差异获取利润。概括地说,就是做空估值过高的证券,同时买入估值过低的证券。有时候,通过可议价期权这种投资工具的杠杆效应,可以使原本十分微小的标价差异被放大。

(2)相对价值策略:这是另一种股票套利技术。基金经理通过所谓的相对价值,充分利用股票在某些意外事件下产生的过度反应。这些意外事件包括小股东的收购、股份的减少、股价持续下跌等。同时,这种相对价值也可以用于同行业的企业股票、同走势利率债券、同一企业发行的股票和可转换债券等。

简要地说,对于这些意外事件的利用,基金经理的目的在于进行非常规股票交易,使股价与大盘保持低相关性。这一切操作的结果,无论是获利还是损失,都将通过杠杆效应被放大。

趋势/系统分类法

如前所述,另类投资管理有四个显著特征:

(1)力求绝对利益;

(2)力求与传统金融市场波动无相关性的回报利率;

(3)力求风险规避;

(4)力求渗透所有的金融工具和金融市场。

在传统管理模式下,上述四个显著特征都是无法成立的。

如何进行多赢对冲基金管理

鉴于对冲基金投资模式与功能的多样性,以及不同基金在收益方面的离散性,对冲多赢对冲基金(多赢对冲基金)才得以问世。这类基金的诞生使基金管理者在充分利用对冲基金投资模式的同时,还使投资组合的整体风险得以降低,这两大优点的结合使得多赢对冲基金被认为是另类投资管理的最佳手段之一。

不同对冲基金收益的差异性

另类投资管理并不仅仅在于一种或几种投资策略的选择。事实上,即使采用了同样的管理策略,不同的对冲基金所取得的收益也是大不相同的。

一些投资者已经充分认识到了这点。根据金融市场监管局(AMF)提供的数字,截至 2008 年 3 月 31 日,动产金融投资共同基金会(OPCVM)已经推出的对冲基金产品为 374 种,涉及的资产总价值达 363 亿欧元,其中有 145 种对冲基金是以委托管理的形式进行运作的。在金融市场整体低迷的局势下,对冲基金的规模增长率在 2007 年 3 月到 2008 年 3 月间仍然高达 10.33%。与同期动产金融投资共同基金整体规模递减 7.30%相比,这一增长率更是难得。然而,多赢对冲基金管理并不仅仅在于选择一定数量的对冲基金以创建多赢对冲基金。有别于传统管理模式的有章可循,多赢对冲基金管理则更加注重对冲基金的挑选和有机组合。这是因为:一方面,每一只对冲基金的业绩及使用的管理策略都是不同的;另一方面,对于欧洲的投资者来说,他们采用的对冲基金管理策略还要受到监管局的有关条文限制。

立法规范

在欧盟国家中,多赢对冲基金管理必须要遵循立法规范。从2003 年 4 月 3 日起,选择认购多赢对冲基金的投资者,同样也可以受到传统基金管理规范条约的保护。下面是股市交易委员会(现已更名为金融市场监管局)的相关规定:

那些以追求独立于市场指数涨跌的绝对收益为目标的基金管理策略,在投资偏好保守的欧洲历来都不被看好。这些管理策略所涉及的基金规模不大,目前来看,其产品的推广力度也有限。然而,在目前整体市场普遍低迷的时候,多赢对冲基金产品却随着对冲基金在全球资产管理界的流行而迅速发展。这些多赢对冲基金管理技术在今天被统称为"另类投资管理"。然而,究竟什么是"另类投资管理",在这点上一直没有国际公认的精确定义,因此它的内涵是相当复杂的。

如今,在欧洲,另类投资管理涉及的主要产品当属对冲多赢对冲基金(即欧洲动产金融投资共同基金投资的外围离岸基金或者一些特殊的基金,例如期货市场共同基金(FCIMT)等)。这就需要一个特定的立法体系,来规范这些已在欧洲运行十多年的多赢对冲基金产品。

事实上,管理公司在运用复杂的技术进行基金挑选时,往往会要求进行尽职调查,而这些尽职调查大多是根据具体情况(在委托管理或者动产金融投资共同基金管理的情况下)特别推出的。此外,管理公司还要通过商业计划和合适的信息渠道,来吸引更多的投资者或资金委托人关注它们的基金产品及管理策略的特色。投资者或资金委托人应当得到足够的信息(通过基金介绍手册、管理委托书及其他一切促销文书)来了解该基金投资项目及其包含的特殊风险,从而充分认识管理公司所推荐的该基金产品。

经过与该行业专家几个月的商议,本委员会刚刚通过以下决议,旨在促进该行业的良性发展,并对其操作实施立法规范。有关法则如下:

(1)经营动产金融投资共同基金管理或者另类动产金融投资共同基金委托管理的管理机构,必须及时更新其操作程序。

(2)对冲基金投资份额小于10%的动产金融投资共同基金会,必须及时更新其信息手册(如是管理公司,则必须及时更新其操作程序)。

(3)对冲基金投资份额大于10%的动产金融投资共同基金会,也必须及时更新其信息手册(如是管理公司,则必须及时更新其操作程序以及商业计划大纲)。

这一条文批准了有关对冲基金投资产品的商业推广,不过,基金管理公司必须具备相关的另类投资管理经营特许条例。对于监管机构而言,首先它要核实那些推出此类投资产品的基金公司是否具备相应的经营管理水平和能力。

然而,监管机构应当更加注重对个人储户利益的维护,以防他们过于轻信那些基金管理机构的说辞,从而认定另类投资管理一定能让基金收益不受金融市场波动的干扰。正因为如此,现在那些基金管理机构在推出另类投资产品的同时,还要为投资者提供另类投资管理风险的监控服务。同时,它们还设定了一万欧元的最低投资额。关于这一最低投资额,有些投资者认为它所起到的作用很有限。

不过,对于立法机构来说,这一万欧元恰好等同于 10% 的投资组合资产价值。因此,前面说到的那些对冲多赢对冲基金,主要还是面向那些资产价值达到 10 万欧元以上的投资者。

这一条例自颁布以来,经历了数次修改,金融市场监管局于 2008 年 3 月底公布了如下的意见综述。

有关欧洲多赢对冲基金的立法及其修改法案的评估报告的总体意见综述

由金融市场监管会成员菲利普·阿德玛尔先生领导的工作小组所作的《有关欧洲多赢对冲基金的立法及其修改法案的评估报告》,已于 2007 年 9 月 18 日到 11 月 19 日期间被审阅。

现已有以下三位参与者给出了若干意见:

——一家投资组合管理公司;

——一家职业联合会;

——金融市场监管局属下的"储户"咨询委员会。

从总体上看,相关专家和广大储户都对这篇报告给予了肯定。他们对咨询委员会提交的该报告的质量表示赞赏,并赞同该报告"通过保护储户利益来加强基金管理体制的竞争力,以及进一步明确投资管理公司具体责任"的目标。参与者们的意见综合起来有以下几点:

第一,废除金融市场监管局普通章程第411条34款中有关载体基金挑选的13条双重标准,代之以4条与司法章程要点、基金运行模式、载体基金组织等相关联的总体挑选标准。这一建议已经引起与会专家们的关注。

然而,有一位参与者已经明确表示不同意该报告提出的一项观点,即应该为基金管理公司的尽职调查方面出台行为准则,以用于基金的挑选和经营。该参与者认为,在尽职调查方面,已经有相关的职业准则存在,而且这些职业准则都是根据国际标准制定的。与此同时,广大储户对那些取代原先13条双重标准的4条总体挑选标准一直持谨慎态度,他们尤其不确定这一做法在明确投资管理公司具体职责和投资者风险方面究竟会有什么影响。

因此,这些储户将会极大关注按照这4个新标准建立的尽职调查准则,以及按照这些规范准则所挑选的基金的种种不足之处。

第二,那些以动产金融投资共同基金名义进行投资的基金管理公司,在尽职调查方面要求做到清晰化和规范化。在这一点上,所有的参与者都同意以基础立法和基金操作程序为标准来设立基金管理公司的尽职调查准则。而某些专家则认为,如果尽职调查准则方面的立法过于刻板,将会影响到基金管理公司运营的灵活性。

另有一位参与者提出,要做到尽职调查准则的清晰化和规范化,那些基金管理公司在组织管理方面必须要享有一定的自主权。由此,这位参与者对报告提出的尽职调查准则表示质疑,他担心如此一来,那些基金管理公司势必要依赖一些外部顾问的帮助,这就会使动产金融投资共同基金的运营成本提高,最终会影响其收益。

此外,广大储户希望通过必要的监控,来核实基金管理公司的尽职调查程序,并能够直接和职业基金管理者对话。同时,这些储户重申,他们将十分关注基金管理公司在尽职调查程序中出现的瑕疵和不足。

立法意见的实施

对于参与者提出的上述两个意见,金融市场监管局建议修改或者有条件地采纳其普通章程(特别是该章程第 411 条 34 款和第 313 条 54 款),及其编号为 2005 - 02 和 2006 - 02 的两条指令,这一做法的目的在于用立法保障体系、尽职调查流程和业已存在的行业准则,克服以往 13 条基金挑选标准过分简化的弊病。

该意见重申了资金受托人和财务稽核员的监控行为实质:这一意见没有引起异议。

然而,一位参与者在表示赞成的同时,还主张立法机构详细列出资金受托人和财务稽核员对基金管理公司尽职调查程序实施监控的范围和权限,以避免两者在履行职能的过程中可能出现的误解和重复。

意见实施：监控措施的实施原则

金融市场监管局近期将在其月刊发表专文，详细解释这些监控措施的实施原则。

有关批准对冲多赢对冲基金的基金意见（在满足经营透明度和具备利益冲突预防措施的条件下）：该意见得到了职业专家们的认可，但广大储户却对此表示沉默。一位资深专家认为，这一措施不仅有利于基金管理公司的产品结构合理化，而且也有利于投资者的分散投资策略。

此外，为了防止出现众多的费用，资深专家们还建议把佣金制度局限在二到三个等级（行政费用除外），以使佣金制度的实行仅限于上头基金（该基金将被用于零费用类的中间另类动产金融投资共同基金）和中间另类动产金融投资共同基金（其用于上头基金投资的部分将被免除一切费用）之中。

另外，资深专家们还认为，该意见提出的第三个设想，即载体对冲多赢对冲基金应该是那些受金融市场监管局和相关欧洲法律管辖的基金，或者是那些经批准在欧洲市场上推广的外国基金，上述这些基金如果在市场上得以运作，将会限制对冲多赢对冲基金的基金的实行。但是，那些储户们却表示赞成这一设想，并且认为它在基金管理过程中必不可少。

最后，一位资深专家指出，在中间基金为对冲基金中的动产金融投资共同基金时，对于这一"立体基金"的管理需要更灵活的风险分散准则与之相配套，从而使得该"立体基金"能够被用于同时投资两只以上的中间另类动产金融投资共同基金。

意见实施：设立对冲多赢对冲基金

在欧盟的法律基础上设立的对冲多赢对冲基金，是根据相关法令的颁布而推出的。

关于在一定条件下设立认购门槛的意见：这条意见得到了资深专家的高度认同，并且也为广大储户所接受。储户们表示，设立认购门槛能避免投资者在现金危机的时候进行资产抛售，不过这一措施的有效实行需要两个条件：

（1）投资者在基金认购的时候必须掌握全方位的信息，交易双方必须签署书面协议；

（2）在基金经理无法达到协议中所规定的资产流动性要求时，必须受到相应的处罚。

必须指出的是，关于第一个条件，该报告认为动产金融投资共同基金 ARIA3 的说明文件中应当详细说明其认购门槛的设立，以便广大投资者能够及时了解该基金的认购条件和它的运行起始日。另外，还有一位参与者建议，如果设立基金认购门槛这一措施得以实施的话，那么最好不要仅仅局限于动产金融投资共同基金 ARIA3，而是应该将它扩展到所有另类投资管理领域。在相关法律的基础上设立的认购门槛，直接受有关法规的制约，并且要得到有关当局的批准。

有关重申载体基金分散化投资原则的意见：广大储户对这一分散化投资的原理表示怀疑，他们认为在某些情况下，将资金分散投资于十几只载体基金还是不够的。但是，参与审阅的资深专家们对这一意见并没有表示异议。

意见实施：信息披露与透明度

该意见已经通过 2007 年 8 月 10 日下达的 2007 - 1206 号法令予以实施。

关于与传统多赢对冲基金运行相符的收费制度透明化要求的意见：所有参加审阅的参与者对这一要求都表示赞同。然而，储户们却认为那些基金宣传册很少详细列出所有的费用，其中包括那些普通性质的动产金融投资共同基金中的共同基金（即非另类投资性质的）。同时，那些资深专家对其中的一项"载体对冲基金费用透明化"表示反对，认为这一透明化：

（1）将会导致有关计算方法上的误差；

（2）将会在信息方面误导投资者，使他们只关注投资净业绩。

意见实施：管理费用

该意见是基于现状而提出的。事实上，根据目前的法规，在动产金融投资共同基金宣传简册的第二部分中，不仅列出了动产金融投资共同基金中的共同基金的管理费用，还列出了载体基金管理的总体费用。金融市场监管局采纳了报告提出的这一意见，表示将在欧洲动产金融投资共同基金配套宣传册改革这一背景下，研究如何让这些费用诠释信息变得更清晰易懂。

有关更好地诠释对冲基金中的动产金融投资共同基金的特性的意见：该意见没有引起参加审阅的参与者们的异议。然而，有一位参与者提出对目前所谓的"对冲基金中的动产金融投资共同基金"这一说法应加以区分和澄清，因为动产金融投资共同基金所涉及的资产及其风险程度是多样化的,而且还需要不同的管理技术与之相配套。

意见实施:最低投资门槛

金融市场监管局将会在欧洲动产金融投资共同基金配套宣传册改革这一背景下,研究如何更有效地宣传动产金融投资共同基金 ARIA3 的特性。金融市场监管局还会在一定期限内就上述话题发表建议性文章,重申有关基本条例的实施。金融市场监管局还提出,如果动产金融投资共同基金管理策略不够多样化,那么就必须在相关的多赢对冲基金宣传册中加以说明。至于某位资深专家提出的修改"对冲基金中的动产金融投资共同基金"的分类这一建议,究竟这种分类应该遵照商业操作规则还是金融市场监管局的立法规范,有关这一议题还有待工作组的商榷。这一点将会在以后的有关商业分类法的探讨中再次提及。

有关在动产金融投资共同基金 ARIA3 资金额无限制的前提下仍保持对低资金投资者一万欧元最低投资门槛的意见:资深专家们提议废除这一最低投资门槛,因为它:

(1)会增加投资者对于该对冲基金中的动产金融投资共同基金风险度的疑虑;

(2)会破坏个人投资者的投资组合多样化,如果该投资者没有足够资金的话;

(3)在面对那些不需要投资门槛的类似基金产品时,会造成管理机构之间不必要的竞争。

不过,广大的储户却赞成维持这一最低投资门槛。然而,他们也同时注意到其他形式的门槛(比如按照资产投入的份额等),即使其他这些门槛实施起来也会有一定的难度。

金融市场监管局并不准备改变这一最低投资门槛,其中主要的原因在于以下几个方面:

(1)对于低资金投资者而言,想要准确估计动产金融投资共同基金 ARIA3 的风险/回报率比可能会很难;

(2)在某些立法准则有所松动的前提下,维持一个最低投资门槛也是合情合理的;

(3)这一万欧元最低投资门槛并没有阻碍多赢对冲基金在欧洲的发展;

(4)与美国相比,这一投资门槛的高度也只能算中等。

该报告中的其他意见,并没有引起参加审阅的参与者们的异议。

另外需要说明的是,2008 年 3 月 30 日的官方报纸已经刊登了金融市场监管局普通章程修订版(第 313 条 54 款和第 411 条 34 款)的通过法令。关于实施报告意见的 2005－02 号(第 29 条)和 2006－02 号(附录 1 和另类投资间接管理特别操作程序类型图)指令也即将被公布。

关于参与者们提出的其他议题:资深专家们在给予审阅意见的同时,还为某些立法在实施过程中的灵活性作出辩护。不过,这一点并不列入报告意见。

同时,参与者们还提出就以下议题进行定期讨论:委托管理的条件、某些动产金融投资共同基金的商业和立法分类(例如,多样化动产金融投资共同基金等),以及有关多赢对冲基金的不同体制(例如,是否相配套等)。

多赢对冲基金管理的特性

从理论上看,另类资产管理和多赢对冲基金这两者似乎是相辅相成的。这是因为:

首先,多赢对冲基金可以让投资者接触不同的另类投资工具,在具备避险措施的前提下充分利用各种投资产品,建立统一、系统、专业的投资体系,并通过各种风险管理手段达到预期的风险—回报最佳系数比。

其次,考虑到多赢对冲基金的分量和集中度,投资者通常还有机会认购到那些业已封闭的优秀对冲基金。此外,多赢对冲基金通常由那些专门的基金管理机构来经营,借助这些专业机构的经验和专长,投资者可以更加清晰地了解到其资金的投资策略、潜在风险和预期收益。

在这些专业金融机构运行多赢对冲基金时,它们通常具备专业的方法来辨别那些应当引起关注的对冲基金。事实上,即便监管当局还无法对运营中的对冲基金进行分门别类的统计管理,多赢对冲基金管理者却有必要率先建立科学的数据库用于作出决策。为此,管理者们要积累人脉,实地考察基金管理机构,捕捉相关基金经理及其运行的基金的重要信息,且更需要对所有的参数进行适当更新。

多赢对冲基金还能让个人投资者在成本适中的前提下认购经过筛选的对冲基金。此外,和传统的基金管理者相比,多赢对冲基金管理者具备的管理技术更加丰富,所使用的策略也更为广泛。通常,多赢对冲基金管理者可以通过某一行业或市场的财经现状下的资产配置情况,充分利用他们的基金数据库来构建有效的投资组合。面对股市周期和种种预测,管理工作组通常偏重于"相对价值策略"和"事件驱动型策略",而摒弃宏观整体策略或者股票基金策略。

对冲基金管理行业的高度集中化

有关数据显示,全世界大约有一万只对冲基金。然而,在这些对冲基金中,只有 10%—15% 能够真正吸引那些多赢对冲基金管理者。另外,我们还注意到这些基金所处的地理位置(主要是纽约和伦敦)和所涉及资产价值的集中度。前 30 家最大的对冲基金管理机构(基金规模在 100 亿—400 亿美元之间)属下的基金规模约占全世界对冲基金规模的三分之一。那些最重要的对冲基金或者基金管理机构大多已经上市。

根据多赢对冲基金投资小组所作的预测,以及针对对冲基金所作的尽职调查(例如,在波动率小于 3 的前提下力求达到 4%—6% 的回报率),多赢对冲基金投资小组可以充分借鉴另类投资基金的管理经验,来构建并发展自己的投资组合。

就整体而言,多赢对冲基金管理者应该判断宏观经济形势,再将资金配置到与此形势相匹配的对冲基金中。具体地说,就是要仔细发掘本书前面章节所提到的那十多种投资策略,将其因地制宜、因势利导地应用在资产配置上。但是,对于多赢对冲基金管理者来说,仅仅把具有相似策略的对冲基金归为一类还是不够的。在长短期资产管理中,有一些对冲基金采用的是循规蹈矩的谨慎策略,而另一些对冲基金则大胆采用了机会主义策略和杠杆工具。因此,充分认识对冲基金在管理人、策略工具、经验上的差异性,对于多赢对冲基金管理者而言极为重要。那么,如何做到这一点呢?

多赢对冲基金:投资多样化原理

我们也许已经明白,所谓对冲多赢对冲基金,就是把某一基金名下的资金投入对冲基金,而不是企业发行的证券(股票、债券等)。

根据多赢对冲基金管理目标的不同,多赢对冲基金的管理者们也必须要遵守相应的资产配置规则。

(1)决定投资组合中的基金数量:多赢对冲基金管理者根据不同的策略,可以将资金分散投资到大量基金中(例如50多只基金),也可以集中投资十几只基金。随着载体基金数量的成倍增加,每只载体基金的风险系数(例如业绩下滑、基金破产等风险)也会相应地成倍缩小。

(2)资产配置策略:除了那些构成投资组合的载体基金,多赢对冲基金管理者还可以在特殊的市场环境下更有针对性地选择基金。多赢对冲基金在传统多策略管理领域显然更有意义,因为该基金中的所有载体基金都要受到相关法规的制约,因而不能随意选择其投资策略。在另类投资管理行业,对冲基金经理常常会根据市场的良性走势来调整自己的管理策略,只有真正深谋远虑的基金经理才会看重战略性资产配置的重要性。

多赢对冲基金运行需要管理者每时每刻进行监控,包括:载体对冲基金的挑选与确定、载体对冲基金之间的整合、载体对冲基金所采用的策略与市场预测是否相符等。多策略基金投资小组从两方面来进行资金的管理:买进(辨认有获益可能的对冲基金)、卖出(业绩没有达标的对冲基金,或者在当前市场背景下管理策略失效的对冲基金)。

投资策略的发展

另类投资管理的机构化显然也会影响那些另类投资管理策略。从历史角度看,如果说长短期资产管理是第一个被运用于另类投资管理领域的策略的话,那么另类投资管理领域到后来能够广受关注,主要还应归功于那些采用宏观整体策略的基金。然而近几年来,这些采用宏观整体策略的基金大势已去,取而代之的是那些更容易与最新投资组合构建标准相协调的基金策略,即事件驱动型策略(用于资本与股票市场操作)和长短期资产管理策略。旨在给基金投资小组充分发挥余地的宏观整体策略在全部基金管理策略中的比重,已从 20 世纪 90 年代初的 50% 下降到目前的 10% 左右。

然而,五年前几乎不存在的多赢对冲基金管理策略,在全部基金管理策略中的比重目前已经超过了 10%。

基金挑选工具和方法(见图 1)

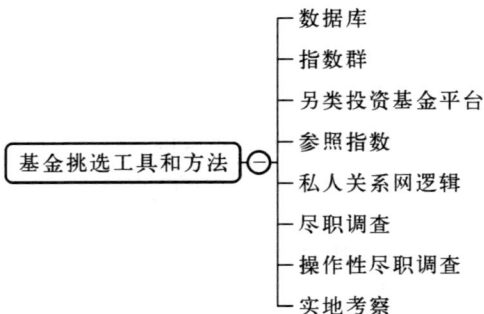

图 1　挑选优质对冲基金的工具和方法

数据库

这些数据库包括瑞士信贷特雷蒙、利普达斯、对冲基金研究所、对冲基金智囊团等,所涉及的对冲基金数量从几百种到上千种不等。这些第三方"调查机构"负责获取有关对冲基金的各种信息:所实行的管理策略、人力资源、基金业绩史、基金所涉及的资产、每月最大亏损额、波动幅度等。

指数群

那些用户登录后即可查询的数据库,可以提供有关目标投资载体的一系列数据,从而帮助基金管理者在 1 万只对冲基金中作出选择。

在登录数据库之后,多赢对冲基金管理者可以得到一系列经过筛选的信息。当然,仅仅通过数据库,还不足以指导多赢对冲基金管理者顺利运行对冲多赢对冲基金。实际上,这些数据库在精确性和完整性上也存在不少局限性。

首先,这些数据库只登记那些正在募集资金的对冲基金,然而这些基金的回报率往往并不理想,因为总是有大笔资金想要进入业绩理想的对冲基金。其次,所有的数据只反映某一个特定时刻的基金状况。我们知道,即使有些基金的以往业绩很突出,但这一切无法保证该基金的未来业绩也一定理想。此外,对于许多对冲基金经理而言,为了保护他们的策略,他们拒绝把所管理基金的运行情况都记录在数据库中,因此,多赢对冲基金管理者大可以只在私下里向那些沉默的管理专家讨教。最后,这些数据库都有其局限性:它们只能够提供定量分析的平台,而无法提供定性分析的材料。

另类投资基金平台

另类投资基金平台近几年在欧洲发展迅速,它是一种能够帮助投资者间接认购另类投资载体的投资产品。在欧洲,这一平台服务最完善的投资机构主要有 Lyxor(隶属于法国兴业集团,拥有超过 170 种的平台体系)和 Ixis。

这种基金平台并不涉及严格意义上的对冲基金产品,而是着眼于基金账户的管理。总体而言,基金平台每天要向对冲基金经理通报其交易头寸情况,并且每天或者每周将资金流动情况反馈给该基金经理。

参照指数

从定义上看,力求绝对收益的另类投资管理是可以独立于任何指数的。然而,为了更有效地分析另类投资产业,并方便投资者筛选对冲基金,一些研究投资基金的专业机构还是选择了采用某些参照指数。

目前,这些参照指数可以分成好几类,其中最常用的有:瑞士信贷特里蒙指数、MSCI 对冲投资指数以及标普指数。2008 年年初,美国基金走势分析专家晨星公司宣布将推出一系列新的参照指数,以更好地描述另类投资产品市场的走势。这方面的最新消息还有:2008 年 5 月,Lyxor 资产管理公司宣布推行 16 个全新的对冲基金指数。在这 16 个新指数中,有 1 个是整体性指数(根据另类投资管理项目的整体策略得出),还有 4 个指数用于衡量单一的另类投资管理策略。此外,其他的一些指数被称为"可投资性指数",因为它们在某些情况下可以用于衡量某些投资产品(例如"追踪指数")。

同样,位于里尔和尼斯的高等商学院(EDHEC)研究中心近几年来也推出了一组用于对冲基金管理策略的参照指数(见表1)。这些指数的特性在于:从结构上来看,它们属于指数中的指数。

表 1 主要参照指数概况

对冲基金指数	包含策略指数的数量	设立年份	计算方法
对冲基金研究所指数	37	1994	平均
标准普尔对冲基金指数	10	2002	平均
MSCI 对冲基金指数	4	2002	加权平均
道-琼斯对冲基金指数	5	2003	加权平均
瑞信特雷蒙指数	14	1999	加权平均

这些指数对于那些单一的对冲基金经理并不重要。一方面,他们认为这些指数并不能代表对冲基金管理行业,因为数据库中本身就没有一些优秀对冲基金的数据;另一方面,这些指数本身就存在很多局限性,仅仅通过简单的指数不能真正帮助多赢对冲基金管理者选择到优秀的对冲基金。相反,这些指数却具有某些商业价值,因为另类投资产品销售机构可以将其产品业绩与某一个参照指数作对比。这一对比程序在传统管理模式中很常见,它可以有效地说服投资者(尤其是那些个人投资者)选择优于平均指数

的投资产品。

私人关系网逻辑

由于另类投资领域还没有建立标准规范,因而另类投资管理者无法直接搬用传统管理者常用的方法与工具。所以,传统多策略基金管理先定量后定性的模式,在另类投资身上是水土不服的。

因此,与那些可变资本公司基金、共同管理基金及其他互助基金相比,对冲基金领域中更常见的是那些私募基金,其资金来源往往是一两家大型的金融机构。有时,一些好的对冲基金往往不为人所关注,因此好的多策略对冲基金的经理人(甚至是那些业绩稳定的基金经理)在掌握外部信息的同时,也需要有自己的私人关系网。这些私人信息的来源可以是多样化的:服务经纪商、评估人(他始终关注基金价值的变化)、投资者、投资银行交易主管(例如某位交易主管可能会私下透露这么一个消息:他原先有一位老同事,后来离开银行去加入或者创建了一个对冲基金,最后经营失败……),甚至可以是另一位对冲多策略对冲基金的经理。

拥有一个信息中转站是很有用的。如果有一位资深交易员离开了一家投资银行,然后以自己的名义创立了一只对冲基金,那么该交易员离职的消息将会吸引首批投资者的到来,然后这些投资者就可以在基金经理(即以前的交易员)宣布因基金规模达标从而结束募集资金之前认购基金份额。

另外,这一信息中转站还能帮助辨认那些投资策略独特的基金经理。这些及时的信息能够再次帮助多策略基金管理者展开深入的调查研究。这个调查研究,我们称之为尽职调查的诞生。

尽职调查

这一规范程序旨在全面了解对冲基金管理的结构。确切地说,这是一张调查问卷,它包含的问题涉及组织结构(人力、物资、信息系统等)、管理小组成员(每个成员的学历、以往工作经历、在另类投资管理行业的工作年限等)、投资载体(系数群等)……有时,这张问卷的篇幅可达五页以上。

这项尽职调查还可以涉及基金经理本人的个人特性,例如,他的道德品质、工作激情和以往经历等。

以下是几个主要的考察点:

(1)市场投资策略、市场关联性、α 系数、β 系数、夏普比率等;

(2)与参照领域的比较;

(3)基金以往回报率的分析;

(4)管理风险剖析:集中化、杠杆效应、压力测试等;

(5)审计报告的核实;

(6)基金经理背景审核:学业、职业经验等。

操作性尽职调查

如果一个投资小组有意想把某只基金纳入一个投资组合体系,那么就需要衡量该基金管理公司的规范程度。这时候就要运用尽职调查来审查一些要点:基金经理是否有过经济犯罪的前科?信息系统,尤其是那些风险监测信息系统,能否得到及时更新？信息数据的保护程序有哪些？交易指令的发出是否通过谈判桌？投资小组和服务经纪商之间是否有利害冲突？总之，有许多突出的问题都需要仔细严密的调查。

实地考察

证券挑选专家常常会认为进入上市公司调研、与上市公司领导会面是很有必要的。同样的道理，多赢对冲基金的投资小组和某个对冲基金投资小组间的会面也具有重要的意义。首先，通过会面，多赢对冲基金投资小组可以核实对冲基金经理在尽职调查中所提供的信息是否准确；其次，多赢对冲基金投资小组可以更好地了解对冲基金经理的投资才能和投资策略，以及在此基础上建立起来的风险控制模式。最后，实地考察还有一个好处，即可以培养双方之间的信任，这对于长期合作是相当重要的。

技术规范准则：另类投资管理协会（AIMA）提出的审查要点

另类投资管理协会（AIMA）是最重要的另类投资管理者联合会之一。它曾经列出以下技术规范准则参考要点：

投资组合记录

该记录具有重大意义，它通常是描述首先由对冲基金经理建议而后被投资者（或者多赢对冲基金管理者，他们也常被看作是完整的投资者）所采纳的不同投资策略的唯一书面记录。对某些多赢对冲基金管理者而言(例如本书列举的里克·索夫案例),投资组合记录是他们挑选对冲基金经理的最重要的文件依据。

当然,阅读这样的投资组合记录绝非易事。首先要了解投资组合的构成(对于大盘资金可能比较容易,不过对于中小盘资金就会困难些),接下来还要了解整体基金的风险敞口,并根据情况核实杠杆效应、辨别期权合约与其他衍生品、了解并分析整体投资风险,此外还要分析交易平仓期限等。总之,这是一项真正意义上的审计工作,同时它也说明了一个道理:如果要从事多策略基金管理行业,最好先从投资组合管理做起。

孵化器体制

这一体制在近十年内得到了迅猛发展,其目的就在于培养那些刚入行的对冲基金经理,并帮助他们在投资上取得良好业绩。在这一体制下,新基金经理可以获得尽可能丰富的支持与资源(信息资源、人力资源、财力资源等),来进行基金管理操作。他的具体成果将会在一段时间(通常是 12 或 18 个月)之后见分晓。那些收益良好的基金将会被保留,然后会被并入一个新成立的基金管理机构中单独运行。

当然,孵化器体制也不纯粹是为了培养基金经理。通过这个体制,一方面可以发掘那些新的基金管理人才,完善另类投资管理技术;另一方面,如果新基金经理管理成功的话,那么就可以保证在第一时间优先认购他管理的这只前景良好的基金。

金融市场监管局关于对冲基金管理和多赢对冲基金管理的几点详细说明

另类投资管理和对冲基金的定义

关于另类投资管理,目前还不存在国际公认的定义。不过,我们可以这么认为:另类投资管理是所有追求独立于市场指数涨跌的绝对利益的资产管理技术的总称。另类投资管理的投资载体通常被称为"对冲基金"。

由于没有正式的对冲基金定义,国际证券委员会(OICV)总结出了这一类基金的五大特性。当然,这五大特性并不适用于所有的对冲基金。

(1)与传统投资基金相反,对冲基金不受多样化投资和资产流动性方面的制约,投资者可以自由认购那些非流动性资产或复杂资产;

(2)对冲基金投资者可以无限制地使用衍生品或卖空技术;

(3)通过服务经纪商的融资渠道,利用杠杆效应;

(4)对冲基金经理可以通过基金的"超额收益"收取丰厚佣金(除了约 2% 的管理年费之外,通常还会收取基金总利润额的 20%);

(5)关于基金份额收购的条件:在资金冻结阶段(通常是 2—3 年),基金份额的收购是很有限的,一般都要按照事先约定的资金额和运行期限来进行。

对冲基金(或另类投资基金)的管理策略也有很多种,主要有:

（1）长短期资产管理策略：对属于同一个行业或位于同一个地区的资产实行长期投资管理（买进）和短期投资管理（卖出）；

（2）套利交易：多用于可兑换证券，即购入那些价格被市场低估的可转换债券，同时卖空相应的股票；

（3）"困难（公司）证券"策略：充分利用某一企业的财务困难（破产或财务重组）来获利；

（4）"事件驱动"型策略：充分利用某些企业内部的特殊事件（例如兼并或者收购）来发掘商机；

（5）期货基金策略：通过期权工具的运用，介入多个市场，并以系统化方式来管理基金；

（6）整体宏观策略：利用宏观经济总体走势来获利。

运用多赢对冲基金管理技术的动产金融投资共同基金现状

所有的欧盟动产金融投资共同基金会都可以认购对冲基金。然而，当某一只欧盟动产金融投资共同基金投资于对冲基金的份额超过10%时，那么无论是涉及外国投资基金、动产金融投资共同基金 ARIA、合约型动产金融投资共同基金，还是期货市场共同基金8，所有的基金份额或股份都必须在金融市场监管局登记，并被归入动产金融投资共同基金这一类中的"对冲基金中的动产金融投资共同基金"。

如前所述，"对冲基金中的动产金融投资共同基金"是动产金融投资共同基金中的一种，该基金有10%以上的资产被投资于那些采用另类投资管理策略的国际基金或欧洲动产金融投资共同基金中。它始终是一种多赢对冲基金。

此外,"对冲基金中的动产金融投资共同基金"的建立方式可以有以下几种:

(1)对冲基金中的动产金融投资共同基金 ARIA:该基金特点在于它有一个面向低资金投资者的 1 万欧元最低投资门槛(当该基金没有资金额限制时),此外,该基金还要求至少每月一次的估价清算、与普通动产金融投资共同基金类似的风险分散规则,以及最大为 2 的杠杆率(当存在表外资产时)。最后,对冲基金中的动产金融投资共同基金 ARIA(或 ARIA3)也是监管局工作小组的研究重点之一。

(2)零杠杆率的动产金融投资共同基金 ARIA:该基金特点在于它有一个面向低资金投资者的 12.5 万欧元最低投资门槛,此外,该基金还要求至少每月一次的估价清算、与普通动产金融投资共同基金不同的风险分散规则(例如,该基金可以有 20% 以上的资产被投资于那些法国或外国的对冲基金中)。最后,该基金的杠杆率也为 2,和那些普通动产金融投资共同基金的杠杆率几乎相同(当存在表外资产时)。

(3)合约型动产金融投资共同基金:该基金特点在于它有一个面向低资金投资者的 25 万欧元最低投资门槛,此外该基金还要求至少每季度一次的估价清算。同时,该基金的投资以及管理规则细节都将在相关合约文件中加以规定。

越来越多的参与者

在遵守相关立法条约和面对市场需求的基础上,已经有 50 多家管理机构被批准进行另类投资管理操作。

几年前,欧洲的另类投资市场主要被那些专业管理机构所占据,例如 HDF 金融公司,其创始人吉勒·杜夫里戴是欧洲另类投资管理者的先驱之一。事实上,从 20 世纪 80 年代起,这位多赢对冲基金管理专家就开始经营那些对冲基金,特别是美国的对冲基金。为此,他在巴黎和纽约都开设了办事处,还拥有自己的数据库。

当然,在欧洲还有其他一些经验丰富的另类投资管理机构,比如奥林匹亚资产管理公司(从事多策略基金管理)、机会管理公司、ADI(从事利率和市场波动套利交易的专业机构)、Barep(兴业集团子公司,主要为机构投资者提供另类投资管理策略)、农业信贷资产管理、AXA 投资管理、Allianz 另类资产管理、Dexia 资产管理、罗斯柴尔德公司、Natixis 多策略资产管理(其管理的泽利斯系列投资产品通过银行系统直接得以销售)、法国巴黎银行资产管理、Groupama 资产管理、UFG 投资管理、爱德蒙·罗斯柴尔德金融公司(自 1969 年起就开始多策略基金管理),以及其他一些面向财力雄厚的机构与个人投资者的专业机构(GT 金融公司、Eraam、BDL、Atlas 金融公司、Boussard 与 Gavaudan 管理公司、Rivoli 基金管理公司等)。

乔治·卡尔维茨的传奇故事

为了追踪世界首只多赢对冲基金的业绩表现,我在 2009 年邀请了 LCF 罗斯柴尔德银行在中国的合作伙伴中海信托的储晓明董事长一行前往巴黎,重点向对冲基金的基金 LCH 现任经理人里克·索夫了解 LCH 基金的历史和现在的策略。作为爱德蒙·罗

图2 爱德蒙·罗斯柴尔德资产管理有限公司金融产品主管里克·索夫

斯柴尔德资产管理有限公司的金融产品主管,里克·索夫管理着该公司旗下四只基金中的三只,其中有一只就是被称为"首只对冲多赢对冲基金"的"杠杆控股资本基金"。

里克介绍了基金创始人——乔治·卡尔维茨。这位多赢对冲领域的传奇人物于1938年从奥地利来到法国,他的金融职业生涯从期货市场经纪人开始。1959年,他进入了罗斯柴尔德金融公司。1968年,在目睹了那些美国对冲基金经理(索罗斯、斯丁哈德、罗伯森等)的发迹史之后,乔治·卡尔维茨设计并推广了一个新的投资工具:对冲多赢对冲基金。乔治·卡尔维茨当时的想法很简单:与其冒着高风险将资金全部委托给某一位对冲基金经理,倒不如打多样化投资的牌,将资金分散委托给好几位投资策略各异的对冲基金经理。金融大亨爱德蒙·罗斯柴尔德被他的这一项目所吸引,并以个人名义借给了他一笔启动资金。1969年,"杠杆控股资本基金"诞生,这是多赢对冲基金历史上第一只对冲多赢对冲基金。

大约40年后,这只多赢对冲基金仍然存在,并且该基金保持了14%的

图3 第一只多赢对冲投资基金的创始人乔治·卡尔维茨

复合收益率。

爱德蒙·罗斯柴尔德在实践中发现，一个好的多赢对冲基金管理者，首先应该是一个好的投资组合管理者。因此从一开始，多赢对冲基金的管理者需要对投资理解深刻，需要对投资策略和风险控制有着完整的理论体系和实践经验。只有如此，才能够在层出不穷的对冲基金之中挑选到能力最优秀同时业绩最稳定的顶级人才。不过要指出的是，在 20 世纪 60 年代末，风险管理这一概念还不存在；同样，那时也没有我们今天使用的尽职调查。

里克告诉我，公司创始人非常精通基金行业的内在结构和资本杠杆的运营动力机制。

他说："在与那些对冲基金经理会晤时，我们心中已经有了清晰的标准。首先，要确认这位对冲基金经理历史上出现过的最大亏损额不超过 50%。同时，我们也要看到，如果我们认购某只对冲基金，那就相当于把这部分的基金管理全权交付给了这几位对冲基金经理。在这样一种代理关系之下，为了保护客户的资金，我们必须要注意避免风险。因此，我们十分看重对冲基金经理交给我们的投资组合记录，这几乎是我们得以辨认和预测对冲基金经理投资策略的唯一参考文件。"

当我抛出一个问了多人的问题问他："您是如何在早期就发现了乔治·索罗斯这样的对冲基金经理的？"里克说："20 世纪 70 年代初，对冲基金的数量不多，优秀的对冲基金很难找到。我甚至可以说，在我和乔治·卡尔维茨见过的 30—40 位对冲基金经理中，只有十几位可以算得上才智过人。为了接洽到最优秀的对冲基金经理，我们首先需要一个强大和广泛的关系网络，以此发掘那些出类拔萃的基金经理。因此,我们经常一年组团四次去美国,就是为了与那些被选中的或是有潜力可挖的基金经理见面。目前,我们仍然坚持每年的美国之行,和美国的基金经理们的会晤是我们维护关系网络、发掘新机会的持续业务。所有这些美国之行甚至早在几年前就已经被安排好了。我们的目标很明确,就是要选择那些在任何市场背景下都能够取得良好业绩的基金经理。20世纪70年代,作为多赢对冲基金这一行业的开创者,我们成功地区分出了好的与不好的基金经理。此外,我们一直在寻找那些有能力开发新投资策略和涉猎新投资领域的基金经理。在20世纪70年代的纽约,我们挑选基金经理的活动更像是一家商业俱乐部的活动,而不是规范严格的甄选程序。"

我又问他:"目前的多赢对冲策略与几十年前相比已有了很大发展。您觉得在这一领域中最显著的变化有哪些?"里克说:"近几年来,对冲基金投资者正在向机构化的方向发展。同时,尽职调查和风险管理变得更加规范,这两者在过去都时常被忽视。不过,我不太确定做到以上几点就能够成为一家成功的多赢对冲基金。在我们看来,像杠杆控股资本基金这样的投资平台,首要任务是保护投资者的资金。为此,我们十分重视那些把自己的大量资金投入自己名下基金的对冲基金经理,这些基金经理是真正把投资当作长远事业在看待的。在今天,即使有许多投资工具可以让管理过程变得更精细,我仍然觉得发生在另类投资管理领域最显著的变化,仍然在于基金经理的专业素质和职业操守,整个行业在向好的方向迈进。"

我问里克,经过了2008年这次对冲基金历史上最大的波动和冲击,他是不是觉得多赢对冲基金经理这一职业已今非昔比?他还有信心吗?里克说:"在这个发展迅速的另类投资管理领域,那些投资工具的出现当然极大地方便了我们的工作。在杠杆控股资本基金刚刚推出的时候只有40多只对冲基金,今天这个数字已经接近1万了。当然,我们也不可能见到所有的对冲基金经理,而且有些基金经理以我们的挑选标准来看还谈不上有合作的价值。尽管这些投资工具有了很大的发展,但我们仍然认为,了解那些被我们选中的对冲基金的管理策略是十分重要的。从一开始,参加基金挑选的就是那些投资组合管理者或者曾做过投资组合管理者的管理专家。我们从1969年开始就采用了这一挑选方法,因此我们身边的管理者们都可以只通过阅读投资组合记录,就可以真正了解一只对冲基金的管理策略。此外,由于对冲基金领域有其特殊性,因此我们有必要依赖那些富有经验的对冲基金经理。对于我本人而言,我有幸曾经与乔治·卡尔维茨共事。现在他虽然处于半隐退状态,不过他对我们的工作仍然有很大的影响,而且他在这个领域40年的工作经验也使得他的投资眼光始终很尖锐。"

我问他:"中国人很有投资天赋,你预计中国会发展多赢对冲投资吗?"里克说:"关于我们旗下的对冲多赢对冲基金,我们在管理过程中花了相当多的时间,定期与那些被我们选中并追踪的基金经理们见面。为此,我们每年都组团去美国、欧洲和亚洲与所有这些基金经理会晤。这一基金挑选工作在我们的管理过程中至关重要,所以我们一直对此高度重视。我可以告诉你们这么一个事实:这些会晤早在三年前就已经安排好了。我们不相信黑匣子。中国当然重要,我希望能和中海油这样拥有大量现金的机构合作,现在是现金为王。"

最后我问里克:"另类投资管理的机构化是否也让你们的职业性质有了变化?"里克肯定地说:"这一点从供给和需求两方面来看都无可否认。从需求方面看,如果我们现在再提供给投资者那些透明度低、客户群体狭窄的理财产品,那显然是不行的。那些投资客户(当然主要指的是那些机构投资者),他们要找的不一定是那些业绩最好的对冲基金,而是找在较长投资期限内其预期回报与风险程度之比具有最佳系数的基金。不过,对冲基金管理和多赢对冲基金管理吸引了越来越多的机构投资者,这一事实也决定了很大一部分的理财产品供给。为此,我们推出那些管理技术越来越尖端的对冲基金,而这些对冲基金通常只涉及一小部分市场因素。我们不再像过去那样,认为对冲基金经理只能通过抢先利用所有市场的不协调性来证明自己的管理才能,并建立自己的名声。在今天,我们有必要找出一个只介入某个行业的高素质专业投资小组。认识到这一点,对我们今后推出真正多样化的多赢对冲基金是极其重要的。"

在巴黎,负责运营爱德蒙·罗斯柴尔德多赢对冲基金的首席投资官奥利维埃诺是和我同一年进入法国罗斯柴尔德银行的。他大胆起用头脑敏锐的年轻经理。他说,我们帮助那些在我们看来有潜力的年轻基金经理已经有好几年了。只有我们让这些新基金经理有真正的自主权,这个"孵化器"体制才能见效。用那些死板的管理模式来限制他们肯定是不行的。总之,我们坚信一部分新人将会在几年之内成长为优秀的基金经理,所以我们为他们提供方法和资源,以方便他们开展工作。

我问他:"您对进入中国有兴趣吗?"他总是笑眯眯地说:"我们要去就和你一起去。"

我们问他:"您认为对冲基金管理在哪些方面比那些传统管理更有趣?"奥利告诉我:"这里我们要注意到了,不能简单地把这两者相对立。我只能这么说:对冲基金世界永远都能为我们提供源源不绝的素材,以丰富我们的激情想象空间。而这些想象可以是多样的:有关投资策略的,有关程式化分析的,甚至是有关市场预测的。此外,我们还经常见到这么一些基金经理或者基金投资小组,他们的管理目标很单一,就是想方设法不让他们的客户赔钱。很遗憾的是,这一想法在传统管理领域内通常不多见。传统投资的分散化我们也能做到。每个专家都能体现他的价值。"

2008年3月,爱德蒙·罗斯柴尔德集团被授予了2007年全球最佳多赢对冲基金管理人的奖项。这种奖励制度对于另类投资管理行业很重要。他问我,中国投资公司在选对冲基金管理人时,是看什么来做决定的呢?比如业绩的稳定性和回报率。

我告诉他,我不知道精品店在中国有没有市场。但他能经过严格的挑选过程,凭借着基金业绩的稳定性和风险—回报系数,从2 500名竞争者中被挑选出来,应该在中国是有机会的。我对他说,我们旗下的基金里,有五只不同种类的基金被提名为业绩最辉煌的投资产品,它们是另类投资管理世界的宝贵财富。中国人尊重历史,会看到这些。

最后奥利说,以一种更机械的眼光来看,多赢对冲基金的运作会随着管理策略的收效和所选投资产品的种类而变化。如果我们采用了某一种策略,比如长短期资产管理策略,使基金在一年内取得了很好的业绩,这就会使该策略在投资组合中所占的比重有所上升。这一策略将会根据多赢对冲基金投资小组的选择,继续存在(重新平衡)或退出投资组合。

我们可以区分两大类的多赢对冲基金:

(1)多样化多赢对冲基金:考虑到要提供一种平衡的另类投资管理产品,多赢对冲基金管理者必须首先核实他所选择的基金产品是否包含了所有主要的管理方法,然后才能作出最终选择。一旦该多赢对冲基金管理者的业绩目标已经确定,他就会尽力让他所选择的另类投资基金和对冲基金的业绩达到所设定的标准。

(2)专业化多赢对冲基金:在这种情况下,多赢对冲基金管理者会选择设计一种很特别的理财产品。他会只考虑选择某些特殊的基金管理方法,例如前面提到的事件驱动型策略等。

无论是多样化还是专业化的多赢对冲基金,它们都具有两个主要特征:一方面,这些基金都遵循分散化投资的逻辑;另一方面,这些基金的运行都要依靠那些才能出众的基金经理和基金管理机构,而这些基金经理和基金管理机构在世界范围内都算得上是同行业中的佼佼者。然而,传统多赢对冲基金和对冲多赢对冲基金之间还是有一点区别,那就是构成投资组合的基金管理机构的形式有所不同。事实上,在传统管理领域,有不少理财产品可以说都是单头产品,也就是只有一个管理公司介入。而在另类投资领域,我们经常看到一些多头的多赢对冲基金,这些基金需要不同的独立管理机构介入。往往有这种情况:某一个管理机构可能在多赢对冲基金领域很出众,而对于对冲基金和杠杆基金的管理却一无所知。

对于投资者来说,认购多赢对冲基金,无疑可以使他们充分受益于那些通常默默无闻的基金经理的才能,尤其是那些所管理的基金几乎不向公众开放的基金经理。由于多赢对冲基金所有管理程序都由那些管理机构全权负责,因此,投资者可以不用担心会受到种种条款的直接限制。

此外,特别是在对冲基金领域,要想成功投资还需通过以下三道关:辨别好的载体基金、与基金商业投资小组的成功合作,以及合理的投资额(大多数对冲基金接受的最低募集资金都在 15 万欧元以上)。

而对于那些寻求顶尖投资载体的投资者来说,多赢对冲基金常常是令他们满意的理财产品之一。

姓 名	所属机构	所在地	对冲基金从业经验(年)	LCH	ECH	TCH
Rick Sopher	Edmond de Rothschild Group	London	18	Chairman	Chairman	Chairman
Richard Katz	Various, including Soros Fund Management	New York/ Italy	32	Member	—	—
Antonio Foglia	Owner, Banca del Ceresio	Switzerland	28	Member	—	Member
David Erskine	Director, The Atlantic Philanthropies	UK	22	—	Member	Member
Dirk-Jan Schuiten	MeesPierson	Amsterdam	13	—	Member	—

图 4 爱德蒙·罗斯柴尔德资产管理有限公司的多赢对冲投资委员会结构图

另类投资管理的原则

作为爱德蒙·罗斯柴尔德多策略资产管理公司（专门从事传统和另类多策略基金管理的机构）董事会主席,皮埃尔·巴拉希认为多赢对冲基金在金融市场动荡的大背景下已经初显优势。然而,对冲基金的挑选仍然是一项复杂棘手的任务。

Return Since Inception (US$100 Invested)

— LCH   — S&P500*

图 5　第一只多赢对冲基金的历史业绩表现（和标准普尔指数的对比）

问：目前的大环境对另类投资管理的发展是否有利？

皮埃尔·巴拉希：从道理上讲,我认为目前可以说是"万事俱备,只欠另类投资管理"。就拿 1970—1980 年这十年来看,如果您当时认购的是传统基金,那么现在您也看到了,传统基金的市场走势一直看跌。而与此同时,那些大的另类投资管理机构却取得了不错的业绩。当时的一些另类投资基金经理后来也承认,他们以前接触到的这些另类投资市场是最让他们兴奋的市场。

问:金融市场的变化是否也会迫使多策略基金管理者改变他们的投资组合结构?

皮埃尔·巴拉希:多策略基金管理的重点就在于对载体基金的挑选。我们并没有必要花费精力经常改变投资组合的结构,因为我们挑选的对冲基金经理都是那些善于利用市场或资产弱有效性的投资专家,所以他们的操作自然而然地就会让我们的投资组合产生变化。如果我们自己根据市场预测来调整投资组合的话,那么最后很可能吃力不讨好。不过当然了,真实情况不会如此。

问:您对那些对冲多赢对冲基金之间的业绩差异是怎么看的?

皮埃尔·巴拉希:首先,我想说明的是,多赢对冲基金管理者在五年前才开始采用另类投资管理策略。就拿 LCF 罗斯柴尔德集团来说,它在四年前才推出首批多赢对冲基金,而那时另类投资管理已经诞生十多年了。了解上面这点很重要,因为我们知道在基金管理领域,前人留下的经验和人际关系网的质量是成功的保证,这两者可以帮助我们分析以前那些对冲基金经理所采用的管理策略,同时还能更好地认识金融市场的多样化发展趋势。

其次,我们是多赢对冲基金管理者,但我们首先应该是投资组合管理者。也就是说,我们当然要了解那些对冲基金经理的管理策略,但我们还要通过对他们投资组合的考察和基金走势的判断来衡量这些基金的风险程度。不过,根据我看到的情况,现在很少有投资组合管理者来负责管理多赢对冲基金。

最后,说到对冲多赢对冲基金,我们要做的是让那些投资组合能够真正地缓解市场下跌所带来的负面效应。这并不是说我们只能把希望寄托在一只可能在一年内会取得良好业绩的对冲基金上,而是要去保护那些委托资产,尤其是在像从去年夏天开始的那段市场动荡阶段。

问:您从事的多赢对冲基金管理一向被认为可以缓解市场下跌所带来的负面效应,那么这一管理方法能否让基金业绩达标呢?

皮埃尔·巴拉希:从中长远投资时限来看,多赢对冲基金管理可以让基金业绩达标,因为我们的载体基金都是经过严格挑选的。此外,我们的集团已经有将近 40 年的基金挑选经验,我们对所挑选的对冲基金经理都是很信任的,所以一点也没有问题。

问:那您是否偶尔也会打发走一些基金经理呢?

皮埃尔·巴拉希:当然了。不过,如果说我们对一位基金经理失去信任,这并非仅仅是因为他所管理的基金连续六个月业绩下滑,或者一年的业绩都不好,而是有更本质性的原因。另一方面,我们也没有必要去取代那些有才能的基金经理,因为他们比我们更清楚某些投资方向和投资方法。不过,如果某位基金经理设计了一种特殊的策略,却没有尽到最大努力去实施这一策略的话,我们就会对他表示怀疑。我还可以告诉你们,我们的投资组合也包括与一些可转换债券管理者和期货市场的合作,即使我们认为这些策略并不最适合目前的市场形势。所以,我们并不是仅仅根据投资领域的走向来决定基金经理的去留的。

我想指出的是,多赢对冲基金管理者的工作实质在于挽留那些真正的精英,而不是像进行动产管理配置那样,对他们指手画脚地下评语。我们的人员流动率是 25%，这一比例在组织简单的传统管理机构则高达 100%—200%。我们还可以这么说：那些低调的对冲管理精英也希望与忠诚可靠的高素质多赢对冲基金管理者合作。

问：有些多赢对冲基金管理者认为，他们的工作现在变得复杂化了。您认为果真如此吗？

皮埃尔·巴拉希：这一说法好像有些矛盾，因为目前有很多不错的投资工具可以帮我们及时追踪那些基金经理的工作动态。另外，我们很热爱自己从事的多赢对冲基金管理行业，你们也可以看到对冲基金载体的数量一直在增长。不过，我倒觉得对冲基金管理的机构化让基金挑选过程变得更复杂了，因为我们要面对好多采用特殊管理模式却无法成功的基金经理。对于那些机构而言，它们首先要选定一种管理模式，并把这一模式运用于投资组合中的一部分。而对于多赢对冲基金经理来说，他们的工作内容往往几年之内都一成不变，就是选择那些对冲基金管理精英，并在此基础上构建自己的投资组合。这再次证明了经验的重要性，它让我们辨别出那些能够使基金业绩稳定良好的对冲基金经理。因此我反复强调，我们的投资组合是根据我们对载体基金的信心而逐渐变化的，我们不能依靠市场预测来调整投资组合。

问：您刚才所说的话让我们有这样的感觉：在基金选择过程中，有时候直觉也很重要。是这样的吗？

皮埃尔·巴拉希：我们在 40 年内分析了上百个投资组合，这种经验可以帮我们更快地找到有合作潜力的基金经理。同时，我们对于市场的了解也可以算是一项宝贵的无形资产，因为我们的工作组在以往40年间经历了市场的各种阶段。最后,一只好的对冲基金也能激发基金经理的管理热情。因此,直觉确实很重要,即使我们的选择立刻会被我们手边的各种定量和定性的工具所验证。可以这么说,我们的直觉是建立在市场预测的基础上的,而这些市场预测也是在多种信息渠道的基础上得以产生的。五年前,当我们在期货交易市场谈到直觉这个字眼时,人们好像都不屑一顾。在那个互联网爆炸的年代,我们凭直觉宣扬矿产企业的优点,结果招来了如潮评议,但这些评议如今都被我们淡忘了。

问:面对那些提倡基金产品大众化、透明化的专业管理公司,对冲基金管理和多赢对冲基金管理好像有自由化发展的趋势。您对那些对冲基金指数或者另类投资管理追踪指数等新生事物是怎么看的?

皮埃尔·巴拉希:从事另类投资管理,对于那些缺乏经验的机构来说很困难。我甚至都不能肯定那个著名的"80—20"法则能用在对冲基金的管理方面。我个人偏向于"90—10",也就是说,90%的基金经理才能平平,只有10%的基金经理才智超人,并善于最大限度地发掘金融市场的潜力。自从1969年杠杆控股资本基金建立以来,我们的专业小组不仅能够发掘那些有才能的基金经理,还能够了解并分析他们的投资策略。我一直认为,对冲基金的发展史同时也是那些能够在各种财经背景下获得良好业绩的基金管理人或投资小组的历史,对冲基金管理在某种程度上也可以说是研究资产管理先进技术的高级实验室。不管某个基金经理是否会如我们所想象的那样有足够的资源和才能去改变他的投资模式,其实这些都不重要。

因此,我对那些所谓的另类投资产品的代用品表示质疑。我认为,我们不能限制那些基金管理人才运用管理策略。同样,那些标的物为另类投资产品的指数产品,并不能显示出另类投资管理世界的丰富性,而且它们只能告诉投资者基金的预期回报指数(β系数),而不是基金的绝对回报指数(α系数)。因此,谁还敢说已经找到了最佳投资方案,能让原先只占10%的基金管理精英数量成倍增长?

另类投资管理业绩与世界股市的对比(见图6)

另类投资管理策略的主要目的是在不受市场走势干扰的情况下取得绝对利益。但是,由瑞士信贷特里蒙推出的指数却表明,对冲基金经理通常在中长期投资时限内才能最终获利。

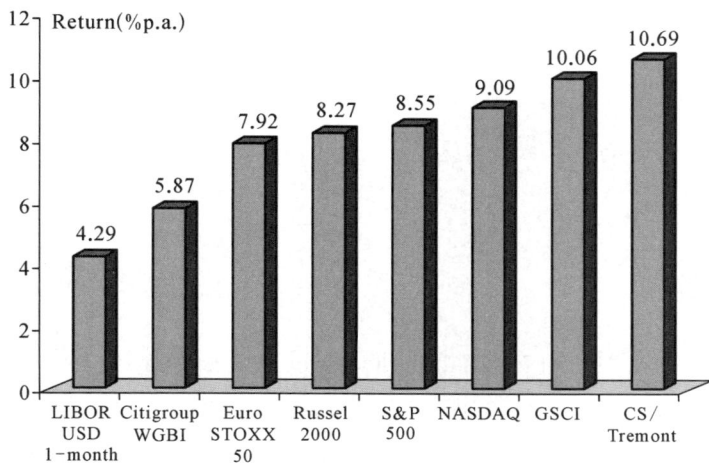

图6 对冲基金指数与全球各金融指数的对比(1994—2005年)

投资者的应付费用

动产金融投资共同基金与其他公司一样要遵守相同的法规，并且还要支出一系列的运作和会计费用。为了维持基金管理机构的运作开支，投资基金认购者通常需要支付两大类费用：参与费和退出费。

参与费

这些费用只需在募集资金的时候一次性支付，也就是在投资者认购一只或几只基金的时候支付。关于参与费的收取，并不存在什么价格政策法规。即使每一家管理机构都可以自由地确定收费数额，参与费的平均水平大多还是在 0—4.5% 之间（根据投资载体的不同）。事实上，货币载体的征税率总体而言还是比较低的，不过股票载体的征税率就要高许多了。

此外，那些面向机构投资者的基金所收取的费用，通常要低于那些面向个人投资者推出的基金。

还有，这些参与费中的一部分是用来支付给中介机构的，例如金融顾问等。

退出费

这种费用目前有取消的倾向，不过还是被用于某一些基金的操作。该费用收取的原则如下：当投资者通知基金管理机构要转让基金份额（可变公司资本基金或者共同管理基金）时，基金管理机构会根据投资者转让资产的价值收取一定比例的费用，以防止套利交易现象的频繁出现。

管理费用

这些费用可用于支付基金管理者们的工资，同时还用于支付投资基金管理过程中的其他开销。这些开销可谓种类繁多：工资酬劳、办公场地费用、信息管理工具费、获取不间断金融信息的众多付费、研究费用（例如市场交易所）等。和所有的企业一样，基金管理机构必须要从它们的收入中扣除各项费用。

超额佣金

基金管理机构收取的这一佣金，是根据基金经理在基金运行伊始所设下的业绩目标来决定的。然而，投资客户也要注意到：那些多赢对冲基金管理者所设定的业绩目标，必须要和所选择的载体基金相符合。如果把一只多赢对冲基金的风险回报系数拿去和那些一旦回报率超过货币市场利率就要收取超额佣金的股票作比较，那无疑是不妥当的。具体来说，如果某一只多赢对冲基金的年度业绩目标是 6%，那么比较合理的做法是：只有当基金年度业绩超过了这一目标水平（6%），投资客户才应该缴纳超额佣金。

业绩不佳的封闭基金

和我们以往的观点不同，那些不再接受新募集资金的封闭型对冲基金，其业绩并不比那些同类开放型基金要好。这一结论是资本市场风险咨询机构经过调研后得出的。在 3 700 只被调查的对冲基金中，那些开放型基金的超额收益率高达 0.1%。当然，这一计算方法也许并不科学,因为它只注重超额收益的整体计算,而忽略了这些基金采用的管理策略各不相同这一事实。该研究还强调,有一些基金管理策略(例如,新兴市场策略、可转换套利策略、宏观整体策略等)如用于封闭型基金可能会更有效。此外,该研究还得出如下结论:"投资那些封闭型对冲基金,并不代表回报率一定会更高。不过,投资者通常会认为得不到的才是最好的,这也是人之常情。"

对另类投资的几点思考

从所有这些特性来看,多赢对冲基金管理显然受到了广大机构投资者和个人投资者的欢迎。然而,考虑到本书前面提及的很多观点,从事另类投资管理还需要考虑到以下的这些事项。

不要低估风险

像所有领域的投资一样,多赢对冲基金管理也要直面风险的存在。尽管多赢对冲基金管理者可以采取一定的分散化投资,然而多赢对冲基金在短期之内仍然有很大的可能会亏损。这里要注意的是,在基金经理给出的那些宣传册中,我们常常会读到某一个基金的预定业绩目标,但是这一业绩目标常常是结合一定的投资时限而设定的。此外,所有的另类投资管理策略也不能同时为基金管理带来高的回报率。确切地说,只有通过风险抵消,才能更好地缓解投资组合内某些基金业绩大幅下滑而可能带来的负面效应。请记住了:即使另类投资管理力图摆脱市场总体走势的干扰,但它也并不是万能的。

定义风险程度

与某一预期回报率相比,多赢对冲基金管理者更应该先确定基金所能承受的最大风险。这一风险程度除了与投资者拥有的资产价值有关,还与他的个人想法有关。有些投资者即使面临资产缩水的危机,也能天天睡安稳觉。绝大多数的多赢对冲基金产品都很重视风险/回报系数比,预期回报率越高,那么可承受的风险度也越高。此外,多赢对冲基金管理者还有必要将预期回报值和他的投资组合结合起来考虑。另类投资管理被多赢对冲基金管理者用来实行分散化投资,这主要也是为了能缓解某一只或某几只基金价值下跌所带来的负面效应。

挑选高素质的专业管理机构

多赢对冲基金产品的推出,通常意味着要在基金运行和专业工作组选择方面下大成本。一个优秀的传统基金分析师并不一定具备在对冲基金领域发展所必需的技能,反之亦然。

同样,多赢对冲基金管理者也有必要选择那些从事过另类投资管理的专业资产管理者,或者那些多年从事另类资产管理的高素质管理机构。在欧洲,专家的存在对于那些投资者而言无疑是一颗"定心丸"。

对于信息的把关

另类投资管理不是赌注游戏,所以不能轻易下注。因此,在作决定之前充分了解被推荐的投资载体,对于多赢对冲基金管理者而言十分重要。为此,他有必要考虑众多的问题,例如有关风险、管理策略、人力资源与信息工具、基金报告质量、向投资者发布信息的频率、费用等。

另类投资的主要风险

从理论上说,另类投资管理显示了众多优势。然而,投资者必须记住一点:本书提及的那些另类投资管理策略,其包含的风险度有时和那些传统管理策略的风险度大不一样。另类投资管理者一定要谨记以下这些主要风险(见图7)。

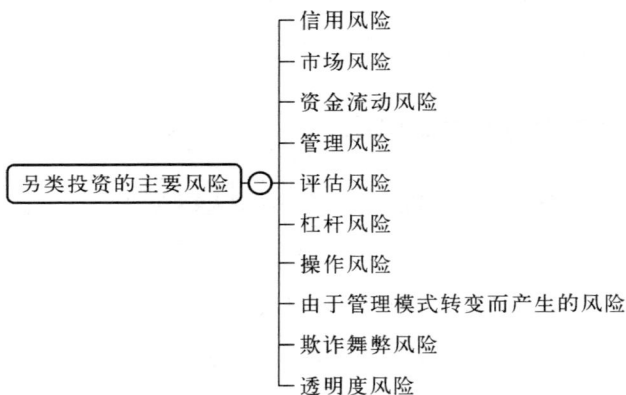

图 7 另类投资的十种主要风险

信用风险

信用风险主要来自企业或者政府发行的债券和国库券。确切地说,所谓信用风险,就是债券发行人无力偿还债务。这自然会影响到债权人的利益,因为他们当初用本金交换每年一定数目的息票,而到头来却连本金也收不回来。这种信用风险主要涉及那些用利率或高回报率债券进行套利交易的另类投资管理者。

市场风险

这一风险也叫作β系数风险。简要地说,β系数代表市场以及与这一市场相关联的风险。这一系数被用于衡量某一管理策略在市场前进的过程中实施之后所得的回报率。

如果β系数为1,那就说明该基金回报率与市场利率完全一致。如果市场年利率为7.5%,那么该基金的回报率也是7.5%。为什么β系数的概念这么重要呢?因为只有通过降低β系数,基金才能够获得超额收益。如果说在市场上升阶段,β系数为1还有利可图的话,那么在市场下跌的时候,β系数为1势必会带来灾难。通过在投资组合中加入另类投资基金,投资者就可以使其资产价值少受市场波动的影响。

资金流动风险

通常市场性能越是完善,市场的价格越合理,资金流动性也就越高,这就意味着投资者可以随时移出他投入的资金。但是,正如我们前面看到的那样,很多另类投资管理策略都不能保证基金运行中的资金流动性,这就造成了很多方面的问题,其中包括基金的市场推广方面。例如,很多保险机构常常认为对冲多赢对冲基金的资金流动率不够高,它们还列举了保险行业的一些储备金的例子以作为参照对比,例如单份人寿保险中的载体基金。同样,立法机构的态度也很明确:另类投资管理者最多可以保留30%的基金认购费用。

管理风险

管理风险在对冲基金领域具有决定性意义,因为对冲基金的业绩很大程度上取决于基金经理对策略和管理的理解深度,比如对于所选投资策略的理解,或是对开发的管理模型的理解等。在另类投资管理领域,管理者根据不同策略所作出的不同选择,往往对管理过程成功与否起着关键作用。因此,另类投资管理者必须要提防那些与单一信念紧密关联的管理策略,并且还要注意采用风险控制手段。

评估风险

评估风险对于那些资金流动性强的证券来说是不存在的,因为在这种情况下,投资者持有的证券价值的价格是较为公允的。不过,有些另类投资管理策略却让事情变得很复杂。由于另类投资产品的资金流动性低,这就为一些资产的评估增加了困难。因此,如果我们对一只对冲基金作评估报告,那么该报告很可能永远不能反映该基金名下资产的真实价值。这一现象同样也存在于非上市投资领域中。

杠杆风险

为了增加某些投资策略的回报率,另类投资管理者有时会运用杠杆效应。但是,我们建议要谨慎使用这一工具,防止其威胁到投资组合的整体收益。事实上,杠杆效应通常被运用于不同等级,而且这些等级都是可以被测量的。不过,在多赢对冲基金管理领域,管理者大多会考虑到杠杆风险的存在,大部分多赢对冲基金管理者通常都不欢迎那些杠杆率过高的载体基金。

操作风险

尽管对冲基金很复杂,但是那些基金经理还是要按部就班地实行对冲基金操作。就像传统管理一样,另类投资管理也要面临操作风险。而且,由于另类投资管理策略本身具有的复杂性,因此,操作风险的存在显得尤为突出。我们可以举一个最简单的失误操作例子,那就是交易指令错误,比如买卖方向颠倒。

由于管理模式转变而产生的风险

由于对冲基金经理没有必要向外界公布其投资和管理策略,因此当他自作主张地彻底转变管理模式而不及时向外界公开这一消息时,就会给多赢对冲基金管理造成麻烦。为了使投资组合业绩达标,多赢对冲基金管理者往往会根据他所掌握的每一只对冲基金的情况而采取不同的管理策略。比如说,对冲基金经理经常都会采用宏观整体策略,有一位多赢对冲基金管理者在仔细研究了某一只对冲基金的各项特性之后,就把这只采用宏观整体策略的对冲基金收入囊中作为载体基金。然而,两个月之后,上面提到的这位对冲基金经理却发现有一些以前被他低估的新兴国家债券现在有很好的收益前景,因此他毫不犹豫地改变了管理策略。然而,另一方面,那位投资了该对冲基金的多赢对冲基金管理者,却发现他对旗下一部分载体基金的管理策略一无所知(也许至少要等到下一次基金报告才会知晓载体多冲基金经理管理策略的改变）。通常，这种因为管理模式转变而产生的风险更多涉及那些小型管理机构。那些急于创造超额收益的对冲基金经理，一般很少考虑到多赢对冲基金管理者的感受。

欺诈舞弊风险

这一风险在本书前面章节已有所提及。尽管舆论对另类投资管理领域多有成见，但是我们不得不承认，和传统管理领域一样，另类投资管理领域中也存在欺诈舞弊的现象。另外，鉴于那些机构投资者一直热衷于发掘那些能够带来绝对收益的投资产品，所以对另类投资管理领域的监控还有进一步加强的必要。

透明度风险

长期以来，另类投资管理者一直都不愿意把必要的基金信息公之于众，甚至对他们的投资客户也三缄其口。究其原因，也许是他们本身就喜欢保密，或者是因为害怕被人"偷师"，再或者则是因为另类投资过程本身太复杂，无法用三言两语说清楚，等等。不过，如今有越来越多的机构投资者开始关注那些另类投资基金，在这些机构投资者的施压下，另类投资管理者不得不公开更多的基金信息。

另类投资管理领域的这种"暗箱"操作目前有逐渐减少的趋势。即使是在一些另类投资管理策略的实施过程中，投资小组也无法实行"暗箱"操作，这并非是因为人为因素的抵触和防止，而是某些特殊管理程序的特点使得"暗箱"操作几乎没有用武之地。在非上市投资领域中就有很多上述的例子。

很明显，与传统管理相比，投资者必须用不同的方式去理解另类投资管理。事实上,考虑到管理机构间的差异性(例如美国的一些管理机构有100多个雇员,而另一些管理机构的工作小组只有5名专家)、管理策略的多样性、数据库的繁杂性以及参与者之间信息透明化程度的不一致性,我们有必要为每一个管理机构设定切实可行的目标,让它们把重点放到对每个基金产品的特性研究上。从这点来看,欧洲市场在立法不断加强的前提下取得了可喜的进步。

对于未来多赢对冲投资的预测

几年前,随着对冲基金在资金规模和数量上的持续增长,一些专家曾经判断市场已趋饱和。他们认为,太多的参与者涌入这一狭窄的市场,其结果就是每个人的发展空间都深受限制。但事实和那些专家的预测大相径庭,广大投资者(尤其是机构投资者)一直都对这一另类投资领域表现出浓厚的兴趣,除了对于新鲜事物一向保守的欧洲。事实上,尽管2/3的对冲基金经理都在美国,但是欧洲的另类投资产品规模却占了全球一半的比重,欧洲的投资者主要通过对冲多赢对冲基金参与到另类投资中来。

作为通往丰富多彩的另类投资管理世界的一条安全而可靠的捷径,这些多赢对冲基金自身也有进一步发展和完善的必要。除了紧跟金融市场发展的步伐之外,它们还要及时响应市场的需求,随时调整完善自己的投资策略和管理模式。如今,多赢对冲基金管理已不再局限于仅仅让认购者从对冲基金经理的投资才能中获益,还要建立和管理一系列对冲基金,确保这些对冲基金在特定投资时限内和既定的风险程度(波动性)基础上达到预期的回报率。不过,这一做法也并不排除有些对冲多赢对冲基金在短期内会出现业绩亏损的现象。

根据现在的发展趋势,在未来的几年里,多赢对冲基金产品很有可能保持良好的增长势头。然而,多赢对冲基金目前已经有了一个新的竞争者——管理账户,为了实现既定的发展目标,它们必须要更好地满足投资客户差异化的需求、更稳健地控制投资的风险,只有这样才能继续生存发展下去。同样,那些专题性金融投资共同基金的数量也在成倍增长(例如在基础设施、保健、安全等方面),而且我们以后还将看到那些投资领域逐渐缩小的对冲多赢对冲基金。此外,一些主要的多赢对冲基金管理机构现在也开始根据地理位置制定投资计划,比如只选择亚洲市场的对冲基金等。最后,我们未来见到的那些多赢对冲基金,其投资策略也不可能只限于一两个。

由于那些对冲基金管理策略正在朝着更复杂、更专业的方向发展,因此多赢对冲基金管理者有必要建立一些更专业化的多赢对冲基金。当然,目标始终还是一致的,就是通过对冲基金经理的管理才能,让自己的投资组合不受市场波动的干扰,最终取得绝对收益。从这点看,2007年夏天开始的金融危机肯定会让那些多赢对冲基金管理者发掘出真正的对冲基金管理精英。此外,这场危机还会使另类投资管理这一广阔领域的操作透明度得到改善。

(我谨在此向皮埃尔·巴拉希先生、里克·索夫先生和尼高拉·韦斯先生表示衷心的感谢。是他们提供了有关多赢对冲基金的材料,以及让我与他们现任基金经理们交谈的机会。在罗斯柴尔德与这么多世界顶尖高手一道工作,看他们如何应对金融危机,如何进行资产管理,这对我一生来说都是一笔宝贵的财富。)

第二辑

无形经济资本主义

这一辑的主体是原创内容——作者在香港城大的博士论文《托宾 Q 的两难：新经济公司估值视角下的 O 率新概念和托宾 Q 的对比》(Tobin Q's Dilemma：a new concept O ratio from new economy company valuation vs Tobin Q)。它发现了托宾 Q 理论在实践操作中的两难，并由此推论出新经济投资无形资产价值创造和估值新比率"O"率。它是您生存于无论名之为数字经济、无形经济或新经济时代不可不读的一篇开创性的研究。作者对诺奖获得者的理论进行了提高，方法论是创新的，结论也是有趣的。从新现象发现了兼容托宾 Q 的 O 率新规律。

无形资产可分为已记入公司财务报表内和尚无法表达在财务报表之内的两个部分。公司层面它既可以是人力资本、品牌、科技实力或忠诚的核心员工，也可以是竞争对手和企业竞争之时双方共享的客户资产和"剩者为王"取得的专有知识产权的价值溢价。

如果说有形经济时代铁路公司和制造业是股市的主力，因为它们的力量主要来自有形资产——土地、工厂和设备；新经济进化到现在出现的无形经济体的主体价值来自无形资产，例如由公司个体拥有的品牌、科技技术和人力资本，以及公司生态系统链接的制度环境和主权权利关系。当我们进行投资时，首要的就是透过这些无形资产评估公司的价值，然后才能谈得上多赢和风险对冲。

这是无形经济资本主义新阶段的新特征和新战略性武器的理论手册。

虽然接受它还要时间，然而就像传奇将军巴顿二战中与德军对峙时在望远镜里看着对面隆美尔的阵地说的"小子，我可看过你的书。来吧！"早一点掌握未来无形经济数字经济的底层逻辑，对商战中的多赢和资本市场上赢得未来金融之争是至关重要的。

托宾 Q 的两难：
新经济公司估值视角下的
O 率新概念和托宾 Q 的对比

1 介　　绍

1.1　背景

在本文中,我的研究重点是托宾 Q 困境在资本市场分析中的应用,并试图找出新经济公司在公开市场上的估值需要开发哪些新概念。具体来说,我使用了无形资产和无形权益分析框架为投资估值打开一扇新的大门。

我回顾了托宾 Q 模型在上市股票估值中的相关文献,发现无形资产对股票估值的贡献在过去二十年中基本上被忽视。因此,我试图借助美国诺贝尔经济学奖获得者詹姆斯·托宾(James Tobin,1969)提出的一般均衡理论,即 Q 理论,为估值提供理论框架。托宾 Q 代表公司现有股份(股本)的市场价值与公司实物资产重置成本的比率。它指出,如果 Q(代表均衡)大于 1(Q＞1),对公司的额外投资是有意义的,因为产生的价值将超过公司资产的成本;如果 Q 小于 1(Q＜1),卖掉资产则更为有利。理想状态是 Q 近似等于 1,这表示企业处于平衡状态。基于托宾 Q 的理论框架,学者们也提出了托宾 Q 的两个计算指标。

然而,以托宾为代表的新古典投资理论主要关注点在实物资产。托宾 Q 理论在逻辑上是自洽的,但其计算指标在理论应用上具有误导性且难以让人理解,这正是因为它忽视了无形资产在定价中的作用,使得实证结果无法验证托宾 Q 理论的有效性。也就是说,整个资本市场定价体系的数字化效应补充了重置资本的理想环境,而扣除无形资产的贡献是 Corrado 和 Hulten(2010)估计的有效性的一部分。近年来,无形资产占公司总资产的 34%,但研究人员在解释投资理论时往往忽略了它们的重要地位。

因此,本文结合复式记账法,充分利用有效市场假说,以理想市场的"MKTintangible 在场效应下等于 MKTinvisible"为线索,对无法在会计报表两侧完整记录的无形资产贡献及其资本价值进行补充,来计算无形资产贡献率(O 比率)。由此,我们可以有效地推断重置成本与无形资本之间的关系。

1.2 问题研究及意义

在新古典投资理论中,无形资产仍然重要吗? 如果答案是肯定的,如何来证明这一点? 随着无形资产在当前经济中发挥着越来越重要的作用,这一理论是否仍然有效? 随着产业升级和现代化的快速发展,托宾 Q 在解释经济现象方面是否仍然有影响力? Hayashi(1982)在他对托宾 Q 的新古典主义解释中,导出了最优投资率作为边际 Q 的函数,并根据税收参数进行了调整。托宾 Q 可以说是"公司财务中最常见的工具"(Erickson 和 Whited,2012)。在无形资产发挥更重要作用的时代,我们如何识别投资机会,以及这些代理变量该如何发挥作用?

根据这条线索,我们考察了发达经济体和发展中经济体、传统经济体和非传统经济体,并找出了这些市场中托宾 Q 困境,我们将在下面的图 1 中详细介绍。如图中所示,发达经济体、发展中经济体和新兴经济体(包括 Facebook、苹果、亚马逊、Netflix 和谷歌等)以及 BTM(百度、腾讯和美团等),它们都是大型科技公司和消费品公司。这些公司的托宾 Q 值远远超过 2。正如我们在之前提到托宾困境时所述的那样,这意味着托宾 Q 的价值不能代表这些公司的真正价值。

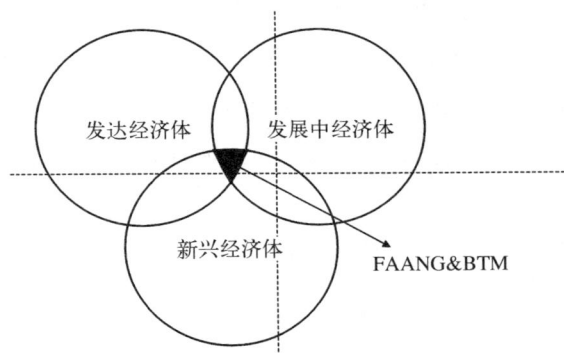

图 1　探索托宾 Q 的局限性

1.3　研究目标

研究的目的是找出新经济的托宾量,以满足理论的要求或更新其对实体经济和金融体系的思考框架,并探究带有无形资产的高科技投资与资本市场状况之间的关键关系。

1.4　研究问题

针对这些研究目标,本研究将寻求解决以下问题:

(1)在二级市场高科技投资中,无形资产或无形权益与市场价值表现之间是否存在正相关或负相关？特殊资产与股价表现之间的关系是否强于正常水平或表现不明显？

（2）为什么大型科技公司和消费品公司，如 FAANG（Facebook、苹果、亚马逊、Netflix 和谷歌）和 BTM（百度、腾讯和美团），在十多年的时间里仍然保持着如此快速的增长，而托宾的规则中并没有反映出其变化的影响？

（3）为什么 FAANG（Facebook、苹果、亚马逊、Netflix 和谷歌）或 BTM（百度、腾讯和美团）的这种无形资产或无形净资产（或可转换）能够为高科技市场投资的稳定和长期增长做出贡献？

（4）特殊无形资产如何带来溢价，如何在长期表现优异？

1.5　研究结构

文章中的研究问题如下：

（1）发现托宾 Q 的局限性。

（2）美国 FAANG（Facebook、苹果、亚马逊、Netflix 和谷歌）和中国 BTM（百度、腾讯和美团）在资本市场中的现象。

（3）高科技巨头的大多数成功者面对的估值问题。

（4）建立一个关于如何理解具有无形资产和无形资产过滤器的新经济的新概念图。

（5）Q 或 Q + O：托宾理论重置成本概念的演变。

（6）用新的理性逻辑范式和统计结果作为证据解决冲突。

（7）测试结论及结果说明。

2   文 献 综 述

近 20 年前,互联网泡沫经历过一次繁荣,然后迅速破灭。随着新经济的出现,这种情况对托宾 Q 的理论提出了挑战。文献综述的第一阶段旨在了解之前对此的研究所采取的方法以及迄今为止的调查结果与其可能的影响。《战略地图:将无形资产转化为有形成果》(Kapan et al., 2004)一书出版后,无形资产打破了资产负债表的界限,成为公司资产战略的基础。

2.1   托宾 Q

托宾 Q 是宏观解释股价波动对实体经济投资影响的重要机制。它最早由尼古拉斯·卡尔多于 1966 年发明,几十年后由于 1981 年获得诺贝尔经济学奖的詹姆斯·托宾命名并普及。托宾声称,"Q"是同一有形资产的估值之间的比率,分子是市场价值,分母是重置成本。在经济逻辑的均衡中,Q 等于 1。但许多因素使 Q 与 1 不同,比如通货膨胀。Q 值大于 1 意味着市场价值超过重置价值,或公司被高估。预计企业将增加对资本的投资,因为此时的资本投资价值将超过其成本。相反,Q 值低于 1 意味着市场价值低于公司资产的重置成本,或者公司被低估。此时投资将被抑制,企业会试图通过收购市场上的其他公司或回购一些股本来扩大规模,从而提高自身价值。

托宾 Q 最初用来解释经济中总投资的行为,几十年来,Q 理论一直是投资文献中的热门话题。该理论指出,在没有固定投资成本和金融市场摩擦的情况下,投资与 Q 相关。它对应于一种修正的新古典投资理论,企业根据其当前的最佳行为进行成本调整。这一概念由卢卡斯·普雷斯科特于 1971 年首次提出。Yoshikawa(1980)和 Abel(1983)得出了相同的结论,表明最优投资条件要求边际的 Q 等于边际投资成本。边际 Q 是新增单位资本对应的市场价值与其重置成本的比率。然而,它无法被直接观察,实证研究人员通常使用平均 Q 作为代理变量,即现有资本的市场价值与其重置成本的比率,也就是托宾 Q。Hayashi(1982)开发的理论模型基于税后最佳资本现值,并证明由于生产技术的同质性,如果公司是市场接受者,平均 Q 值与边际 Q 值相同。然而,如果公司是做市商,平均 Q 大于边际 Q,即市场垄断。Abel 和 Ebery(1994)扩展了不确定性下调整成本的框架,将固定投资成本纳入分析,并发现投资是 Q 的非递减函数,并且存在由 Q 相对于两个临界 Q1(解的最小根)和 Q2(解的最大根)的值确定的,三种不同类型的投资。然而,从经验来看,该理论通常会被数据所否定。Hayashi 和 Inoue(1990)基于日本制造企业发现,税后 Q 是解释投资的一个重要因素。

这些企业层面的实证研究似乎表明,资产限制在约束投资方面发挥着重要作用。例如,小公司比大公司经历更多的财务约束,这可能同时导致小公司比大公司投资更多。Gomes(2001)研究了面临昂贵外部融资的异质企业的投资行为,托宾 Q 对投资似乎只有边际影响。这项研究还表明,Q 与投资之间的总体相关性较低是因为 Q 的测量误差较大。Cooper 和 EjarQue(2002)提出了不完全竞争和金融摩擦的概念,并得出结论,Q 基础上投资的回归基本上是受到市场的力量,而不是资本市场的不完善的影响。Gomes(2001),Cooper 和 EjarQue(2002)通过在模型中引入交易成本,包括财务限制,来解释为什么投资不会对导致 Q 产生变化。Cao 等(2019)提出一个动态模型,并将公司现有负债的存量添加为其资产的一部分。他们使用程序模型,发现财务约束可以帮助动态投资更紧密地匹配数据中观察到的相关性。

不仅是投资,许多研究人员对此做出扩展分析,以表明托宾 Q 可以作为经济租金、市场力量的代表。Lindenberg 和 Ross(1981)使用托宾 Q 比率来约束企业的垄断租金,并发现具有相对独特产品或独特产品因素的企业由于垄断而具有更高的 Q 比率。处于竞争性行业或垂暮行业的公司 Q 比率较低。Chen(1985)使用托宾 Q 作为市场力量的衡量标准来检验市场力量对系统性风险的影响,并发现市场力量与系统性风险呈负相关,其他因素均相同。一些文献表明,如果管理绩效是公司 Q 比率的主要决定因素,那么托宾 Q 可以是现有管理下公司当前和预期项目质量的函数。托宾 Q 的另一个重要应用被广泛用作公司治理中公司价值的代理变量。Daines(2001)使用托宾 Q 作为公司价值的估计,表明特拉华州公司法增加了公司价值,从而促进了上市公司的出售。Jiao(2010)使用了来自独立社会选择投资咨询公司 Kinder,Lydenberg 和 Domini(KLD)的数据,表明股东福利每增加 1,托宾 Q(一种企业价值衡量指标)就会增加 0.587。Jo 和 Harjoto(2011)发现,根据行业调整后的托宾 Q 值,企业社会责任参与的影响会导致更高的企业价值。而 Bayer 等人(2020)通过使用托宾 Q 值作为代理变量,研究了展示和付费搜索广告对企业价值的影响。

我们在上述文献综述中高度暗示了 Q 理论在公司财务中的重要性,因此 Q 的正确测量是一个重要问题。然而,边际 Q 是不可观测的,这引起了研究人员的兴趣。为了计算托宾 Q,前面的大部分文献倾向于使用平均 Q 作为边际 Q 的代表(Furstenberg,1977;Lindenberg 和 Ross,1981;Lang 和 Litzenberger,1989;Chung 和 Pruitt,1994)。由于几个潜在的问题,平均 Q 并不完全等于边际 Q。Hayashi(1982)认为如果企业是做市商,那么平均 Q 大于边际 Q,这就出现了垄断成本。与最初的假设相反,在对积极参与债务和股权政策的公司进行的分析中,Chirinko(1987)发现,平均 Q 值可能不能很好地传达人们需要的信息,并且可能误导投资。同样,Herendeen 和 Grisley(1988)也得出了这些结果。他们的研究表明,发行新证券的成本在新资本和现有资本的价值之间形成了一个楔子。Klock 等人(1991)分析了一家美国制造企业,发现该企业的杠杆率与托宾 Q 测量误差显著相关。最近,研究表明边际 Q 并不反映现有贷款人产生的违约后投资回报的价值,这意味着边际 Q 低于平均 Q(Hennessy,2004)。激励合同等代理问题也会在平均 Q 值和边际 Q 值之间产生分歧,这可能会影响不同的公司业绩(Demarzo,2012)。造成计量误差的另一个重要因素是市场效率。如果金融市场是有效的,那么资本存量的估值等于管理者的估值,平均 Q 或托宾 Q 应该等于边际 Q。这意味着股票市场效率的缺乏将不可避免地导致托宾 Q 的重大测量误差。连玉君（2007,2008）表明,在中国股票市场的情况下,平均 Q 的偏差测量将导致无效的统计推断。

为了减小托宾 Q 的测量误差,Erikson 和 White（2002）提出了一种两步广义矩量法（GMM）估计,其中测量误差和方程误差是独立的,具有每阶矩,但在其他情况下是任意分布的。而 Almeida 等人（2010）拒绝了 EW 提出的高阶矩方法,认为在关于误测回归系数的自相关结构和测量误差的假设下,与简单 IV 方法和 AB 动态面板估计相比,EW 方法是最差的估计量。IV 型估计器可以轻松处理个体效应、异方差误差和不同程度的数据偏斜。作为回应,EW（2012）根据 Almeida 的数据和程序比较了高阶矩 GMM（HGMM）、动态面板数据和 IV 方法,并得出结论,这三种方法在正确设置下都表现良好,但高阶矩估计最有可能检测到测量偏差。2014 年,Erikson 等人提出了一种累积量估计器,其渐近等价于高阶矩（Erikson 和 White,2002）,但它在有限样本上具有更好的性能。然而,真实投资机会与托宾 Q 的可观察指标之间仍然存在一些测量误差。

2.2　文献局限性

然而,自 20 世纪 90 年代以来,随着以互联网时代为代表的新经济的迅速崛起,许多研究人员发现托宾 Q 不足以适用于美国和中国市场的互联网公司。即使在美国,IT 行业的研究人员和投资银行分析师也未能使用托宾理论对互联网和科技公司进行分析,并解释它们的高估值溢价。以微软（MSFT）和 Facebook（FB）为例,研究人员发现不可能用托宾 Q 值来证明估值的合理性,因为它总是在 2 以上,有时甚至超过 10—40。根据托宾的理性投资者假设,如果公司的投资者或股东选择抛售股票,他们可以在市场上找到其他更便宜的替代品进行"替换",并交易中获利。

事实证明,这是一个错误的策略。这件事发生在一位帮助比尔·盖茨管理微软股票的专业投资者身上。他根据投资组合理论出售了微软的股票,并买入了其他一些多元化的股票和资产,使托宾的值回到了一个较低的水平,但事实证明,这比直接持有微软的回报要低得多。美国市场上著名的 FAANG(Facebook、苹果、亚马逊、Netflix 和谷歌)等新经济公司也是如此。对于重要的全球指数道琼斯工业平均指数(Dow Jones Industrial Average),托宾 Q 值自 1996 年以来一直高于 2,平均值为 3.32。自 1991 年以来,标准普尔 500 指数一直高于 2,平均值为 2.78,而托宾在纳斯达克的 Q 值多年来一直高于 2,平均值为 3.45,但 2003 年互联网泡沫破裂时除外,Q 值降至 0.63。

当我们将研究扩展到最大的资本市场之一,中国资本市场(包括香港),我们发现托宾 Q 理论作为解释工具也很弱。1991—2010 年期间,上证综合指数的 Q 值保持在 2 以上,2011 年以来下降到 2 以下,平均值为 2.68,而深证综合指数的 Q 值一直保持在 2 以上,平均值为 2.99。

一些中国学者在中国股市的背景下研究了托宾 Q,得出的结论是托宾 Q 理论在中国资本市场并不适用(Huang 等,2003;丁守海,2006;吴晓明和张春宇,2009)。黄磊等人(2003)表明,投机投资者的存在可能会影响托宾 Q 在中国资本市场的价值。这可能源于中国证券市场的非理性因素,这反映在投资者对交易规则和退市规则的反应中。丁守海(2006)指出,中国投资者的行为并不理性。吴晓明和张春宇(2009)证明,由于国内市场反应的及时性、资产置换的时滞以及一些非流动性股票,托宾 Q 在中国的应用将受到限制。换句话说,这只是一种中国市场现象。在股权分置改革之前,大股东和公众股东的利益不一致,公司的上市和退市不是市场驱动的,这使得中国股市资产定价无法在完全市场驱动的资本市场中发挥 Q 值的作用(丁守海,2006)。

例如,Q>1 表明资本市场的回报率低于实际资产投资的回报率,这将导致公司减少其股份。Q<1 意味着市场价值低于重置成本,公司可以通过收购其他公司回购股票或收购生产性资产,这比自己进行资本投资更便宜。

根据之前的理论和会计规则,当公司的 Q 比率高于 2 甚至等于 2 时,利益相关者出售其股权或股份将获得暴利。这是为什么?因为如果 Q(代理指标可以是该公司的市净率)保持在 2 倍以上,原始所有者可以重建一家新公司,价格为其原始成本的一半。然而,在竞争激烈的市场情况下,长期来看,这一比率将恢复到接近 1 的水平。

就市值而言,中国内地的资本市场目前是世界第二大资本市场。香港市场也是亚洲最大的市场和国际金融中心之一。由于中国市场已经向合格的外国机构投资者开放,没有配额限制,还有其他连接方式,如股票连接,可以说,中国内地和香港资本市场的开放可以被视为全球体系的一部分。也就是说,市场环境更接近托宾定义的高效市场,特别是香港市场被视为普通法下的最佳实践自由市场。

剔除一些非传统资产后,我们会发现,新经济的代表性企业,如腾讯(0700.HK)、美团(3690.HK)、百度(BIDU.US)、拼多多(PDD.US)、京东(JD.US)等市值接近中国资本市场市值40%的高科技和新经济企业,PB或托宾的替代指标,基本都在10以上。腾讯在过去十年里保持了超过十倍的平均Q值。

通过对上述文献和讨论的回顾和研究,我们得出以下结论:

首先,无论是在美国还是中国,托宾Q都证明了它可以有效地衡量企业的长期增长机会。然而,长期以来,新经济参与者的高Q值与传统参与者的低Q值之间存在结构性失衡。

其次,自20世纪90年代以来,无论是在中国市场还是美国市场,都有一些新经济公司的Q值远远高于市场平均水平,但它们的持有人和继续投资于它们的投资者仍然可以获得良好的回报。Q值的异常现象能否准确揭示是什么导致企业价值发生如此根本性的变化?托宾Q是无效的还是传统的会计和财务信息被扭曲了?这种对立可以证明我们发现的问题的价值:如果托宾Q失效,这意味着为新经济公司的估值确定一种新的估值方法是非常重要的;如果金融信息被扭曲,而托宾Q仍然成立,这意味着我们正在进入一个没有资本的资本主义时代,因为这一现象证明,资本不再像传统行业那样是主要资产,而无形资本是真正的资本,它在金融信息中不可见,但在资本市场上不断反映价值。

2.3　更广泛的理论基础

近年来,由于托宾强调有形资产的可替代性,无形资产对公司增长率的贡献开始显现。公司发展的基本途径是获得投资回报，投资可以是有形或无形资产。企业收益以利润来衡量，而利润是销售额和利润的乘积。作为一个局外人，金融投资者没有办法确定企业如何看待价值创造的来源。有形资产是你能触摸到的东西，比如工厂、卡车和机器。而无形资产不存在实体，比如软件、茅台酒秘方或疫苗专利。更多研究者认为，无形资产不应以开发成本为指标进行计量，"无形资产的计量可以采用分层分解模型，这与公司在资产负债表中计量有形资产和金融资产的方法类似"（Kapan 和 Norton，2004）。

企业区分有形资产和无形资产的一个重要方法是"使用"。一次只有一家公司可以使用一种有形资产，而许多公司可以同时使用一种无形资产。考虑到资产的连续性，这种差异并不明显，但重点是共享无形资产的边际成本可能非常低（Stewart，2000）。在会计领域，有形资产是你能触摸到的东西，比如工厂、卡车和机器。软件、茅台酒秘方和 mRNA 疫苗专利等无形资产并不以实物形式存在。《国际财务报告准则》（IFRS）规定了无形资产的确认和计量标准（IAS 38），并要求对其进行披露。无形资产是一种可辨认的非货币性资产，由实体因过去的事件而控制，并可预期未来的经济利益，且无实物形态。IAS 38 要求主体确认无形资产，无论是购买的还是自行创造的（按成本），当且仅当可归属于该资产的未来经济利益很可能会流入公司控制的主体时，该无形资产因过去的事件或交易而可见，且该资产的成本能够可靠地计量。美国公认会计原则（US GAAP）对无形资产也有类似的概念。然而，国际财务报告准则和美国公认会计准则在无形资产会计方面的主要区别在于商誉的确认(Jerman 和 Manzin,2008；Bao 等人,2010；Katona,2021)。

衡量这些无形资产的价值是会计的领域。与金融资产和实物资产不同,无形资产难以计量,不同的人对无形资产的估价也不同(Kapan 和 Norton, 2004)。此外,无形资产很少直接影响财务业绩。对无形资产的正确计量从来都不容易。尽管大量文献已经为不同的无形资产(如客户关系、专利和知识资产)开发了几种测量模型,它仍然被视为一个魔术。对于客户关系,Kapan 和 Norton(1996)开发了一个平衡计分卡测量模型,用于测量无形资产客户关系的绩效。Lev(2001)提供了一个用于客户衡量的价值链计分板模型。对于同一无形资产,银行-客户关系,Nagar 和 Rajan(2005)使用了零售银行公司的一组财务和非财务指标,并发现集合指标具有更高的预测未来收益的能力。Hyun 和 Perdue(2017)还开发了医院客户关系多维测量量表。这些模型将无形资产视为由一系列基础业务活动组成,并使用与利润有因果关系的多个财务和非财务指标来表示这一观点(Nagar 和 Rajan,2005)。对于专有技术,Reilly(1998)提出了三种模型：市场法、成本法和收益法。Chiu 和 Chen(2007)提供了一个客观的评分系统,用于使用层次分析评估许可方的知识产权专利。

在过去 20 年中,许多发达经济体都在向"知识经济"转型,无形资产在企业总投资中所占份额的大幅增加就是明证。换句话说,无形资产在当今的知识经济中可能至关重要,对增长的影响可能大于对其他资本的投资。Nakaruma(2003)估计,美国公司三分之一的资产是无形资产。Corrado 和 Hulten(2010)估计了 1948年至 2007 年间美国非农商业部门的无形资产,发现 1995 年至

2007 年间无形资产的平均投资率是 1948 年至 1972 年间的两倍多。大量文献表明,如此巨大的投资承诺显著提升了公司价值,并在财务资源中发挥着重要作用。Tahat(2018)指出,从长远来看,无形投资是财富创造的主要驱动力。Lin 等人(2020)发现无形资产和杠杆之间存在强烈的正相关关系,并证明无形资产能够支撑债务融资和有形资产,尤其是当企业拥有较少有形资产时这个现象更加突出。

根据以往的理论和投资经验,无形资产价值较高的公司更值得投资。如果托宾 Q 不包括无形资产的价值,或者如果股票市场没有充分评估无形资产,它将低估公司的价值。

然而,大量文献表明,股市没有充分评估无形资产的价值。Choi(2000)基于成对投资组合分析和回归分析对无形资产的市场价值进行了检验。他们的结果表明,无形资产的市场估值低于其他报告资产的估值。Edmans(2011)表明,员工满意度等无形资产与公司绩效正相关,市场未能将无形资产完全纳入股票估值。

高科技公司投资被纳入高风险活动的原因是,所投资的技术很容易成为沉没成本。在这种情况下,无形资产的价值将急剧下降。同时,旧版本技术的价值非常有限,成本可能会直接下降。

无形资产的特点突出了其对增长率的贡献与有形资产的不同表现。与有形资产相比,无形资产更容易形成规模经济,更具可扩展性。95%以上的相关检索论文都强调了这一点。正是这一特点以及无形资产的转移和锁定,决定了赢家在新经济时代能够获得剩余价值。

2.4　无形资产与新经济

　　无形资产作为一个项目,我们的理解是与一般财务会计资产负债表体系中的无形资产定义一致的,也是在新经济概念体系中发展起来的。

　　无形且看不见的有价值项目,如品牌和知识产权,包括商标、版权或专利都是无形资产。它是公司资产负债表中显示的非物质资产,如研发成本、特许权、专利、许可证、商标和商誉。也称为无形资产。就"无形资产"而言,估值是非常模糊的。无形资产的价值可能难以量化;然而,这些资产对一家公司的长期发展非常重要(比如耐克、苹果公司标志和品牌认可度)。无形资产是有形资产的对立面,如现金、工厂或房地产。对未来利益的要求,比如对未来现金的要求。商誉、知识产权、专利、版权和商标都是无形资产的例子。在人类社会发展的过程中,有新事物代替旧事物的规律,经济也符合这样的规律。新经济是一种新的外汇来源,是对过去经济中出现的一类特殊无形资产的回应,这在会计中有所反映,但会计和金融系统未能准确评估这部分价值来源。

　　新经济这个词最早出现在 1996 年 12 月 30 日《商业周刊》发表的一系列文章中。他们指出,在经济全球化的背景下,信息技术(IT)革命以及由此产生的以高科技产业为主导的经济。新经济是信息化和全球化的经济成果。新经济具有低失业、低财政赤字和高增长的特点。发达的资本市场体系通过资本定价机制,使信息技术和知识产权能够在基于规则的条件下迅速在全球扩张。

　　特别是中国和其他金砖国家加入 WTO 并迅速融入发达市

场,技术基础设施的演进,移动互联网的普及,人工智能和大数据的应用,产业的边界,产业升级的快速突破趋势,证明了投资新经济是拥抱未来财富的唯一途径。我们的研究揭示了一种在新经济和无形资产价值之间的紧密联系。如果按照传统的估值和会计方法与新经济公司的 PB 或 PE 价值相匹配,它似乎总是"昂贵的"。这主要是因为新经济公司拥有大量无形资产,与传统经济公司相比,新经济公司有大量不在资产负债表中的无形资产,这就是它们相较传统经济公司有更高创造价值的潜力的地方。

财务价值和产品价值并不总是与公司的资产呈现线性关系,运营和客户价值被纳入资本市场的定价,但它们实际上更多的是隐形资产。因此,我们必须强调,无形资产和两类资产,实际上是新经济中差异化的基本要素。当市场通过有形资产或最近的利润值来评估一个公司的价值时,往往忽略了无形资产的价值。

按照传统的会计和财务指标衡量,通常会发现公司的股票价格普遍较高,投资价值较低。但在现实中,随着企业展示其保持行业竞争力的能力,资本愿意追逐这些稀缺品种,并从它们的持续增长中获得资本溢价。正如专业投资者已经认识到传统金融定价模型的作用一样,他们也应该关注无形资产的定价,因为无形资产已显示出其长期性和可替代性等的特征。如何对无形资产进行价值评估也成为研究思路的重要来源。

这说明了无形资产的形成过程,即从最初的标准化产品和服务,到高效、高度个性化的生态系统。此外,生态系统中的数据管理也产生了无形资产。与过去相比,这些无形资产的载体更容易通过信息技术正式化,由此形成的垄断效应和竞争优势也更难挑战,因为其中涉及更高的转让成本,这将成为这些无形资产所有者定价权的主要来源。

在这里,我们通过几个关键词总结我们的想法——信息和知识产权、系统定价权和基础设施系统,简称为代表无形资产增值的短语,即 SPIP^2。我使用 SPIP^2 强调无形资产具有高能量非线性增长,并且,这些平方与风险方差的概念一致,即风险标准差的二阶。在这种无形资产的强劲周期阶段,其推动价值增长的能力创造了赢家通吃效应,这种效应通常在金融市场的正常周期中持续增长很长时间,但在系统功能逆转或被取代时会更快消失。特别当金融周期的收缩阶段和系统性效应同时被取代时,它们的资本价值会受到更严重的损害。

2.5　为何无形资产会为公司带来增长

如果我们想给有形和无形资产一个更完整的定义。我们必须回归到财务报表上。一家公司从股东或借款人那里获得资本来购买一项资产。根据传统的会计规则,投资是今天支付的成本,它创造了一项资产,并预期提供一个由未来自由现金流的现值衡量的回报。当收益超过成本时,投资的净现值为正。当广告是为了购买声誉而做的时候,它就成了一种支出。同时,它形成了一种无形的资产,或者说没有留下任何东西作为沉没成本。这意味着投资可以是有形或无形的资产。有形资产是实物,如机器、厂房、车辆或其他系统。无形资产不是实物;它们可以是客户关系、产品设计或药品的生产说明。

在新经济兴起之前,有形资产大于无形资产,美国财务会计准则委员会(FASB)发布了一份关于研究与开发(R&D)的声明,说明了无形资产应该如何入账。FASB认为公司应将研发成本归为费用。尽管他们考虑了其他方法,包括将研发费用资本化,但得出的结论是费用化是最合适的。因为单个研发项目的未来收益存在很大的不确定性。这就是我们在论文中提出的,一定有无形资产没有被正确记录,而只有市场交易机制才能发现这些资产反映在报表的哪一面。有研究了FASB成立最初25年制定的准则的会计学教授发现,研发支出化是五项"与股东最大价值损失相关的准则"之一。关于特殊情况下投资的文献分析,如高科技产业,我们终于解开了赢家通吃背后的MKTinvisible资产是如何通过期权和可转换债券等巧妙的价值溢价隐藏无形资产的价值。

尽管公司的投资方式发生了巨大的变化,但他们核算资产的方式却几乎没有变化。值得注意的例外是通过兼并和收购(M&A)获得的无形资产。会计师将收购的无形资产记录在资产负债表上,并随着时间的推移(通常是5—10年)进行摊销。这种会计错配是挑战的核心所在。分析师需要清楚资产在财务报表中出现的位置,以了解公司的投资情况。投资者和经济学家如果认为资产只限于资本支出和营运资本的变化,就会因为严重低估投资规模而错失良机。

无形资产直接和间接地影响到公司的增长和估值。它对公司增长的直接贡献,因为这个因素导致了持续的高收益率,并将价值导向大型和高增长的主流行业企业,而且它促进了并购。我们可以认为一个公司的价值有两个组成部分:第一个是稳定状态,它假定公司可以将目前的利润维持到未来;第二个是增长机会的现值,它基于投资的规模、投资的回报和机会存在的时间段。注意,如果投资回报率等于资本成本,那么增长的现值就是零。理论上,一个不创造价值的公司的股票价值等于稳态收益和商品市盈率的乘积,其中市盈率等于 1 除以贴现率。

抓住投资的规模和回报的核心思想是使投资者对公司的未来收益有更好的了解。挑战在于,投资组合随着时间的推移发生了变化,今天,无形资产比有形资产多。这意味着投资的会计记账方式在很大程度上从资产负债表转向了利润表,而投资者的任务并没有改变,改变的应该是分析的方法。

投资者经常说,依靠无形资产的公司是“轻资产”,这意味着它们对有形资产的需求有限。但这可能是一种误导,因为这些公司经常向员工支付基于股票的报酬(SBCs),如限制性股票单位、绩效股票单位和员工股票期权。由于这些不是现金形式,会计师在计算经营性现金流时,会将其费用加回来。SBCs 是一种合法的费用,不应该被逆转。我们估计,在标准普尔 500 指数中,SBCs 占科技公司运营现金流的 15%—20%。这个数字在许多年轻公司中更高。

SBCs 相当于两笔交易:公司出售股票(融资),用所得款项支付员工(服务报酬)。投资者必须将 SBCs 的数字从“经营性现金流”转移到“融资性现金流”,以便准确描绘现金流量表。如果不这样做,将夸大自由现金流。

而如果我们回到那些 MKT 看不见的权益报表,我们就会发现,公司支付给员工的服务报酬与公司从这一看不见的资产的权益价值中获得的总体贡献相比,是很小的。因此,这里产生的虚高的自由现金流及其折现值被纳入到股权持有人的手中。这表明估值是被投资者发现的,因为这些获胜的股票长期被高估,有高市盈率来反证。

此外,新经济四大行业的并购所记录的商誉要比传统行业的高得多。这间接源于市场上反映的无形资产的增长和估值贡献。简单地说,它为企业提供了市场杠杆,使其能够对对手进行降级,并以低成本筹集资金。

2.6 R&D

Q比率是由关键的企业财务变量计算出来的,或受其影响。它与净资产直接相关,是衡量企业资产重置成本的最重要指标。对于上市公司来说,通常的财务指标,如基于历史数据的 PB,往往作为一个长期的重置成本的代理指标。当投资者评估上市公司时,正如我们下文的概念图所示,估值将根据研发支出如何在利润表和现金流量表上记录,然后在资产负债表上反映为权益积累而发生变化。根据上市公司常见的财务会计惯例,研发支出以两种方式呈现。第一种是作为研发费用列支,第二种是作为无形资产资本化。

为了与量子物理学中的波粒二象性相提并论,即把每一个粒子或量子实体描述为粒子或波,我们论文中所讨论的无形资产是指现在已经记录在财务报表中的知识产权资产或商誉,还是指在公司发展过程中形成的沉没成本,这些成本没有记录在其账面上,但在那些行业领导者建立其护城河时反映在股权市场价值中,或者是导致形成特殊无形资产的客户收购成本。

我们发现,正是因为我们在逻辑上接受了研发支出的双重性,所以我们在传统会计概念的基础上,创建了一个对称的公式 MKTintangible = MKTinvisible,作为帮助计算无形资产贡献率(O比率)的代码。

在传统的托宾Q方法中,净资产价值,一直被用作重置成本的代表,只包括研发支出的资本化部分,而费用化部分一直是净资产的减少项目。正是这一发现激发了我们尝试用我们的O值来取代传统的Q值,以便更好地衡量新经济公司的价值。

我们发现,那些持续出现高Q值的行业也恰好是高科技行业或拥有大量无形资产的行业。例如,美国的FANMG,中国的腾讯、JD.com、美团,以及中国市场上的恒瑞等制药公司,这些公司曾经100%的支出研发费用(直到最近)。

根据统计,这些公司的研发支出通常比资本化的支出要多。因此,当使用托宾Q或PB指标进行计算时,我们可能会面临一个有趣的现象,即研发费用越大,PB值越不可能接近1。同时,随着研发费用的选择性处理,那些新经济公司通过研发的模块化,成为赢家通吃的对象。这就是资本市场上显示的场效应或未来模块化之后的金融效应。"市场的总价值正在急剧增长,同时转移到许多主导公司"。我们在传统行业中没有发现这种现象,这些行业的固定资产通常可以很容易地被替换。通常他们的PB会长期低于1,更不用说超过2了。

价值投资者通常会排除托宾Q在2以上的公司,而这些公司是属于我们O型价值的研究范围。这就是我们的概念图中所示的赢家通吃现象,实际上在权益报表中具有可转换债券的嵌入式

期权的效果。同一个子行业的许多公司,开发出的子模块在一定
阶段实现了自己的价值,它把上层模块的价值贡献给了行业赢家。
当它破产或退出这个行业时,它的股东价值就变成了沉没成本。
模块价值,即它的股权剩余价值,会自动转移给上层留下的赢家。
对后者来说,这相当于公司发行了无息债券,在没有偿还的情况
下,它可以将期权转让给长期股东。这样一来,公司剩下的长期股
东就可以享受这种可转换债券的期权增值权。

2.7　小结

Corrado, Hulten 和 Sichel 对无形资产对企业成长的影响进
行了统计研究:第一,基于无形资产的企业可以比基准利率数据
增长更快,第二,无形业务增长率的分布存在较大差异。他们通过
检查市场价格和并购交易来推断无形资产的价值,使用 1984 年至
2020 年的大量公司样本来寻找无形资产最集中的地方。结果表
明,从高到低依次为医疗保健、技术、消费者和制造业。

Industry	Median CAGR				Mean CAGR				Standard Deviation			
	1-yr	3-yr	5-yr	10-yr	1-yr	3-yr	5-yr	10-yr	1-yr	3-yr	5-yr	10-yr
Healthcare	11.5%	10.8%	10.4%	9.3%	52.6%	16.8%	12.6%	9.3%	406.3%	45.9%	30.6%	22.5%
Technology	9.7%	8.4%	7.9%	7.2%	15.4%	10.6%	9.0%	7.3%	49.0%	21.9%	16.5%	13.0%
All	7.4%	6.9%	6.5%	6.2%	16.6%	9.5%	8.0%	6.7%	177.3%	23.2%	16.4%	12.0%
Consumer	6.9%	6.4%	6.0%	5.9%	13.5%	8.9%	7.7%	6.6%	164.7%	18.8%	13.9%	9.5%
Manufacturing	5.4%	5.1%	5.0%	5.5%	9.3%	6.8%	6.1%	6.0%	50.4%	17.5%	13.1%	9.4%
Other	7.6%	7.3%	6.9%	6.3%	16.2%	9.6%	8.1%	6.6%	194.5%	22.5%	15.8%	12.2%

Source: FactSet.

图 2　1984—2020 年按行业划分的销售增长基准率

以中值或平均值衡量的销售增长率从价值最高最受关注无形
资产的公司到最被忽视的价值最低的公司不等。短期数据有一些
扰动项,这种关系分别持续了 1 年、3 年、5 年和 10 年。以五年内

复合年销售额增长率中位数为例。医疗保健业增长 10.4%，科技工业增长 7.9%，消费业增长 6.0%，制造业增长 5.0%。所有公司的中位数为 6.5%。这支持了第一个假设。

之后，为了捕捉规模的潜在影响，根据起始年的销售额将整个数据集分为七个类别。出现了几种趋势。首先，研究发现，随着公司规模的扩大，平均和中位销售增长率及标准差均呈下降趋势。其次，高无形资产强度和高增长率之间的基本关系通常适用于所有规模的区间。

Industry	Top 20	Top 50	Top 100	Full Index
Healthcare	8	12	22	81
Technology	5	19	42	203
Consumer	4	8	15	189
Manufacturing	1	2	3	192
Other	2	9	18	327
Total	20	50	100	992
Healthcare + Technology, Number	13	31	64	284
Healthcare + Technology, Percent of Total	65%	62%	64%	29%

Source: FactSet.
Note: Includes companies with sales data for calendar years 2019 and 2020.

图 3　2020 年增长最快的无形资产密集型行业

2020 年的全球疫情是对全球健康和经济增长的重大挑战。其中，基于无形资产的数字公司可以在混乱中茁壮成长。我们验证了 Russell 1000 公司的销售增长率，以了解哪些公司表现优异。研究发现，医疗保健和科技是无形资产集中度最高的行业。尽管它们只占整个行业的 29%，但在前 20、50 和 100 名增长型公司中，它们占了 60% 以上。

当我们从资产负债表中探索无形资产时，我们发现不同的公司有不同的方法记录无形资产。例如，腾讯在其资产负债表中记录软件、商誉和专利等许多无形项目。相比之下,苹果没有在其资产负债表中报告无形资产的价值。然而,这些公司都没有在资产负债表上记录客户的价值,而资产负债表是这些新经济公司的关键无形资产之一。如表1所示,这造成了资产负债表中资产价值和负债价值之间的不平衡。

表 1　无形资产和客户价值

	无形资产/ 总资产	商誉/ 总资产	客户价值/获客成本 (百万/人民币)	客户价值/ 总资产
Tencent	12.92%	8.14%	980 000	73.49%
MFST	19.63%	14.39%	1 120 000	52.50%
APPLE	NA	NA	1 320 000	

总之,之前的实证研究未能在一般无形资产与公司财务绩效,以及托宾Q绩效之间建立可靠的联系。这可能是传统会计体系思维结构和资产入账规则的局限性所造成的,必须通过两种方式加以克服:首先,将资产负债表中无形资产的理论基础扩展到公司财务理论之外;其次,考察新经济的运作过程,特别是在无形资产和公司财务业绩之间的高科技投资方面。此处拟研究的目的是发展一种更实用的观点,将无形资产视为资本中的无形权益。第三章将讨论本研究的研究框架。

3　研　究　框　架

　　本章在前一章文献综述的基础上,为本研究建立研究框架。该框架有两个重要组成部分:研究概念和研究范式。

3.1　研究概念

　　第二章的文献综述提出了一些概念,下文将进一步解释。

　　托宾 Q: 同一实物资产估值之间的比率,分子为市场价值,分母为重置成本。

　　MKTinvisible:无形可转债。无形资产包括公司的可转换股权和无形负债,它们对称地分布在公司的资产和负债之间。

　　MKTintangible: GAPtech 创新的成本加上幸存期权。在正常情况下,MKTintangible 由公司所有人共享,任何个人股东不得处置。其明确形式包括商誉、技术和其他属于新经济公司的无形资本,现金除外。

　　量子场效应:对无形资产和无形资产的 MKT 效应。

　　CAP:竞争优势期,是与估值溢价相关的关键变量。

　　GAP:竞争优势差距,是指代表竞争壁垒的技术或知识产权的持续时间。时间越长,创造的超额价值就越大。大玩家("大象")的生命周期很长,短期利率变化不应破坏增值。强大的创新知识产权和高科技转换成本是能够创造长期价值并将该行业与其他行业区分开来的关键因素。

SPIP^2:知识产权对系统定价权的影响。(S 表示系统优势,P 表示定价权,IP 乘以 SP 的能量,转化为客户和合作伙伴的高转换成本,作为知识产权。)

概念图:

下图包含了本研究中包含的关键概念及其可能的关联。拟议的研究试图确定这些概念的范围以及它们之间的关联性质。

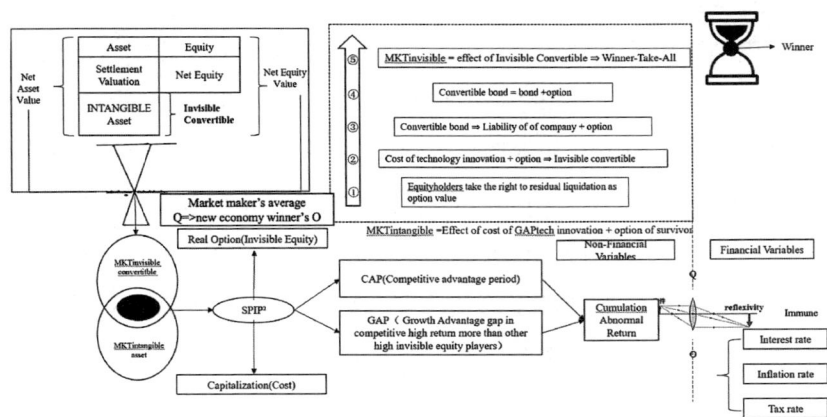

图 4　概念图

3.2　研究范式

除了研究概念外,研究框架的另一个关键组成部分是要采用的范式。在学术研究的传统中,使用的两个主要范式是 MKTintangible 资产如何创造 MKTinvisibile 股权价值以及托宾理论下重置成本。本节简要描述了每种范式，并讨论了其对拟议研究的适用性。为了衡量新经济公司无形资产的价值，我们引入了一个新概念——无形市场价值（MKTinvisibile）。无形市场价值是指新经济公司在健康的资本市场交易产生的市场价值与传统会计制度记录的账面净值之间的单位价值差异，如图4所示。根据有效市场假说的理论，它不仅表明市场能够充分反映企业的价值，而且为托宾理论中的重置成本提供了代理价值。虽然无形资产不在会计报表中，但它们可以用市场价值差额来表示。计算无形市场价值比率的方程式将是我们从传统金融体系及其规则中选择这种逻辑和方法的基本原理。

我们考虑无形资产的实际实力和贡献率，从观察非有形资产（包括传统报表中记录的一些有形无形资产）贡献的角度，通过定义现有报表中未充分记录的无形资产场效应和场效应形成的无形资本；这是一个相对于托宾 Q 的观察点，仅涵盖无法记录的资产及其风险溢价或贴现。这是为了思考因果关系来推断。同时，我们使用统计强度来验证无形资产对绩效的贡献与估值之间是否存在关系。从这个角度来看，我们只选取最典型的并购行为所形成的行业无形资产估值水平来形成行业观察。通过对主营业务规模与无形资产强度关系的统计，可以发现在新的经济形态下，哪些资本市场能够有效地反映定价关系。

3.3　小结

由于托宾的理论通过大量研究得出结论，即在均衡状态下，资产的市场价值应收敛于这些资产的重置成本，否则将诱使投资者在市场强劲时投资于实物资产并出售股票,或在市场低迷时购买股票并出售资产。现在,我们发现,知识产权、管理技能、客户资产和基于信息技术的系统能力等无形价值难以量化,因此资本市场的机构投资者必须将过去证明有效的资产净值视为重置成本的等价物。正如我们在文献检索后讨论的那样,我们认为市场定价体系存在巨大的差距,这导致托宾 Q 值与过去一样失去了它的光环和引导力。

4 研 究 方 法

本章讨论了研究方法的选择,随后概述了研究设计的组成部分和详细的工作计划。

4.1 研究公式

4.1.1 为什么托宾 Q 失效?

根据经典金融概念,股票的投资价值基于其预期股息现金流的净现值。一般来说,持有期为 N 时,我们可以将股票的价值推导出为 N 年内股息的贴现价值加上基于最终价格的股票贴现价值之和,即:

$$P_0^M = P_0^{CF} = \sum_{n=1}^{\infty} \frac{D_n}{(1+k)^n} \qquad (1)$$

其中 P_0^M 是投资的初始价值,P_n^M 是第 n 期的投资价值。P_0^{CF} 是红利现金流的净现值,k 是贴现率或要求的回报率,D_n 是第 n 期的红利。

$$V_0 = \frac{D_1}{(1+k)} + \frac{D_2}{(1+k)^2} + \cdots + \frac{D_n}{(1+k)^n} \qquad (2)$$

无论是以传统金融为基础的价值投资理论,还是以现代金融为基础的价值投资理论,对于无限期持股的投资者来说,现金流的净现值并不是投资期内股票的全部价值。还有一些与现金流无关的因素,如专利、与个别公司有关的技术创新、爆炸性的工业增长、宏观经济发展带来的乐观或悲观的市场预期等,这些因素将导致贴现率或所需回报的波动,进而使股票价格与现金流价值显著偏离,这种偏离很可能会持续下去。除了投资的现金流价值,还有不同的方法来衡量价值。一些理论认为,价值具有期权的特征,现代金融理论称之为期权价值。即股票的现值等于高确定性现金流和低确定性现金流的期权价值,其表达式如下:

$$P_0^M = P_0^{CF} + P_0^{OP} \qquad (3)$$

特殊情况发生在期权价值为 0 时,公司的剩余索取权为 0,即当公司清算或股东出售股票时,其价值等于所有未来现金流的现值之和。这也间接证明了上述估值模型的有效性。然而,在现实中,股票的价值并不总是很确定地大于或等于可计算现金流的总和,有时甚至在很长一段时间内小于现金流的总和。显然不适合将该值称为期权值,因为期权的值只能为正或零,不能为负,这意味着该方程无法描述股票的短期波动性。只有当我们详细研究这种波动的来源时,尤其是在我们发现托宾 Q 规则在数学上和会计上不适用于新经济公司之后,我们才发现需要一种新的会计制度或估价原则来解释无形(非现金)资本的这种新资本效应。Haskel 和 Westlake(2019)将其命名为"没有资本的资本主义"。本文作者认为,在评估一家公司的整体价值时,理想现金流概念应该用来补充自由现金流概念的完整性。新经济企业的无形资本和沉没成本之间的对称关系也需要得到充分重视。这真是一个永恒的问题。正如《没有资本的资本主义》中所述,"事实上,即使市场有效运行,大多数公司的市场价值和账面价值也不相等"(Rubinstein,2011)。

我们发现,新经济公司往往表现出高于或低于其现金流所决定的价值的高股价波动,其决定性因素是其无形资本的波动。

4.1.2 O比率

因此,本论文引入了我们的新概念来解释市场无形比率(简称O值)的价值。它衡量的是无形资本对整体市场价值的创造或减少的贡献,以及所创造的无形资本价值超过了传统会计报表中记录的无形资产(理论推导请见下面讨论的方程式)。我在这里把它们分别命名为 MKTinvisible 和 MKTintangible。它们由可转换股权和嵌入具有良好治理的公司并在规范的资本市场上交易的特殊无形资产组成。

前者包括公司的可转换股权和无形负债,它们对称地分布在公司的资产和负债之间。后者指的是,在正常情况下,公司的所有所有者共享可变动资产,任何个人股东不得处置该资产。其明确形式包括商誉、技术和其他属于新经济公司的无形资本,现金除外。因为它有维护和更换的成本,如果资产负债表左侧的影子资产发生减值,它将反映在资产负债表右侧股东价值的减少上。因为它是负值,我们可以用可转换债券来表示。

由于这种无形权益与公司整体价值高度相关,它实际上相当于一种可立即转换为权益的可转换债券。在股票出售之前,转换不会实现。当股票出售时,市场价值会自动反映在总实现价值中。可转换债券的本金应以某种适当的形式计入公司的重置成本,但在当前的会计实务中并未发生这种情况。

这里发生了一些不匹配。如果我们作为投资者,假设我们知道公司价值的一部分来自低确定性的现金流,并且我们也知道它仅以初始账面成本记录,甚至它随时间产生的战略复利也无法记录,那么公司的价值一定会被低估,这将导致公司的重置成本被低估。另一方面,如果由于技术替代、专利到期、客户损失等原因,无形资本和后续投资突然比现金更快地失去价值,而系统仍需要维护。因此,无形资本的低确定性现金流会迅速贬值并侵蚀系统中总现金流的价值。然后,公司不得不借钱购买专利和技术,但无法获得足够的回报,股东的价值随之受到侵蚀。在公司财务报表的左侧,无形资产的价值也会变小或下降。

基于上述理解,我们可以得出以下结果:

$$\text{TOTAL ASSET} = \text{NET EQUITY} + \text{TOTAL LIABILITY} \quad (4)$$

$$\text{NET ASSET} = \text{NET EQUITY} \quad (5)$$

我们在等式两边加上一个资产和一个负债的等价物,以表示只能在公开市场上充分反映的无形资产和无形资本投资的价值。为什么期权的价值在这里显示为负债?因为这是股票稀释的成本和期权的成本投入。

$$\text{MKTINTANGIBLE ASSET} = \text{MKTINVISIBLE CONVERTIBLE} \quad (7)$$

我们知道负债加期权等同于可转换债券,我们将其记录为可

转换债券,然后得出以下公式:

$$MKTINVISIBLE\ RATIO = \frac{P_0^M}{MKTINTANGIBLE\ ASSET}$$

$$= \frac{P_0^M}{P_0^M - NET\ ASSET} = 1 + \frac{1}{PB - 1} \tag{8}$$

当期权价值变为 0 时,意味着可转换债券成为股东权益的一部分,或被资产负债表中资产价值的减少所抵消。

那么 MKTINVISIBLE 比率等于:

$$P_0^M = MARKET\ VALUE = \sum_{n=1}^{\infty} \frac{D_n}{(1+k)^n} + V_{BOND}^{MC} + V_0^{OP} \tag{9}$$

$$V_0^{REPLACEMENT} = \sum_{n=1}^{\infty} \frac{(TOTAL\ ASSET - TOTAL\ LIABILITY + MKTINTANGIBLE\ ASSET)}{(1+k)^n} \tag{10}$$

$$V_{MKINTANGIBLE} = P_0^M - \sum_{n=1}^{\infty} \frac{D_n}{(1+k)^n} \tag{11}$$

$$V_0^{REPLACEMENT\ COST} = REPLACEMENT\ COST$$

$$= NET\ ASSET + P_0^M - \sum_{n=1}^{\infty} \frac{D_n}{(1+k)^n} \tag{12}$$

根据资产负债关系符合会计基础的理论,我们可以得到等式(4)的方程,当股东权益等于公司净资产时,我们可以得到等式(5)。

当公司是一家上市公司且市场被假定为一个有效市场时,净资产加上公司无形资产的市场价格等于所有者权益加上可转换期权价值,即我们得到等式(6)。公司的外壳价值、其专利形成的技术壁垒以及强大的品牌资产是未来可能为公司产生现金流的资产,但并未在资产负债表中得到适当反映。

根据式(4)、(5)、(6)我们可以得出,市场估价的无形资产价值等于公司无形期权价值,从而得到式(7)。在上述推导的基础上,进一步得到了 MKTinvisible 比率可见比的计算公式。

在等式(8)中,进一步的推论使我们得出等式(9),即股票的市场价值等于股票的贴现现金流加上债券的价值加上期权的价值。

如果重置成本表示为总资产减去总负债加上 MKT 可变动资产的现值,则在等式(10)中,MKT 可变动资产的价值表示为股票的市场价值减去股票的贴现现金流价值。

在等式(11)中,获得重置价值的等式是净资产加上市场价值减去等式(12)中权益的贴现现金流量值。

4.1.3 短期与长期投资者间的区别

基于资本市场机制,上述等式也是股票价格充分反映股票的公允价值和投机价值的等式的具体表达。

股价取决于现金流的现值和股票的投机价值,即

$$P_0^M = P_0^{CF} + S \tag{13}$$

比较等式(9)和(10),可以发现,公司无形权益的价值来源于股东的价值和公司在公开市场上的价值,这相当于其期权价值的存在意义。

事实上,因为这个等式提供了一个独特的视角,它让我们能够了解投资者是长期战略投资者还是短期金融投资者,他们对

价值的实际感受：首先看看等式(9)成立的条件。期权的价值只能是正的或零的，不能是负的，这意味着如果可转换债券只反映了期权，那么这个方程就不能描述股票的短期波动。由于短期波动可能使股票价值低于其当前现金流量值，因此只有在长期时间尺度上，长期投资者才能发现并纠正股票价值低于现金流量值的异常情况。因此，只有从长期来看，我们才能得出结论，股票的价值总是高于现金流的价值，而超额部分就是我们所认定的期权。

然而，从"事实之前"而非"事实之后"的经济范式来看，期权的长期价值对短期投机者来说没有意义。

由于投机者往往从股价的短期波动中获利，因此他们不太可能关心新经济公司的无形资本价值，例如公司的技术创新和专利的潜在价值(相反，关心它的人必须是长期投资者)。这样，在短期投机者眼中，公司长期期权的价值必须为零。这是方程式(10)。对于金融投资者来说，当他出售股票时，我们可以将期权视为0，即没有期权价值。由于他无法履行债权人在该地的义务，因此他可以接受或有债权损益。看看(10)保持的条件。由于(10)不包括期权价值，因此不适合长期规模，也不针对长期投资者。但由于投机性价值可以是正的，也可以是负的，它具有期货而不是期权的特征，可以描述股票的短期价格波动，因此它适用于短期投机者和短期时间尺度。

换句话说，看似相似的模型(10)和(11)实际上分别代表了大时间范围内的两种极端情况。因此，一个很自然的问题是，是否有一个更普遍的股票估值模型，可以同时考虑到期权价值和投机价值。这里出现了技术优势期或无形资产优势期的概念，以及我们在讨论估值变量时提出的它们的代理指标。这个变量往往涉及到不同投资者群体基于两类不确定价值的利益博弈,因此一个完整的估值模型具有实际意义。同时,上述方程的推导过程也证明了长期投资的价值,即"不要把鸡蛋放在一个篮子里,但也不要把鸡蛋放在太多篮子里"。按照托宾的建议,我们需要专注于少数有潜力成为大象的公司和那些已经是大象的公司。股票估值模型包含了 O 比率。

结合方程(10)和(11),我们可以得到一个完整的股票估值模型,该模型考虑了无形资本,同时满足托宾 Q 准则和 O 值的存在性。对该模型的分析得出以下两个结论:

首先,不同的投资者对这个公式有不同的应用。对于短期投机者来说,MKTinvisible 可转债的值为零,因此等式(11)变成等式(9);而对于长期投资者,短期投机价值 S 为零,然后方程(11)变成(10)公式。也就是说,方程(9)和(10)分别是模型(11)的两个极端情况。根据投资者的投资风格不同,他们对模型(11)有不同的理解:长期投资者将方程(11)视为方程(9),短期投资者则将方程(11)视为方程(9),短期投资者将等式(11)解释为等式(10)。

方程(11)也可以解释即使是同一类型的投资者的投资组合在选股上的差异。例如,在投资基金的投资组合中,长期投资持有的股票一定是以价值较高的股票为主,即那些具有长期竞争优势的新经济大象股票,并具有 SPIP(本文提出的估值变量)。这些股票往往在很长的时间范围内表现良好。

相比之下,经常买卖大盘蓝筹股的动量驱动型中小投资者往往发现,由于频繁交易、高买低卖,很难从大盘蓝筹股的长期趋势中获利。因此,他们的注意力倾向于成为具有大量无形资本价值的小型主题股,因为此类股票具有高波动性可以利用。虽然长期趋势不好,但短期内可能是机会(例如与股权改革有关的投机)。因此,即使对于同一理性投资者的投资组合,上述两种股票的选择也是不同的。

其次,期权价值和 O 值无形股权价值的相对权重反映了投资者结构。如上所述,在等式中,$P_0 = P_0^{CF} + P_0^{OP} + S$,MKTinvisible 可转换债券(期权价值)是长期投资者的首选,S 是短期投机者的首选。如果长期投资者占上风,可转换债券可以获得更高的估值;否则,S 的估值会更高。

如果一个市场缺乏长期投资者,S 往往非常大,这展示了突然急剧上升和下降的趋势。在垃圾股上涨的过度投机市场中,股票价值几乎完全由投机价值 S 决定。从宏观角度来看,S 由两个变量驱动,即投机资金的比例和持有信心。

因此,合理的股票市场生态结构应该是长期投资者和短期投机者的合理分配,每个人都根据自己的偏好给予合理的估值,以获得可见且稳定的股权现金流。基于原始的托宾 Q 理论,我们在上面的推导中得出了符合上述投资理念的比率方程,可以进行分类和筛选无形资本方面的竞争优势。

正如我们在上面所讨论的,围绕着解释和解释新概念"O"比率的问题,存在一些方法学问题。比如,这是为了证明托宾的理论是无效的还是失败的? 你是如何在案例研究中证明这一点的,还是你确定这对做出投资决策有用? 所以,让我们转到第二种方法研究方法,在不直接回答的情况下挖掘出答案。

4.2　逻辑推理

4.2.1　超无形资产

随着我们了解新经济中发生了什么,一些高科技公司往往表现出高增长的业绩,其股价在很长一段时间内保持在昂贵的水平。我们试图用一个模型和框架来阐明什么样的公司,尤其是上市公司能够证明基于 Q 比率的 O 理论。我们必须先设置一些变量和结构。例如,在高科技产业投资中确定赢家的关键因素是什么?通过研究,我们认为,在新经济的高科技领域,无形资产在实体市场估值中发挥着重要作用。理解基于财务分析的传统估值指标很重要。能够通过非财务指标(其中一些我定义为"无形资产"或无形权益)进行识别更值得。在生命周期的某些阶段,这种 Q 比例得到充分发挥,有助于"大象"的形成。

根据文献综述和全球市场统计数据,我们得出结论,世界上大多数领先的科技公司都有一个共同的增长模式。它们都拥有某些独特的"无形资产",或特殊的基因,这些基因将它们变成森林中的"大象"。这种类型的公司在技术的整个生命周期中提供非常稳定的超额回报。事实上,通过应用作者的"无形资产价值模型",定位基因和识别"大象"并不复杂。在作者的方法中,问题被转化为无形基因与市场价值绩效之间是否存在正相关或负相关,无形资产的生命周期与股权绩效之间是否存在强烈的关系。

在对市场上现有的科技巨头进行归纳分析后,我们得出结论,

"大象基因"体现在公司的知识产权和系统定价能力中。我们继续构建一个模型：

$$E(SPIP)^2 = (CAP * GAP) + A \tag{14}$$

在这里，$E(SPIP)^2$ 标准对其知识产权的系统定价权的影响，其中 S 表示系统优势，P 表示定价权，IP 乘以 SP 的能量，转化为客户和合作伙伴作为知识产权的高转换成本。平方表示幂模型的增长，幂模型代表指数增长。我使用 $SPIP^2$ 强调无形资产具有高能量非线性增长，而且，平方与风险方差的概念一致，即风险标准差的二阶。$CAP * GAP$ 代表竞争优势和过度增长的持续时间。所有这些都是关于投资过程和公司竞争理论的首字母缩略词。上述模型从公司拥有的知识产权和系统定价能力的角度，捕捉了竞争优势的持续时间和高于行业的增长率。它表明，持有一个具有未来"大象基因"的集中投资组合可以获得超额回报。尽管市场波动，但通过持有这种投资的原则，人们可以在不产生额外风险的情况下预期长期超额回报。

4.2.2　新经济下的投资政策

基于 O 比率和上述第 4.2.1 节的模型，我们将提供一个投资策略，并显示我们的投资组合公司获得外部回报。我们还将表明，在新经济中，具有超级无形资产（$SPIP^2$）性质的 TMT ＋超级品牌股票的市场价值取决于技术竞争形成的产品技术采用周期。其他市场因素，如利率水平和税率，对其相对市场价值没有绝对影响。

首先，我们为新经济条件下的高科技企业，特别是发达市场的上市公司或准备 IPO 的公司设定了观察范围。为了便于数据统计,我们选择了美国资本市场和中国香港股市三大指数的成分股,这两个指数分别代表了发达新兴经济体的美国和亚洲市场。

其次,我们将定义一种通用方法,以验证我们的量化标准是否适用。我们通过定义无形资产贡献度概念及其形式化的数学公式来解决我们的观察范围。

最后,我们使用权威数据源和高质量数据库来进行全面分析。

4.2.3　无形资产的估值方法

市场上常用的估值方法有两种:绝对估值法和相对估值法。绝对估值法主要基于对公司未来财务数据和现金流量的分析来估计公司的内在价值。广泛使用的绝对估值方法包括 DCF 估值法和 EVA 估值法。相对估值法基于两个相同公司和一个公司的存在。另一家公司的价值是已知的,然后进行估算。常用的相对估值方法有市盈率(PE)估值方法、市净率(PB)估值方法、市销率(PS)估值方法、企业价值倍数(EV/EBITDA)估值方法和市盈率相对业绩增长率(PEG)估值方法。然而,绝对估值法和相对估值法均基于公司的财务信息,只能反映有形资产的价值,而忽略了无形资产的价值。我们从无形资产中理解企业的价值,因此我们将摒弃传统的价值评估方法,提出一种新的企业价值评估方法。

我们认为,长期市场是有效的,新经济企业的无形资产定价应该大于有形资产定价。基于上述逻辑,我们提出了市场份额比率(O 比率)的概念来评估无形资产的贡献。市场份额比率 O = 市场价值/(市场价值 - 净资产)。根据我们的定义,对于新经济,我们可以得出结论,新经济公司的市场份额比在(1,2)范围内,具体推导公式为等式(8)。

4.2.4 新经济"大象"面临的不对称环境

我们认为,NEC(新经济"大象")的无形资产实际上是一种看涨期权,该期权的未来价值取决于行业的市场空间、发展速度以及公司自身的技术水平或商业模式。或者说,市场价值等于市场空间乘以市场份额、未来综合增长、预期净利率和贴现率。根据计算,我们优先考虑市场空间大的行业。更详细地说,我们选择未来综合增长率较高的行业,以及企业市值与企业护城河之间具有正反馈效应的行业,以获得较高的市场份额。高毛利和净利率的行业更好,因为往往这样的行业可以创造一个老鼠成长为大象的环境。这也是我们 SPIP 选股模型的出发点,因为不是每个行业都能让老鼠变成大象,只有 SPIP 选股模型中提到的能够形成系统定价能力和高转换成本的行业才能达到这个要求。

我们发现,经常以大象收场的公司具有超增长空间和增长速度的行业背景,在行业市场价值中处于领先地位,具有系统的定价能力和持续的竞争优势。只要企业具备以上四点,即符合新经济的指标市场占有率在 1 到 2 之间,第三产业的发展空间和速度在前列,市场价值在第三产业前列,就有 SPIP。如果公司符合这四个标准,并且在季度收益和预期收益发布后的两天内没有显示股价下跌 20%,那么我们将继续持有这些公司,以换取超过市场的回报。我们排除股价下跌 20% 的原因如下:首先,帕累托原理(20/80)表明,大约 80% 的后果来自 20% 的原因,这意味着 20% 是一个重要的分割点;第二,根据我的投资经验,大多数下跌 20%的股票退市概率较高;第三,20%大约等于市场回报的两个标准变量。

具体来说,历史上一天内市场整体下跌 20%被称为股市崩盘,最著名的 1987 年"华尔街黑色星期一"事件,当天股指下跌 20%是一种系统性风险。这是尼古拉黑天鹅事件统计数据。由于我们主张长期持有成长型高科技股票和无形资产密集型股票,因此我们必须假设这些股票中的任何一种都相当于一个类别股票市场,如果个别股票在 24 小时内短期出现超过预期回调 20%或以上的情况,即我们将其定义为 CAP 或 GAP 的根本性变化。在这里,我将这类股票从投资组合中删除。此外,如果有其他影响的话,它不会影响持股的连续性,包括中国一段时间内存在的 10%止损制度,因此,在我们的长期持股清单中,也最大限度地考虑了这一时期的中国科技股。这不会影响选择公式的通用性。事实上,在 A 股市场,科技板的持股比例已经上升到了 20%,这间接证明了我设定的 20%的持股比例本质上是由市场驱动的。

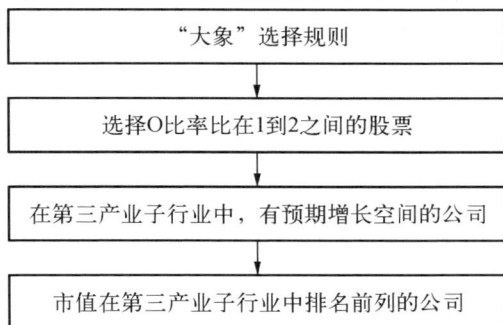

图 5 我们的策略步骤

4.2.5　数据测试的逻辑推导

我的研究数据来自 Wind 和 Bloomberg 数据库,我们将重点关注美国和中国香港股市的 TMT 行业,因为这些公司都是新经济公司。我的筛选过程是一个滚动过程,我们每年都会根据上述四个标准筛选公司。我的研究更详细的验证过程如下:首先,用市场份额比 A 指数对 TMT 行业的股票进行筛选,筛选出市场份额比 A 在 1 到 2 之间的股票。然后,通过对未来三个子产业的增长空间和增长速度进行排序,筛选出三个增长空间大、增长速度快的子产业。最后,筛选出具有超增长空间和快速增长率的三个子产业。在三个子行业中选择市值最大的股票。通过上述标准,谷歌、苹果、微软和腾讯始终可以进入股票池,并且在持有过程中不受宏观经济波动的影响。我们还将在下面介绍详细的过程。在第一步中,通过 TMT 行业筛选出总共 822 只股票,市场份额比 O 在 1 到 2 之间。在这里,我们列出了 20 家市场份额最大的公司比率。

表 2　市场份额在 1—2 之间所属于美国 TMT 行业的公司

时间	2004 / 3 / 20		12 / 31 / 18		
代码	名　称	行　业	市值	净资产	O率
AAPL.O	苹果公司(APPLE)	电脑与外围设备	8 234.54	1 071.47	1.15
GOOG.O	谷歌(ALPHABET)- C	互联网软件与服务Ⅲ	7 886.83	1 776.28	1.29
GOOGL.O	谷歌(ALPHABET)- A	互联网软件与服务Ⅲ	7 886.83	1 776.28	1.29

时间	2004/3/20		12/31/18		
代码	名　称	行　业	市值	净资产	O率
FB.O	FACEBOOK	互联网软件与服务Ⅲ	5 168.34	841.27	1.19
MA.N	万事达卡（MASTERCARD）	信息技术服务	2 568.92	54.89	1.02
CSCO.O	思科（CISCO SYSTEMS）	通信设备Ⅲ	2 327.43	432.04	1.23
INTC.O	英特尔（INTEL）	半导体产品与半导体设备	1 995.4	749.82	1.6
ADBE.O	奥多比（ADOBE）	软件	1 340.74	93.62	1.08
CRM.N	赛富时（SALESFORCE）	软件	1 191.27	156.05	1.15
IBM.N	IBM	信息技术服务	1 172.85	169.3	1.17
ACN.N	埃森哲（ACCENTURE）	信息技术服务	1 141.67	107.25	1.1
AVGO.O	博通（BROADCOM）	半导体产品与半导体设备	1 013.13	266.57	1.36
ASML.O	阿斯麦	半导体产品与半导体设备	799.24	116.41	1.17
ADP.O	自动数据处理	信息技术服务	704.42	34.6	1.05
INTU.O	财捷公司（INTUIT）	软件	667.5	23.54	1.04
DELL.N	戴尔	电脑与外围设备	475.09	2.54	1.01
EQIX.O	易昆尼克斯（EQUINIX）	互联网软件与服务Ⅲ	417.42	72.19	1.21

续　表

时间	2004 / 3 / 20			12 / 31 / 18		
代码	名　称	行　业	市值	净资产	O率	
FIS.N	富达国民信息服务（FIDELITY）	信息技术服务	384.28	102.22	1.36	
AMAT.O	应用材料	半导体产品与半导体设备	369.76	68.39	1.23	
ADI.O	亚德诺（ANALOG）	半导体产品与半导体设备	363.92	109.89	1.43	

　　然后,我们对未来三个子产业的增长空间和增长速度进行了排序,这三个子产业是计算机及外围设备、软件和互联网软件及服务。如上所述,我们只列出了市场占有率最高的前 20 家公司。

　　首先,我们考虑计算机及周边设备行业,在苹果开创的移动终端时代之后,该行业已经进入了超增长空间和增长速度的时代。在计算机及周边设备行业,苹果的市场价值一直处于首位,这符合作者上述推论的原则。与此同时,自 2008 年以来,苹果一直处于领先地位,领先优势得到了加强,这与归纳部分的结论一致,具有 SPIP 的公司更有可能成为"大象"。在表 2 的面板 A 中,我们列出了 2018 年底计算机及外围设备行业市值最高的前 5 家公司及其 2018 年底的市值百分比。在表 2 的 B 组中,我们列出了 2008 年至 2018 年间公司的市值。附录中列出了所有公司。我们发现苹果是 2008 年至 2018 年间市值最大的公司,这意味着在计算机及其外围设备行业,我们只会选择苹果作为我们产品组合的一部分。

表3 2008—2018年市场占有率在1—2之间的计算机及其外围设备行业的股票市场价值

Panel A: 2018年底的市场份额比例

代码	名称	行业	时间		
			12/31/18		
			市值	净资产	O率
AAPL.O	苹果公司(APPLE)	电脑与外围设备	8 234.54	1 071.47	1.15
NTAP.O	美国网存(NETAPP)	电脑与外围设备	153.1	10.9	1.08
STX.O	希捷科技(SEAGATE)	电脑与外围设备	119.57	16.65	1.16
LNVGY.OO	联想集团	电脑与外围设备	89.71	40.97	1.84
PSTG.N	PURE STORAGE INC	电脑与外围设备	39.53	7.38	1.23

Panel B: 2008—2018年间的市场价值

Code	12/31/08	12/31/09	12/31/10	12/31/11	12/31/12	12/31/13	12/31/14	12/31/15	12/31/16	12/31/17	12/31/18
AAPL.O	758.71	1 898.02	2 958.87	3 764.11	4 996.96	5 006.81	6 431.2	5 836.13	6 175.88	8 688.8	8 234.54
NTAP.O	46.12	116.45	198.64	130.07	120.2	140.21	129.2	77.56	97.13	147.59	153.1
STX.O	21.63	90.58	71.04	68.86	108.75	184.47	217.61	109.63	112.66	119.07	119.57
LNVGY.OO	25.08	59.65	64.11	68.83	93.51	126.49	146.08	112.79	67.32	67.78	89.71
PSTG.N	0	0	0	0	0	0	0	29.6	22.61	34.38	39.53

表 4 2008—2018 年市场拥有率在 1 到 2 之间的软件行业股票市值

Panel A: 2018 年底的市场份额比例

代码	名称	行业	时间		
			12/31/18		
			市值	净资产	O率
MSFT.O	微软公司(MICROSOFT)	软件	9 673.54	827.18	1.09
SAP.N	SAP	软件	1 566.47	288.77	1.23
ADBE.O	奥多比(ADOBE)	软件	1 340.74	93.62	1.08
CRM.N	赛富时(SALESFORCE)	软件	1 191.27	156.05	1.15
VMW.N	威睿	软件	812.63	5.51	1.01

Panel B: 2008—2018 年间的市场价值

Code	12/31/08	12/31/09	12/31/10	12/31/11	12/31/12	12/31/13	12/31/14	12/31/15	12/31/16	12/31/17	12/31/18
MSFT.O	1 729.3	2 706.36	2 387.85	2 183.8	2 236.67	3 105.03	3 817.26	4 396.79	4 831.6	6 599.06	9 673.54
SAP.N	0	0	0	0	958.13	1 040.45	833.01	947.62	1 035.43	1 347.2	1 566.47
ADBE.O	112.01	192.23	154.48	138.96	186.19	297.16	361.67	467.64	508.83	860.89	1 340.74
CRM.N	39.05	92.14	173.45	137.99	238.7	332.8	374.25	520.58	476.96	738.41	1 191.27
VMW.N	92.5	170.7	370.49	351.21	403.57	386.07	354.31	238.7	324.03	505.21	812.63

　　第二,我们考虑软件行业。进入个人 PC 时代后,软件产业一直处于超增长空间和超增长率的前沿。在软件行业,微软的市场价值一直处于首位,这符合作者上述推论的原则。与此同时,自 2008 年以来,微软一直处于领先地位,领先优势得到了加强,这与归纳部分的结论一致,具有 SPIP 的公司更有可能成为"大象"。在表 3 的面板 A 中,我们列出了 2018 年底计算机和电子信息产业市值最高的前 5 家公司及其 2018 年底的市值比率。在表 3 的 B 组中,我们列出了 2008 年至 2018 年间这些公司的市场活跃度。

　　附录中列出了所有公司。我们发现微软是 2008 年至 2018 年间市值最大的公司,这意味着在软件行业,我们只会选择微软作为我们投资组合的一部分。

　　最后,我们考虑互联网软件和服务行业。我们根据交易市场将所有样本分为两个子样本,一个用于美国市场的股票,另一个用于中国香港市场的股票。互联网行业处于超增长空间和超增长率的前沿。在互联网行业,谷歌的市场价值一直处于首位,符合作者上述推断的原则。与此同时,根据归纳部分的结论,自 2008 年以来,谷歌一直处于领先地位,领先优势得到了加强,具有 SPIP 的公司更有可能成为"大象"。在表 4 的面板 A 中,我们展示了 2018 年底互联网软件和服务行业市值最大的前五家公司和 2018 年底美国市场的市值比率。在表 4 的 B 组中,我们展示了 2008 年至 2018 年期间这些公司的市值。附录中列出了所有公司。我们发现谷歌是 2008 年至 2018 年间市值最大的公司,这意味着在互联网服务行业,我们只会选择谷歌作为我们投资组合的一部分。

最后,我们考虑中国香港股市的互联网软件和服务业。腾讯在中国香港股市的价值一直处于第一位,符合笔者的上述演绎原则。与此同时,自 2008 年以来,腾讯一直处于领先地位,领先优势得到了加强,这与归纳部分的结论一致,具有 SPIP 的公司更有可能成为"大象"。在表 5 的 A 组中,我们列出了 2018 年底互联网软件和服务行业以及中国香港市场市值最大的前 5 家公司的市值比率。

2018 年底,在表 5 的 B 组中,我们展示了 2008 年至 2018 年期间这些公司的市值。附录中列出了所有公司。我们发现,腾讯是 2008 年至 2018 年间市值最大的公司,这意味着在中国香港股市的互联网软件和服务行业,我们将只选择腾讯作为我们投资组合的一部分。

4.2.6　10 年追溯分析

为了在接下来的 10 年里运行上述模型,根据"大象的无形投资策略"对证券进行筛选,我在 2008 年至 2018 年间每年使用彭博查询语言("BQL")构建一个筛选 excel 模型,以进行进一步分析。BQL 公式的构建与在彭博终端上使用权益筛选函数(EQS＜GO＞)时的结果相同。我使用滚动测试来测试策略。具体来说,在 2008 年,我用初始资本购买被选中的公司,并持有这些公司一年。对于每一家公司来说,长期价值是相同的。在 2009 年,我卖掉这些公司,做多加权价值相等的新公司,也持有一年,然后做空。我一次又一次地重复这个过程,直到 2018 年,我卖掉了所有的投资组合,并计算了累积回报。这些股票是根据以下标准筛选出来的:首先,我从全球市场的所有上市证券中选择了活跃的交易证券;第

表5　2008—2018年市场拥有率在1到2之间的互联网服务行业（美股）股票市值

Panel A: 2018年底的市场份额比例

代码	名称	行业	时间 12/31/18		
			市　值	净资产	O率
GOOGL.O	谷歌(ALPHABET)-A	互联网软件与服务Ⅲ	7 886.83	1 776.28	1.29
FB.O	FACEBOOK	互联网软件与服务Ⅲ	5 168.34	841.27	1.19
EQIX.O	易昆尼克斯(EQUINIX)	互联网软件与服务Ⅲ	417.42	72.19	1.21
EBAY.O	EBAY	互联网软件与服务Ⅲ	314.88	62.81	1.25
SHOP.N	SHOPIFY	互联网软件与服务Ⅲ	304.52	20.91	1.07

Panel B: 2008—2018年间的市场价值

Code	12/31/08	12/31/09	12/31/10	12/31/11	12/31/12	12/31/13	12/31/14	12/31/15	12/31/16	12/31/17	12/31/18
GOOGL.O	901.5	1 816.71	1 740.49	1 892.66	2 072.81	3 763.7	3 594.9	5 281.68	5 390.68	7 294.58	7 886.83
FB.O	0	0	0	0	631.42	1 391.91	2 182.22	2 977.58	3 315.93	5 127.59	5 168.34
EQIX.O	20.08	41.73	37.52	48.07	100.58	88	127.99	187.79	255.12	354.57	417.42
EBAY.O	178.97	305.37	361.15	391.54	659.91	709.95	686.91	325.36	331.91	394.22	314.88
SHOP.N	0	0	0	0	0	0	0	20.66	34.44	90.3	304.52

表6 2008—2018年市场拥有率在1—2之间的互联网服务行业股票市值(中国港股)情况

Panel A: 2018年底的市场份额比例

代 码	名 称	行 业	时 间		
			12/31/18		
			市 值	净资产	O率
0700.HK	腾讯控股	互联网软件与服务Ⅲ	30 922.78	3 562.07	1.13
1686.HK	新意网集团	互联网软件与服务Ⅲ	155.86	39.28	1.34
1089.HK	乐游科技控股	互联网软件与服务Ⅲ	71.19	2.31	1.03
1762.HK	万咖壹联	互联网软件与服务Ⅲ	59.84	8.75	1.17
1806.HK	汇付天下	互联网软件与服务Ⅲ	48.17	19.84	1.7

Panel B: 2008—2018年间的市场价值

Code	12/31/08	12/31/09	12/31/10	12/31/11	12/31/12	12/31/13	12/31/14	12/31/15	12/31/16	12/31/17	12/31/18
0700.HK	897.52	3 064.83	3 100.55	2 871.95	4 614.80	9 210	10 542.01	14 340.98	17 977.61	38 565.9	30 922.78
1686.HK	10.16	18.28	23.19	21.13	36.92	51.79	56.20	57.59	77.10	137.97	155.86
1089.HK	0	0	0	9.96	5.81	5.06	16.93	21.51	45.90	54.66	71.19
1762.HK	0	0	0	0	0	0	0	0	0	0	59.84
1806.HK	0	0	0	0	0	0	0	0	0	0	48.17

二,我只选择了公司的主要安全性;第三,我选择了目标证券交易所——美国、中国香港、中国内地作为 excel 模型,我们从互联网和直销零售、互动媒体和服务、系统软硬件和技术硬件、存储的 GIC 中筛选每个 excel;第四,我选择的市盈率大于 2,即 O 率在 1 到 2 之间;第五,我进一步选择了市值最大的证券。通过上述标准,谷歌、苹果、微软和腾讯可以始终且仅被纳入股票池,并且在持有过程中不受宏观经济波动的影响。如果我们不考虑自由交易,尽管在我们的策略中,我们总是只选择苹果、谷歌、微软和腾讯,但我们策略的累积回报总是高于标准普尔指数或恒生指数。累计年回报率为 19.4%,夏普比率为 0.94。这支持了我们的假设,即无形资产不可忽视。在下一节中,我们将 O 比率与托宾比率进行比较,以支持我们的假设。

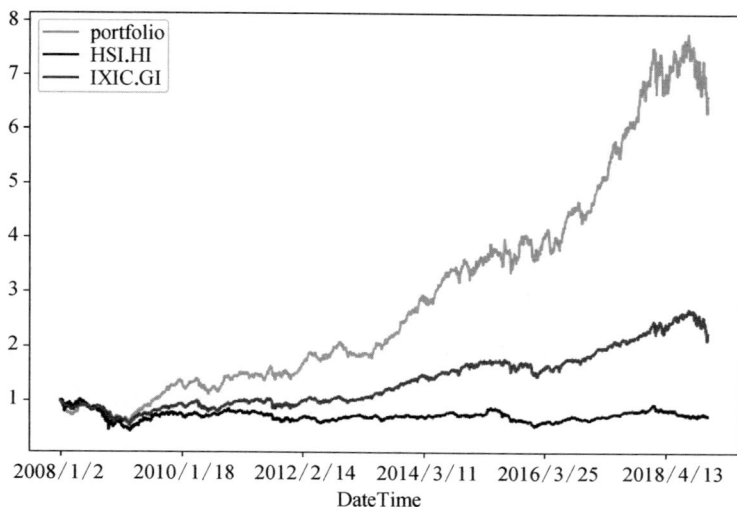

图 6 组合的累计回报

4.2.7　逻辑演绎结论

通过验证过程规则来测试美国和中国香港股市的 TMT 行业,可以筛选出苹果、微软、谷歌和腾讯等新的经济"大象",并在长期过程中免受宏观经济波动的影响。因此,我们认为,在新经济中,具有超无形资产(SPIP^2)性质的 TMT 和超级品牌股票的市场价值取决于技术竞争形成的产品技术采用周期。其他市场因素,如利率水平和税率,对其相对市场价值没有绝对影响。它经得起数据和时间的考验。因此,"大象"的无形投资策略是尽快找到无形资产,只要是一只带有"大象基因"的"小老鼠",就有必要建立这种组合并长期持有。直到它的不可见内在无形优势被可见的有形技术取代,以证明前述现象。这样的决策声音是最有力、最有效的。

4.3　案例研究

4.3.1　案例研究过程

在案例研究部分,我们分析了 4 家公司,包括谷歌、苹果、微软和腾讯。这些公司也是高科技公司,托宾 Q 值较高。作为第一步,对于我们在第 4.3 节中选择的实验诱导组中的一家公司,将其股价数据与基准指数进行比较,以确定竞争优势(CAP)的持续时间是否足够长,以及它是否不受包括利率在内的宏观经济因素的影响,通货膨胀率和税率。

在第二步中,我们将公司的营业收入增长、销售成本比率、毛利率、研发支出与行业数据进行比较,以确定这些参数是否符合或高于行业平均水平(差距)。第三步是分析实验诱导组中的公司是否拥有知识产权和系统定价能力,即(SPIP)。

4.3.2 案例研究

4.3.2.1 实验诱导组:苹果公司

苹果的商业战略是利用其独特的能力设计和开发自己的操作系统、硬件、应用程序和服务,为其产品和解决方案提供创新的设计、卓越的易用性和无缝集成。苹果设计、制造、销售移动通信、媒体设备、个人电脑、各种相关软件、服务、配件、第三方数字内容和应用程序,这些都是苹果的独家资产。

作为其战略的一部分,苹果公司继续扩大其通过其数字内容和服务提供数字内容和应用程序的平台,该平台允许客户在iOS、Mac、Apple Watch 和 Apple TV 应用程序上发现、下载或流式传输数字内容,并通过 Mac 或 Windows 个人电脑或 iPhone、iPad、,以及 iPod touch 设备("iOS 设备")、苹果电视、苹果手表和HomePod。苹果公司还支持开发第三方软件和硬件的社区。

补充公司产品的产品和数字内容。苹果公司认为,对研发(R&D)、营销和广告的持续投资对创新产品、服务和技术的开发和销售至关重要。如图 7 所示,苹果的股价回报率远高于纳斯达克指数的复合回报率,因此可以得出结论,苹果的竞争优势持续时间足够长。虽然平均行业受到宏观经济波动的影响,如利率、通货膨胀率和税率,但苹果的股价走势没有表现出太大的相关性,这可能导致我们得出结论,苹果的股价不受宏观经济因素(如利率、通货

膨胀率和税率)变化的太大影响,其股价的波动主要受其产品周期
和创新速度的驱动。

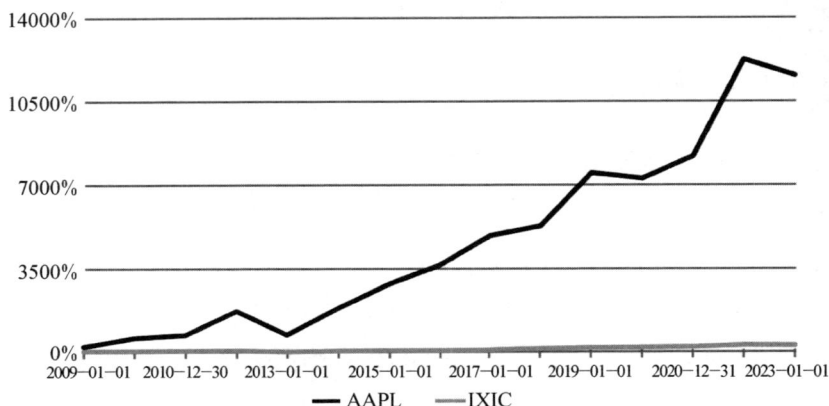

图7 15年来苹果股价和纳斯达克指数的相对涨幅

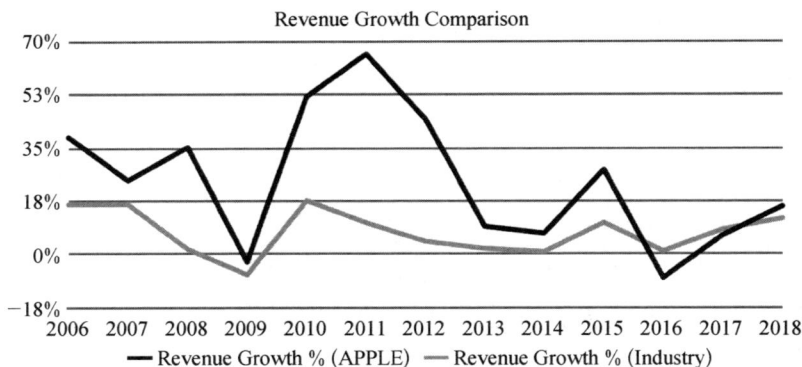

图8 苹果:2006年至2018年利润增长对比

从SPIP的角度来看,苹果拥有独特的知识产权和封闭源代码
的操作系统,以及系统的定价能力。在用户层面,用户可以通过购
买苹果的设备并在其应用商店下载软件来访问苹果的生态系统,

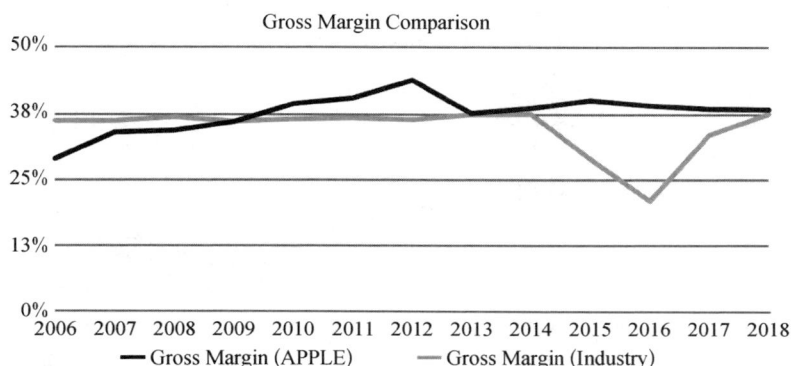

图 9　苹果: 2006 年至 2018 年毛利润对比

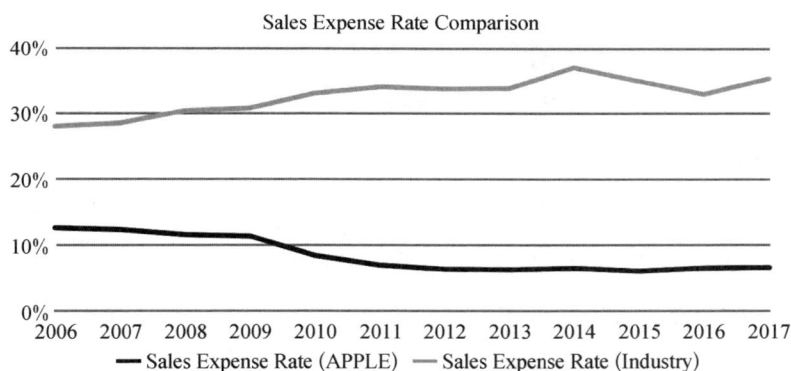

图 10　苹果: 2006 年至 2018 年销售成本对比

该生态系统为用户的生活和工作带来了更大的便利,同时在生态
系统中保留了大量信息,此时用户离开生态系统的成本非常高。
由于用户通常不会轻易选择离开苹果的生态系统,苹果拥有系统
定价权。在供应链层面,由于苹果的产品定位为高端产品,其生态
系统可以产生巨大价值,因此苹果供应链的毛利率高于其他电脑
和手机制造商。然而,供应商需要与苹果分享利润。由于苹果系

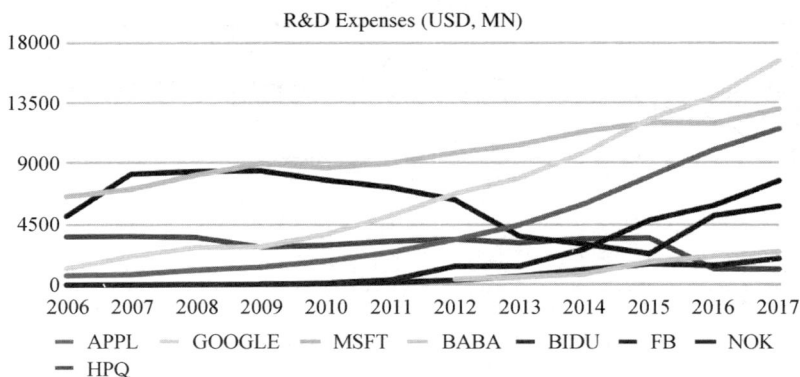

R&D Expenses (USD, MN)

图 11　苹果：2006 年至 2018 年研发费用比较

统是一个封闭源代码系统,苹果的供应商不容易从苹果转向其他
手机制造商,这使得苹果能够在整个产业链上开发出明确的系统
定价能力。

因此,苹果的知识产权和系统定价能力有助于其持续的竞争
优势和超越同行的能力,提高了惊人的股价复合回报率。

4.3.2.2　实验诱导组：谷歌

谷歌从一开始就投资于互联网基础设施、安全、数据管理、分
析和人工智能。谷歌的使命是组织世界信息,使其普遍可用。自
该公司成立近 20 年以来,其产品取得了长足的进步。他们不再只
是在搜索结果中显示十个蓝色链接,而是越来越能够提供直接的
答案,即使你正在使用语音搜索来回答问题,这会让你更快、更容
易、更自然地找到你想要的东西。随着时间的推移,谷歌还增加了
其他服务,让你可以快速、轻松地访问信息,比如谷歌地图(Google
Maps)或谷歌照片(Google Photos),它可以帮助你存储和组织照

片。谷歌广告业务的目标是在正确的时间发布相关广告,并为人们提供有用的商业信息,而不管他们使用的是什么设备。谷歌还为广告商提供工具,帮助他们更好地在屏幕上定位和衡量他们的广告活动。谷歌的广告解决方案帮助数以百万计的公司发展他们的业务,谷歌提供各种各样的屏幕和格式的产品。

图 12 显示谷歌的股价复合回报率显著优于纳斯达克指数。由此,我们得出结论,谷歌的竞争优势持续时间足够长。虽然该行业受到利率、通货膨胀率和税率等宏观经济因素的影响,但谷歌的股价变化与纳斯达克指数的相关性较弱,不受利率、通货膨胀率和税率等宏观经济因素的影响,其股价波动主要由其产品周期和创新速度驱动。

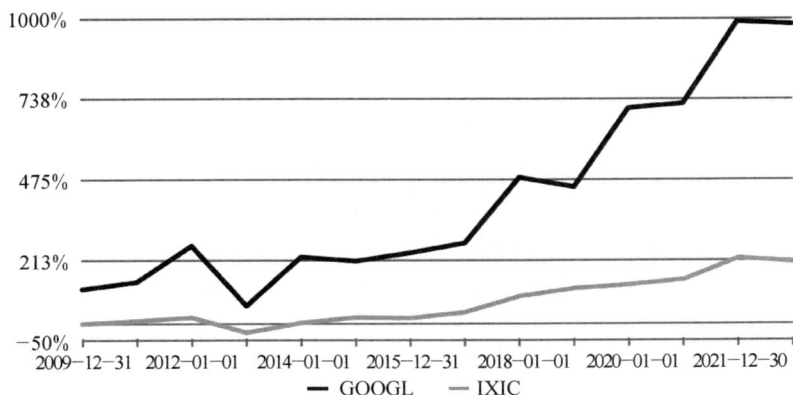

图 12 谷歌股价和纳斯达克指数 13 年相对涨幅

从 SPIP 的角度来看,谷歌拥有独特的知识产权和系统的定价能力。通过一套独特的算法,谷歌将世界与信息和数据联系起来,并通过新的技术优势和链接路径继续扩大这种联系优势。用户通

Revenue Growth Comparison

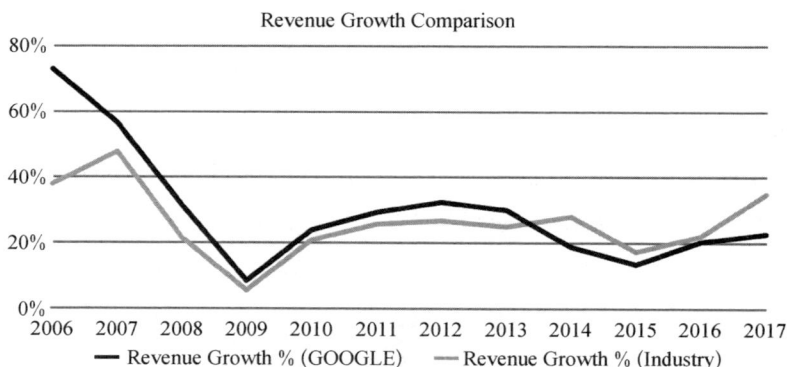

图 13　谷歌：2006 年至 2018 年利润增长对比

Gross Margin Comparison

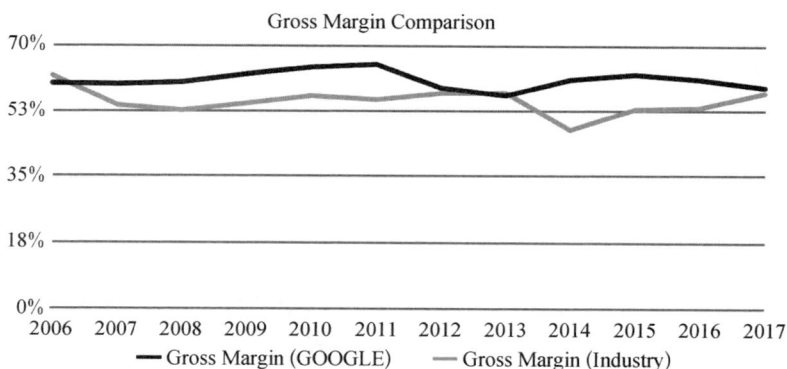

图 14　谷歌：2006 年至 2018 年毛利润对比

过使用谷歌的搜索工具进入谷歌生态系统，而谷歌也在描绘用户
的肖像。谷歌准确地向用户推送其所需的内容，包括广告。随着
时间的推移，谷歌积累了大量的数据库，同时用户的肖像描述也变
得更加准确。然后，它将转化为客户的高广告命中率。因此，谷歌
的知识产权和系统定价能力为谷歌的持续竞争优势和超越同行的
能力做出了贡献，从而带来了可观的股价复合回报。

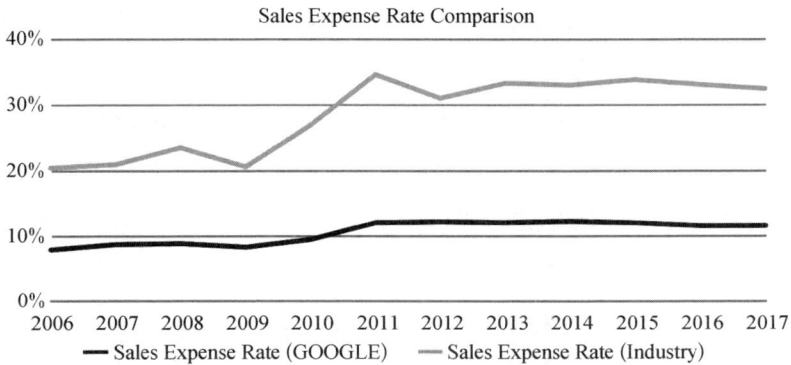

图 15　谷歌：2006 年至 2018 年销售成本对比

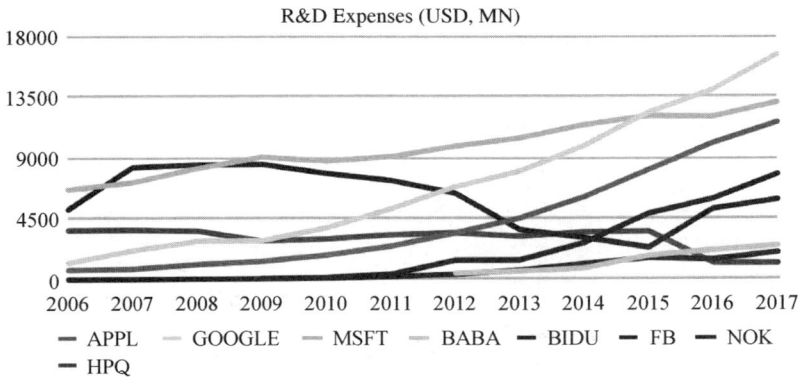

图 16　谷歌：2006 年至 2018 年研发费用比较

4.3.2.3　实验诱导组：微软

微软是一家科技公司,其使命是让每一个人和每一个组织都能取得更多成就。微软成立于 1975 年,开发并提供软件、服务、设备和解决方案,为客户带来新的价值,帮助人们和企业实现其全部潜力。微软的产品包括操作系统、跨设备生产力应用程序、服务器应用程序、业务解决方案应用程序、桌面和服务器管理工具、软件开发工具和视频游戏。它还设计、制造和销售设备,包括个人电脑、平板电脑、游戏和娱乐控制台、其他智能设备以及相关配件。

如图 17 所示,微软的股价复合回报率显著超过纳斯达克指数。我们可以得出结论,微软的竞争优势持续时间足够长。虽然指数表现受到宏观经济因素(包括利率、通货膨胀率和税率)的影响,但微软的股价表现与纳斯达克几乎没有关联,这可能导致我们得出结论,其股价不太受宏观经济因素(如利率、通货膨胀率和税率)变化的影响,其股价的波动主要受其产品周期和创新速度的驱动。

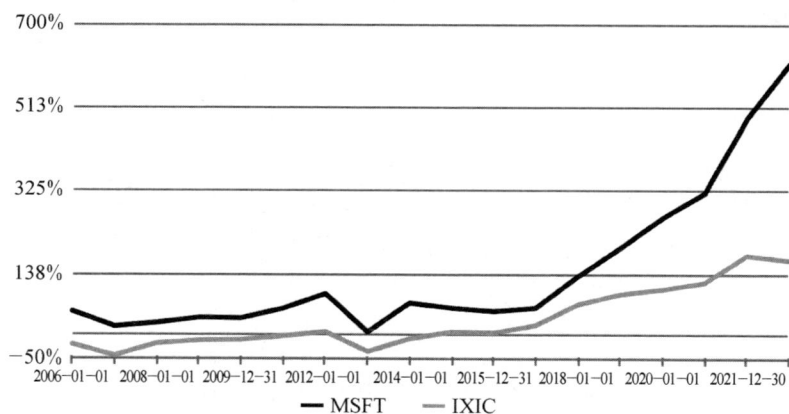

图 17　17 年来微软股价和纳斯达克指数的相对涨幅

从 SPIP 的角度来看,微软拥有独特的知识产权和系统的定价能力。微软通过视窗系统和办公软件,设定技术标准和办公技能要求,将其软件与主要计算机制造商绑定,形成规模优势和网络效应。用户只需购买电脑即可进入系统,但由于系统学习成本高,切换系统并不容易。

Revenue Growth Comparison

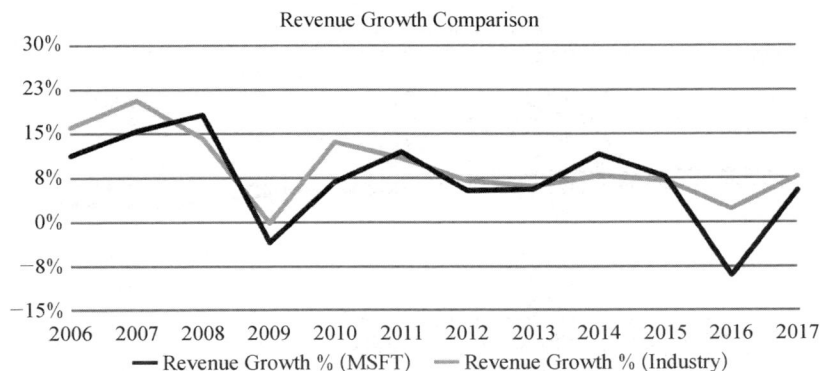

图 18　微软：2006 年至 2018 年利润增长对比

Gross Margin Comparison

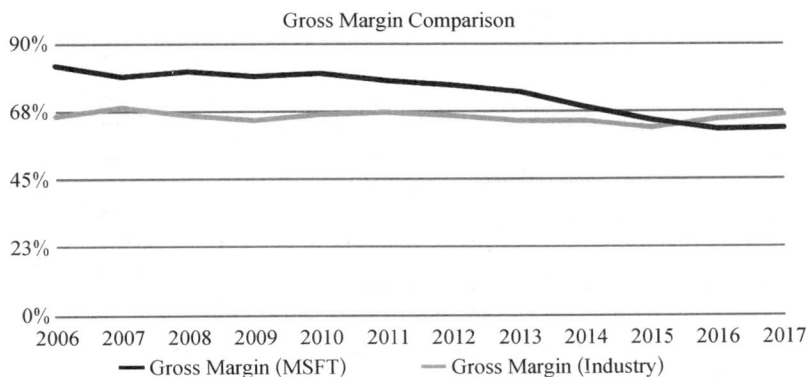

图 19　微软：2006 年至 2018 年毛利润对比

因此,微软的知识产权和系统定价能力为微软持续的竞争优势和超越同行的能力做出了贡献,从而提高了股价的复合回报率。

4.3.2.4　实验诱导组：腾讯

腾讯目前是中国最大的互联网综合服务提供商之一,运营着世界上最大的社交媒体平台之一。腾讯将为用户提供"一站式在

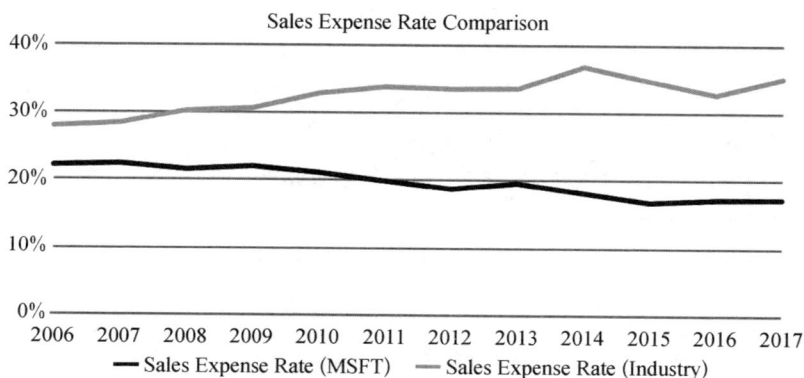

图 20　微软：2006 年至 2018 年销售成本对比

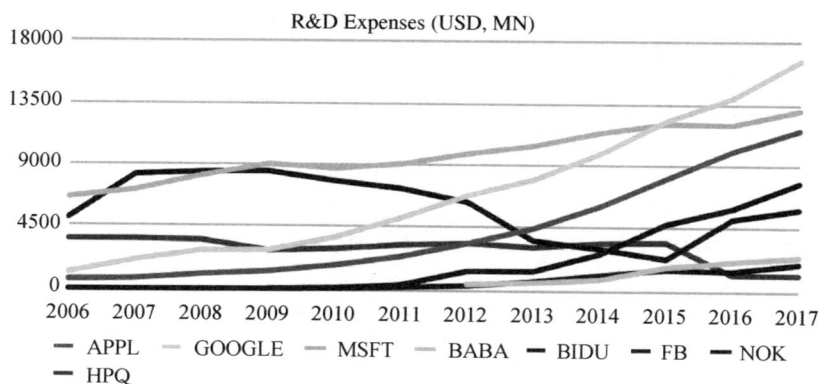

图 21　微软：2006 年至 2018 年研发费用比较

线生活服务"作为战略目标,提供基于互联网的增值服务、在线广
告服务和电子商务服务。通过即时通讯工具 QQ、移动社交和通
信服务微信、门户网站腾讯、腾讯游戏、社交网络平台 QQ 空间等
中国领先的在线平台,腾讯建立了中国最大的在线社区,以满足互
联网用户对通信、信息、娱乐和电子商务的需求。目前,腾讯拥有

50%以上的研发人员,在存储技术、数据挖掘、多媒体、中文处理、分布式网络、无线技术等领域拥有完善的独立研发体系。拥有相当数量的专利申请,成为中国互联网企业最多的发明专利。QQ和微信是腾讯最核心的两个商业领域。QQ和微信已经拥有超过10亿用户。除了即时通讯功能外,微信还通过引入小程序,进一步将用户与现实生活联系起来,如零售、电商、生活服务、政府、民生、小游戏等。

如图22所示,腾讯的股价复合回报率显著超过恒生指数的复合回报率。我们可以得出结论,腾讯的竞争优势持续时间足够长。虽然恒生指数受宏观经济因素(包括利率、通胀率和税率)的影响,但腾讯的股价表现与该指数几乎没有相关性,这可能导致我们得出结论,其股价不受宏观经济因素(如利率、通胀率和税率)变化的太大影响,其股价的波动主要受其产品周期和创新速度的驱动。

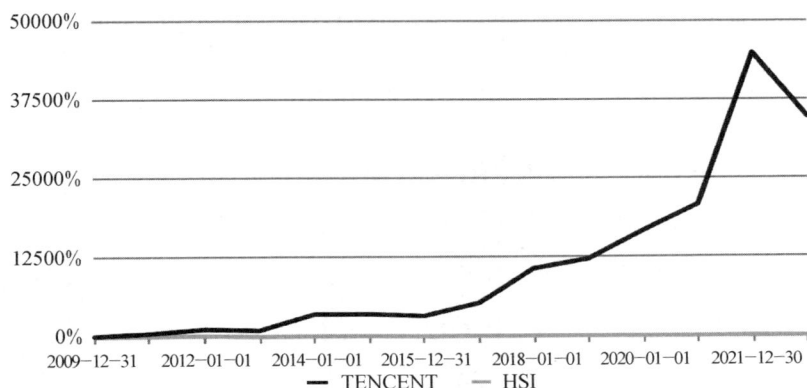

图22 13年来腾讯股价和恒生指数的相对涨幅

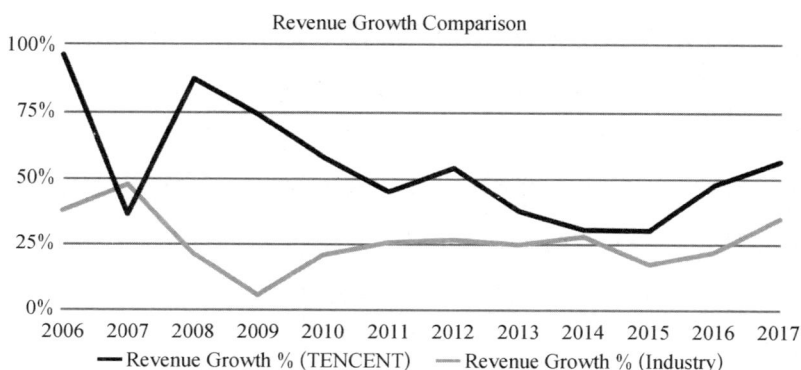

图 23　腾讯：2006 年至 2018 年利润增长对比

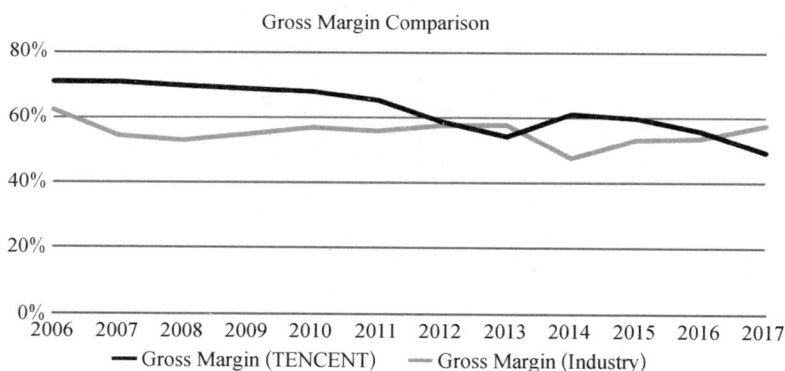

图 24　腾讯：2006 年至 2018 年毛利润对比

　　从 SPIP 的角度来看，腾讯拥有知识产权和系统定价权。腾讯通过 QQ 和微信进入用户日常生活，形成泛娱乐生态系统。用户只需注册即可进入系统，由于使用方便，微信生态系统渗透到我们生活和工作的方方面面，用户的切换成本非常高。

　　因此，腾讯的知识产权和系统定价能力形成了腾讯持续的竞争优势和超越同行的能力，从而提高了股价的复合回报率。

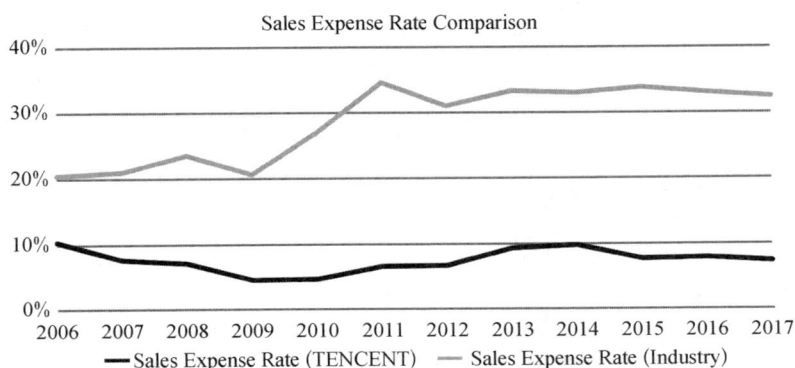

Sales Expense Rate Comparison

— Sales Expense Rate (TENCENT)　— Sales Expense Rate (Industry)

图 25　腾讯：2006 年至 2018 年销售成本对比

4.3.3　案例研究小结

在分析了实验控制组中的四家公司之后,我总结了这家科技巨头的三个共同特征:

(1)高科技巨头拥有独特的知识产权,能够在较长时间内保持竞争优势,并具有持续创新能力,研发支出往往高于行业平均水平。

(2)科技巨头能够形成一个生态系统。该系统可以满足用户的某些需求,如苹果的智能终端、谷歌的搜索引擎、微软的 office 工具、腾讯的社交网络。虽然用户可以通过购买设备或注册轻松进入生态系统,但离开系统的成本非常高。

(3)高科技巨头拥有定价权。凭借该系统的竞争优势,它们的营业收入增长比行业强劲得多,利润率也很高。

这三个特征是使公司发展壮大、产生更多股价回报、几乎不受利率、通货膨胀和税率这三个宏观经济变量影响的重要基因。这些上市公司表现出的长期托宾 Q 值高于理论水平,且没有任何指标可以证实其将通过风险平衡机制进行调整。如果我们不在现有的理论和分析方法中引入这一新概念,我们就无法充分理解无形资产对新经济中托宾 Q 的重置成本和动态系统的影响。

4.4 定量研究分析

4.4.1 数据

分析数据来自 Wind。数据包括 2010 年 1 月至 2020 年 12 月期间中国内地 A 股市场 4 192 只股票、中国香港股市 2 568 只股票和美国股市 5 723 只股票,共计 12 483 只股票。数据包括个股代码、个股名称、个股行业类别(行业类别按风电行业分类)、每个月末个股的市盈率,以及 2010 年 1 月 1 日至 2020 年 12 月 31 日个股所属行业的累计收益率。

4.4.2 数据分析

首先,统计了 2010 年 1 月至 2020 年 12 月期间中国内地 A 股市场所有股票、中国香港股市所有股票和美国股市所有股票的 132 个时段的数据。在计算和处理 PB 范围后,得到 Q－O 和 Q－PB 指标。通过将 Q－O 和 Q－PB 指标的解释与三个市场的股票进行比较,判断无形资产在股票定价中的贡献。

其次,为了进一步分析和比较行业内公司的资产负债表,指出哪些 MKTintangible 被忽视。分别统计中国内地 A 股市场、中国香港股市和美国股市共 12 483 只股票的行业,计算 Q－O 指数和 Q－PB 指数对三个不同市场各行业的解释度,从而得出 Q－O 指数和 Q-PB 指数适用行业的特征。

最后,对 Q-O 指数和 Q-PB 指数的解释度排名前三的行业进行统计,得出 2010 年 1 月 1 日至 2020 年 12 月 31 日的累计收益率数据,以得出 Q-O 指数和 Q-PB 指数在投资决策中的意义,然后通过归纳和演绎对本文提出的 SPIP 理论模型进行了验证。如果实证检验的结果是 Q-O 比 Q-PB 更能解释市场,且 Q-O 解释率高的行业的回报率高于 Q-PB 解释率高的行业的回报率,则可以得出报告中存在 MKT 无形资产的不完整记录,MKT 无形资产的贡献率越高,投资回报率越高。

第一步是统计 2010 年 1 月至 2020 年 12 月期间中国内地 A 股市场所有股票、中国香港股市所有股票和美国股市所有股票的 132 个时段的数据。通过计算和处理算法的范围,得出 Q-O 指数和 Q-PB 指数对市场的解释程度。结果表明,Q-O 指数在中国内地 A 股市场、中国香港股市和美国股市的解释度平均值分别为 75.00%、28.04% 和 51.24%。中国内地 A 股市场、中国香港股市和美国股市 Q-PB 指数的算术平均值分别为 4.13%、47.72% 和 18.96%。对三个市场的股票数量进行加权平均后,Q-O 指数对市场的解释为 54.44%,Q-PB 指数对市场的解释为 19.90%,表明近 11 年的市场定价更符合 Q-O 指数的理论框架,即无形资产在股票定价中的作用。

第二步是分别统计中国内地 A 股市场、中国香港股市和美国股市中拥有12 483 只股票的行业,并计算 Q-O 指数和 Q-PB 指数对三个不同市场中每个行业的解释度。研究发现,中国内地 A 股市场 Q-O 指数解释度排名前三的行业是信息技术(84.07%)、

表 7 美国股票不同行业描述性统计

	Material Science	Telecommuni cation service	Real estate	Industry	Public utility	Finance	Consumer Discretionary	Energy	Daily consumption	Information Technology	Medical Care
股票数	274	56	238	551	108	1 514	668	289	180	751	1 094
PB≥2 (1<O≤2)	141	25	84	308	47	331	332	67	90	518	709
PB<1	49	18	62	104	9	414	145	151	33	90	160
Q-O解释力	51.46%	44.64%	35.29%	55.90%	43.52%	21.86%	49.70%	23.18%	50.00%	68.97%	64.81%
Q-PB解释力	17.88%	32.14%	26.05%	18.87%	8.33%	27.34%	21.71%	52.25%	18.33%	11.98%	14.63%

表 8 中国香港股票不同行业描述性统计

	Material Science	Telecommuni cation service	Real estate	Industry	Public utility	Finance	Consumer Discretionary	Energy	Daily consumption	Information Technology	Medical Care
股票数	181	20	303	464	72	231	644	88	130	260	175
PB≥2 (1<O≤2)	26	6	45	95	9	29	169	8	33	71	82
PB<1	120	10	207	272	49	174	340	68	68	118	49
Q-O解释力	14.36%	30.00%	14.85%	20.47%	12.50%	12.55%	26.24%	9.09%	25.38%	27.31%	46.86%
Q-PB解释力	66.30%	50.00%	68.32%	58.62%	68.06%	75.32%	52.80%	77.27%	52.31%	45.38%	28.00%

表 9 中国内地 A 股不同行业描述性统计

	Material Science	Telecommuni cation service	Real estate	Industry	Public utility	Finance	Consumer Discretionary	Energy	Daily consumption	Information Technology	Medical Care
股票数	645	6	123	1086	120	120	642	78	229	772	371
PB≥2 (1<O≤2)	395	5	25	639	35	40	356	19	181	649	280
PB<1	49	1	54	90	20	32	69	21	8	13	11
Q-O解释力	61.24%	83.33%	20.33%	58.84%	29.17%	33.33%	55.45%	24.36%	79.04%	84.07%	75.47%
Q-PB解释力	7.60%	16.67%	43.90%	8.29%	16.67%	26.67%	10.75%	26.92%	3.49%	1.68%	2.96%

表 10 美国股票市场

	O 率解释力			Q 率解释力		
	1st	2nd	3rd	1st	2nd	3rd
行 业	IT	Medical	Industry	Energy	Finance	Real Estate
O/Q 比值解释力	68.97%	64.81%	55.90%	52.25%	27.34%	26.05%
2010 年至 2020 年的累计收益率	540.00%	314.56%	308.70%	-15.40%	164.02%	215.43%

注释：剔除市场份额最低的行业的影响后，取 O 型解释的前三名，Q 型解释的前三名。

表 11 中国香港股票市场

排名	O率解释力			Q率解释力		
	1st	2nd	3rd	1st	2nd	3rd
行 业	Medical	IT	Consumption	Energy	Finance	Real Estate
O / Q 比值解释力	46.86%	27.31%	26.24%	77.27%	75.32%	68.32%
2010 年至 2020 年的累计收益率	215.57%	277.00%	160.00%	-32.79%	39.51%	1 021.07%

注释：剔除市场份额最低的行业的影响后，取 O 型解释的前三名，Q 型解释的前三名

表 12 中国内地 A 股市场

排名	O率解释力			Q率解释力		
	1st	2nd	3rd	1st	2nd	3rd
行 业	IT	Consumption	Medical	Real Estate	Energy	Finance
O / Q 比值解释力	84.07%	79.04%	75.47%	43.90%	26.92%	26.67%
2010 年至 2020 年的累计收益率	156.49%	577.64%	248.19%	33.01%	-46.51%	71.95%

注释：剔除市场份额最低的行业的影响后，取 O 型解释的前三名，Q 型解释的前三名

表 13　无形资产对增长的贡献（均值）

	10年行业平均 PB	1年收入增长率(均值)	3年收入增长率(均值)	5年收入增长率(均值)
Science and Technology (electronics, computer, communication)	6.07	43.91	12.77	18.07
Medical	11.59	17.98	14.35	16.95
Consumption(food and beverage)	5.80	5.15	8.01	9.46
Other	6.94	15.41	9.34	12.95

表 14　无形资产对增长的贡献（中位数）

	10年行业平均 PB	1年收入增长率(中位数)	3年收入增长率(中位数)	5年收入增长率(中位数)
Science and Technology (electronics, computer, communication)	6.07	6.75	10.46	16.30
Medical	11.59	4.26	11.95	14.42
Consumption (food and beverage)	5.80	4.10	9.63	10.08
Other	6.94	3.41	7.19	10.63

日常消费(79.04%)和医疗(75.47%),中国香港股市 Q-O 指数解释度排名前三的行业是医疗(46.86%)、信息技术(27.31%)和可选消费(26.24%),在解释美国股市 Q-O 指标时,排名前三的行业是信息技术(68.97%)、医疗(64.81%)和工业(55.90%)。在三个市场中,对 Q-PB 指标的解释排名前三的行业是能源、金融和房地产。

第三步是寻找 2010 年 1 月至 2020 年 12 月 Q-O/Q-PB 指数解释值较高的前三大行业的累计收益率数据,并得到中国香港股市除房地产行业外的数据,其他市场的其他行业显示,Q-O 指数解释高的行业的回报率远高于 Q-PB 指数解释高的行业。综上所述,实证分析的结论验证了假设,即 Q-O 指数对市场的解释高于 Q-PB 指数,Q-O 指数解释较高的行业的回报率高于 Q-PB 指数解释较高的行业,由此可以得出报告中存在 MKT 无形资产的不完整记录,MKT 无形资产的贡献越大,投资回报率越高。

4.5 O 率与 Q 率的差异

首先,在理想的资本市场环境下,O 率关注的是不可替代资产的价值及其动态价值的创造。自从信息技术进步以来,环境和个体之间的关系变得更加系统和综合,不可替代的系统价值和情景价值的贡献大大超过了单个产品和单个模块的贡献。在短期内,Q 率被平衡的概率很低。虽然 Q 率更注重均值回归到 1,但 O 率更注重发掘马太效应。

第二,通过我们论文中提供的定义,我们在一个极端的背景下考察了无形资产的贡献。通过公式的转换,证明 O 率在 Q 率的特殊情况下,即在平均 Q 率超过 2 的情况下,企业的价值超出了托宾 Q 的正常值和不在 Q 率的运作范围内的均衡定义,恰好我们把它定义为新经济企业的特征,并得出结论,它是企业拥有某些无形资产而产生增长的马太效应的一部分。

第三,简单地找出最有竞争力的目标群体,甚至是在无形资产上进行投资的最终赢家。但我们无法做到这一点的是 Q 率,要么在 1 和 2 的范围内,要么 Q 率大于 1 或小 1。正如可口可乐公司总裁曾经说过,你永远不可能在一夜之间烧掉可口可乐的工厂,只要品牌存在,我就可以轻易地建立一个新的工厂。我们的 O 率正是对无形资产对企业成功的贡献的一个非常简明生动的表达。

第四,从经验上看,我们显示 TMT 行业的企业在长期内表现为托宾 Q 值高于理论水平,没有任何指标可以证实,会得到风险平衡机制的调整。但是,当我们用 O 率发现净现值折现与股价之间的差异主要是由于上述无形资产的分摊造成的,所谓的差异矛盾就在另一个空间释放出来。

4.6 为什么说 O 率是 Q 率的有效增强?

首先,O 率只是一枚硬币的一个面,它实际上从重置成本和非重置成本角度推理出的一个比率。即专注于目前传统财务报告体系中尚未能定量化衡量的但确实在企业竞争中发挥了核心不可替代作用资产的贡献。

在自由市场的资本主义社会,Q 率衡量的资本和资本定价关系,它的平衡是通过市场交易即股市的涨涨落落来实现的。用形象一些的说法,就是说投资投机资本移动过程中实现了均衡。

　　Q和O率长期观察的结果共同表明：（1）资本总是趋向于最可预期的长期成长机会；（2）相反趋势，从可预期的趋于缓慢成长中移开；（3）有一群专业的机构投资者时刻地更新他们对趋势的理解并用资金对他们的观点进行博弈性安排。简单地说，它就象世界范围内日常投票机器，每天都有资金管理者用其投资资本来对一个公司的可证明的未来利润增长率的预期表示乐观还是忧虑；同时四周环顾一下这个公司生长在什么环境，这个地方是不是会一夜变化，即公司的成长故事是否值得信赖和理解可预期和透明，以及讲故事的人是不是可以基于常识进行判断。

　　其次，在不用O率来看待这样的过程的情况下，我们已发现Q率在新经济条件下存在反例无法充分解释。对于人们想当然声称的有效市场长期会证明市场价值和重置成本之比应当等于1，存在着明显的反例，且这种现象可以持续超过十多年甚到二十年之久。

　　第三，作为辩证观点，我们发现传统资产观存在不对称。即市场价值概念中有市场，而重置成本过分内部化导到只重于可重置的有形资产。而如果我们用不可重置因素的重置成本来观察市场外部性即无形资产的贡献这样的视角来观察，我们就会引入市场作为不可分割性的容器，这时市场价值就和重置过程形成不能忽略其定语"市场"的场效应。反推出如果资本市场是有效市场，如果Q原理总体保持正确，O就必须存在，即重置成本即使只是观察一个企业，也要观察市场之场对这一特定对象的无形资产的赋值和系统性。

　　因此，通过投资过程和结果，我们来观察投资者的投票行为和称重行为,就会得出结论,真正的价值投资在新经济环境下其实意味着买入以下公司,且理论上就应当用完全资产价值份额化来衡量的价值:

(1)用传统报表信息有着最被低估的系统性经营资产——无形资产。

(2)企业的专有知识产权和无形资产尤其是技术可以持续地在非常高的毛利润点上卖出去,即它们的 P/S 可以维持很长时间高倍率,从而创造最不可超越的优势期和战略性壁垒。

(3)处在新经济中增长最快的部分并得到了经济系统和市场双向正面推动的部分。

最后,总结上述分析,我们同样可以从股票价值定义的不同维度推理再现本文的结论。当人们用声称的"股票的价值是它将来收入的净现值"来对照上述企业市值发现不太相符时,请他们不要忘记教科书和巴菲特经常用的一个定义,即普通股价是公司资产按股份均摊的数值。当我们用 O 率发现,净现值折现与股价的差额部分主要来自于上述无形资产的分摊时,所谓的不相符的矛盾在另一个空间释放了。

作为上述分析的补充,本文案例和数据验证过程和原理展示,我们的概念图完整地表达了这一定义。同时,我们测试中发现,新经济上市公司一旦不能达到预期,它受到的市场估值惩罚性减少,也不是每股利润减少的比例所能解释的。有时哪怕只是微小的不如预期,就会产生巨大的下跌。这常常来自于公司所拥有的无形资产出现了巨大损失预期所决定的。而只有坚固如苹果和微软这样的公司即"大象"中的"大象"能用拥有的无形资产来保护他们市场价值的一直领先地位。这也从实证的角度论证了我们的判断和主张。

总结本文关于托宾 Q 面对的两难,实际上我们是在投资实践中发现的市场信息和会计信息的两难。因而解开这个矛盾我们也是在突破传统会计制度局限才得以实现。

由于新经济公司赢家们估值的主要资产无形资产不为传统会计制度所充分认识,本文专为理解它们贡献度的 O 率,就需要在市场上找到依据。本文发现它们唯一可以被估价的地方就存在于我们称为公共市场的大型规范股市或者大型私人证券化市场估价机制,通过金融资本对无形资产的期权效应实现定价。

今天,机构投资者普遍认可一种公开交易股票的价值必须反映该公司未来收入的净现值和市场根据公司实体及其环境和无形资产情况评定股东买入期权价值。总之,在政府能讲清楚这样巨大的现实差距有多大之前,在真金白银交易的资本市场上,一个公司的无形资产或一个局部行业的价值估值,没有比以市场为基础的资产定价模式更合理和确定的方式了。

5 研 究 成 果

5.1 研究问题

在本节中,我们将回答第 1.5 节中提出的研究问题。

(1)我们确信,在高科技市场投资中,无形或不可见的股权基因($E[SPIP]^2$)与市场价值表现之间存在着正相关关系。从我们基于大数据调查和典型案例研究的第二种方法来看,如果股票市场表现良好,特殊隐形资产与股价表现之间的关系比正常情况下更强。

(2)在高新技术企业的不同发展阶段,当企业成为该领域的领导者并长期处于领先地位时,无形资产与股权绩效之间的相关性更强。

(3)这种无形资产或隐形股权(或可转换)可以促进高科技市场投资的稳定和长期增长的原因是这种新经济的参与者为股东创造了一个像可转换的选项,所以它可以比通常的有形资产贡献更多,因为有形资产会随着时间的推移而贬值。

(4)特殊的无形资产是如何导致溢价和长期超额收益的? 答案是这种无形的能力,如果它的竞争优势期能长期持续下去,就能获得良好的业绩。

通过归纳和演绎的方法,第一种方法和第二种方法,我们还进行了案例研究。本文总结了高科技公司的"大象基因"(MKTinvisible或 MKTintangible),并确定了影响"大象"的关键因素正在形成:(1)具有独特的知识产权,能够长期保持竞争优势,具有持续创新能力;(2)形成强大生态系统的能力。用户进入系统的门槛较低,但离开系统的成本较高;(3)拥有定价权。如果一家公司同时具备这三个特征,即(SPIP)等于 CAP 乘以 GAP,再加上本文给出的定价方程,我们认为该公司拥有"大象基因",可以成为"大象",这可以导致股价相对于行业平均股价表现出强劲的表现,受利率、通货膨胀、税率等宏观经济因素波动影响较小。最好的策略是建立一个集中的投资组合并长期持有。

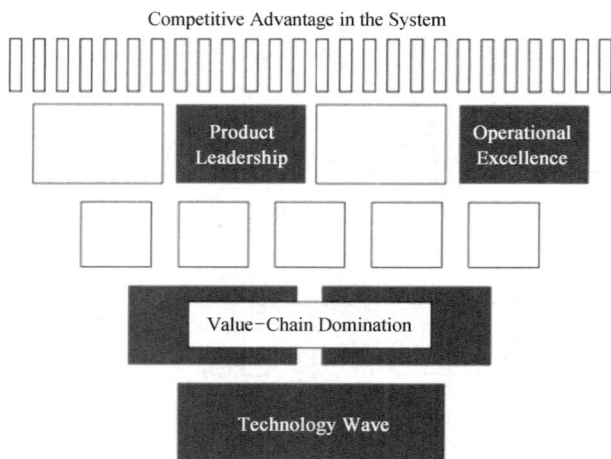

图 26　识别公司的竞争优势

开发一个战略模型,从两个维度识别企业竞争力:CAP(竞争优势期)和 GAP(竞争优势),MKTintangible = MKTinvisible (convertible)通过这两个维度共同创造可持续的估值溢价。本文的贡献在于,首次解决了托宾 Q 在如何进行新经济估值方面的困境,并创建了一个新公式:从 Q 到 O,以及新经济公司估值的新概念。即平均 Q 在遇到自然形成的新经济中技术市场控制者时,它长期高于边际的 Q 体现出 O 率进入到平均 Q 理论的盲区开始发挥作用。马太效应占统治地位。而且目前来看,O 率适用越来越广。这也是首次创建新的术语无形经济 O 率,以衡量新经济时代不可重置成本占主导市场情形下经济价值转换定价,即以单位无形资产的贡献为代表的新经济企业的竞争优势。同时,研究发现,无形经济 O 可以快速成为一个既适合增长又适合价值投资的非财务指标作为选择新旧经济分界。估计相对竞争优势和投资理念,即 1<O<2,这是投资者在新经济中寻找高科技企业市场价值中最具竞争力的参与者的最合适范围。具体而言,托宾 Q,重在均衡,反应的是价值的周而复始的均值回归,市场有效性的理论自洽,更多是传统有形经济资源配置,而我们的新经济 O 率,发现的是价值分布过程中的马太效应和无形经济的赢家通吃,是市场效率转折期内参与者分化规律的体现,更多的是无形经济资源配置逻辑。当总体经济混合有形与无形,无形经济出现了自然淘汰状态下的市场控制者即 market maker,则 average Q 高于 marginal Q 的托宾规律就表现出无形经济的 O 率赢家效应;整个理论循环就显现出本文概念图所示的动态变化。

　　我们所使用的 CAP * GAP 为价值投资的定义提供了新的经济和技术因素的评估体系,与新经济下企业价值创造的核心技术和知识体系优势具有很强的正相关关系。此外,值得强调的是,我的概率图模型与巴菲特的"商业护城河理论"和索罗斯暴涨–暴跌模型的核心价值一致。

5.2　投资大师行为中的无形资产"O"率意识

股市长期是称重器短期是投票机。这是巴菲特和许多投资大师都笃信的理念。索罗斯作为交易大师和宏观投资家虽然对所谓价值不以为然,但对于长期价值和增长质量与这些大师还是息息相通。而他对均衡理论的质疑和对传统理念的反者道之动与我们论文颇多神遇。

索罗斯认为,古典经济学的均衡概念是一个神话,有太多的假设,如完全竞争、完全信息、同质和无限可分的产品以及向下倾斜的需求曲线等。这一点也是论者研究均衡论的同感之所在。索罗斯他认为,在现实生活中,人们的买卖决策取决于他们对未来价格走势的预期。如果一个生产者预期价格将要下降,那么他就会像投机者一样,在价格开始下跌时卖更多的产品,而不是更少。相反,如果价格上涨,根据古典经济学,供给将增加,需求将下降,从而价格上涨得到抑制。我们同样认为,如果人们确认他买入的对象是一个拥有市场造市者地位的角色,无论是作为消费者还是这个对象的投资者,他都更有信心加码和跟进。尤其是金融市场,稀缺和垄断激发需求。索罗斯发现,经常会出现的情况是:一种货币升值了,而由于一国货币升值对通胀有抑制作用,再加上其他原因,于是这种货币的升值将"自我确认"。因此,由于供求曲线在很大程度上决定于市场影响,所以你得到的将是趋势,而不是均衡。在企业的 O 率进入无形资产赢家区域或者托宾 Q 大于 2 的表面上不合常理的区域时,"反经合权谓之道"的现象开始出现。趋势的马太效应会加速趋势。

索罗斯将股价的走势看作是基本趋势和主流"偏差"——通常称为标准预测——的叠加,它们都受到股价的影响,这种影响要么是自我加强,要么是自我纠正。

每一次循环都是特殊的,但仍可以发现一般规律:

(1)当趋势继续时,投机交易的重要性随之增加。

(2)偏差(标准预测)跟随趋势;趋势持续的时间越长,偏差越大。

(3)趋势一旦形成,就将自行延续——段时间。

索罗斯的这种一般认识和新经济 O 率起作用时出现的马太效应有异曲同工之效。本文所界定的无形资产一旦确认其造市能力,其外部性效应将形成跟随趋势效应。同时,PB 大于 2 这样的传统托宾值认为是贵的象征的边界,在索罗斯看来这样的数字没有意义,什么都不确定,只是取决于人的认知。其看中的历史性时刻将带来大起大落的趋势,描述的正是在一般人看来不可能的情况下市场找到这个最弱的估值角度发起了进攻。寻找对手方防守最弱的地方开战——这是索罗斯的打法,也验证了马太效应在交易逻辑中的应用原则。

可以这样总结:索罗斯是一个特别善于运用宏观无形资产的大师,而这种资产更是无法从报表上看得到。但恰好被我们的 MKT invisible = MKTintangible 能捕捉到。

新经济高技术股中的美股 FAANG 和中概股 BTM 在过去很长时间出现了我们概念图中所分析的赢者通吃而且充分显示了马

太效应。与巴菲特相反,索罗斯是一个认清了大起大落趋势、不相信古典均衡理论但却是充分利用人们对古典自由经济均衡理论原教旨主义式的崇拜并反其道而行之,在均衡被打破的那一刻前后加杠杆放手一搏,短期即清仓出场。

巴菲特则充分认清了市场的交易本质和不确定性,却反过来放弃投票式思维,而选择了马太效应哲学,选择强者恒强逻辑。

巴菲特的投资企业哲学之第一条:所投企业必须拥有有利的长期前景,标志就是一个非常难以复制的经营优势,这种优势导致并且将继续产生持续盈利。换句话说就是严密保护的经济特许权。这和本文所论证的数字经济和技术时代高成长和高市盈率企业拥有的难以被记入传统报表的形成了持久不可重置无形资产是一个逻辑。第二条:由诚信且有能力的人管理,管理层必须既能干又以股东利益最大化为导向,高度诚信,足以让你喜欢、信任和敬佩他们。他们在管理上的特殊技能与他们的资本分配技能应该相称。这与 O 率的知识产权及其金融期权的匹配理念也高度一致。第三条:能力圈,即投资于自己能力圈范围之内的企业。第四条:股票价格具有吸引力。就内在价值计算与价格的关系而言,价格必须是"明智的"并存在一个较大的安全边界。巴菲特型投资者必须不被任何没有良好经济面或卓越管理者的公司所打扰,只集中关注少数明显优秀的公司。这与我们场效应理念下的 SPIP^2 集中在真正的赢家而不管它是哪一个外在周期,只要内在的 big logic with invisible power 存在,就是可以持有的大象。巴菲特拥有的最佳类型公司是他称之为"注定必然如此"伟大的公司。这些公司拥有很旨的长期竞争优势,并将主宰所在领域 25—30

年。而一个没有深度技术无形资产的公司是不可能主宰一个领域30年的。这些与我们在高技术投资中所归纳的投资哲学异曲同工。假设巴菲特没有晚年投资苹果这一他最大的一笔投资,他一生的业绩也许不会这么辉煌。但就是这一次投资苹果,将过往一直把技术投资列为能力圈之外的巴菲特拉进了无形资产价值论的阵营之中。总之,主权无形资产都是巴菲特和索罗斯的拿手武器。

5.3 未来关注

5.3.1 NFT

我们对无形期权价值提供了一些解释,例如专利、消费者、专利、与单个公司相关的技术创新,这些价值不包括在现金流中。在某种程度上,这些无形的选择就像不可替代代币(NFT)。NFT 是数字资产(图像、音乐、视频、虚拟创作)的可交易权利,其所有权记录在区块链上的智能合同中。具体而言,通过在智能合约上使用NFT(Wood, 2014),创作者可以轻松证明视频、图像、艺术、活动门票等形式的数字资产的存在和所有权。NFT 是唯一的,不能像FT 一样交换(相当于不可伪造),因此适合以独特的方式识别某物或某人。NFT 通过加密货币进行交易,与加密货币类似,NFT 是纯资产。

我们认为无形资产与 NFT 类似的原因之一是,这些选项是高科技公司独有的,可以被其他竞争对手复制。此外,这些期权不能在整个行业发展之初出售,只能在当期成为最终资产时出售。在整个行业中,赢家获得最终资产,而输家必须承担所有初始投资成本。

技术作为一种无形资产正在改变价值和感知价值的界限。在Web3中,所有权和控制权是分散的。用户和创作者可以通过拥有不可替代的代币(NFTs)和可替代的代币(FTs)的形式拥有互联网服务。代币赋予用户产权:即拥有互联网的一部分的能力。

NFTs使用户能够拥有对象,这些对象可以是艺术品、照片、代码、音乐、文本、游戏对象、凭证、治理权、访问证,以及人们接下来梦想的任何东西。实际上,这是给非中心非主权的选择价值。

Web3最令人兴奋的方面之一是协议和代币的可组合性。我们在DeFi看到了这种现象,价值链协议是建立在彼此之上的。

人们开始使用NFT来探索可组合性,例如,LOOT及其周围的生态系统就是一个非常有趣的例子。我们需要寻找这个世界上的各种指数力量,因为它们是未来快速增长的标志性信号。建立包容、公平、透明和可堆肥的金融服务是可能的。在华尔街,价值向内流向中心化机构。而在DeFi,价值向外流向边缘的人。无形资产在混合中再次改变了资产和评估资产的方式。前提是,世界仍然存在,而资产不会因为主权的改变而无形地流失。

在硬件有形资产层面,最强大的指数力量是摩尔定律。在金融界,它是复利;而在软件世界里,它是可组合性。这三者之间的关系汇聚了未来产业对托宾Q值的理解。它的优化必须存在于我们定义的O率。

5.3.2　无形资产的重要性

通过系统性地促成新经济外部性的无形资产的视角来评估新经济参与者的市场价值是重要的,也是创新的。发达市场产生了标志性的公司,如美国高科技巨头 FAANG、中国的 BTM,以及韩国公司三星和 TSMC。然而,随着美国主动发起贸易和技术脱钩战,以对抗大国的竞争,欧洲大陆的资本市场已经出现了新经济市场参与者的不同估值因素。作为不可替代资产最重要的无形潜在因素,主权偏见、知识产权偏见、国家权力与私权的尖锐对抗再次爆发。此前,在地球是平的意识形态下,通过客户价值和资本市场对技术知识产权的定价,在不同的法律分工体系下实现资产均等化的趋势已被迫逆转。资本市场对制度、地缘政治和意识形态因素的差别溢价比以往任何时候都要大,这些因素半个世纪以来都不存在。从 Facebook、谷歌和亚马逊等巨头在欧洲面临的数据安全挑战和主权因素,到有系统地将中国股票挤出美国市场,数据安全性的普遍化和放大导致中国科技公司和数字经济参与者不再享受新经济类型应有的正常溢价。虽然"大象"正在稳步前进,开辟新的森林,但地图正在按照美国和欧洲的边界重新绘制。本文中确定的资本市场给予新经济参与者的估值选择正在经历前所未有的挑战。

由于新经济参与者价值构成中固有的巨大无形资产驱动性质,不可替代性构成了价值的核心锚定。这个锚值有四大优势:(1) 延伸到公共空间的巨大私人技术权利,以知识产权为核心;(2) 以数字主体为核心的法律体系下的系统性权利;(3) 国家主权因素;(4) 形成技术垄断和客户锁定优势。这四个抓手构成了新经济的优势参与者的外部性,其外部性的稳固性是由主权因素和其他三个因素不被强大的外部力量打断的事实决定的。在中断的情况下,往往会对弱势一方造成系统性的价值损失。新经济寻求支付安全的分散解决方案和信用扩张的超级主权平台的迫切性，也来自于当前剧烈变化的外部冲突。俄乌冲突、中美经济竞争、全球治理竞争将给本文发现的 O 比率确定下的新经济估值带来前所未有的动荡。

5.3.3　O 理论及其适应力问题

假如有人从作者定义"O"比率时，最早遇到的基准是大型科技公司持续高估值使托宾 Q 表现失灵，均衡功能不显，认为此理论只是适用于这类特例，其实也不尽然。它对其他一些新经济的估值表现也有解释能力。同时，对新涌现的以无形经济为主要特征的技术创新公司如 NFT 显示了独特的价值发现能力。NFT 的例子提供了一种新经济公司，其中大部分资产都是无形的。同样的，在一个元宇宙的例子中，比如沙盒，这里"O"理论是否需要被重新定义？这些分析框架是否很容易被继承？

O 比率被我发现和定义，是我当初想解决大型科技公司与无形资产对估值影响的关系，因而从极端化情境发现理论与现实悖反。但是，我在新规律验证过程中，仍是通过一般化程序来观测。我通过观察、归纳，进而对各种学科的基础定义进行排除，再抽象，再推理，再演绎。后来找到从托宾理论本身的底层逻辑和当时理论重视可重置成本的这个角度发现了大部分人不愿承认的这个真相和悖论：只是以前大家没有这么想问题而已。

新经济现象产生的"大象"企业强者恒强，几只"大象股"市场价值超过许多主权国家产值的现象。这个现象一经 O 率和它背后的金融效应揭秘，比如无形资产内嵌的期权效应和沉没成本，它的解释力就是普遍性的;对于其他一些新经济公司同样可以解释。这就是概念图中表述的绝大多数小老鼠小象吸收了沉没成本之后,只能停留在有限的空间中长不大,成为短命的过客"旅鼠",成全了赢家通吃现象。这些小象小鼠它们的 O 一开始与同业的"象"在同样的区域,但很快就滑落出去。这在技术类新经济公司中非常普遍。实际上,我们是把无形经济或新经济的普遍性找到了。其他一些新经济公司,比如超级品牌服务公司,信息技术延长了他们品牌生命周期,增加了品牌创新价值的期权属性。我们验证过也存在 O 率所带来的马太效应。这一点从苹果和巴菲特投资特许权无形资产成功案例经验性归类可以证明。总之,对于一些方生方死的新经济公司,这些公司实际上我们在 $MKT intangible = MKT invisible$ 的推理过程中已明确了,我们的 O 率生态价值圈那些输家或中间赢家都通过期权价值分配机制入局或出局。导致他们成为短期停留在 O 率曲线的赢家范围中存在的波动性强烈主体。他们是"流星雨或行星"。

关于 NFT,正如我们已经讨论的,虽然它的资产更加无形化同时是去中心化,但它的价值产生于不可重置系统性这一端,它正好适用 O 率透镜来观察。其他方式更难理解 NFT。相反,它扩展了重视期权价值和不可重置性的 O 率的价值。即价值的马太效应会随着 NFT 不可重置价值的变化而向有流动性的价值载体移动。它同样遵从我们概念图所揭示的原理。不因它大部分资产是无形资产而改变这一点。我会另外有一篇论文论证腾讯游戏只是一个早期或假的 NFT。因为有些期权在腾讯游戏中是给定了时间的。真的 NFT 每一片上都含有我们所描述的概念图中的

MKTinvisible 中的期权，但在非中心化条件下，它只是更类似于普通权证，没有到期日，是美式期权。

如果元宇宙发展路径仍然存在多级分中心，则一点不影响我们理论概念图的应用。在分析元宇宙底层逻辑时我们发现，我们所发现的 O 率规则只要能适应非中心化或把个别的分支中心当中心来处理，价值评定机制不需要进行系统重设。它一定存在马太效应和竞争期权。因为，元宇宙比如沙盒就如同一步步构建了二象系统，一象为知识产权自动增加，一象为去中心化金融堆栈，还是我们概念图所示意的期权价值隆起或塌陷。沙盒支持层和应用层支撑起了去中心化的货币和网络在内容和价值间不断进行金融化。游戏内容越多，底层支持的价值越厚。越是不可重置，塔尖越高。最后恒河沙即塔。

总结一下就是，无论是 NFT 的例子还是元宇宙 sandbox 提供的这种新经济，其中大部分资产是寄托在区块链或可识别的信号上的价值载体。只要它们还是保持个性的不可重置化的生态，这一块正好是 O 率规则识别的强项。同时，期权 + 沉没成本的价值传递机制正好成为我的"O"理论的分布式定价的特定处理方式的一种形式。在一个元宇宙的例子中，比如 sandbox，O 率并不需要重新定义，而只需要找到和 MKTintangible = MKTinvisible 无形资产期权和的费用，未来冲突和矛盾会产生于个人权利被主权权利切割，其中财产权包括无形资产的权利如果被集合化，这样会导致无形经济向有形化退行。无形经济金融价值中的流动性和财富信息存储被破坏，则无形经济即出现负的马太效应。无形经济 O 率驱动的马太效应价值变化会反向变化让位于有形经济 Q 率边际驱动的经济均衡变化。不论是虚拟的元宇宙经济还是实体的新经济都受此影响。

5.4 潜在限制

本文需要更多的数学工具来创建一个简单的模型,以帮助更多的分析用户。我们将做更多的文献综述,以提高结果,并用于金融领域。我们还希望将我们的研究领域扩展到风险投资等早期企业的投资目标。金融和创新文献通常声称,风险资本(VC)投资刺激了以新技术为基础的企业(NTBF)的增长。然而,到目前为止,很难将风险投资的"治疗"效应与"选择"效应区分开来,因为风险投资投资者有能力筛选高增长。计量经济学的结果有力地支持了这样一种观点,即如果资本市场有效运作,我们的高科技投资将受到整体环境的积极影响。

高科技投资的处理效应使得增长螺旋逻辑(我们的 CAP * GAP)运行良好,特别是我们的 O 比率可以作为一个规则被证明,正如我们在本文中的研究结果。

例如,如果我们想将高科技无形资产定义为我们的 O 值贡献因素,科技恐惧症患者可能不会使用云服务,直到它成为执行所需任务的唯一剩余工具,但他们可能不具备如何使用该服务的深入技术知识。总之,这个简单的模型可以帮助普通投资者轻松地使用它。因此,如果它是下一头"大象",投资者最终将从它的技术投资中受益。

6 总　　结

美国诺贝尔经济学奖获得者詹姆斯·托宾(James Tobin, 1969)提出的一般均衡理论或 Q 理论为价值评估提供了理论框架。本文通过文献研究综述了托宾 Q 在上市公司股权价值评估中的应用。托宾的"Q"代表公司现有股份(股本)的市场价值与公司实物资产重置成本的比率。它指出,如果 Q(代表均衡)大于 1 (Q>1),企业的额外投资是有意义的,因为产生的价值将超过企业资产的成本。如果 Q 小于 1(Q<1),公司最好出售其资产。理想状态是 Q 大约等于 1,这表明企业处于平衡状态。

在文献研究的基础上,本文提出托宾 Q 理论在逻辑上是自洽的,但托宾 Q 计算指标忽略了无形资产在定价中的作用,这使得实证结果无法验证托宾 Q 理论的有效性,即:整个资本市场定价体系的数字化效应补充了资本重置的理想环境,扣除无形资产的贡献是 Q 有效性的一部分。因此,结合平衡会计方法,充分利用有效市场假说,本文提出以理想市场的"场对称 MKTintangible = MKTinvisible 效应"为编码,对会计报表两侧不能完全记录的无形资产贡献及其资本价值进行补充,以帮助计算无形资产贡献率(O 比率)。因此,我们可以有效地推断重置成本与无形资本之间的关系。

首先,无形资产对市场价值的影响可以用 O 比率来衡量,由此推断新经济产业增长的真正价值来源在于无形资产形成的无形资本。其次,本文不仅通过演绎分析得出了无形资产的绩效强度,而且有效地证明了大型科技公司、医药生物产业、消费品产业等成长型上市公司或平台公司的赢家通吃效应;它还表明,这种效应使托宾 Q 在当地失效,托宾 Q 对传统经济环境中有形资产的替代更看重。第三,本文从新的经济学角度提出了一个补充工具,从无形资产在企业价值增长中的统计,尤其是不能用 Q 来计算的业绩增长,总结了无形资产与销售业绩之间的统计关系,并证明了无形资产对净资产收益率的贡献,从而证明置换资本不仅应包括企业的无形资产,还应包括共享的无形资本环境。正是因为不可能或难以重置,大型科技公司获得了持续的高增长和高溢价。同样,对无形资产有巨大贡献的品牌已经成为其增长的飞轮,因为它们享受着这种跨周期资本溢价。

本文通过推导数学方程得出,当 O 比率大于 1 且小于 2 时,可以表明公司拥有大量无形资产,实证分析表明,从 2010 年 1 月到 2020 年 12 月的 132 个时期的数据分析表明,O 比率对 A 股市场的所有股票都有影响,香港股市的所有股票。美国股市所有股票中企业无形资产的解释度分别达到 75.00%、28.04% 和 51.24%,而原始托宾 Q 指数的解释度分别仅为 4.13%、47.73% 和 18.96%,这表明:证明了 O 比率在无形资产定价领域的有效性。O 比率大大简化了投资者筛选具有无形资产的股票的过程。

应用上述 O 比率,本文提出了可应用于投资实践的系统权重 IP 增长贡献理论,即 SPIP 理论。SPIP 理论指出,只有真正拥有核心知识产权和掌握系统定价权的公司才能成为最终市场价值贡献的赢家。它的无形资产可以让股价长期跑赢大盘,并且不受宏观利率、通货膨胀和税率变化的影响。通过归纳和演绎的方法,本文证明了 SPIP 方法具有很高的实用性,可以锁定 10 年前的苹果、谷歌、微软、腾讯等超级成长股。

本文的贡献在于提出了 O 比率的概念,从"无"定义了"是",从"不可重置"定义了托宾重置成本的理论价值。从无形资产的外部性和不可重置资产的比例来衡量企业有形资产的内在性和可替代性,无形资产为新经济的特征提供了一种衡量标准。这一指标表明,无形资产作为整体经济的核心,具有不可替代性。公司价值不再只是公司内部的价值,而是社会制度的价值。从新经济竞争中胜利者通知公司的资产特征,以及从表面上看到的困境,我们发现了托宾理论在新经济中的边界,我们可以看到宏观经济正在经历新的结构性变化。

通过因果证明和统计论证,对现有的托宾 Q 计算指标进行了有益的补充,提高了托宾 Q 指数在新经济环境下的解释和应用能力。托宾 Q,重在均衡,反应的是价值的周而复始的均值回归,市场有效性的理论自洽,更多是传统有形经济资源配置,而我们的新经济 O 率,发现的是价值分布过程中的马太效应和无形经济的赢家通吃,是市场效率转折期参与者分化规律的体现,更多的是无形经济资源配置逻辑。当总体经济混合有形与无形,无形经济出现了自然淘汰状态下的市场控制者即 market maker,则 average Q 高于 marginal Q 的托宾规律就表现出无形经济的 O 率赢家效应;整个理论循环就显现出本文概念图所示的动态变化。

此外,它还为政府政策的实施、企业家的创业方式和投资者的投资决策提供了一个相对完整和新颖的理论和视角。

参 考 文 献

［1］丁守海.(2006).托宾 Q 值影响投资了吗? ——对我国投资理性的另一种检验.*数量经济技术经济研究*,23(12),10.

［2］黄磊,王化成,& 裴益政.(2009).Tobin Q 反映了企业价值吗——基于市场投机性的视角.*南开管理评论*(1),7.

［3］连玉君,苏治,& 丁志国.(2008).现金-现金流敏感性能检验融资约束假说吗?.*统计研究*,25(10),8.

［4］连玉君,& 钟经樊.(2007).中国上市公司资本结构动态调整机制研究.*南方经济*(1),16.

［5］吴晓明,& 张春宇.(2009).托宾 Q 文献综述及其在中国应用的局限性.*江苏商论*(27),198.

［6］Abel, A. B., & Eberly, J. C. (1993). A unified model of investment under uncertainty, *The American Economic Review*, *84*(5), 1369 – 1384.

［7］Aboody, D., & Lev, B. (1998). The value relevance of intangibles: The case of software capitalization. *Journal of Accounting Research*, *36*(3), 161 – 191.

［8］Almeida, H., Campello, M., & Galvao Jr, A. F. (2010).

Measurement errors in investment equations. *Review of Financial Studies*, *23*(9), 3279 – 3328.

[9] Bao, D. H., Lee, J., & Romeo, G. (2010). Comparisons on selected ratios between IFRS and US GAAP companies. *Journal of Financial Reporting and Accounting*, *8*(1), 22 – 34.

[10] Bayer, E., Srinivasan, S., Riedl, E. J., & Skiera, B. (2020). The impact of online display advertising and paid search advertising relative to offline advertising on firm performance and firm value. *International Journal of Research in Marketing*, *37*(4), 789 – 804.

[11] Cao, D., Lorenzoni, G., & Walentin, K. (2019). Financial frictions, investment, and Tobin's Q. *Journal of Monetary Economics*, *103*, 105 – 122.

[12] Chappell, H. W., & Cheng, D. C. (1982). Expectations, Tobin's Q, and investment: a note. *The Journal of Finance*, *37*(1), 231 – 236.

[13] Chen, K. C., Cheng, D. C., & Hite, G. L. (1985). Systematic risk and market power: An application of Tobin's Q. *BEBR faculty working paper*; no. 1144.

[14] Chirinko, R. S. (1987). Tobin's Q and financial policy. *Journal of Monetary Economics*, *19*(1), 69 – 87.

[15] Chiu, Y. J., & Chen, Y. W. (2007). Using AHP in patent valuation. *Mathematical and Computer Modelling*, *46*(7 – 8), 1054 – 1062.

[16] Choi, W. W., Kwon, S. S., & Lobo, G. J. (2000). Market valuation of intangible assets. *Journal of Business Research*, *49*(1), 35 – 45.

[17] Chung, K. H., & Pruitt, S. W. (1994). A simple approximation of Tobin's Q. *Financial management*, *23*(3), 70 – 74.

[18] Cooper, R., & Ejarque, J. (2003). Financial frictions and investment: requiem in Q. *Review of Economic Dynamics*, *6* (4), 710 – 728.

[19] Corrado, C. A., & Hulten, C. R. (2010). How do you measure a "technological revolution"?. *American Economic Review*, *100*(2), 99 – 104.

[20] Daines, R. (2001). Does Delaware law improve firm value?. *Journal of Financial Economics*, *62*(3), 525 – 558.

[21] Edmans, A. (2011). Does the stock market fully value intangibles? Employee satisfaction and equity prices. *Journal of Financial Economics*, *101*(3), 621 – 640.

[22] Enache, L., & Srivastava, A. (2018). Should intangible investments be reported separately or commingled with operating expenses? New evidence. *Management Science*, *64*(7), 3446 – 3468.

[23] Erickson, T., & Whited, T. M. (2002). Two-step GMM estimation of the errors-in-variables model using high-order moments. *Econometric Theory*, *18*(3), 776 – 799.

[24] Erickson, T., & Whited, T. M. (2012). Treating measurement

error in Tobin's Q. *The Review of Financial Studies*, *25*(4), 1286 – 1329.

[25] Erickson, T., Jiang, C. H., & Whited, T. M. (2014). Minimum distance estimation of the errors-in-variables model using linear cumulant equations. *Journal of Econometrics*, *183*(2), 211 – 221.

[26] Gomes, J. F. (2001). Financing investment. *American Economic Review*, *91*(5), 1263 – 1285.

[27] Haskel, J., & Westlake, S. (2019). *Le capitalisme sans capital. L'essor de l'économie immatérielle*. puf.

[28] Hayashi, F., & Inoue, T. (1991). The relation between firm growth and Q with multiple capital goods: Theory and evidence from panel data on Japanese firms. *Econometrica*, *59*(3), 731 – 753.

[29] Hennessy, C. A. (2004). Tobin's Q, debt overhang, and investment. *Journal of Finance*, *59*(4), 1717 – 1742.

[30] Herendeen, J. B., & Grisley, W. (1988). A dynamic "Q" model of investment, financing and asset pricing: An empirical test for the agricultural sector. *Southern Economic Journal*, *55*(2), 360 – 373.

[31] Hyun, S. S., & Perdue, R. R. (2017). Understanding the dimensions of customer relationships in the hotel and restaurant industries. *International Journal of Hospitality Management*, *64*, 73 – 84.

[32] Jerman, M., & Manzin, M. (2008). Accounting treatment of goodwill in IFRS and US GAAP. *Organizacija*, *41*(6), 218 – 225.

[33] Jiao, Y. (2010). Stakeholder welfare and firm value. *Journal of Banking & Finance*, *34*(10), 2549 – 2561.

[34] Jo, H., & Harjoto, M. A. (2011). Corporate governance and firm value: The impact of corporate social responsibility. *Journal of Business Ethics*, *103*(3), 351 – 383.

[35] Kaldor N. (1966). Marginal productivity and the macro-economic theories of distribution: Comment on Samuelson and Modigliani. *Review of Economic Studies*, *33*(4): 309 – 319.

[36] Kaplan, R. S., & Norton, D. P. (1996). Using the balanced scorecard as a strategic management system, *Harvard Business Review*, *74*(1), 75 – 85.

[37] Kaplan, R. S., & Norton, D. P. (2004). Measuring the strategic readiness of intangible assets. *Harvard Business Review*, *82*(2), 52 – 63.

[38] Katona, K. (2021). Intangible assets as possible indicators for the growth of the Hungarian firms. *International Journal of Accounting & Information Management*, *29*, 765 – 775.

[39] Klock, M., Thies, C. F., & Baum, C. F. (1991). Tobin's Q and measurement error: Caveat investigator. *Journal of Economics and Business*, *43*(3), 241 – 252.

[40] Lang, L. H., & Litzenberger, R. H. (1989). Dividend announcements: cash flow signaling vs. free cash flow hypothesis?. *Journal of financial economics*, *24*(1), 181 – 191.

[41] Lang, L. H., Stulz, R., & Walkling, R. A. (1989). Managerial performance, Tobin's Q, and the gains from successful tender offers. *Journal of Financial Economics*, *24*(1), 137 – 154.

[42] Lev, B. (2001). *Intangibles: Management, Measurement, and Reporting*. The Brookings Institution Press, Washington, D.C.

[43] Lindenberg, E. B., & Ross, S. A. (1981). Tobin's Q ratio and industrial organization. *Journal of Business*, *54*(1), 1 – 32.

[44] Lim, S. C., Macias, A. J., & Moeller, T. (2020). Intangible assets and capital structure. *Journal of Banking & Finance*, 118, 105873.

[45] Lucas Jr, R. E., & Prescott, E. C. (1971). Investment under uncertainty. *Econometrica*, *39*(5), 659 – 681.

[46] Nagar, V., & Rajan, M. V. (2005). Measuring customer relationships: The case of the retail banking industry. *Management Science*, *51*(6), 904 – 919.

[47] Nakamura, L. (2003). *A trillion dollars a year in intangible investment and the new economy*, in Hand, J. R. M. and Lev., B. (eds.), Intangible Assets, Oxford University Press, Oxford, 20 – 35.

[48] Rubinstein, M. (2011). *A history of the theory of investments: My annotated bibliography*, 35, John Wiley & Sons.

[49] Stewart, T. A. (2010). *Intellectual Capital: The new wealth of organization*. Currency.

[50] Tahat, Y. A., Ahmed, A. H., & Alhadab, M. M. (2018). The impact of intangibles on firms' financial and market performance: UK evidence. *Review of Quantitative Finance and Accounting*, *50*(4), 1147–1168.

[51] Tobin, J., & Brainard, W. C. (1976). *Asset markets and the cost of capital*. Cowles Foundation Discussion Papers 427, Cowles Foundation for Research in Economics, Yale University.

[52] Von Furstenberg, G. M., Lovell, M. C., & Tobin, J. (1977). Corporate investment: Does market valuation matter in the aggregate?. *Brookings papers on economic activity*, *1977*(2), 347–408.

[53] Wood, G. (2014). Ethereum: A secure decentralised generalised transaction ledger. *Ethereum project yellow paper*, *151*(2014), 1–32.

[54] Yoshikawa, H. (1980). On the "Q" theory of investment. *The American Economic Review*, *70*(4), 739–743.

表 A1 2008—2018 年市场占有率在 1—2 之间的计算机及其外围设备行业的股票市场价值

代码	12/31/08	12/31/09	12/31/10	12/31/11	12/31/12	12/31/13	12/31/14	12/31/15	12/31/16	12/31/17	12/31/18
AAPL.O	758.71	1 898.02	2 958.87	3 764.11	4 996.96	5 006.81	6 431.2	5 836.13	6 175.88	8 688.8	8 234.54
NTAP.O	46.12	116.45	198.64	130.07	120.2	140.21	129.2	77.56	97.13	147.59	153.1
STX.O	21.63	90.58	71.04	68.86	108.75	184.47	217.61	109.63	112.66	119.07	119.57
LNVGY.OO	25.08	59.65	64.11	68.83	93.51	126.49	146.08	112.79	67.32	67.78	89.71
PSTG.N	0	0	0	0	0	0	0	29.6	22.61	34.38	39.53
NCR.N	22.36	17.76	24.55	25.91	41.48	56.74	49.13	32.53	50.33	41.4	37.53
CRAY.O	0	0	0	0	6.29	11.11	14.08	13.21	8.43	9.79	14.44
ALOT.O	0	0	0	0	0.75	1	1.25	1.06	1.06	0.94	1.83
TACT.O	0	0	0	0	0.63	1.04	0.43	0.67	0.51	0.98	0.65
QUMU.O	0	0	0	0	0.58	1.11	1.25	0.25	0.22	0.22	0.35
BOXL.O	0	0	0	0	0	0	0	0	0	0.55	0.33

表 A2　2008—2018 年市场拥有率在 1 到 2 之间的软件行业股票市值情况

代码	12/31/08	12/31/09	12/31/10	12/31/11	12/31/12	12/31/13	12/31/14	12/31/15	12/31/16	12/31/17	12/31/18
MSFT.O	1 729.3	2 706.36	2 387.85	2 183.8	2 236.67	3 105.03	3 817.26	4 396.79	4 831.6	6 599.06	9 673.54
ADBE.O	112.01	192.23	154.48	138.96	186.19	297.16	361.67	467.64	508.83	860.89	1 340.74
VMW.N	92.5	170.7	370.49	351.21	403.57	386.07	354.31	238.7	324.03	505.21	812.63
SYMC.O	113.03	145.01	129.94	115.37	130.59	164.12	177.06	141.86	147.77	174.35	122.71
ATVI.O	112.26	138.92	147.2	140.97	118.05	125.47	145.47	284.33	268.37	478.76	323.94
INTU.O	76.14	97.34	153.13	156.32	176.08	217.4	263.2	254.76	294.13	403.36	667.5
CRM.N	39.05	92.14	173.45	137.99	238.7	332.8	374.25	520.58	476.96	738.41	1191.27
CTXS.O	42.44	75.98	128.26	113.24	122.28	115.93	102.58	116.36	139.29	132.59	124.61
CHKP.O	39.89	70.84	96.41	109.5	94.82	124.01	144.4	142.33	147.72	171.98	177.03
RHT.N	25.35	58.02	87	79.75	102.32	106.22	126.78	151.23	124.27	212.58	330.07
EA.O	51.47	57.77	54.35	68.27	43.71	70.88	145.75	213.03	237.66	323.51	274.4
NUAN.O	25.09	44.02	54.57	75.67	70.52	48.23	46.4	60.56	42.88	47.46	51.1
ANSS.O	24.93	38.97	47.72	52.92	62.4	80.5	74.43	81.53	80.03	125.25	152.88
SNPS.O	26.29	32.83	40.18	39.22	48.14	62.62	66.55	69.08	88.35	126.76	174.95
PTC.O	14.7	19.26	26.55	21.65	26.99	42.3	42.51	39.66	53.49	70.57	98.29

续　表

代　码	12/31/08	12/31/09	12/31/10	12/31/11	12/31/12	12/31/13	12/31/14	12/31/15	12/31/16	12/31/17	12/31/18
CDNS.O	9.38	16.1	22.07	28.32	37.92	40.4	55.53	61.91	72.31	118.08	179.83
PEGA.O	4.43	12.52	13.64	11.08	8.61	18.77	15.86	21.03	27.48	36.71	58.02
FTNT.O	0	11.74	24.06	33.59	33.71	30.9	51.03	53.43	52.12	75.98	132.75
FICO.N	8.23	9.92	9.36	12.8	14.91	21.94	22.94	29.55	36.89	45.95	85.73
TTWO.O	5.87	8.36	10.38	11.74	10.31	15.38	24.77	30.37	42.67	125.21	118.19
TYL.N	4.29	6.99	6.7	8.95	15.18	33.54	36.63	64.1	52.29	66.51	82.61
MANH.O	3.73	5.4	6.64	8.38	11.84	22.43	30.18	48.15	37.75	34.15	42.64
GLUU.O	0.15	0.35	0.92	2	1.51	3.05	4.18	3.2	2.59	4.99	12.1
RP.O	0	0	21.18	18.15	16.36	18.34	17.36	17.69	24.14	36.72	55.55
ZNGA.O	0	0	0	65.81	18.39	31.63	24.1	24.22	22.92	34.82	56.68
OTEX.O	0	0	0	29.32	32.64	54.31	70.95	58.64	75.06	94.7	109.06
PRGS.O	0	0	0	11.96	12.51	13.31	13.69	12.14	15.5	20.13	18.78
EPAY.O	0	0	0	8.32	9.72	13.76	9.53	11.27	10.14	14.04	19.58
DSGX.O	0	0	0	4.42	5.81	8.39	9.43	15.16	16.21	21.55	31.09
TNAV.O	0	0	0	3.22	3.31	2.59	2.66	2.35	3.04	2.44	3.44

代码	12/31/08	12/31/09	12/31/10	12/31/11	12/31/12	12/31/13	12/31/14	12/31/15	12/31/16	12/31/17	12/31/18
MITK.O	0	0	0	1.78	0.84	1.81	1.01	1.31	2.03	3.11	3.95
QADA.O	0	0	0	1.67	2.25	2.7	3.46	3.78	5.62	7.22	9.02
QADB.O	0	0	0	1.67	2.25	2.7	3.46	3.78	5.62	7.22	9.02
PCYG.O	0	0	0	0.36	0.37	1.68	1.55	2.28	2.46	1.86	1.11
SAP.N	0	0	0	0	958.13	1 040.45	833.01	947.62	1 035.43	1 347.2	1 566.47
WDAY.O	0	0	0	0	90.47	145.53	152.61	154.58	132.84	213.65	467.8
NOW.N	0	0	0	0	37.95	78.61	101.44	139.18	123.4	225.18	496.75
SPLK.O	0	0	0	0	28.62	73.66	71.48	76.28	69.39	117.18	179.04
NICE.O	0	0	0	0	20.17	24.62	30.01	34.12	40.93	55.14	86.08
SSNC.O	0	0	0	0	18.26	36.59	49.24	67.23	58.01	83.33	143.75
ACIW.O	0	0	0	0	17.23	25.26	23.32	25.47	21.29	26.88	35.41
GWRE.N	0	0	0	0	16.47	32.87	35.23	43.01	36.26	55.96	86.09
VHC.A	0	0	0	0	14.98	9.94	2.85	1.37	1.25	2.18	3.96
VRNT.O	0	0	0	0	11.45	22.53	31.25	25.25	22.09	26.69	36.71
MSTR.O	0	0	0	0	10.54	14.04	18.37	20.44	22.57	15.03	13.73

续 表

代 码	12/31/08	12/31/09	12/31/10	12/31/11	12/31/12	12/31/13	12/31/14	12/31/15	12/31/16	12/31/17	12/31/18
BLKB.O	0	0	0	0	10.42	17.37	20.03	30.93	30.45	45.44	38.14
EBIX.O	0	0	0	0	5.98	5.6	6.15	10.96	18.49	24.93	15.29
TYPE.O	0	0	0	0	5.95	12.45	11.38	9.46	8.26	10.06	6.93
PRO.N	0	0	0	0	5.04	11.25	7.99	6.85	6.57	8.44	20.05
QLYS.O	0	0	0	0	4.65	7.48	12.68	11.39	11.3	22.51	35.4
PFPT.O	0	0	0	0	4.07	11.99	18.65	26.55	30.02	39.82	64.51
OSPN.O	0	0	0	0	3.2	3.06	11.19	6.71	5.49	5.58	5.6
SPNS.O	0	0	0	0	1.55	3.55	3.51	4.97	6.99	5.65	7.4
DMRC.O	0	0	0	0	1.48	1.43	2.29	3.26	3.16	4.1	7.77
SMSI.O	0	0	0	0	0.54	0.55	0.44	0.33	0.18	0.41	0.97
MNDO.O	0	0	0	0	0.38	0.38	0.75	0.49	0.47	0.53	0.43
GSB.A	0	0	0	0	0.26	0.45	0.46	0.84	0.86	0.77	1.44
FEYE.O	0	0	0	0	0	60.08	48.27	33.52	20.36	26.21	29.18
DATA.N	0	0	0	0	0	42.87	59.22	68.97	32.07	55.18	97.33
MODN.N	0	0	0	0	0	2.8	2.72	3.02	2.47	4.62	5.88

续表

代码	12/31/08	12/31/09	12/31/10	12/31/11	12/31/12	12/31/13	12/31/14	12/31/15	12/31/16	12/31/17	12/31/18
MAMS.O	0	0	0	0	0	0.72	0.8	0.99	0.8	0.94	1.13
ZEN.N	0	0	0	0	0	0	18.4	23.88	20.21	34.35	96.44
PAYC.N	0	0	0	0	0	0	14.17	21.49	26.35	46.8	121.83
CYBR.O	0	0	0	0	0	0	12.09	15.03	15.15	14.18	49.33
HUBS.N	0	0	0	0	0	0	10.56	19.32	16.74	33.04	77.14
VRNS.O	0	0	0	0	0	0	8.1	4.9	7.15	13.52	20.33
MOBL.O	0	0	0	0	0	0	7.58	2.94	3.3	3.75	6.13
RUBI.N	0	0	0	0	0	0	6	7.67	3.64	0.93	3
GLOB.N	0	0	0	0	0	0	5.25	12.83	11.41	16.1	32.17
ATEN.N	0	0	0	0	0	0	2.68	4.21	5.58	5.46	4.7
UPLD.O	0	0	0	0	0	0	1.46	1.11	1.6	4.5	10.21
TEAM.O	0	0	0	0	0	0	0	62.77	52.1	104	310.21
RPD.O	0	0	0	0	0	0	0	6.29	5.17	8.19	25.12
ZM.O	0	0	0	0	0	0	0	0	0	0	195.5
TWLO.N	0	0	0	0	0	0	0	0	25.14	21.96	169.07

续 表

代 码	12/31/08	12/31/09	12/31/10	12/31/11	12/31/12	12/31/13	12/31/14	12/31/15	12/31/16	12/31/17	12/31/18
OKTA.O	0	0	0	0	0	0	0	0	0	26.1	123.03
COUP.O	0	0	0	0	0	0	0	0	12.5	17.19	68.57
NTNX.O	0	0	0	0	0	0	0	0	37.78	56.6	63.99
SWI.N	0	0	0	0	0	0	0	0	0	0	55.9
AVLR.N	0	0	0	0	0	0	0	0	0	0	48.45
SMAR.N	0	0	0	0	0	0	0	0	0	0	45.73
BL.O	0	0	0	0	0	0	0	0	14.17	17.34	28.54
TENB.O	0	0	0	0	0	0	0	0	0	0	28.47
ALTR.O	0	0	0	0	0	0	0	0	0	15.05	26.53
EVBG.O	0	0	0	0	0	0	0	0	5.01	8.4	26.34
APPN.O	0	0	0	0	0	0	0	0	0	18.98	22.45
FSCT.O	0	0	0	0	0	0	0	0	0	12.09	14.99
TLND.O	0	0	0	0	0	0	0	0	6.21	10.7	14.58
SSTI.O	0	0	0	0	0	0	0	0	0	1.36	5.17
CLPS.O	0	0	0	0	0	0	0	0	0	0	0.86

续　表

代码	12/31/08	12/31/09	12/31/10	12/31/11	12/31/12	12/31/13	12/31/14	12/31/15	12/31/16	12/31/17	12/31/18
DTSS.O	0	0	0	0	0	0	0	0	0	0	0.4
ZDGE.A	0	0	0	0	0	0	0	0	0.29	0.27	0.23
SGLB.O	0	0	0	0	0	0	0	0	0	0.1	0.13

表 A3　2008—2018 年市场拥有率在 1 到 2 之间的互联网服务行业（美股）股票市值

代码	12/31/08	12/31/09	12/31/10	12/31/11	12/31/12	12/31/13	12/31/14	12/31/15	12/31/16	12/31/17	12/31/18
GOOGL.O	901.5	1 816.71	1 740.49	1 892.66	2 072.81	3 763.7	3 594.9	5 281.68	5 390.68	7 294.58	7 886.83
FB.O	0	0	0	0	631.42	1 391.91	2 182.22	2 977.58	3 315.93	5 127.59	5 168.34
EQIX.O	20.08	41.73	37.52	48.07	100.58	88	127.99	187.79	255.12	354.57	417.42
EBAY.O	178.97	305.37	361.15	391.54	659.91	709.95	686.91	325.36	331.91	394.22	314.88
SHOP.N	0	0	0	0	0	0	0	20.66	34.44	90.3	304.52
MELI.O	0	0	0	0	34.68	47.59	56.37	50.49	68.95	138.95	292.24
TWTR.N	0	0	0	0	0	362.76	230.42	160.62	116.53	178.34	287.54
MTCH.O	0	0	0	0	0	0	0	33.64	43.53	85.52	194.71
CSGP.O	0	0	0	0	25.33	53.25	59.35	67.19	61.44	107.33	187.85

续 表

代 码	12/31/08	12/31/09	12/31/10	12/31/11	12/31/12	12/31/13	12/31/14	12/31/15	12/31/16	12/31/17	12/31/18
IAC.O	22.12	24.77	25.36	34.95	39.81	56.43	51.15	49.86	51.37	100.25	187.44
PINS.N	0	0	0	0	0	0	0	0	0	0	138.35
GDDY.N	0	0	0	0	0	0	0	50.49	58.04	83.83	132.54
AKAM.O	25.56	43.38	87.8	57.92	72.73	84.25	112.26	93.27	115.56	110.02	127.82
FDS.N	20.84	31.04	43.45	39.38	38.91	46.45	58.7	66.96	64.89	75.39	107.14
DBX.O	0	0	0	0	0	0	0	0	0	0	106.01
WB.O	0	0	0	0	0	0	29	41.37	86.14	228.87	98.16
DOCU.O	0	0	0	0	0	0	0	0	0	0	91.92
ZS.O	0	0	0	0	0	0	0	0	0	0	91.57
TTD.O	0	0	0	0	0	0	0	0	10.67	18.78	87.22
ZG.O	0	0	0	6.2	9.4	32.2	43.2	43.43	66.09	77.18	85.56
Z.O	0	0	0	0	0	0	0	43.43	66.09	77.18	85.56
MDB.O	0	0	0	0	0	0	0	0	0	15.01	76.86
CDAY.N	0	0	0	0	0	0	0	0	0	0	71.62
WIX.O	0	0	0	0	0	10.07	8.07	9.16	17.94	25.49	66.41
GRUB.N	0	0	0	0	0	0	29.75	20.57	32.2	62.25	60.06

续 表

代 码	12/31/08	12/31/09	12/31/10	12/31/11	12/31/12	12/31/13	12/31/14	12/31/15	12/31/16	12/31/17	12/31/18
PLAN.N	0	0	0	0	0	0	0	0	0	0	46.91
PS.O	0	0	0	0	0	0	0	0	0	0	46.01
CHGG.N	0	0	0	0	0	6.95	5.8	5.93	6.74	17.7	43.55
JCOM.O	0	0	0	0	13.8	23.06	29.39	39.47	39.31	36.32	41.01
TDC.N	25.74	53.02	69.19	81.21	102.55	72.47	64.6	34.53	35.29	46.54	40.29
ENV.N	0	0	0	0	4.51	13.65	16.98	12.53	15.18	22.09	35.36
OMCL.O	0	0	0	0	4.99	8.94	11.86	11.06	12.38	18.4	33.43
QTWO.N	0	0	0	0	0	0	6.54	10.26	11.58	15.36	32.65
APPF.O	0	0	0	0	0	0	0	4.9	8.04	14.09	32.33
CSOD.O	0	0	0	0	14.97	27.97	18.95	18.89	23.77	20.46	32.02
FIVN.O	0	0	0	0	0	0	2.21	4.45	7.52	13.85	30.21
ALRM.O	0	0	0	0	0	0	0	7.59	12.79	17.8	28.74
BOX.N	0	0	0	0	0	0	0	17.24	17.97	28.75	28
CMPR.O	0	0	0	12.28	11.23	18.69	24.4	25.51	28.99	37.21	27.63
YELP.N	0	0	0	0	11.97	48.87	39.91	21.88	29.92	34.78	24.63
ZUO.N	0	0	0	0	0	0	0	0	0	0	23.59

续 表

代 码	12/31/08	12/31/09	12/31/10	12/31/11	12/31/12	12/31/13	12/31/14	12/31/15	12/31/16	12/31/17	12/31/18
ZUO.N	0	0	0	0	0	0	0	0	0	0	23.59
SVMK.O	0	0	0	0	0	0	0	0	0	0	22.25
YEXT.N	0	0	0	0	0	0	0	0	0	10.98	20.78
FSLY.N	0	0	0	0	0	0	0	0	0	0	19.5
LPSN.O	0	0	0	0	7.35	8.07	7.99	3.87	4.38	6.85	18.66
SPSC.O	0	0	0	0	5.52	10.51	9.26	11.74	11.91	8.37	18.18
SAIL.N	0	0	0	0	0	0	0	0	0	12.41	16.29
CISN.N	0	0	0	0	0	0	0	0	0	14.56	16.24
INST.N	0	0	0	0	0	0	0	5.67	5.52	9.86	15.78
BCOR.O	0	0	0	0	6.41	12.27	5.66	4.01	6.15	10.19	15.72
GTT.N	0	0	0	0	0	1.7	4.48	6.23	10.69	20.4	14.48
SSTK.N	0	0	0	0	8.71	29.33	24.6	11.54	16.69	14.92	13.62
EB.N	0	0	0	0	0	0	0	0	0	0	13.02
EGOV.O	0	0	0	0	10.56	16.16	11.75	12.92	15.77	11	10.84
PRFT.O	0	0	0	0	3.63	7.34	6.12	5.89	6.31	6.66	10.48
DOMO.O	0	0	0	0	0	0	0	0	0	0	9.46

代码	12/31/08	12/31/09	12/31/10	12/31/11	12/31/12	12/31/13	12/31/14	12/31/15	12/31/16	12/31/17	12/31/18
CARB.O	0	0	0	0	2.39	3.14	3.88	2.67	4.47	7.01	8.45
QNST.O	0	0	0	4.45	2.87	3.76	2.7	1.94	1.72	3.83	8.04
EIGI.O	0	0	0	0	0	17.69	24.13	14.42	13.16	12.05	6.85
TCX.O	0	0	0	0	0.64	1.53	2.2	2.25	3.68	7.41	6.66
AGMH.O	0	0	0	0	0	0	0	0	0	0	5.85
CTK.N	0	0	0	0	0	0	0	0	0	0	5.73
TTGT.O	0	0	0	0	2.19	2.19	3.68	2.57	2.37	3.84	5.49
ZIXI.O	0	0	0	0	1.71	2.76	2.05	2.87	2.65	2.44	5.24
WTRH.O	0	0	0	0	0	0	0	0	3.06	3.11	4.98
CRCM.N	0	0	0	0	0	0	2.62	2.31	2.47	5.43	4.64
BCOV.O	0	0	0	0	2.53	4.11	2.52	2.03	2.72	2.46	3.93
LLNW.O	0	0	0	0	2.18	1.93	2.73	1.49	2.65	4.84	3.69
AMBR.N	0	0	0	0	0	0	2.63	1.34	2.44	2	3.68
TLRA.N	0	0	0	0	0	2.9	1.47	1.08	1.29	2.06	3.62
INS.A	0	0	0	0	0.12	0.15	0.14	0.28	0.37	0.4	3.09

续 表

代 码	12/31/08	12/31/09	12/31/10	12/31/11	12/31/12	12/31/13	12/31/14	12/31/15	12/31/16	12/31/17	12/31/18
ECOM.N	0	0	0	0	0	9.86	5.38	3.49	3.7	2.39	2.72
TZOO.O	0	0	0	0	2.92	3.2	1.86	1.22	1.3	0.8	2.23
MCHX.O	0	0	0	0	1.54	3.33	1.93	1.63	1.14	1.41	2.15
HIVE.N	0	0	0	0	0	0	2.21	2.5	2.92	3.12	1.92
LEAF.N	0	0	0	0	8.4	5	1.21	1.11	1.29	2.05	1.91
VERI.O	0	0	0	0	0	0	0	0	0	3.47	1.79
SHSP.O	0	0	0	0	0	0	0.33	0.23	0.38	0.37	1.77
PCOM.O	0	0	0	0	1.69	3.9	2	1.47	1.17	1.53	1.76
CYRN.O	0	0	0	0	0.8	0.82	0.54	0.67	0.84	0.98	0.98
INAP.O	0	0	0	0	3.7	4.06	4.33	3.58	0.9	3.27	0.78
SRAX.O	0	0	0	0	0	0	0	0	0.43	0.45	0.59
CNET.O	0	0	0.77	0.22	0.18	0.19	0.33	0.25	0.12	0.13	0.2
NETE.O	0	0	0	0	0.99	1.41	0.52	0.21	0.08	0.27	0.18
IZEA.O	0	0	0	0	0	0	0	0	0.24	0.26	0.17
BVSN.O	0	0	0	0	0.42	0.46	0.29	0.29	0.23	0.18	0.06

表A4　2008—2018年市场拥有率在1—2之间的互联网服务行业股票市值(中国港股)情况

代码	12/31/08	12/31/09	12/31/10	12/31/11	12/31/12	12/31/13	12/31/14	12/31/15	12/31/16	12/31/17	12/31/18
0700.HK	897.52	3 064.83	3 100.55	2 871.95	4 614.8	9 210	10 542.01	14 340.98	17 977.61	38 565.9	30 922.78
1686.HK	10.16	18.28	23.19	21.13	36.92	51.79	56.2	57.59	77.1	137.97	155.86
1089.HK	0	0	0	9.96	5.81	5.06	16.93	21.51	45.9	54.66	71.19
1762.HK	0	0	0	0	0	0	0	0	0	0	59.84
1806.HK	0	0	0	0	0	0	0	0	0	0	48.17
0797.HK	0	0	0	0	0	0	0	0	0	0	36.27
0395.HK	2.13	6.89	22.77	8.91	4.42	7.86	12.29	11.11	6.67	5.48	19.44
3738.HK	0	0	0	0	0	0	0	0	0	0	11.26
2022.HK	0	0	0	0	0	0	0	0	0	23.4	4.62
1782.HK	0	0	0	0	0	0	0	0	3.21	6.57	4.37
8420.HK	0	0	0	0	0	0	0	0	0	3.66	0.74

Tobin Q's Dilemma:
a new concept O ratio from new economy company valuation vs Tobin Q

1. Introduction

1.1. Background

In this paper, my research focuses on Tobin Q's dilemma in applying to the analysis of the capital market and tries to figure out what new concepts to develop for the valuation of new economy companies in the public market. Specifically, I attempt to use twin intangible asset and invisible equity analysis frameworks to open a new door for investment valuation.

I review the literature relevant to Tobin Q model in the valuation of listed equities and find the contribution of intangible assets to equity valuation has been largely ignored in the past two decades. Therefore, I attempt to provide a theoretical framework for valuation with the help of the general equilibrium theory or the Q thoery, which was developed by the US Nobel laureate economist James Tobin (Tobin, 1969). Tobin Q represents the ratio of the market value of a firm's existing shares (share capital) to the replacement cost of the firm's physical assets. It states that if Q (representing equilibrium) is greater than one ($q > 1$), additional investment in the firm would make sense because the value generated would exceed the cost of the firm's assets. If Q is less than one $(q<1)$, the firm would be better off selling its assets instead. The ideal state is where Q is approximately equal to one denoting that the firm is in equilibrium. Based on the theoretical framework of Tobin Q, scholars around the world have also proposed two calculation indexes of Tobin Q.

However, the neoclassical investment theory represented by Tobin focuses mainly on physical assets. Tobin Q thoery is logically self-consistent, but Tobin Q calculation index is misleading and difficult to understand in theoretical application because it ignores the role of intangible assets in pricing, which makes the empirical results unable to verify the effectiveness of Tobin Q thoery. That is, the digitization effect of the overall capital market pricing system complements the ideal environment for resetting capital, and deducing the contribution of intangible assets is a part of the effectiveness of q. Corrado and Hulten (2010) estimate that intangible assets amounted to 34% of total corporate assets in recent years. Although intangible assets are important, researchers tend to ignore them in interpreting the investment theory.

Therefore, combined with the double-entry accounting methodology and making full use of the efficient market hypothesis, this paper uses the "field symmetric MKTintangible equal to MKTinvisible effect" of the ideal market as the code to supplement the intangible asset contribution and its capital value that cannot be completely recorded on both sides of the accounting statement, to help calculate the intangible asset contribution rate (O ratio). Thus, we can effectively infer the relationship between replacement cost and intangible capital.

1.2. Research Problem and Its Significance

Do intangible assets still matter in neoclassical investment theory? If yes, how do make adjustments to testify to it? As intangible assets play a more important role in the present economy, does the theory still work? With rapid development in industry upgrading and modernization, does Tobin Q still hold its power in interpreting the economic phenomena? Hayashi (1982) in his neoclassical interpretation of Tobin Q, derives the optimal rate of investment as a function of marginal Q adjusted for tax parameters. Tobin Q is "arguably the most common regressor in corporate finance" (Erickson and Whited, 2012). In the era when intangible assets play a more important role, how can we identify investment opportunities, and how do these proxy variables function?

Following this clue, we look at both developed and developing economies, traditional and nontraditional economies, and find out Tobin Q dilemma in those markets, which we detail below, in Figure 1. As we see, the cross-section of developed, developing and new economies include (Facebook, Apple, Amazon, Netflix, and

Google) and BTM (Baidu, Tencent, and Meituan), which are large-scale technology companies and consumer goods companies. The Tobin Q of those companies is far more than 2. It means the value of Tobin Q cannot present the true value of those companies, which is Tobin's dilemma as we mentioned before.

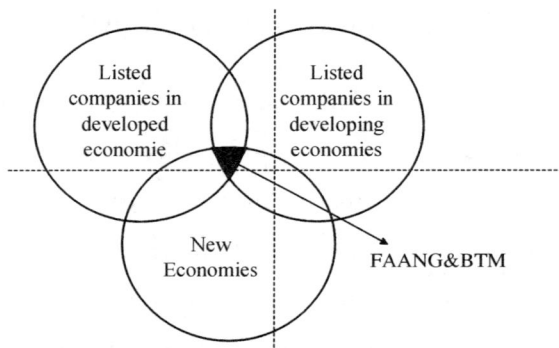

Figure 1　Discovering limitations of Tobin Q

1.3. Research Objective

The research objective is to find out the new economy's Tobin Q to fulfill the requirement of the theory or update its framework on how to think of the real economy and financial system, and what is the key relationship between the high-tech investment with intangible assets and capital market condition.

1.4. Research Questions

Commensurate with these objectives, the study will seek to

address the following research questions:

1) Is there a positive or negative relationship between the intangible or invisible equity and performance of market value in high tech investment in the secondary market? Is the relationship between the special asset and the share price performance stronger than normal or not obvious?

2) Why large-scale technology companies and consumer goods companies such as FAANG (Facebook, Apple, Amazon, Netflix, and Google) and BTM (Baidu, Tencent, and Meituan), still have such rapid growth for more than ten years and Tobin's rule has not reflected its changing effect?

3) Why this kind of intangible asset or invisible equity (or convertible) in FAANG (Facebook, Apple, Amazon, Netflix, and Google) or BTM (Baidu, Tencent, and Meituan) can contribute to stable and long-term growth in the hi-tech market investment?

4) How do the special intangible assets lead to premium and long-term outperformance?

1.5. Proposal Outline

The research question in the paper are as follows:

1) Discovering the limitation of Tobin Q in a niche.

2) Phenomena of US FAANG (Facebook, Apple, Amazon, Netflix, and Google) and China BTM (Baidu, Tencent, and Meituan) in the capital market.

3) A problem of valuation for the majority of successors in high-tech giants.

4) Establishing a Niche and indicating a Gap: a new concept map on how to understand a new economy with the filter of intangible assets and invisible equity.

5) Q or Q + O: evolution on replacement cost concept of Tobin theory.

6) Resolving conflict with new rational logic paradigm and statistic result as evidence.

7) Testing conclusion and result explanation.

2. Literature Review

Nearly twenty years ago, the internet bubble had expreienced a boom and then rapid bust. The situation gave rise to questions for Tobin Q's theory as the new economy was emerging. The first phase of the literature review seeks to understand the approach taken by prior research on this subject, as well as findings to date and their possible implications. After the publication of the book " *STRATEGY MAPS: Converting Intangible assets Into Tangible Outcomes*" (Kapan et al., 2004), intangible assets have broken the boundary from the account balance sheet and became the base of asset strategies of companies.

2.1. Prior Empirical Research

Tobin Q is an important mechanism for macro explanations of the impact of stock price volatility on real economy investment. First invented by Nicholas Kaldor in 1966, it was named and popularized decades later by James Tobin, who won the 1981 Nobel Prize in Economics. Tobin claimed that "q" is the ratio between the valuation of the same physical asset, with the numerator being the market value and the denominator is the replacement cost. In the equilibrium of economic logic, Q is equal to 1. But many factors make Q different from 1, such as inflation and risk. A Q value greater than 1 means that the market value exceeds the replacement value or that the company is overvalued. Firms are expected to stimulate investment in the capital because the value of their new capital investment will exceed its cost. Conversely, a Q value below 1 means that the market value is lower than the cost of replacing the company's assets, or that the company is undervalued. Investment is discouraged and corporate predators will try to increase their value by acquiring other companies in the market or buying back some capital stock to expand.

Tobin Q was originally introduced to explain the behavior of aggregate investment in the economy. The theory of Q has been a hot topic of the investment literature for several decades. The theory states that in the absence of fixed investment costs and financial market frictions, investment is a function of q. It corresponds to a modified neoclassical theory of investment that adjusts for costs in terms of the optimal behavior of firms. This concept was first endorsed by Lucas and Prescott (1971). Yoshikawa (1980) and Abel (1983) came to the same conclusion, showing that optimal investment conditions require that the margin

Q equals the marginal cost of investment. Marginal Q is the ratio of the market value of an additional unit of capital to its replacement cost. However, it is not directly observable and empirically researchers usually use the average Q as a proxy variable, i.e. the ratio of the market value of existing capital to its replacement cost called Tobin Q. The theoretical model developed by Hayashi (1982) is based on after-tax optimal present value capital and demonstrates that due to the homogeneity of production technology, the average Q is the same as the marginal Q if the firm is a market taker. However, if the firm is a market maker, the average Q is larger than the marginal Q, i.e. the cost of monopoly. Abel and Eberly (1994) extend the framework of adjustment costs under uncertainty to include fixed investment costs and find that investment is a non-decreasing function of Q and that there are three different types of investment determined by the value of Q relative to two critical q1 (the minimum root of the solution) and q2 (the maximum root of the solution). Empirically, however, the theory is usually rejected by the data. Based on Japanese manufacturing firms, Hayashi and Inoue (1990) find that after-tax Q is an important factor in explaining investment. Although, in addition to Q, cash flow plays a more important role than Q in corporate investment. Similarly, the same results were found for a panel of US and UK firms (Fazzari et al., 1988; Blundel et al., 1992). One of the shortcomings of the previous models leading to these results is that they all assume that firms rely only on internal equity (Hennessy, 2004), which is more critical than the actual situation.

These firm-level empirical studies seem to suggest that financial constraints play an important role in shaping investment. For example, small firms experience more financial constraints than large firms, which may at the same time lead small firms to invest more than large firms. Gomes (2001) examines the investment behavior of heterogeneous firms facing expensive external finance and Tobin Q appears to have only a marginal effect on investment. This study also suggests that the low overall correlation between Q and investment is due to the large measurement error of Q. Cooper and Ejarque (2002) nest imperfect competition and financial frictions and conclude that Q-based investment regressions essentially reflect market forces rather than capital market imperfections. Gomes (2001) and Cooper and Ejarque (2002) explain why investment does not respond to changes in Q. Cao et al. by introducing transaction costs into the model, thus including financial constraints. Cao (2019) generate a dynamic model and add the stock of a firm's existing liabilities as part of its assets. They use a programmatic model and find that financial constraints can help dynamic investments to more closely match the correlations observed in the data.

Not only investment, but many researchers have made

extensions to show that Tobin Q can be used as a proxy for economic rents, market power. Lindenberg and Ross (1981) used Tobin Q-ratio to constrain the monopoly rent of firms and found that firms with relatively unique products or unique product factors had higher q-ratios due to monopoly. Firms in competitive or dying industries have lower q-ratios. Chen (1985) uses Tobin Q as a measure of market power to examine the effect of market power on systemic risk and finds that market power is negatively related to systemic risk, all else being equal. Some literature suggests that Tobin Q can be a function of a firm's current and expected project quality under existing management if management performance is the main determinant of the firm's Q ratio. Another important application of Tobin Q is widely used as a proxy variable for firm value in corporate governance. Daines (2001) uses Tobin Q as an estimate of firm value to show that Delaware corporate law increases the firm value and facilitates the sale of public companies. Jiao (2010) uses data from Kinder, Lydenberg, Domini (KLD), an independent social choice investment consulting firm, to show that every 1 increase in shareholder welfare is associated with a 0.587 increase in Tobin Q, a measure of firm value. Jo and Harjoto (2011) find that the impact of CSR engagement leads to higher firm value, as measured by the industry-adjusted Tobin Q. While Bayer et al. (2020) investigated the impact of display and paid search advertising on firm value by using Tobin Q as a proxy variable.

Our literature survey above is highly suggestive of the importance ofQ thoery in corporate finance and therefore the proper measurement of Q is an important issue. However, marginal Q is unobservable, which is of interest to researchers. To calculate Tobin Q, most of the previous literature prefers to use the average Q as a proxy for marginal Q (Furstenberg, 1977; Lindenberg and Ross, 1981; Lang and Litzenberger, 1989; Chung and Pruitt, 1994). The average Q is not exactly equal to the marginal Q due to several potential problems. Hayashi (1982) argues that if firms are market markers, then the average Q is greater than the marginal Q, which is the cost of monopoly. Contrary to the initial hypothesis, in an analysis of firms actively involved in debt and equity policies, Chirinko (1987) finds that average Q may be uninformative and may mislead investment. Similarly, results were obtained by Herendeen and Grisley (1988). Their work suggests that the cost of issuing new securities creates a wedge between the value of new capital and existing capital. and Klock et al. (1991) analyzed a US manufacturing firm and showed that the firm's leverage was significantly associated with Tobin Q measurement error. More recently, marginal Q does not reflect the value of post-default investment returns generated by existing lenders, which implies that marginal Q is lower than average Q (Hennessy, 2004). Agency issues such as incentive contracts also create a wedge between average Q and marginal Q, which can affect different firm performances (Demarzo, 2012). And another important factor contributing to measurement error is market efficiency. If financial markets are efficient, then the valuation of the capital stock is equal to the manager's valuation, and then the average Q or Tobin Q should be equal to the marginal Q. This implies that the lack of stock market efficiency will inevitably lead to significant measurement error in Tobin Q. Lian (2007, 2008) also shows that in the context of a Chinese stock market that is only close to, if not yet, weakly efficient, a biased measurement of the average Q will lead to invalid statistical inferences.

To alleviate the measurement error of Tobin Q, Erikson and White (2002) provide a two-step generalized method of moments (GMM) estimator, where the measurement and equation errors are independent and have moments of every order but otherwise are arbitrarily distributed. While Almeida et al. (2010) rejected the high-order moments approach proposed by EW, arguing that the EW approach is the worst estimator compared to the simple IV method and AB dynamic panel estimation, under assumptions about the autocorrelation structure of the mismeasured regressor and the measurement error. The IV – type estimators can easily handle individual effects, heteroscedastic errors, and different degrees of data skewness. In response, EW (2012) compared the Higher-Order Moments GMM (HGMM), Dynamic Panel Data, and IV methods based on Almeida's data and procedures, and concluded that all three methods performed well under the correct settings, but the High-Order moments estimation was the most likely to detect measurement bias. In 2014, Erikson et al. present a cumulant estimator, which is asymptotically equivalent to High-Order Moments (Erikson and White, 2002), but it has a better performance on finite samples. While there are still contains some measurement errors between true investment opportunities and observable measures of Tobin Q.

2.2. Current State Limitations

However, since the 1990s, along with the rapid rise of the new economy represented by the Internet Age, many researchers have found Tobin Q being inadequate in applying to the internet companies in the US and China markets. Even in the USA, researchers in the IT industry and investment banking analysts failed to use the Tobin theory to make an analysis on the internet and technology companies and explain their high premium in valuation. Take MSFT (Microsoft) and FB (Facebook) for example, researchers found it impossible to use Tobin Q to justify the valuation as it's always above 2 and sometimes even more than $10 - 40$. According to Tobin's rational investor assumptions, if an investor or shareholder of the company chooses to sell out of the stock, they can find other cheaper alternatives in the market for "replacement" and profit from the transaction.

As a matter of fact, this proved to be a wrong strategy. It happened to one professional investor who helped Bill Gates manage his Microsoft shares. He sold Microsoft stock according to the portfolio theory and bought in some other diversified stocks and assets to bring Tobin's value back to a lower level, which however proved to make a much lower return than holding MSFT straight. The same is true for the new economy companies, the famous FAANG (Facebook, Apple, Amazon, Netflix, and Google) in the US market. For the Dow Jones Industrial Average, an important global index, Tobin Q has been above 2 since 1996 and averaged 3.32. The S&P500 has been above 2 since 1991, with an average of 2.78, while Tobin Q for NASDAQ has been above 2 for most of the years, with an average of 3.45 except for 2003 when the Dotcom bubble burst the Q value fell to 0.63.

When we extend our research to the Chinese capital market (including Hong Kong), which has become one of the largest capital markets, we find that Tobin Q thoery has also been weak as an interpretation tool. The Q for Shanghai Composite Index stayed above 2 during 1991 – 2010 and fell below 2 since 2011, with an average of 2.68, and the Q for Shenzhen Composite Index has been staying above 2, with an average of 2.99.

Some Chinese scholars have researched to study Tobin Q in the context of China's stock market, and the conclusion is that Tobin Q thoery does not work in China's capital market (Huang et al., 2003; Ding, 2006; Wu and Zhang, 2009). Huang et al. (2003) show that the existence of speculative investors might influence the value of Tobin Q in China's capital market. This could result from irrational factors in China's securities market, which are reflected in investor reaction to trading rules and de-listing rules. Ding (2006) shows that the behavior of Chinese investors could be very irrational. Wu and Zhang (2009) document that the application of Tobin Q in China will be limited due to the timeliness of domestic market response, the time lag of asset replacement, and some illiquid stocks. In other words, it's just a Chinese market phenomenon. Before the non-tradable share reform, the interests of major shareholders and public shareholders were not aligned, and the listing and de-listing of companies were not market-driven, which makes China's stock market asset pricing unable to function as the Q value in the fully market-driven capital market (Ding, 2006).

For example, as $Q > 1$ indicates that the return on the capital market is less than the return on investment in real assets, it will lead the company to reduce its shares. $Q < 1$ means that market value is less than the replacement cost, and companies can buy back shares or acquire productive assets through acquiring other companies, which is cheaper than making capital investments on their own.

Based on previous theory and accounting rules, stakeholders

will get windfall profit to sell their equity or shares when their firms' Q ratio is above 2 or even equal to 2. Why is this? Because the original owner can rebuild a new firm by half the price compared with its original cost if the Q (the proxy indicator can be the P/B of this firm) keeps above 2 times. Under a competitive market situation, however, there would be an equilibrium for the ratio to come back near to about 1 in the long run.

Chinese mainland's capital market is now the second-largest in the world in terms of market capitalization. The Hong Kong market is also one of the largest markets and international financial centers in Asia. As the China market has opened up to qualified foreign institutional investors with no limits of quota and there are other means of connectivity like stock connect, it can be said that the openness of capital markets in China, both the mainland and Hong Kong, can be regarded as part of a global system. That is, the market environment is closer to an efficient market as defined by Tobin, especially the Hong Kong market is regarded as the best practice free market under the common law.

After we remove some non-traditional assets, we can find that the representative companies of the new economy, such as Tencent (0700. HK), Meituan (3690. HK), Baidu (BIDU.US), Pingduoduo (PDD.US), JD (JD.US) and other high-tech and new economy enterprises with a market capitalization of almost 40% of the market value of China's capital markets, the price-to-book ratio, or an alternative proxy indicator of Tobin, has been above 10 for most of the time. Tencent has maintained an average Q value of more than ten times in the past decade.

A review and research of the above literature and the discussion led us to arrive at the following conclusions:

Firstly, whether be in the US or China, Tobin Q has proved that it can be effective in measuring the growth opportunities of companies in the long run. However, there are some structural imbalances between high Q in new economy players and low Q in traditional players for a long time.

Secondly, since the 1990s and in both the China market and the US markets, there have been new economy companies whose Q values are well above that of the market average, but their holders and investors who continue to invest in them can still make good returns.

Can the anomaly of Q value reveal exactly what causes the corporate value to change so fundamentally? Is Tobin Q invalid or are the traditional accounting and financial information distorted? This antithesis can prove the value of the problem we find: if Tobin Q fails, it means that it's very important to identify a new valuation methodology for the valuation of new economy companies; If the financial information is distorted whilst Tobin Q still holds, it means that we are entering an era of capitalism without capital, because the phenomenon proves that capital is no longer the primary asset as in traditional industries, but that invisible capital, which is not visible in financial information but constantly reflected and valued in capital markets, is the real capital.

2.3. A Broader Theoretical Foundation

As a theoretical basis for expansion, the contribution of intangible assets to a company's growth rate has begun to increase in recent years, considered in the light of Tobin's emphasis on the ease of replacement of tangible assets. The basic way for the company to grow is to obtain a return on investment. Enterprise return is measured by profit, which is the product of sales and profit. Investments can be tangible or intangible assets. As a financial investor, that is, an outsider, it is impossible to determine how the enterprise views the source of value generation. Tangible assets are things you can touch and feel, such as factories, trucks, and machines. There is no physical existence of intangible assets, including software, the secret recipe of Maotai liquor, or patent of mRNA vaccine. More researchers believe that intangible assets should not be measured by the indicator of the development cost, "the measurement of intangible assets can adopt the layer-by-layer decomposition model, which is similar to the company's method of measuring tangible and financial assets in the balance sheet" (Kapan and Norton, 2004).

An important difference between tangible and intangible assets of an enterprise is "use". Only one company can use one tangible asset at a time, while many companies can use one intangible asset at the same time. Considering the continuity of assets, this difference is not so obvious, but the focus is that the marginal cost of sharing intangible assets may be very low (Stewart, 2000). And in the accounting field, tangible assets are things you can touch and feel, such as factories, trucks, and machines. Intangible assets such as software, secret recipes for Maotai wine, and patents for mRNA vaccines do not exist in physical form. International Financial Reporting Standards (IFRS) set the standard for recognizing and measuring intangible assets (IAS 38) and require disclosure of them. An intangible asset is an identifiable non-monetary asset that is controlled by the entity as a result of past events and for which future economic benefits can be expected, and which has no physical form. IAS 38 requires a subject to recognize an intangible asset, whether purchased or self-created (at cost), when and only when it is probable that future economic benefits attributable to the asset will flow to the subject controlled by the company, are visible as a result of past events or transactions, and the cost of the asset can be measured reliably. US GAAP (Generally Accepted Accounting Principles) has a similar concept of intangible assets. However, the main difference between IFRS and US GAAP in terms of accounting for intangible assets is the recognition of goodwill

(Jerman and Manzin, 2008; Bao et al., 2010; Katona, 2021).

Measuring the value of such intangible assets is the holy grail of accounting. Unlike financial and physical assets, intangible assets are difficult to measure and are valued differently by different people (Kapan and Norton, 2004). In addition, intangible assets rarely directly affect financial performance. The correct measurement of intangible assets has never been easy. It is still seen as a magic trick, although a body of literature has developed several measurement models for different intangible assets, such as customer relationships, patents, and intellectual assets. For customer relationships, Kapan and Norton (1996) developed a balanced scorecard measurement model to measure the performance of intangible asset customer relationships. Lev (2001) provides a value chain scoreboard model for customer measurement. For the same intangible asset, the bank-customer relationship, Nagar and Rajan (2005) use a set of financial and non-financial indicators for retail banking firms and find that collective indicators have a higher ability to predict future earnings. Hyun and Perdue (2017) have also developed a multidimensional measurement scale for hospital customer relationships. These models treat intangible assets as consisting of a set of underlying business activities and represent this view using multiple financial and non-financial indicators causally related to profits (Nagar and Rajan, 2005). For proprietary technology, Reilly (1998) proposes three models: the market approach, the cost approach, and the income approach. Chiu and Chen (2007) provide an objective scoring system for evaluating IP patents from the licensor using a hierarchical analysis.

Over the past two decades, many developed economies have been transforming into "knowledge economies", as evidenced by the dramatic increase in the share of intangible assets in total corporate investment. In other words, intangible assets are likely to be critical in today's knowledge economy and to have a greater impact on growth than investments in other capital. Nakaruma (2003) estimates that one-third of the assets of US firms are intangible assets. Corrado and Hulten (2010) estimate intangible assets in the US non-farm business sector from 1948 to 2007 and find that the average rate of investment in intangible assets was more than twice as high between 1995 and 2007 as it was between 1948 and 1972. Such a large investment commitment significantly enhances the firm value and plays an important role in financial resources, as much of the literature shows. Tahat (2018) notes that in the long run, intangible investments are a major driver of wealth creation. Lin et al. (2020) find a strong positive relationship between intangibles and leverage and demonstrate that intangibles support debt financing and tangible assets, especially when firms have fewer tangible assets.

Based on past theory and investment experience, companies with a high value of intangible assets are more worthy of investment. If Tobin Q does not include the value of intangible assets or if the stock market does not adequately value intangible assets, it will undervalue the company. However, a large body of literature suggests that the stock market does not adequately value intangible assets. Choi (2000) examined the market value of intangible assets based on paired portfolio analysis and regression analysis. Their results show that the market valuation of intangible assets is lower than the valuation of other reported assets. Edmans (2011) shows that intangible assets such as employee satisfaction are positively correlated with firm performance and that the market fails to fully incorporate intangible assets into stock valuations.

The reason why high-tech investment is included in high-risk activities is that the technology invested is easy to become a sunk cost. The value of intangible assets will decline sharply in this case. At the same time, the value of the old version of the technology is very limited, and the cost may sink directly.

The characteristics of intangible assets highlight the different performance of its contribution to the growth rate from tangible assets. Intangible assets are easier to form economies of scale and more scalable than tangible assets.

This feature is emphasized in more than 95% of relevant retrieval papers. It is this characteristic and the transfer and locking of intangible assets that determine the role of winners as the general successor of residual value in the new economic era.

2.4. Intangible assets and new economy

The intangible assets as an item we understand are consistent with the definition of intangible assets in the general financial accounting balance sheet system, but also develop in the new economic concept system.

An item of value that is intangible and cannot be seen, such as brand recognition and intellectual property including trademarks, copyrights, or patents. And assets are non-material assets that are shown in a company's balance sheet and include research and development costs, concessions, patents, licenses, trademarks, and goodwill. Also called intangible assets.

In terms of "invisible asset" valuation is very blurred. The value of invisible assets may be difficult to quantify; however, these assets can be important to the long-term success of a company (consider the "Nike", "Apple" logo and brand recognition). An invisible (or intangible) asset is the opposite of a tangible asset, such as cash, a manufactory, or real estate.

A legal claim to some future benefit, typically a claim to future cash. Goodwill, intellectual property, patents, copyrights, and trademarks are examples of intangible assets. In the process of human social development, there are new things to replace the old things of the law, the economy also conforms to such a law. The new economy is a new source of foreign exchange created in response to a class of special intangible assets that appeared in the past economy, which resulted in accounting, however, accounting and financial systems failing to accurately assess this part of the source of value.

The new economy, as a term, first appeared in a series of articles published in Business Week on 30 December 1996. They point out that in the context of economic globalization, the information technology (IT) revolution and the resulting economy with high-tech industries as the leader. The new economy is the economic achievement of informationization and globalization. The new economy has the characteristics of low unemployment, low fiscal deficit, and high growth. Developed capital market systems enable the rapid global expansion of information technology and intellectual property rights under rule-based conditions through capital pricing mechanisms.

In particular, the accession of China and other BRICS countries to the WTO and rapid integration into developed markets, technological infrastructure evolution, mobile Internet popularization, artificial intelligence and big data application, industry boundaries, and rapid breakthrough trend of industrial upgrading proved that investment in the new economy is the only way to embrace the wealth of the future. Our research has uncovered a profound relationship between the new economy and the value of intangible assets. If you match the PB or PE value of the new economy company in the traditional valuation and accounting method, it always seems to be "expensive". This is mainly because the new economy company has a large intangible asset that is not on the balance sheet compared to a traditional economic firm, which is where the new economy company continues to create value.

The financial value and product value do not always show a linear relationship with the company's assets, operational and customer values are included in the pricing of capital markets, but they are actually more of the invisible asset. We must therefore stress that the two types of assets, the invisible and the two types of assets, actually contribute to the fundamentals of differentiation in the new economy. When the market evaluates the value of a company through tangible assets or recent profit values, it often ignores the value of intangible assets.

As measured by traditional accounting and financial indicators, it is often shown that the company's stock price is generally expensive and the value of the investment is low. But in reality, as companies demonstrate their ability to maintain industry competitiveness, capital is willing to chase these scarce varieties, and from their sustained growth obtain a capital premium. Just as professional investors have recognized the role of traditional financial pricing models, they should also give attention to intangible asset pricing, which has shown its long-termist and replaceable features. How to value intangible assets has also become an important source of research ideas.

This illustrates the formation of intangible assets from the original standardized product and services to the efficient and highly personalized ecosystem. In addition, data management in the ecosystem also gives rise to intangible assets. The carriers of these intangible assets are more easily formalized through information technology than in the past, and the monopolistic effect and competitive advantage thus built up is more difficult to challenge as there would be higher transfer costs involved, which become the main source of pricing power of those intangible assets owners.

Here we summarise our ideas through several keywords — information and intellectual property, the system pricing power and, infrastructure system, shortened to a phrase representing the enhanced value of intangible assets, i. e. $SPIP^2$. I use $SPIP^2$ to emphasize that intangible assets have high energy nonlinear growth, further, the squares is consistent with the idea of risk variance, which is the second-order of risk standard deviation. During the strong cyclical phase of this intangible assets, its ability to drive value growth creates a winner-take-all effect that often continues to grow for a long time, across the ordinary cycles of financial markets, but fades more quickly when the system function is reversed or replaced. In particular, their capital value is more severely impaired when the contraction phase of the financial cycle and the systemic effects are replaced at the same time.

2.5. Why intangible assets affect growth?

If we want to give a more complete definition of tangible and intangible assets. We have to go back to the financial statement constants. A company receives capital from shareholders or borrowers to purchase an asset. Under traditional accounting rules, an investment is a cost paid today, which creates an asset and is expected to provide a return measured by the present value of future free cash flows. The net present value of an investment is positive when the benefits exceed the costs. When advertising is done to buy a reputation it becomes an expense. At the same time, it forms an intangible asset or leaves nothing as a sunk cost. This means that the investment can be a tangible or intangible asset. Tangible assets are physical objects, such as machinery, plants, vehicles or other systems. Intangible assets are not physical; they can be customer relationships, product design, or production instructions for a drug.

Before the new economy took hold, when tangible assets were greater than intangible assets, the Financial Accounting Standards Board (FASB) issued a statement on research and development (R&D) about how intangible assets should be accounted for. The FASB said that companies should classify R&D costs as expenses. They considered other approaches, including capitalizing R&D, but concluded that expensing was the most appropriate. Because there is a high degree of uncertainty about the future benefits of individual R&D projects. This is where we suggest in our paper that there must be intangible assets that have not been properly recorded and observed by sophisticates, such as analyses, and only a market transaction mechanism can discover which side of the statement these assets are reflected on. An accounting professor studied the standards developed by the FASB and found that R&D expenses was one of the five standards associated with the greatest loss of shareholder value. The literature analyses on the investment in special cases, such as high technology industries, we have finally unraveled how the MKTinvisible asset behind the winner-take-all is hiding the value of intangible assets through options and clever value premiums like convertible bonds.

Despite the dramatic change in the way companies invest, the way they account for their assets has remained virtually unchanged. The notable exception is intangible assets acquired through mergers and acquisitions (M&A). Accountants record acquired intangible assets on the balance sheet and amortize them over time, typically 5 – 10 years. This accounting mismatch is at the heart of the challenge. Analysts need to be clear about where assets appear on the financial statements in order to understand how much a company has invested. Investors and economists who believe that assets are limited to capital expenditure and changes in working capital are missing out by grossly underestimating the size of the investment.

Intangible assets, directly and indirectly, affects company growth and valuation. It direct contribution to company growth, as this factor leads to consistently high earnings ratios and directs value to large and high growth mainstream industry players, and it promotes M&A. We can think of a company's value as having two components: the first is the steady state, which assumes that the company can sustain its current profits into the future; the second is the present value of the growth opportunity, which is based on the size of the investment, the return on the investment and the time period over which the opportunity exists. Note that if the return on investment is equal to the cost of capital, then the present value of growth is zero. Theoretically, the stock value of a company that is not creating value is equal to the product of steady state earnings and the commodity P/E ratio, where the P/E ratio is equal to one divided by the discount rate.

The core idea is that capturing the size and returns of investment gives investors a better understanding of a company's future earnings. The challenge is that investment portfolios have changed over time and today there are more intangible assets than tangible assets. This means that the accounting bookkeeping of investments has shifted to a large extent from the balance sheet to the income statement, while the investor's task has not changed; what has changed should be the method of analysis.

Investors often say that companies that rely on intangible assets are "capital light", which implies that they have a limited need for tangible assets. But this can be misleading because these companies often pay stock-based compensation (SBCs) to employees, such as restricted stock units, performance stock units, and employee stock options. Because these are not in cash form, accountants will add back their expenses when calculating operating cash flow. SBCs are legitimate expense that should not be reversed. We estimate that SBCs represent 15 – 20% of operating cash flow for technology companies in the S&P 500. This number is higher in many younger companies.

SBCs are the equivalent of two transactions: the company sells stock (financing) and uses the proceeds to pay employees (compensation for services). Investors must move the SBC figure from "operating cash flow" to "financing cash flow" in order to accurately portray the cash flow statement. Failure to do so will inflate free cash flow.

And if we go back to those MKTinvisible statements of equity, we see that the compensation paid by the company to its employees for their services is small compared to the overall value of the company's contribution from the equity value of this invisible asset. Thus, the inflated free cash flow generated here and its discounted value is incorporated into the hands of equity holders. This suggests that valuations are discovered by investors, as these winning stocks are chronically overvalued with high P/E ratios to disprove them.

In addition, goodwill recorded for mergers and acquisitions in the four major sectors of the new economy is much higher than in traditional industries. This is indirectly derived from the growth and valuation contribution of intangible equity as reflected in the market. It provides market leverage for firms to downgrade against rivals and raise capital at low cost.

2.6. R&D and Tobin Q

The Q ratio is calculated from or affected by key corporate financial variables. It is directly linked to the net assets, the most important indicator of a business's asset replacement cost. For listed companies, the usual financial indicator such as PB based on historical data often acts as a proxy indicator for replacement costs over a long period of time. When investors evaluate listed companies, as our concept chart shows, the valuation would change depending on how R&D expenditures are recorded on the income statement and cash flow statement, and then reflected in equity accumulation on the balance sheet.

According to the common financial accounting practice of listed companies, R&D expenditures are presented in two ways. The first is to be expensed as an R&D expense, and the second is to be capitalized as an intangible asset.

To draw a parallel of wave — particle duality in quantum physics, which describe every particle or quantum entity as either a particle or a wave, whether the intangible assets discussed in our paper are either IP assets or goodwill that have now been recorded in financial statements, or the sunk costs formed in the development of the company that is not recorded in its book but are reflected in equity market value of those industry leaders as they build up their moat or the customer acquisition costs which led to the formation of special intangible assets.

We find that precisely because we logically accept the duality of R&D expenditure, we create a symmetric formula MKTintangible = MKTinvisible, based on the traditional accounting concepts, as the code to help calculate the intangible asset contribution rate (O ratio).

In the traditional Tobin Q approach, net asset value, which has been used as a proxy for replacement cost, include only capitalized part of R&D expenditure, while the expensed part has been a reduction item for net asset. It is this finding that inspires us to try to use our O-value to replace the traditional Q-value so as to better measure value of new economy companies.

The industries we find to have seen high Q-value for a persistent period of time also happen to be high-tech industries or industries with large intangible assets. For example, FANMG in the US, Tencent, JD. com, Meituan in China and pharmaceutical companies such as Hengrui in the Chinese market, which used to expense 100% of its R&D expenditure (until recently).

According to the statistics, these companies typically spend more on R&D than that is capitalized. So when calculating using the Tobin Q or PB indicator, we're likely face an interesting phenomenon that, the larger the R&D expense, the less likely the PB value is close to 1. At the same time, with the selective treatment of R&D expenses, those new economy companies through the modularization of R&D, become the winner-take-all. This is the financial effect that comes after the field effect or the future modularization as displayed in the capital markets. "The total value of the market is growing dramatically while shifting to many dominant companies." We don't find such phenomenon among traditional industries, where fixed assets can normally be easily replaced. Usually their PB will be lower than 1 for a long period of time, let alone more than 2.

Value investors would usually exclude companies trading above 2, whilst these are the companies that fall into our research space of O-value. This is where the winner-take-all phenomenon as shown in our concept diagram, actually has the effect of embedded options in convertible bonds in the equity statement. Many companies in the same sub-industry that develop sub-modules realize their own value at a certain stage, and it contributes the value of the upper module to the industry winners. When it goes bankrupt or exits the industry, its shareholder value becomes sunk cost. The module value, i. e. its equity surplus value, is automatically transferred to the winner left behind by the upper echelon. For the latter, it is equivalent to the company issuing interest-free bonds, and without repayment, it can transfer options to long-term shareholders. This allows the remaining long-term shareholders of the company to enjoy the option appreciation rights of this convertible bond.

2.7. Summary

Corrado, Hulten, Sichel made a statistical study of the impact of intangible assets on Enterprise Growth: first, enterprises based on intangible assets can grow faster than the benchmark rate data, and second, there is a greater difference in the distribution of intangible business growth rates. They inferred the value of intangible assets by examining market prices and M&A transactions, using a large number of company samples from 1984 to 2020 to find the place with the highest concentration of intangible assets. The results show that in the order of industries from high to low is health care, technology, consumers, and manufacturing.

The sales growth rate measured by a median or average value always ranges from the highest value of the company that pays most attention to intangible assets to the lowest value of the company that is least intensive. Although the short-term figures have some noise,

Industry	Median CAGR				Mean CAGR				Standard Deviation			
	1-yr	3-yr	5-yr	10-yr	1-yr	3-yr	5-yr	10-yr	1-yr	3-yr	5-yr	10-yr
Healthcare	11.5%	10.8%	10.4%	9.3%	52.6%	16.8%	12.6%	9.3%	406.3%	45.9%	30.6%	22.5%
Technology	9.7%	8.4%	7.9%	7.2%	15.4%	10.6%	9.0%	7.3%	49.0%	21.9%	16.5%	13.0%
All	7.4%	6.9%	6.5%	6.2%	16.6%	9.5%	8.0%	6.7%	177.3%	23.2%	16.4%	12.0%
Consumer	6.9%	6.4%	6.0%	5.9%	13.5%	8.9%	7.7%	6.6%	164.7%	18.8%	13.9%	9.5%
Manufacturing	5.4%	5.1%	5.0%	5.5%	9.3%	6.8%	6.1%	6.0%	50.4%	17.5%	13.1%	9.4%
Other	7.6%	7.3%	6.9%	6.3%	16.2%	9.6%	8.1%	6.6%	194.5%	22.5%	15.8%	12.2%

Source: FactSet.

Figure 2   Base Rates for Sales Growth by Industry, 1984 – 2020

this relationship holds for 1, 3, 5, and 10 years. Consider the median compound annual sales growth rate within five years. The health care industry grew by 10.4%, the technology industry by 7.9%, the consumer industry by 6.0%, and the manufacturing industry by 5.0%. The median for all companies was 6.5%. This supports the first hypothesis.

Then, to capture the potential impact of scale, the whole data set is divided into seven categories according to the sales in the starting year. Several patterns have emerged. Firstly, it is found that the average and median sales growth rate and standard deviation tend to decline with the expansion of the company's scale. Secondly, the basic relationship between high intangible asset intensity and high growth rate is often applicable to all size intervals.

The global epidemic in 2020 is a major challenge to global health and economic growth. A glimmer of hope is that digital companies, mainly based on intangible assets, can thrive in chaos. We verify the sales growth rate of Companies in the Russell 1000 to

Industry	Top 20	Top 50	Top 100	Full Index
Healthcare	8	12	22	81
Technology	5	19	42	203
Consumer	4	8	15	189
Manufacturing	1	2	3	192
Other	2	9	18	327
Total	20	50	100	992
Healthcare + Technology, Number	13	31	64	284
Healthcare + Technology, Percent of Total	65%	62%	64%	29%

Source: FactSet.
Note: Includes companies with sales data for calendar years 2019 and 2020.

Figure 3   Intangible Asset-Intense Industries Among the Fastest Growers in 2020

see which companies perform well. It is found that healthcare and technology are the industries with the highest concentration of intangible assets. Although they account for only 29% of profits in the whole industry, they account for more than 60% of profits the top 20, 50, and 100 growers.

When we explore intangible assets from the balance sheet, we find that different companies have different ways to record intangible items. For example, Alibaba records only intangible assets and goodwill on its balance sheet, and Tencent records many intangible items such as software, goodwill, and patents on its balance sheet. In contrast, Apple does not report the value of intangible assets on its balance sheet. Yet none of these companies record the value of customers on their balance sheets, which is one of the key intangible assets of these new economy companies. This creates an imbalance between the balance sheet values of the asset side and the liability side, shown in Table 1.

Table 1   Intangible Assets and Value of Customers

	Intangible asset/ Total asset	Goodwill/ Total asset	Customer Value/ Acquisition Cost (Million RMB)	Customer value/ Total asset
Tencent	12.92%	8.14%	980 000	73.49%
MFST	19.63%	14.39%	1 120 000	52.50%
APPLE	NA	NA	1 320 000	59.09%

Notes: Based on data in year 2020, from WIND, we calculate the customer value / or acquisition cost = RMB800/person * number of customers.

In summary, prior empirical research has failed to establish a credible link between the general intangible asset and company financial performance as well as Tobin Q performance. This could have been the result of limitations of traditional thinking structure of accounting system and rules of booking asset which would have to be overcome in two ways: firstly, by extending theoretical foundation of intangible asset in balance sheet beyond the corporate finance theory; and secondly, by examining the working processes of the new economy especially in high tech investment between an intangible asset and company financial performance. The objective of the proposed study is to develop a more practical view of intan angible asset as invisible equity in capital along these lines. The research framework for this study will be discussed in Chapter 3.

3. Research Framework

This chapter builds on the literature review in the preceding chapter to establish the research framework for the proposed study. This framework has two important components: research concepts and research paradigms.

3.1. Research Concepts

The literature review in Chapter 2 suggests a number of concepts, which are further explained below.

Tobin Q

Tobin Q is the ratio between the valuation of the same physical asset, with the numerator being the market value and the denominator is the replacement cost.

MKTinvisible

MKTinvisible is the effect of an invisible convertible. MKTinvisible includes both convertible equity and intangible liabilities of a company, which sit symmetrically across the assets and liabilities of a company.

MKTintangible

MKTintangible is equal to the cost of GAPtech innovation plus the option of surviving. MKTintangible assets are shared by all owners of the company under normal circumstances and cannot be disposed of by any individual shareholder. Its explicit forms can include goodwill, technology, and other intangible capital belonging to the new economy companies, except for cash.

Quantum Field Effect

Quantum field effect is the MKT effect on intangible and invisible assets.

CAP

CAP is competitive advantage periods arconym, a crucial variable in relation to the valuation premium.

GAP

GAP is competitive advantage gap, it refers to the duration of technology or IP that represents a competitive barrier. The longer the period the bigger the excess value would be created. The big players (elephants) have a long lifetime duration, short-term interest rate changes should not disrupt the value-added. The strong innovative IP and high-tech switch cost are key factors that could create long-term value and distinguish the industry from other industries.

SPIP[2]

SPIP[2] refers to the effect of the systematic pricing power of its intellectual property. (S means system advantage and P for pricing power, IP times energy for SP into high switching cost for customers and partnerships as intellectual property).

Concept Map

The diagram below contains a mapping of the key concepts included in this study, as well as their possible association. It is both the scope of these concepts as well as the nature of their association that the proposed study seeks to establish.

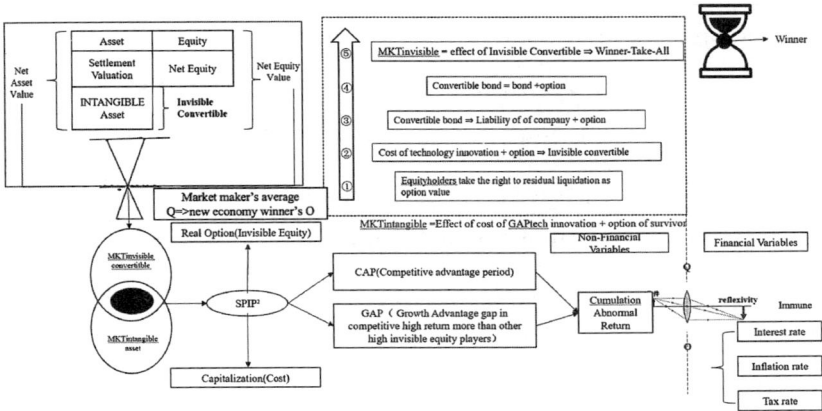

Figure 4   Conceptual Map

3.2. Research Paradigm

In addition to research concepts, another key component of the research framework is the paradigm to be adopted. Within the tradition of academic research, the two major paradigms used are strategy maps of MKTintangible asset creating 's MKTinvisibile equity value and replacement cost of Tobin theory. This section briefly describes each paradigm and discusses its applicability to the proposed study.

In order to measure the value of intangible asset value of new economy companies, we introduce a new concept — invisible market value (MKTinvisble). The invisible market value refers to the unit value difference between the market value of a new economy company resulting from trading in a healthy capital market and its net book value as recorded in the traditional accounting system, shown in Figure 4. According to the theory of the efficient market hypothesis, it does not only show that the market can fully reflect the value of the enterprise, but also provides the proxy value for replacement cost in the Tobin theory. Although invisible assets are not captured in accounting statements, they can be represented by the market value gap. The equation for calculating the invisible market value ratio will be a rationale for the choice of this logic and method from the traditional finance system and its rules in our discussion.

We consider the real strength and contribution rate of intangible assets by defining the field effect of intangible assets not fully recorded in the existing statements and the intangible capital formed by filed effect from the perspective of observing the contribution of no tangible assets (including some visible intangible assets recorded in the traditional statements); This is an observation point equivalent to Tobin Q, which only covers the assets that cannot be recorded and their risk premium or discount. This is to think about causality to deduce. At the same time, we use statistical strength to verify whether there is a relationship between the contribution of intangible assets to performance and valuation. From this perspective, we only select the industry intangible asset valuation level formed by the most typical M & A behavior to form an industry observation. Through the statistics of the relationship between the main business scale and the intensity of intangible assets, we can find out which capital markets can effectively reflect the pricing relationship under the new economic form.

3.3. Summary

Since Tobin's theory has, through a large number of studies, reached a conclusion that, in an equilibrium state, the market value of assets should converge to the replacement cost of these assets, otherwise it will induce investors to invest in real assets and sell stocks when the market is strong, or buy stocks and sell assets during a market downturn. Now, we have found that intangible values such as intellectual property, management skills, customer assets, and system capabilities based on information technology are difficult to quantify, such that institutional investors in the capital market have to take the net asset value which proved to be effective in the past as the equivalent to replacement cost. As we discuss above after our literature search, we think the market pricing system has had a huge gap, which causes Tobin Q value to lose its halo along with the guidance power as in the past.

4. Research Methodology

This chapter discusses the choice of research methods, followed by an outline of research design components and a detailed work plan.

4.1. Research Method of formula

4.1.1. Why Tobin Q does not play the role?

According to classical concepts of finance, the investment value of a stock is based on the net present value of its expected dividend cash flow. In general, with a holding period of N, we can derive the value of the stock as the sum of the discounted value of dividends over N years plus the discounted value of the stock based on its final price.

The above is expressed in the formula:

$$P_0^M = P_0^{CF} = \sum_{n=1}^{\infty} \frac{D_n}{(1 + k)^n} \qquad (1)$$

In where P_0^M is the initial value of the investment, P_n^M is the value of the investment at n^{th} period. P_0^{CF} is the net present value of dividend cash flow, k is the discount rate or the required rate of return, D_n is the dividend of nth period.

$$V_0 = \frac{D_1}{(1 + k)} + \frac{D_2}{(1 + k)^2} + \cdots + \frac{D_n}{(1 + k)^n} \tag{2}$$

Regardless of the value investment theory based on traditional finance that places great value on the value of cash flow or modern finance, for investors who are holding shares for an indefinite period, the net present value of cash flow is not the entire value of the stock in the investment period. There are factors not related to cash flow, such as patents, technological innovations related to individual companies, explosive industrial growth, optimistic or pessimistic market expectations resultant from the development of the macroeconomy, etc. These will lead to fluctuation in the discount rate, or the required return, and in turn make stock prices deviate significantly from the value of cash flow and such deviation is likely to sustain. There are different approaches to measuring the value beyond the cash flow value of the investment. Some theories suggest that the value has the characteristics of options, which in modern finance theory is called the option value. That is, the current value of stock equals the cash flow of high certainty and the option value of cash flow with low certainty, which is expressed as below:

$$P_0^M = P_0^{CF} + P_0^{OP} \tag{3}$$

Its special situation happens when the value of the option is 0, that is, the company's residual claim is 0, that is, when the company is liquidated or the shareholder sells the stock, its value is equal to the sum of the present value of all future cash flow. This also indirectly proves the effectiveness of the aforementioned valuation model. However, in reality, the value of stocks is not always greater than or equal to the sum of calculable cash flows with good certainty, and sometimes even less than the sum of cash flows for a long time. It is obviously not suitable to call this value an option value, because the value of an option can only be positive or zero, and cannot be negative, which means that the equation cannot describe the short-term volatility of the stock.

It is only when we examine in detail the sources of this volatility, especially after we find that Tobin Q rule becomes mathematically and accounting inapplicable to New Economy firms, that we find the need for a new accounting system or valuation principles to account for this new capital effect of intangible (non-cash) capital. Haskel and Westlake (2019) name this as "*capitalism without capital*". The author of this thesis believes that the ideal cash flow concept should be used to supplement the completeness of the free cash flow concept when evaluating a company's overall value. The symmetrical relationship between intangible capital and sunk cost of the new economy companies also needs to be fully valued. This is really an eternal problem. As stated in "*A History of the Theory of Investments: My Annotated Bibliography*", "in fact, even if the market operates efficiently, the market value and book value of most companies are not equal" (Rubinstein, 2011). We find that new economy companies tend to show high share price volatility above or below the value as determined by their cash flow, the decisive factor of which is the fluctuation in their intangible capital.

4.1.2. The O ratio

Therefore, this thesis introduces our new concepts to explain the value of the Market Invisible ratio (referred to as the O value). It measures the contribution of intangible capital to the creation or reduction of overall market value, and the intangible capital value created that exceeds the intangible assets recorded in traditional accounting statements (theoretical derivation of which please see the equation in the following discussion). I name them here separately as MKTinvisible and MKTintangible. They consist of convertible equity and special intangible assets embedded in companies with good governance and traded in regulated capital markets.

The former MKTinvisible includes both convertible equity and intangible liabilities of a company, which sit symmetrically across the assets and liabilities of a company. The latter, MKTintangible assets are shared by all owners of the company under normal circumstances and cannot be disposed of by any individual shareholder. Its explicit forms can include goodwill, technology, and other intangible capital belonging to the new economy companies, except for cash. Because it has the cost of maintenance and replacement, if its shadow asset on the left side of the balance sheet is impaired, it will be reflected in the diminution of shareholders' value on the right side of the balance sheet. As it is a negative value, we can represent it with convertible bonds. Because this invisible equity highly correlates to the value of the company as a whole, it is actually equivalent to a convertible bond that is can be instantly converted into equity. The conversion would not be realized until the shares are sold. When shares are sold, the market value is automatically reflected in the total realized value. The principal of this convertible bond should be included in the replacement cost of the company in some proper form, which however does not happen in the current accounting practice.

Some mismatch happens here. If we as an investor assume that we know part of the company value comes from the cash flow of low certainty, and we also know that it is only recorded at the initial book cost, and even the strategic compounding interest generated by it over time cannot be recorded, then the firm must be undervalued, which will lead to underestimation of the replacement cost of the company. On the other hand, if the intangible capital and subsequent investment suddenly lose value faster than cash, because of technology substitution, patent expiry, customer loss whilst the system still needs to be maintained. As a result, the low-certainty cash flow of intangible capital quickly devalues and erodes the value of total cash flow in the system. It then happens that the company has to borrow to buy patents and technologies, but could not earn enough return, and shareholders' value is then eroded. On the left side of the company's financial statements, the intangible asset value also becomes diminutive or sunk.

Based on the above understanding, we can derive the following results:

$$TOTAL\ ASSET = NET\ EQUITY + TOTAL\ LIABILITY \quad (4)$$
$$NET\ ASSET = NET\ EQUITY \quad (5)$$

We add the equivalent of one asset number and one liability number on both sides of the equation to represent the value of intangible assets and intangible capital investment that can only be fully reflected in the open market. Why is the value of the option shown as liabilities here? Because it is the cost of share dilution and the cost input for the option.

$$NET\ ASSET + MKTINTANGIBLE\ ASSET$$
$$= NET\ EQUITY + MKTINVISIBLE\ CONVERTIBLE \quad (6)$$

We know liability plus option is equivalent to convertible, which we record as MKTinvisible convertible, then comes the following formula:

MKTINTANGIBLE ASSET = MKTINVISIBLE CONVERTIBLE

(7)

When the option value becomes 0, it means the convertible becomes part of shareholder equity or it's offset by the reduction on the assets value of the balance sheet.

Then the MKTINVISIBLE ratio equal to:

$$MKTINVISIBLE\ RATIO = \frac{P_0^M}{MKTINTANGIBLE\ ASSET}$$

$$= \frac{P_0^M}{P_0^M - NET\ ASSET} = 1 + \frac{1}{PB - 1}$$

(8)

In where:

$$P_0^M = MARKET\ VALUE = \sum_{n=1}^{\infty} \frac{D_n}{(1+k)^n} + V_{BOND}^{MC} + V_0^{OP} \quad (9)$$

$$V_0^{REPLACEMENT} = \sum_{n=1}^{\infty} \frac{(TOTAL\ ASSET - TOTAL\ LIABILITY + MKTINTANGIBLE\ ASSET)}{(1+k)^n}$$

(10)

$$V_{MKINTANGIBLE} = P_0^M - \sum_{n=1}^{\infty} \frac{D_n}{(1+k)^n}$$

(11)

$$V_0^{REPLACEMENT\ COST} = REPLACEMENT\ COST$$

$$= NET\ ASSET + P_0^M - \sum_{n=1}^{\infty} \frac{D_n}{(1+k)^n}$$

(12)

In according to the theory that the asset liabilities relationship in accordance with the basics of accounting, we can get the equation of equation (4), and as shareholders' equity is equal to the company's net assets, we get equation (5) equation.

When the company is a public company and the market is presumed to be an efficient one, then net assets plus the market price of the company's intangible assets are equal to the owner's equity plus convertible option value, i.e. we get equation (6). The shell value of the company, the technological barriers formed by its patents, and strong brand equity are assets that could generate cash flow for the company in the future but are not properly reflected in the balance sheet.

Based on equations (4), (5), (6) we can reach that the intangible assets valued by the market are equal to the value of the company's invisible option value, thus, we get equation (7). And based on the above derivation, the calculation equation of MKTINVISIBLE RATIO is further obtained, in equation (8). Further inference leads us to equation (9), that is, the market value of the stock is equal to the discounted cash flow of the equity plus the value of the bond plus the value of the option.

If the replacement cost is represented as total assets minus total liabilities plus the present value of MKTINTANGIBLE ASSET, in equation (10), and the value of MKTINTANGIBLE ASSET is expressed as the market value of the stock minus discounted cash flow value of the equity, in equation (11), the equation for obtaining the replacement value is then net asset plus the market value minus the discounted cash flow value of equity, in equation (12).

4.1.3. Difference between short term and long term investors

Based on the mechanism of the capital market, the above equation is also a concrete expression of the equation that stock prices fully reflect the fair value as well as the speculative value of equity.

Share price dependence on the present value of cash flow and speculative value of equity, ie.

$$P_0^M = P_0^{CF} + S \qquad (13)$$

Comparing equations (9) and (10), it can be found that the value of intangible equity of companies originates from the value of both the equity holders and the company's value in the open market, which is equivalent to the existence of its option value in this regard. significance. In fact, because this equation provides a unique perspective, it lets us have a view of when investors are long-term strategic investors or short-term financial investors, what they actually feel about value:

First look at the conditions under which equation (9) holds. The value of an option can only be positive or zero and cannot be negative, which means that if the convertible bond only reflects the option, the equation cannot describe the short-term fluctuation of the stock. Because short-term fluctuations may take the stock value below its present cash flow value, only on the long-term time scale can the abnormal situation of the stock value below the cash flow value be spotted and corrected by long-term investors. Therefore, only on a long-term scale can we conclude that the value of stocks is always above the value of cash flow, and the excess part is what we identify as options.

However, the value of options on the long-term scale is not meaningful to short-term speculators from the perspective of the economic paradigm of " before " rather than " after the fact ". Because speculators tend to make a profit from short-term fluctuations in share prices, it is unlikely that they will care about the intangible capital value of new economy companies, such as the company's technological innovation and the potential value of patents (conversely, the people who care about it must be long-term investors). In this way, in the eyes of short-term speculators, the value of the company's long-term options must be zero. This is the equation (10). For a financial investor, we can treat the option as 0 when he sells the stock, i.e there is no option value. Because he is unable to perform the creditor's obligations there, he can therefore accept the contingent claims profit and loss.

Look at the conditions under which (10) holds. Since (10) does not include option value, it is not suitable for long-term scale and is not targeted at long-term investors. But because the speculative value can be positive or negative, it has the characteristics of futures rather than options and can describe the short-term price volatility of stocks, so it is applicable to short-term speculators and short-term time scales.

In other words, seemingly similar models (10) and (11) actually represent the two extreme cases on a wide time scale respectively. Therefore, a natural question is whether there is a more generalized stock valuation model that can take into consideration both option value and speculative value. Here arise the concepts of technological advantage period or intangible asset advantage period and their proxy indicators which we propose in the discussion about valuation variables. This variable often involves the benefit-game of different groups of investors based on two types of uncertain values, therefore a complete valuation model has practical significance. At the same time, the derivation process of the above equation also proves the value of the long-term investment, ie. "Do not put eggs in one basket, but also don't put eggs in too many baskets, as per Tobin's recommendations. We need to focus on a small number of companies that have the potential to become elephants and those who are already elephants. The stock valuation model incorporates the "O" value.

Combining equations (10) and (11), we can get a complete stock valuation model that takes into consideration the intangible capital, and at the same time satisfy both Tobin Q rule and the existence of O value. The analysis of this model has the following two conclusions:

Firstly, different investors have different applications of this formula. For short-term speculators, the value of MKTinvisible Convertible is zero, so equation (11) becomes equation (9); while for long-term investors, the short-term speculative value S is zero, and then Equation (11) becomes (10) formula. That is, equation (9) and (10) are the two extreme cases of the model (11), respectively. Investors have different understandings of the model (11) according to their different investment styles: long-term investors take equation (11) as equation (9), and short-term speculators interpret equation (11) as equation(10).

Equation (11) can also explain the difference in stock selection even for the investment portfolio of the same type of investors. For example, the long-term investment holdings in the portfolio of investment funds must be predominantly those with high value of $P_0^{CF} + P_0^{OP}$, those new economy elephant stocks with a long-term competitive advantage and have SPIP (the valuation variable proposed in this paper). These stocks tend to perform well over a long-time horizon.

In contrast, small and medium-sized momentum-driven investors who buy and sell large-cap blue-chip stocks frequently often find it difficult to profit from the long-term trend of large-cap blue-chip stocks due to frequent trading, buying high, and selling low. Therefore their focus tends to be small-cap theme stocks with heavy intangible capital value S, because such stocks have high volatility which could be taken advantage of. Although the long-term trend is not good, they could be opportunities on a short-term time scale (for example the speculation related to Stock Ownership Reform). Therefore, even for the investment portfolio of the same rational investor, the choices of the above two types of stock are different.

Secondly, the relative weight of option value and O-valued intangible equity value reflects investor structure. As mentioned above, in the equation, $P_0^M = P_0^{CF} + P_0^{OP} + S$, MKTinvisible convertible bonds (the option value) are preferred by long-term investors, and S is preferred by short-term speculators. If long-term investors prevail, MKTinvisible convertible bonds can get a higher valuation; otherwise, S gets a higher valuation.

If a market lacks long-term investors, S tends to be very large, which shows the pattern of sudden dramatic rises and falls. In the excessively speculative market where junk stocks rise, the stock value is almost completely dominated by the speculative value S. From the macro perspective, S is driven by two variables, the portion of speculative money and holding confidence.

Therefore, the reasonable ecological structure of the stock market should be an appropriate distribution of long-term investors and short-term speculators, each according to their own preferences gives a reasonable valuation to MKTinvisible and stable cashflow of equity.

Based on the original Tobin'q theory, our deduction above leads us to arrive at the ratio equation in accordance with the above-mentioned investment philosophy which could classify and screen the competitive advantage of intangible capital.

As we discuss above, there are some methodological issues around questions of interpretation and explanation on the new concept O ratio. Such as is it to prove if that means Tobin's theory is non-effect or failed? How do you prove it in a case study or are you sure it is working to make the decision for investment? So, let us go to the second method research method to dig up what is the answer without directly replying.

4.2. Logical Deduction

4.2.1. Super intangible asset

As we find out what happened in the new economy, some high-tech companies tend to show high growth results and their share prices keep at an expensive level for a long period of time. We try to use a model and framework to clarify what kind of firms especially listed companies can prove our O theory based on Q's ratio. We have to set up some variables and constructs first. For example, what are the key factors in identifying winners in high tech industry investment? Through study, we believe that in the high-tech field of the new economy, intangible assets play a large role in real market valuation. It is important to understand the traditional valuation metrics based on financial analysis. It's more rewarding to be able to identify via non-financial metrics, some of which I define as "intangible assets" or invisible equity. Such qualities Q's ratios are fully played out at certain stages of the life cycle, contributing to the making of "elephants".

Based on the literature review and statistics global market, we have reached a conclusion that most leading technology companies in the world share a common growth pattern. They are all possessed of certain unique "intangible assets", or special genes which turn them into the elephant in the forest. This type of company offers a very stable excess return through the whole life cycle of the technology. In fact, locating the gene and identifying the elephant is not very complicated by applying the author's "intangible asset value model". In the author's approach, the problem has been changed into whether there is a positive or negative correlation between the invisible gene and performance of market value and whether there is a strong relationship between the life cycle of the intangible assets and the equities performance.

After conducting inductive analysis on existing tech giants in the market we reach a conclusion that the elephant gene is embodied in the intellectual property and the systematic pricing power of the companies. We go on to build a   model:

$$E(SPIP)^2 = (CAP * GAP) + A \qquad (14)$$

Here E(SPIP)^2 standards for the effect of systematic pricing power of its intellectual property, in which S means system advantage and P for pricing power, IP times the energy for SP into high switching cost for customers and partnerships as intellectual property. Power 2 means growth with the power model which represents exponential growth. I use SPIP^2 to emphasize that intangible assets have high energy nonlinear growth, further, the power 2 is consistent with the idea of risk variance, which is the second-order of risk standard deviation. CAP * GAP represents the duration of competitive advantage and excess growth. All of these are a soup of letters from acronyms on the investment process and company competition theory.

This model in the above captures the duration of competitive advantage and growth rate above industry in terms of the intellectual property and systematic pricing power a company has. It shows excess return can be earned from holding a concentrated portfolio of stocks with genes of future elephants. Despite market volatility, by holding the principle of this investment, one can expect long-term excess return while not incurring additional risks.

4.2.2. An investment strategy in the new economy

Based on the O ratio and the model above Section 4.2.1, we will provide an investment strategy and show our portfolio firms earn an external return. And we will also show, in the new economy, the market value of TMT + SUPERBRAND's stock with the property of super intangible assets ($SPIP^2$) depends on the product technology adoption cycle formed by technological competition. Other market factors, such as interest rate level and tax rate, have no absolute influence on its relative market value.

First of all, we set the scope of observation for high-tech enterprises under the new economic conditions, especially public companies in developed markets or companies preparing for IPO. For the convenience of data statistics, we choose the constituent stocks of the three major indexes of the American capital market and Hong Kong, China stock market, which represent the American and Asian markets of the developed new economies respectively.

Secondly, we will define a common way to verify that our quantitative standards can be applied. We solve our observation area by defining a concept of intangible asset contribution and its formal mathematical formula.

Finally, we use authoritative data sources and high-quality databases to conduct a comprehensive inspection.

4.2.3. Contribution Index of Invisible Assets

There are two kinds of valuation methods commonly used in the market: the absolute valuation method and the relative valuation method. The absolute valuation method estimates the intrinsic value of a company mainly based on the analysis of a company's financial data and cash flow in the future. The widely used absolute valuation methods include the DCF valuation method and the EVA valuation method. The relative valuation method is based on the existence of two identical companies and one company. The value of another company is known and then estimated. The commonly used relative valuation methods are the price-earnings ratio (PE) valuation method, market-to-net ratio (PB) valuation method, market-to-sales ratio (PS) valuation method, enterprise value multiple (EV/EBITDA) valuation method, and price-to-earnings ratio relative performance growth rate (PEG) valuation methods.

However, both the absolute valuation method and relative valuation method are based on the company's financial information, which can only reflect the value of tangible assets but ignore the value of intangible assets. We understand the value of an enterprise from its invisible assets, so we will abandon the traditional valuation method and propose a new method to evaluate the value of an enterprise.

We believe that the long-term market is effective, the intangible assets pricing of new economic enterprises should be greater than the tangible assets pricing. Based on the above logic, we put forward the concept of market share ratio (O ratio) to evaluate the contribution of intangible assets. Market share ratio O = market value / (market value-net assets). According to our definition of the new economy, we can conclude that the market share ratio of the new economic company is within (1, 2), the specific derivation formula is equation (8).

4.2.4. Asymmetric Environment of New Economic "Elephants"

We believe that the intangible assets of NEC (New Economic "Elephants") are actually a call option, and the future value of this option is determined by the market space of the industry, the growth rate of development, and the company's own technological level or business model. Or market value is equal to market space multiply market share, future composite growth, expected net interest rate, and discount rate.

According to the calculation, we give preference to industries with large market space. In more detail, we select industries with higher composite growth rates in the future, and the industry with a positive feedback effect between the market value of enterprises and the moat of enterprises, in order to obtain higher market share. Rates and high net interest rates are even better because often such an industry can create an environment for mice grows into elephants. This is also the starting point of our SPIP stock selection model, because not every industry can make mice become elephants, only those industries that can form a system pricing capacity and high conversion costs mentioned in the SPIP stock selection model can meet this requirement.

We find that companies that often end up as elephants have

super growth space and growth speed industry background, in the leading position in the industry market value, and with systematic pricing ability and sustained competitive advantage. As long as an enterprise has the above four points, that is, the index market share O ratio which meets the new economy is between 1 and 2, the development space and speed of the tertiary sub-industries are in the front rank, the market value is in the front rank of the tertiary sub-industries, and it has SPIP. If companies meet these four criteria and do not show a 20% drop in stock prices within two days of both quarter earnings and expected earnings releases, then we will continue to hold these companies in return for surpassing the market. The reason why we exclude stock with a 20% drop is as follows: first, the Pareto principle (20/80) shows that roughly 80% of consequences come from 20% of causes, which means 20% is an important split point; second, in reference to my investment experience, most of the stocks with a 20% drop with a higher probability to delist; third, 20% is approximately equal to two standard variable of market return.

Specifically, historically a 20% overall market decline within a day is called a stock market crash, the most well-known Wall Street Black Period Star I 1987 stock market crash was an extreme situation with a 20% drop in the stock index that day as a systemic risk. This has Nicola black swan event statistics. Because we advocate long-term holdings of growth high technology stocks and intangible asset intensive stocks, we must assume that any of these stocks are equivalent to a category stock market, if a short-term occurrence of individual stocks 20% or more 24-hour over-expected pullback we define it as a fundamental change in CAP or GAP, i.e., the reality of possible replacement by competitors is at once perceived by the capital markets, here my system automatically will confirm and be removed from the portfolio. Also, if anything else, it does not affect the continuity of the holdings, including the 10% stop system that existed in China for a period of time, so Chinese technology stocks from that period are also maximally considered in our list of long-term holdings. This does not affect the generalizability of the selection formula. In A-shares in fact the technology board has now moved to 20%, which indirectly validates that my 20% setting is naturally inherently market driven.

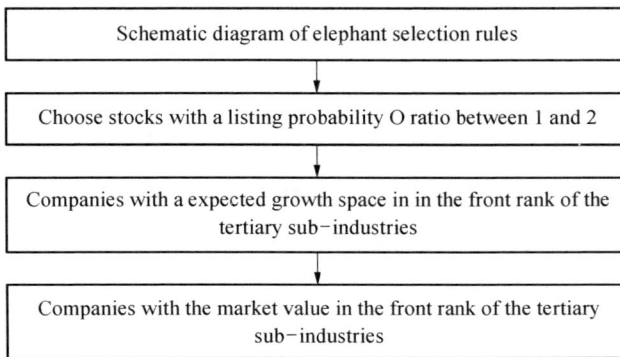

Schematic diagram of elephant selection rules

Choose stocks with a listing probability O ratio between 1 and 2

Companies with a expected growth space in in the front rank of the tertiary sub-industries

Companies with the market value in the front rank of the tertiary sub-industries

Figure 5   Process of our strategy

4.2.5. Logical Deduction of Data Testing

My research data are from Wind and Bloomberg databases, and we will focus on the TMT industry of US and Hong Kong, China stocks because those firms are new economic companies. My screen process is a rolling process, we will screen the firms according to the four criteria we mentioned above each year. The more detailed verification process of my research is as follows:

Firstly, the stock in the TMT industry is screened by the index of market share ratio A, and the stocks with market share ratio A between 1 and 2 are screened out. Then, by sorting the growth space and growth speed of the three sub-industries in the future, the three sub-industries with super growth space and fast growth rate are screened out. Finally, the three sub-industries with super growth space and fast growth rates are screened out. Choose the stock with the largest market value among the three sub-industries.

Through the above criteria, Google, Apple, Microsoft, and Tencent can always be screened into the stock pool and can be immune to macroeconomic fluctuations in the holding process. We also present the detailed process in the followings.

In the first step, a total of 822 stocks were screened out through the TMT industry with a market share ratio O between 1 and 2. Here, we listed 20 companies with the largest market share ratio.

Table 2   US TMT industry market share between 1 – 2 list

Time	2004/3/20		12/31/18		
Code	Name	Industry	Market value	Net Assets	O ratio
AAPL.O	苹果公司(APPLE)	电脑与外围设备	8 234.54	1 071.47	1.15
GOOG.O	谷歌(ALPHABET)–C	互联网软件与服务Ⅲ	7 886.83	1 776.28	1.29
GOOGL.O	谷歌(ALPHABET)–A	互联网软件与服务Ⅲ	7 886.83	1 776.28	1.29
FB.O	FACEBOOK	互联网软件与服务Ⅲ	5 168.34	841.27	1.19
MA.N	万事达卡(MASTERCARD)	信息技术服务	2 568.92	54.89	1.02
CSCO.O	思科(CISCO SYSTEMS)	通信设备Ⅲ	2 327.43	432.04	1.23
INTC.O	英特尔(INTEL)	半导体产品与半导体设备	1 995.4	749.82	1.6
ADBE.O	奥多比(ADOBE)	软件	1 340.74	93.62	1.08
CRM.N	赛富时(SALESFORCE)	软件	1 191.27	156.05	1.15
IBM.N	IBM	信息技术服务	1 172.85	169.3	1.17
ACN.N	埃森哲(ACCENTURE)	信息技术服务	1 141.67	107.25	1.1
AVGO.O	博通(BROADCOM)	半导体产品与半导体设备	1 013.13	266.57	1.36
ASML.O	阿斯麦	半导体产品与半导体设备	799.24	116.41	1.17

continued

Time	2004/3/20		12/31/18		
Code	Name	Industry	Market value	Net Assets	O ratio
ADP.O	自动数据处理	信息技术服务	704.42	34.6	1.05
INTU.O	财捷公司(INTUIT)	软件	667.5	23.54	1.04
DELL.N	戴尔	电脑与外围设备	475.09	2.54	1.01
EQIX.O	易昆尼克斯(EQUINIX)	互联网软件与服务III	417.42	72.19	1.21
FIS.N	富达国民信息服务(FIDELITY)	信息技术服务	384.28	102.22	1.36
AMAT.O	应用材料	半导体产品与半导体设备	369.76	68.39	1.23
ADI.O	亚德诺(ANALOG)	半导体产品与半导体设备	363.92	109.89	1.43

Then, we sort the growth space and growth speed of the three sub-industries in the future, the three sub-industries are computer and peripheral equipment, software and internet software and services. And as the above noticed, we only list the top 20 companies with the highest market share ratio.

First, we consider the computer and peripheral equipment industry, which has entered the era of super-growth space and growth speed after the era of mobile terminals initiated by Apple. In the computer and peripheral equipment industry, Apple has always been in the first place in market value, which conforms to the principles of the author's above deduction. At the same time, since 2008, Apple has been in the leading position and the leading edge has been strengthened, in line with the conclusion of the inductive part, and companies with SPIP are more likely to become elephants. In Panel A of Table 2, we list the top 5 companies with the largest market value at the end of 2018 in the Computer & Peripherals industry and their market capitalization percentages at the end of 2018. In Panel B of Table 2, we list the market capitalization of companies between 2008 and 2018. The total companies are listed in the appendix. And we find that Apple is the company with largest market value between 2008 and 2018, which means in the industry, computer and its peripheral equipment, we will only select Apple as a component of our portfolio.

Second, we consider software industry. After entering the era of personal PC, the software industry has been at the forefront of super-growth space and super-growth rate. In the software industry, Microsoft has always been in the first place in market value, which conforms to the principles of the author's above deduction. At the same time, since 2008, Microsoft has been in the leading position and the leading edge has been strengthened, in line with the conclusion of the inductive part, and companies with SPIP are more likely to become elephants. In Panel A of Table 3, we list the top 5 companies with the largest market value at the end of the year 2018 in the computer and peripherals industry and their market capitalization ratios at the end of 2018. In Panel B of Table 3, we list the market capitalization of the companies between 2008 and 2018. The total companies are listed in the appendix. And we find that Microsoft is the company with the largest market value between 2008 and 2018, which means in the software industry, we will only select Microsoft as a component of our portfolio.

Last but not least, we consider the Internet software and services sector. We divide all samples into two subsamples based on trading markets, one for stocks in the US market and the other for stocks in the Hong Kong, China market. The Internet industry is in the forefront of super growth space and super growth rate. In the Internet industry, Google has always been in the first place in market value, in line with the principles of the author's above deduction. At the same time, since 2008, Google has been in the

Table 3 Stock market value of computers and its peripheral equipment industry with market occupancy rate between 1 and 2 in 2008 – 2018

Panel A: Market share ratio in the end of 2018

Code	Name	Industry	Time 12/31/18		
			Market value	Net Assets	O ratio
AAPL.O	苹果公司(APPLE)	电脑与外围设备	8 234.54	1 071.47	1.15
NTAP.O	美国网存(NETAPP)	电脑与外围设备	153.1	10.9	1.08
STX.O	希捷科技(SEAGATE)	电脑与外围设备	119.57	16.65	1.16
LNVGY.OO	联想集团	电脑与外围设备	89.71	40.97	1.84
PSTG.N	PURE STORAGE INC	电脑与外围设备	39.53	7.38	1.23

Panel B: Market value between 2008 – 2018

Code	12/31/08	12/31/09	12/31/10	12/31/11	12/31/12	12/31/13	12/31/14	12/31/15	12/31/16	12/31/17	12/31/18
AAPL.O	758.71	1 898.02	2 958.87	3 764.11	4 996.96	5 006.81	6 431.2	5 836.13	6 175.88	8 688.8	8 234.54
NTAP.O	46.12	116.45	198.64	130.07	120.2	140.21	129.2	77.56	97.13	147.59	153.1
STX.O	21.63	90.58	71.04	68.86	108.75	184.47	217.61	109.63	112.66	119.07	119.57
LNVGY.OO	25.08	59.65	64.11	68.83	93.51	126.49	146.08	112.79	67.32	67.78	89.71
PSTG.N	0	0	0	0	0	0	0	29.6	22.61	34.38	39.53

Table 4 Stock market value of software industry with market ownership rate between 1 and 2 in 2008 – 2018

Panel A: Market share ratio in the end of 2018

Code	Time			12/31/18		
	Name	Industry	Market value	Net Assets	O ratio
MSFT.O	微软公司(MICROSOFT)	软件	9 673.54	827.18	1.09
SAP.N	SAP	软件	1 566.47	288.77	1.23
ADBE.O	奥多比(ADOBE)	软件	1 340.74	93.62	1.08
CRM.N	赛富时(SALESFORCE)	软件	1 191.27	156.05	1.15
VMW.N	威睿	软件	812.63	5.51	1.01

Panel B: Market value between 2008 – 2018

Code	12/31/08	12/31/09	12/31/10	12/31/11	12/31/12	12/31/13	12/31/14	12/31/15	12/31/16	12/31/17	12/31/18
MSFT.O	1 729.3	2 706.36	2 387.85	2 183.8	2 236.67	3105.03	3 817.26	4 396.79	4 831.6	6 599.06	9 673.54
SAP.N	0	0	0	0	958.13	1 040.45	833.01	947.62	1035.43	1 347.2	1 566.47
ADBE.O	112.01	192.23	154.48	138.96	186.19	297.16	361.67	467.64	508.83	860.89	1 340.74
CRM.N	39.05	92.14	173.45	137.99	238.7	332.8	374.25	520.58	476.96	738.41	1 191.27
VMW.N	92.5	170.7	370.49	351.21	403.57	386.07	354.31	238.7	324.03	505.21	812.63

leading position and the leading edge has been strengthened, in line with the conclusion of the inductive part, and companies with SPIP are more likely to become elephants. In Panel A of Table 4, we present the market capitalization ratios of the top 5 companies with the largest market value at the end of the year 2018 in the Internet software and services industry and the US market at the end of 2018. In Panel B of Table 4, we present the market capitalization of these companies for the period 2008 to 2018. And the total companies are listed in the appendix. And we find that Google is the company with the largest market value between 2008 and 2018, which means in the internet service industry, we will only select Google as a component of our portfolio.

Finally, we consider internet software and services industry in Hong Kong, China stock market. Tencent has always been in the first place in the value of the Hong Kong stock market, in line with the above deductive principles of the author. At the same time, since 2008, Tencent has been in the leading position and the leading edge has been strengthened, in line with the conclusion of the inductive part, and companies with SPIP are more likely to become elephants. In Panel A of Table 5, we present the market capitalization ratios of the top 5 companies with the largest market value at the end of the year 2018 in the Internet software and services industry and the Hong Kong market at the end of 2018. In Panel B of Table 5, we present the market capitalization of these

Table 5 Stock market value of internet service industry (US stock) with market ownership rate between 1 and 2 in 2008 – 2018

Panel A: Market share ratio in the end of 2018

Code	Name	Time			
		12/31/18			
		Industry	Market value	Net Assets	O ratio
GOOGL.O	谷谷歌(ALPHABET)- A	互联网软件与服务Ⅲ	7 886.83	1 776.28	1.29
FB.O	FACEBOOK	互联网软件与服务Ⅲ	5 168.34	841.27	1.19
EQIX.O	易昆尼克斯(EQUINIX)	互联网软件与服务Ⅲ	417.42	72.19	1.21
EBAY.O	EBAY	互联网软件与服务Ⅲ	314.88	62.81	1.25
SHOP.N	SHOPIFY	互联网软件与服务Ⅲ	304.52	20.91	1.07

Panel B: Market value between 2008 – 2018

Code	12/31/08	12/31/09	12/31/10	12/31/11	12/31/12	12/31/13	12/31/14	12/31/15	12/31/16	12/31/17	12/31/18
GOOGL.O	901.5	1 816.71	1 740.49	1 892.66	2 072.81	3 763.7	3 594.9	5 281.68	5 390.68	7 294.58	7 886.83
FB.O	0	0	0	0	631.42	1 391.91	2 182.22	2 977.58	3 315.93	5 127.59	5 168.34
EQIX.O	20.08	41.73	37.52	48.07	100.58	88	127.99	187.79	255.12	354.57	417.42
EBAY.O	178.97	305.37	361.15	391.54	659.91	709.95	686.91	325.36	331.91	394.22	314.88
SHOP.N	0	0	0	0	0	0	0	20.66	34.44	90.3	304.52

Table 6 Stock market value of internet service industry (Hong Kong, China stock) with market ownership rate between 1 and 2 in 2008 – 2018

Panel A: Market share ratio in the end of 2018

Code	Name	Industry	Time 12/31/18		
			Market value	Net Assets	O ratio
0700.HK	腾讯控股	互联网软件与服务Ⅲ	30 922.78	3 562.07	1.13
1686.HK	新意网集团	互联网软件与服务Ⅲ	155.86	39.28	1.34
1089.HK	乐游科技控股	互联网软件与服务Ⅲ	71.19	2.31	1.03
1762.HK	万咖壹联	互联网软件与服务Ⅲ	59.84	8.75	1.17
1806.HK	汇付天下	互联网软件与服务Ⅲ	48.17	19.84	1.7

Panel B: Market value between 2008 – 2018

Code	12/31/08	12/31/09	12/31/10	12/31/11	12/31/12	12/31/13	12/31/14	12/31/15	12/31/16	12/31/17	12/31/18
0700.HK	897.52	3 064.83	3 100.55	2 871.95	4 614.80	9 210	10 542.01	14 340.98	17 977.61	38 565.9	30 922.78
1686.HK	10.16	18.28	23.19	21.13	36.92	51.79	56.20	57.59	77.10	137.97	155.86
1089.HK	0	0	0	9.96	5.81	5.06	16.93	21.51	45.90	54.66	71.19
1762.HK	0	0	0	0	0	0	0	0	0	0	59.84
1806.HK	0	0	0	0	0	0	0	0	0	0	48.17

companies for the period 2008 to 2018. And the total companies are listed in the appendix. And we find that Tencent is the company with the largest market value between 2008 and 2018, which means in the internet software and services industry of Hong Kong stock market, we will only select Tencent as a component of our portfolio.

4.2.6. Trailing 10 years Analysis

To run the above model to screen the security based on the "the invisible investment strategy of elephants" for the trailing 10 years, I built a screening excel model in each year between 2008 to 2018 using the Bloomberg Query Language ("BQL") for further analysis. The BQL formula is built the same as the result when using the Equity Screening function-EQS <GO> -on the Bloomberg Terminal. I test my strategy by using a rolling test. Specifically, in the year 2008, I use the initial capital to buy the firms that be selected, and hold those firms for one year. For each firm, the long value is the same. And in the year 2009, I sell those firms and long the new firms with equal-weighted value, also hold one year then short. I repeat this process again and again till the year 2018, I sell all the portfolios, and calculated the cumulative return.

The equities were screened out under the criteria: first, I selected active trading securities from all listed security in the global market; second, I selected the primary security of the company only; third, I selected the targeted stock exchanges - US (United

States of America), HK (Hong Kong, China), CH (Chinese mainland) is applied for the excel model, for each excels, we screening from GICS of Internet & Direct Marketing Retail, Interactive Media & Services, System Software and Technology Hardware, Storage; fourth, I selected the Price to Book Ratio is more than 2 which is relevant to the listing probability A between 1 and 2; fifth, I further selected the securities with largest market value.

Through the above criteria, Google, Apple, Microsoft, and Tencent can always and only be screened into the stock pools and can be immune to macroeconomic fluctuations in the holding process. If we don't consider the trading free, although in our strategy as we always and only selected Apple, Google, Microsoft,

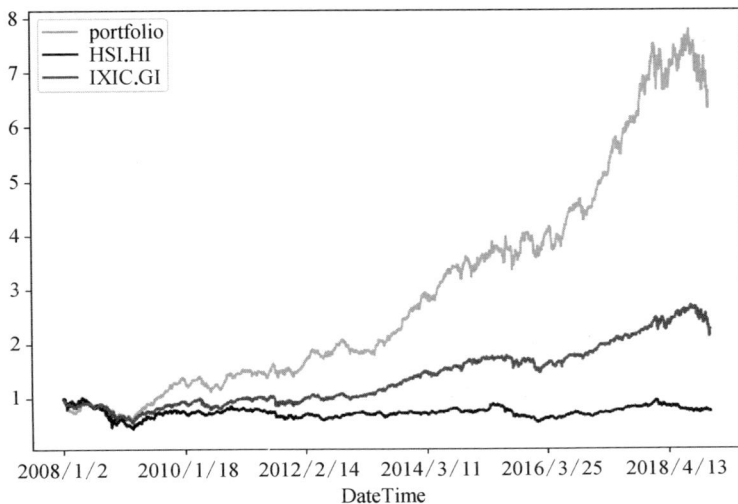

Figure 6   Cumulative return of portfolio

and Tencent, the cumulative return of our strategy is always greater than only by S&P index or HSI index. The cumulative annual return is 19.4%, with a shape ratio equal to 0.94. Which supported our assumption that invisible assets cannot be ignored. In the next section, we compared our O ratio with Tobin's ratio to support our hypothesis.

4.2.7. Logical deductive conclusion

Testing the TMT industry of US and Hong Kong, China stocks by verifying the rules of the process can screen out new economic elephants such as Apple, Microsoft, Google, and Tencent, and be immune to macroeconomic fluctuations in the long-term process. Therefore, we want to argue that in the new economy, the market value of TMT and superbrand stock with the property of super intangible assets ($SPIP^2$) depends on the product technology adoption cycle formed by technological competition. Other market factors, such as interest rate level and tax rate, have no absolute influence on its relative market value. It can stand the test of data and time.

Therefore, the invisible investment strategy of elephants is to find an intangible asset as soon as possible, so long as it is a small mouse with the gene of an elephant, it is necessary to establish this combination and hold it for a long time. Until its invisible image is replaced by tangible technology to prove the front-end phenomenon.

Such a decision-making voice is the lowest and most efficient.

4.3. Research for case study

4.3.1. Case study process

In the case study part, we analyze 4 companies, which include Google, Apple, Microsoft, and Tencent. Those companies are also hi-tech companies and with higher Tobin Q. As a first step, for a company in the experimental induction group, we selected in section 4.3, its stock price data are compared with the benchmark index to determine whether the duration of the competitive advantage (CAP) is long enough and whether it is immune to the impact of macroeconomic factors including interest rates, inflation rates, and tax rates.

In the second step, we compare the company's operating income growth, sales cost ratio, gross margin, R&D spending with the industry data to determine whether the parameters are in line with or above the industry average (GAP).

The third step is to analyze whether the company in the experimental induction group has intellectual property and systematic pricing capacity, that is, $(SPIP)^2$.

4.3.2. Induction Case Studies

4.3.2.1. Experimental Induction Group: Apple

Apple's business strategy is to leverage its unique ability to design and develop its own operating systems, hardware, applications, and services to deliver innovative design, superior ease of use, and seamless integration for its products and solutions. Apple designs manufacture, markets mobile communications, media devices, personal computers, a variety of related software, services, accessories, third-party digital content, and applications that are Apple's exclusive assets.

As part of its strategy, Apple company continues to expand its platform for the delivery of digital content, applications through its Digital Content and Services, which allows customers to discover and download or stream digital content, on iOS, Mac, Apple Watch, and Apple TV applications, and books through either a Mac or Windows personal computer or through iPhone, iPad, and iPod touch devices ("iOS devices"), Apple TV, Apple Watch and HomePod. The Apple Company also supports a community for the development of third-party software and hardware products and digital content that complement the Company's offerings. The Apple Company believes ongoing investment in research and development ("R&D"), marketing, and advertising is critical to the development and sale of innovative products, services, and technologies.

As can be analyzed from Figure 7, Apple's share price return is far above the Nasdaq index compound return, and then can conclude that Apple's duration of competitive advantage is long enough. Whilst the average industry is subject to macroeconomic fluctuations such as interest rates, inflation rates, and tax rates, Apple's share price movement does not show much correlation, which could lead us to conclude Apple's share price is not much influenced by changes in macroeconomic factors such as interest rates, inflation rates, and tax rates, The fluctuation of its stock price is mainly driven by its product cycle and innovation pace.

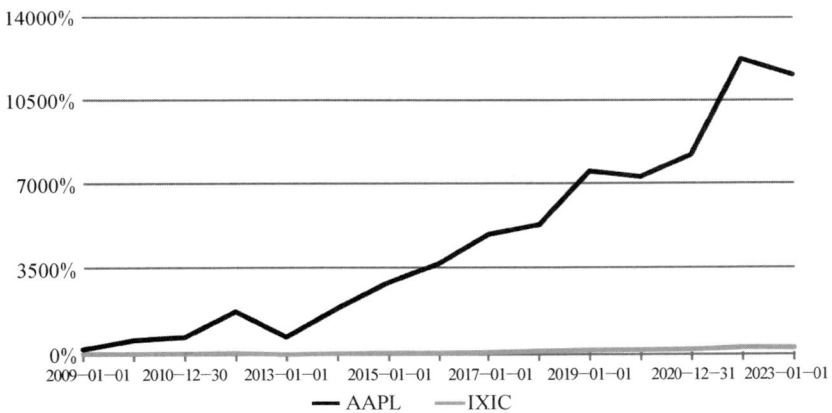

Figure 7   Relative gains in Apple's share price and Nasdaq index in 15 years

From SPIP's point of view, Apple has unique intellectual property and a closed source operating system, and systematic pricing power. At the user level, users can access Apple's ecosystem by buying Apple's devices and downloading software in its App Store, an ecosystem that brings greater convenience to users' lives and works, whilst retaining a large amount of information in the ecosystem, at which point the cost of users to leave the ecosystem is

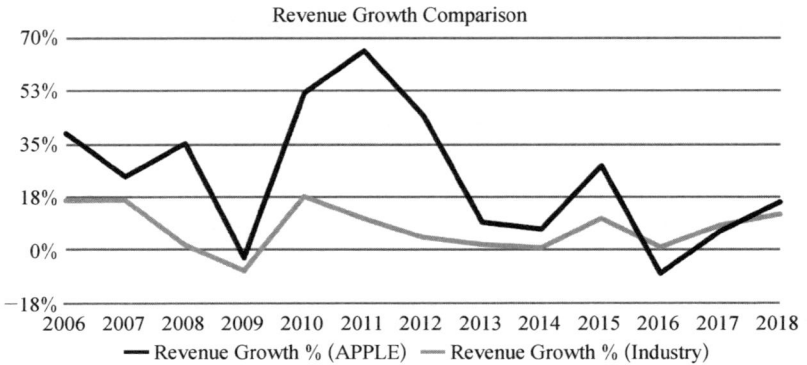

Figure 8　Apple：revenue growth comparison from 2006 to 2018

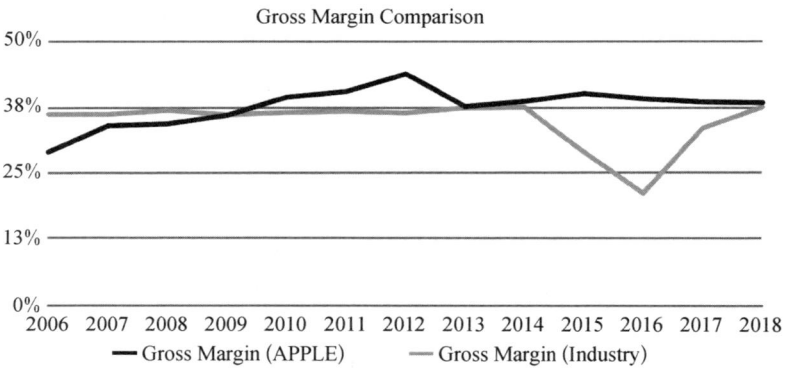

Figure 9　Apple：gross margin comparison from 2006 to 2018

very high. As users generally do not easily choose to leave Apple's ecosystem, Apple has systematic pricing power. At the supply chain level, because Apple's products are positioned at the high end with an ecosystem that generates great value, the Apple supply chain has a higher gross margin than other computer and handset makers. However, suppliers need to share the profit with Apple. Because

Sales Expense Rate Comparison

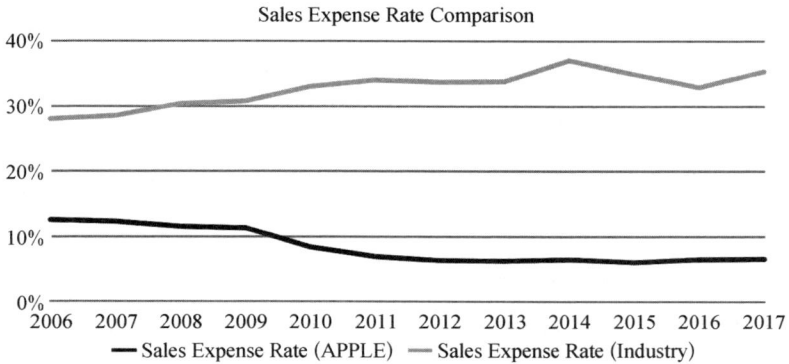

Figure 10   Apple: sales expense rate comparison from 2006 to 2018

R&D Expenses (USD, MN)

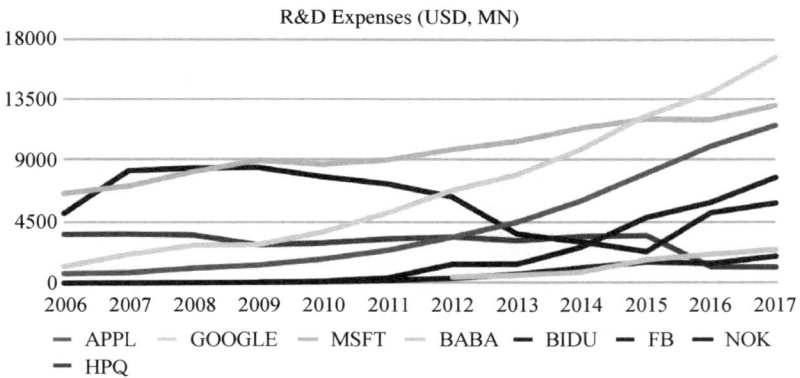

Figure 11   Apple: R&D expenses comparison from 2006 to 2018

the Apple system is a closed source system, Apple's suppliers are not easy to switch from Apple to other handset makers, allowing Apple to develop a clear systematic pricing power across the industry chain.

As a result, Apple's intellectual property and systematic pricing power have contributed to its continued competitive advantage and ability to outperform its peers, boosting the phenomenal compound return on share prices.

4.3.2.2. *Experimental Induction Group: Google*

Google has been investing in internet infrastructure, security, data management, analytics, and AI from the very beginning. It has been Google's mission to organize the world's information and make it universally accessible and useful. Its products have come a long way since the company was founded nearly two decades ago. Instead of just showing ten blue links in its search results, they are increasingly able to provide direct answers even if you're speaking your question using Voice Search which makes it quicker, easier, and more natural to find what you're looking for. Over time, Google has also added other services that let you access information quickly and easily like Google Maps, or Google Photos, which helps you store and organize your photos.

The goal of Google's advertising business is to deliver relevant ads at just the right time and to give people useful commercial information, regardless of the device they're using. Google also provides advertisers with tools that help them better attribute and measure their advertising campaigns across screens. Google advertising solutions help millions of companies grow their businesses, and Google offers a wide range of products across screens and formats.

The above Figure 12 shows Google's share price compound return significantly outperforms the Nasdaq index. From this, we conclude that Google's competitive advantage duration is long

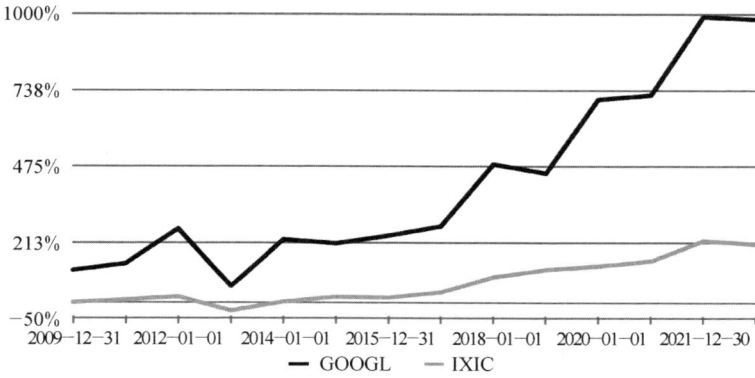

Figure 12   Google's share price and Nasdaq index relative gains in 13 years

enough. While the industry is impacted by macroeconomic factors such as interest rates, inflation rates, and tax rates, Google's share price change shows a weaker correlation with the Nasdaq index, and not influenced by changes in macroeconomic factors such as interest rates, inflation rates, and tax rates, The fluctuation of its stock price is mainly driven by its product cycle and innovation pace.

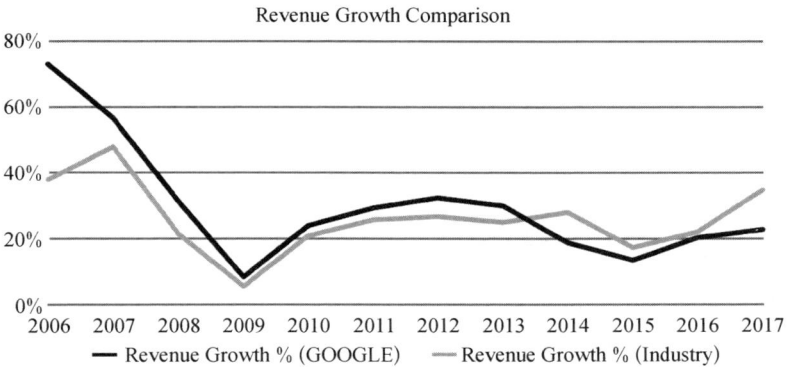

Figure 13   Google: revenue growth comparison from 2006 to 2018

Gross Margin Comparison

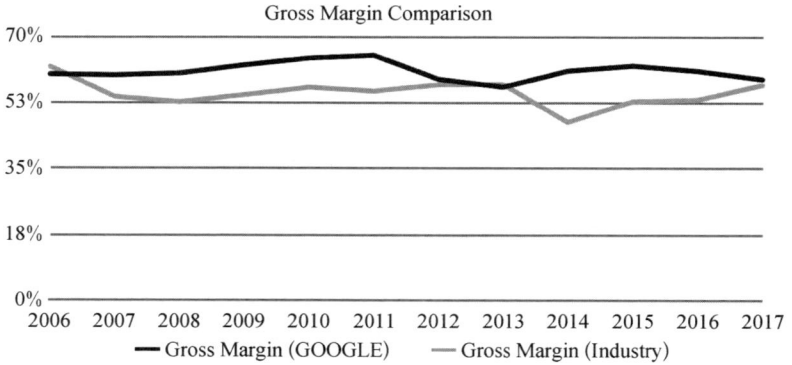

Figure 14　Google：gross margin comparison from 2006 to 2018

Sales Expense Rate Comparison

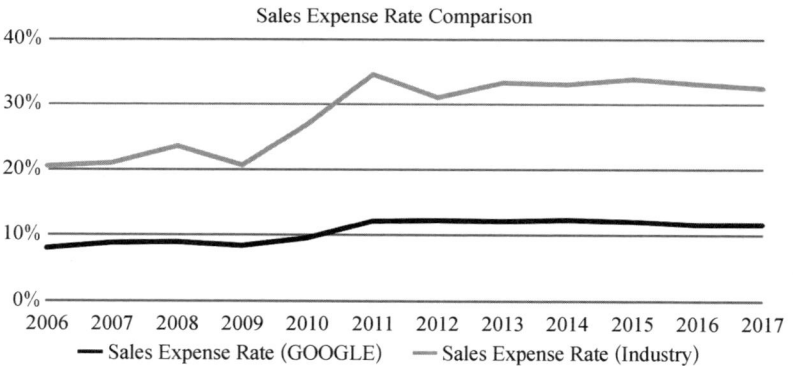

Figure 15　Google：sales expense rate comparison from 2006 to 2018

From a SPIP perspective, Google has unique intellectual property as well as systematic pricing power. Through a unique set of algorithms, Google links the world with information and data, which also continues to expand this link advantage through new technological advantages and link paths. Users enter the Google ecosystem through the use of its search tools, whilst Google is also

R&D Expenses (USD, MN)

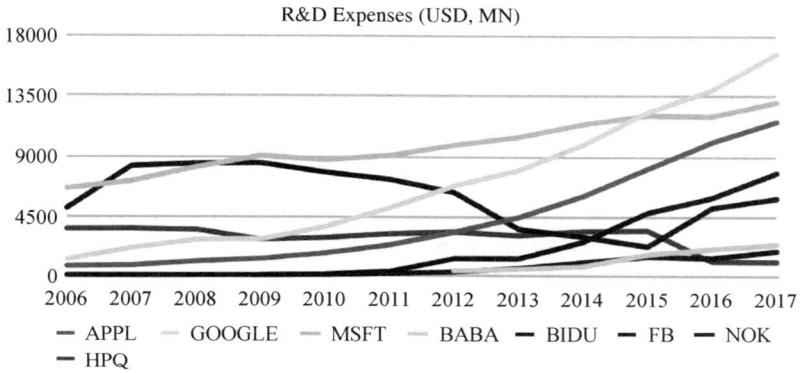

Figure 16   Google: R&D expense comparison from 2006 to 2018

depicting the user's portrait. Google accurately pushes to the user its desired content, which includes advertising. Throughout time, Google has accumulated a substantial database, whilst the user portrait portrayal also becomes more accurate. It will then translate into high advertising hit ratio for its customers.

As a result, Google's intellectual property and system pricing power have contributed to Google's sustained competitive advantage and ability to outperform its peers, thereby leading to a substantial compound return on share prices.

4.3.2.3. Experimental Induction Group: Microsoft

Microsoft is a technology company whose mission is to empower every person and every organization to achieve more. Founded in 1975, Microsoft develops and provides software, services, devices, and solutions that deliver new value for customers, help people and businesses realize their full potential. Microsoft's products include operating systems, cross-device productivity applications, server applications, business solution applications, desktop and server management tools, software development tools, and video games. It also designs, manufactures, and sells devices, including PCs, tablets, gaming and entertainment consoles, other intelligent devices, and related accessories.

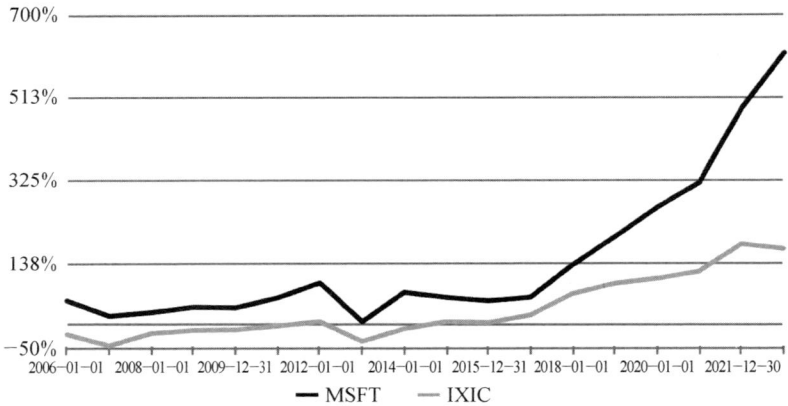

Figure 17   Relative gains in Microsoft's share price and Nasdaq index in 17 years

As we can be seen from Figure 17, Microsoft's share price compound return significantly exceeds the Nasdaq index. We can conclude that Microsoft's competitive advantage duration is long enough. Whilst the index performance is affected by macroeconomic factors including interest rates, inflation rates, and tax rates, Microsoft's share price performance shows little correlation with the Nasdaq, which could lead us to conclude its share price is not much influenced by changes in macroeconomic factors such as interest rates, inflation rates, and tax rates, the fluctuation of its stock price is mainly driven by its product cycle and innovation pace.

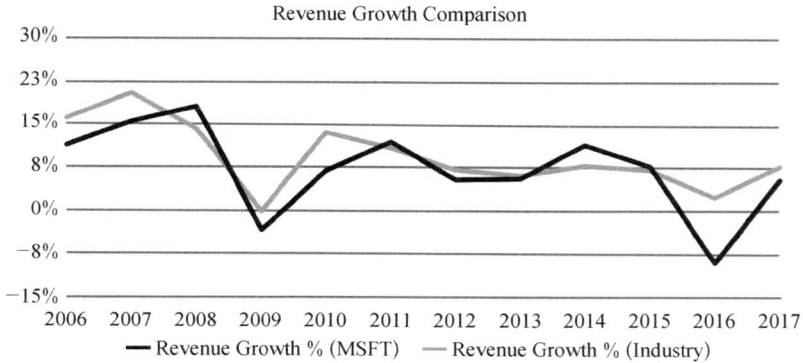

Figure 18   Microsoft: revenue growth comparison from 2006 to 2018

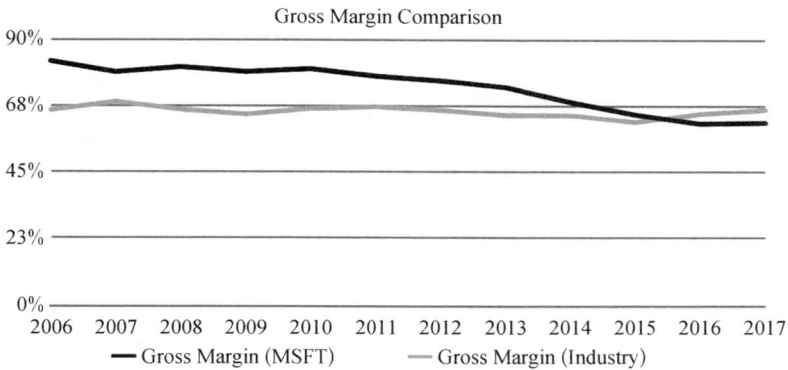

Figure 19   Microsoft: gross margin comparison from 2006 to 2018

From a SPIP perspective, Microsoft has unique intellectual property rights as well as systematic pricing capabilities. Through the window system and office software, Microsoft sets the

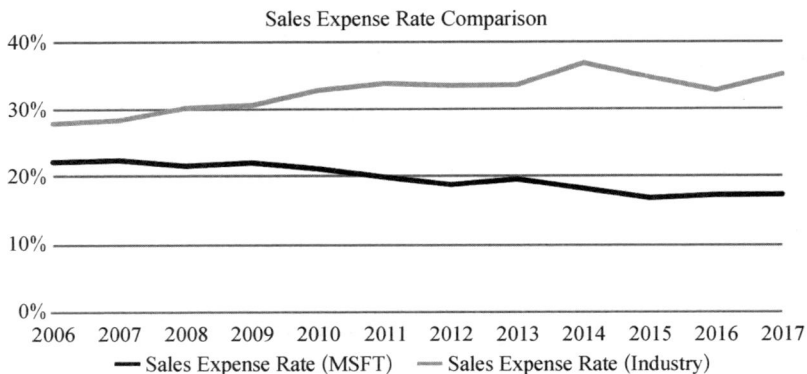

Figure 20   Microsoft: sales expense rate comparison from 2006 to 2018

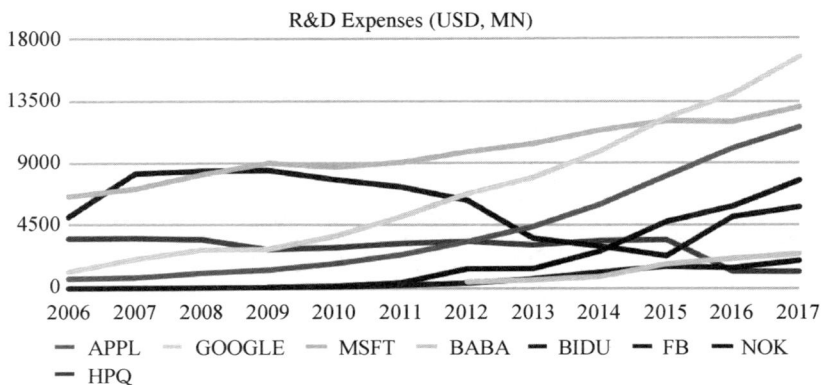

Figure 21   Microsoft: R&D expense comparison from 2006 to 2018

technical standards and office skills requirements, bind its software with major computer manufacturers, forms a scale advantage and network effect. Users only need to buy computers to enter the system, but it's not easy to switch system due to the high cost of system learning.

As a result, Microsoft's intellectual property and system pricing power have contributed to Microsoft's continued competitive advantage and ability to outperform its peers, thereby boosting the compound return on share prices.

4.3.2.4. Experimental Induction Group: Tencent

Tencent is currently one of the largest Internet integrated service providers in China and runs one of the largest social media platforms in the world. Tencent has made it a strategic goal to provide users with a "one-stop online life service", providing Internet-based value-added services, online advertising services, and e-commerce services. Through instant messaging tools QQ, mobile social and communications services WeChat, portal Tencent, Tencent Games, social networking platform QQ Space, and other leading online platforms in China, Tencent has built China's largest online community to meet the needs of Internet users for communication, information, entertainment, and e-commerce.

At present, Tencent has more than 50% employees for R&D, has a sound independent R&D system, in storage technology, data mining, multimedia, Chinese language processing, distributed network, wireless technology. It has a considerable number of patent applications and becomes the most invention patent of the Chinese Internet enterprises. QQ and WeChat are the two most core commercial sectors of Tencent. QQ and WeChat already have more than 1 billion users. Besides instant communication function, through the introduction of small programs, WeChat further links users to real life, such as in retail, e-commerce, life services, government, people's livelihood, and small games.

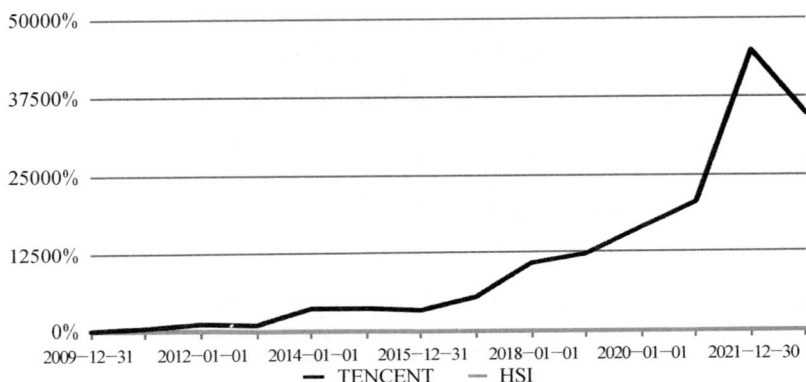

Figure 22   Relative gains in Tencent's share price and Hang Seng index in 13 years

As seen from Figure 22, Tencent's share price compound return significantly exceeds the compound return of the Hang Seng index. We can conclude that Tencent's competitive advantage lasts long enough. Whilst the Hang Seng index is affected by macroeconomic factors including interest rates, inflation rates, and tax rates, Tencent's share price performance shows little correlation with the Index, which could lead us to conclude its share price is not much influenced by changes in macroeconomic factors such as interest rates, inflation rates, and tax rates, The fluctuation of its stock price is mainly driven by its product cycle and innovation pace.

Revenue Growth Comparison

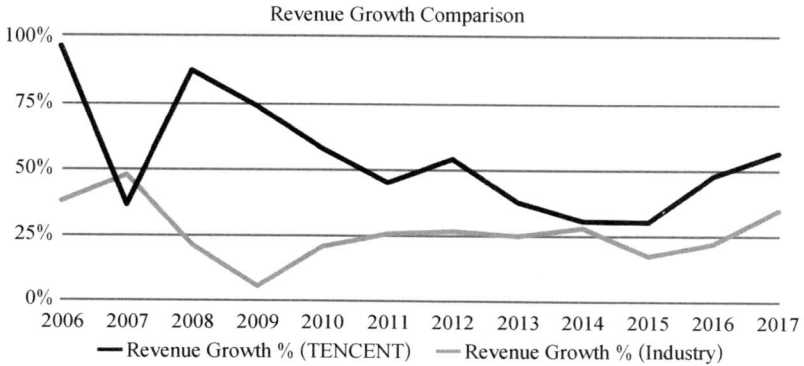

Figure 23   Tencent: revenue growth comparison from 2006 to 2017

Gross Margin Comparison

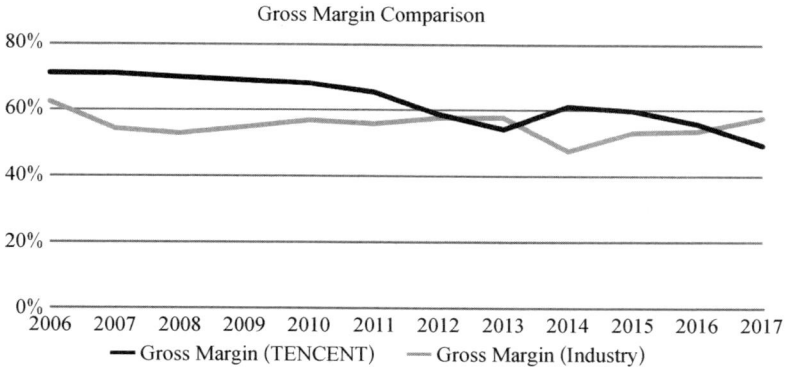

Figure 24   Tencent: gross margin comparison from 2006 to 2017

From a SPIP perspective, Tencent has intellectual property and systematic pricing power. Tencent enters the user's daily life through QQ and WeChat, and forms a pan- entertainment ecosystem. Users only need to register to enter the system, because of the convenience of use and WeChat's ecosystem penetrates every aspect of our life and work, the switching cost is very high for users.

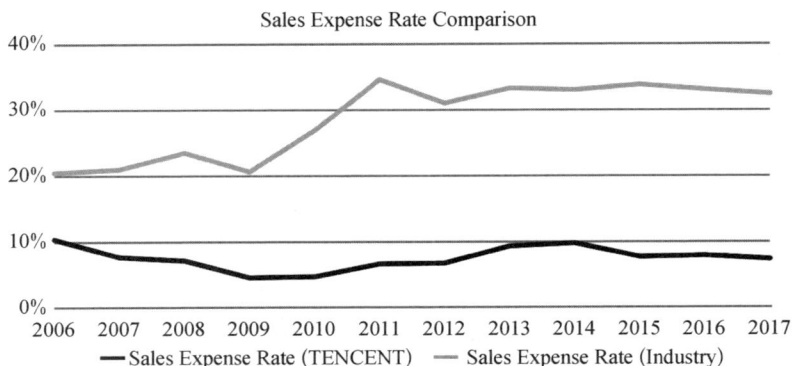

Figure 25 Tencent: sales expense rate comparison from 2006 to 2017

As a result, Tencent's intellectual property and systematic pricing power form Tencent's sustained competitive advantage and ability to outperform its peers, thereby boosting the compound return on share prices.

4.3.3. Summary on the case study

After analyzing four companies in the experimental control group, I sum up three characteristics shared by the tech giant:

1. Hi-tech giants have unique intellectual property rights, are able to maintain a competitive advantage over a longer period of time, and have a continuous ability to innovate, often with higher R & D expenditure than the industry average.

2. The tech giants are able to form an ecosystem. The system can meet certain needs of users, such as Apple's Smart terminals, Google's search engine, Microsoft's office tool, Tencent's social

communication. Whilst users can easily enter the ecosystem through the purchase of equipment or registration, the cost of leaving the system is very high.

3. High-tech giants have the pricing power. With the system's competitive advantage, they show much stronger operating income growth than the industry, and high margins.

These three characteristics are the elephant genes for making the companies grow big, generate substantially more share price returns, and little prone to the three macroeconomic variables including interest rates, inflation, and tax rates. These listed firms show their performance in higher Tobin Q than theory level for the long term and no indicators to confirm that will get adjustment by the risk balance mechanism. If we don't introduce the new concept into the existed theory and analysis method, we can not fully understand what is the truth on intangible assets contributing to the replacement cost and dynamic system on Tobin Q for the new economy.

4.4. Research for quantitative analysis

4.4.1. Data

The data analysed come from the wind financial terminal. The data includes 4 192 stocks in the Chinese mainland A-share market, 2 568 stocks in the Hong Kong, China stock market, and 5 723 stocks in the US stock market, a total of 12 483 stocks between

January 2010 to December 2020. The data includes individual stock code, individual stock name, individual stock industry category (industry category is classified according to wind industry), price to book ratio of individual stocks at the end of each month, and the cumulative rate of return of the industry to which individual stocks belong from January 1, 2010 to December 31, 2020.

4.4.2. Data Analysis

Firstly, the data of 132 periods of all stocks in the Chinese mainland A-share market, all stocks in the Hong Kong, China stock market, and all stocks in the US stock market from January 2010 to December 2020 are counted. After calculating and processing the PB range, the $Q-O$ and the $Q-PB$ indicators are obtained. The contribution of intangible assets in stock pricing is judged by comparing the interpretation of the $Q-O$ and the $Q-PB$ indicators to the stocks in the three markets.

Secondly, in order to further analyze and compare the balance sheet of companies in the industry to point out which MKT intangible assets are ignored. The industries with a total of 12 483 stocks in the Chinese mainland A-share market, Hong Kong, China stock market, and US stock market are counted respectively, and the interpretation degree of the $Q-O$ index and the $Q-PB$ index to each industry in the three different markets is calculated, so as to obtain the characteristics of the applicable industries of the $Q-O$

index and the Q – PB index.

Finally, the top three industries in the interpretation degree of the Q – O index and the Q – PB index are counted, and the cumulative rate of return data from January 1, 2010, to December 31, 2020, is obtained, in order to obtain the significance of the Q – O index and the Q – PB index in investment decision-making, and then verify the SPIP theoretical model proposed in this paper by induction and deduction.

If the result of the empirical test is that the Q – O is more explanatory to the market than the Q – PB, and the return rate of industries with the high interpretation of the Q – O is higher than that of industries with a high interpretation of the Q – PB, it can be obtained that there are incomplete records of MKT intangible assets in the report, and the higher the contribution of MKT intangible assets, the higher the return on investment.

4.4.3. Summary

The first step is to make statistics on 132 periods of data of all stocks in the Chinese mainland A-share market, all stocks in the Hong Kong, China stock market, and all stocks in the US stock market from January 2010 to December 2020. After calculating and processing the PB range, the interpretation degree of the Q – O index and the Q – PB index to the market is obtained. The conclusion is that the average value of the interpretation degree of

多赢对冲投资

Table 7 Statistics of US stocks by industry

	Material Science	Telecommuni cation service	Real estate	Industry	Public utility	Finance	Consumer Discretionary	Energy	Daily consumption	Information Technology	Medical Care
Number of shares	274	56	238	551	108	1514	668	289	180	751	1094
PB≥2 (1<O ratio≤2)	141	25	84	308	47	331	332	67	90	518	709
PB<1	49	18	62	104	9	414	145	151	33	90	160
Q-O interpretation	51.46%	44.64%	35.29%	55.90%	43.52%	21.86%	49.70%	23.18%	50.00%	68.97%	64.81%
Q-PB interpretation	17.88%	32.14%	26.05%	18.87%	8.33%	27.34%	21.71%	52.25%	18.33%	11.98%	14.63%

Table 8 Statistics of various industries of Hong Kong, China stocks

	Material Science	Telecommuni cation service	Real estate	Industry	Public utility	Finance	Consumer Discretionary	Energy	Daily consumption	Information Technology	Medical Care
Number of shares	181	20	303	464	72	231	644	88	130	260	175
PB≥2 (1<O ratio≤2)	26	6	45	95	9	29	169	8	33	71	82

	Material Science	Telecommuni cation service	Real estate	Industry	Public utility	Finance	Consumer Discretionary	Energy	Daily consumption	Information Technology	Medical Care
PB<1	120	10	207	272	49	174	340	68	68	118	49
Q-O interpretation	14.36%	30.00%	14.85%	20.47%	12.50%	12.55%	26.24%	9.09%	25.38%	27.31%	46.86%
Q-PB interpretation	66.30%	50.00%	68.32%	58.62%	68.06%	75.32%	52.80%	77.27%	52.31%	45.38%	28.00%

Table 9   Statistics of Chinese mainland A-share industries

	Material Science	Telecommuni cation service	Real estate	Industry	Public utility	Finance	Consumer Discretionary	Energy	Daily consumption	Information Technology	Medical Care
Number of shares	645	6	123	1086	120	120	642	78	229	772	371
PB ≥ 2 (1<O ratio≤2)	395	5	25	639	35	40	356	19	181	649	280
PB<1	49	1	54	90	20	32	69	21	8	13	11
Q-O interpretation	61.24%	83.33%	20.33%	58.84%	29.17%	33.33%	55.45%	24.36%	79.04%	84.07%	75.47%
Q-PB interpretation	7.60%	16.67%	43.90%	8.29%	16.67%	26.67%	10.75%	26.92%	3.49%	1.68%	2.96%

Table 10 US stock market

Interpretive degree	O Ratio Interpretation			Q Ratio Interpretation		
	1st	2nd	3rd	1st	2nd	3rd
Sort on Industry						
Industry	IT	Medical	Industry	Energy	Finance	Real Estate
O /Q Ratio Interpretation	68.97%	64.81%	55.90%	52.25%	27.34%	26.05%
Cumulative yield from 2010 to 2020	540.00%	314.56%	308.70%	− 15.40%	164.02%	215.43%

Note: After excluding the influence of the industry with the lowest market share, take the top three in O interpretation and the top three in Q interpretation

Table 11 Hong Kong, China stock market

Interpretive degree	O Ratio Interpretation			Q Ratio Interpretation		
	1st	2nd	3rd	1st	2nd	3rd
Sort on Industry						
Industry	Medical	IT	Consumption	Energy	Finance	Real Estate
O /Q Ratio Interpretation	46.86%	27.31%	26.24%	77.27%	75.32%	68.32%
Cumulative yield from 2010 to 2020	215.57%	277.00%	160.00%	− 32.79%	39.51%	1 021.07%

Note: After excluding the influence of the industry with the lowest market share, take the top three in O interpretation and the top three in Q interpretation

Table 12   Chinese mainland A-share stock market

Interpretive degree	O Ratio Interpretation			Q Ratio Interpretation		
Sort	1st	2nd	3rd	1st	2nd	3rd
Industry	IT	Consumption	Medical	Real Estate	Energy	Finance
O /Q Ratio Interpretation	84.07%	79.04%	75.47%	43.90%	26.92%	26.67%
Cumulative yield from 2010 to 2020	156.49%	577.64%	248.19%	33.01%	− 46.51%	71.95%

Note: After excluding the influence of the industry with the lowest market share, take the top three in O interpretation and the top three in Q interpretation

Table 13   Contribution of intangible assets to growth (average)

	10-year industry average PB	1y revenue growth rate (average)	3y revenue growth rate (average)	5y revenue growth rate (average)
Science and Technology (electronics, computer, communication)	6.07	43.91	12.77	18.07
Medical	11.59	17.98	14.35	16.95
Consumption (food and beverage)	5.80	5.15	8.01	9.46
Other	6.94	15.41	9.34	12.95

Table 14　Contribution of intangible assets to growth （median）

	10-year industry average PB	1y revenue growth rate (median)	3y revenue growth rate (median)	5y revenue growth rate (median)
Science and Technology (electronics, computer, communication)	6.07	6.75	10.46	16.30
Medical	11.59	4.26	11.95	14.42
Consumption (food and beverage)	5.80	4.10	9.63	10.08
Other	6.94	3.41	7.19	10.63

the Q – O index in the Chinese mainland A-share market, Hong Kong, China stock market, and US stock market is 75.00% respectively 28.04% and 51.24% respectively. The arithmetic means value of the Q – PB index in the Chinese mainland A-share market, Hong Kong, China stock market, and US stock market is 4.13%, 47.72%, and 18.96% respectively. After weighted averaging the number of stocks in the three markets, the interpretation of the Q – O index to the market is 54.44% and that of the Q – PB index to the market is 19.90%, indicating that the market pricing in recent 11 years is more in line with the theoretical framework of the Q – O index. That is, the role of intangible assets in stock pricing.

The second step is to count the industries with 12483 stocks in the Chinese mainland A-share market, Hong Kong, China stock market and US stock market respectively, and calculate the interpretation degree of the Q – O index and the Q – PB index for each industry in the three different markets. It is found that the top three industries in the interpretation degree of the Q – O index in the Chinese mainland A-share market are information technology (84.07%), daily consumption (79.04%) and medical care (75.47%). The top three industries in the interpretation of the Q – O indicators in Hong Kong, China stocks are health care (46.86%), information technology (27.31%) and optional consumption (26.24%), and the top three industries in the interpretation of the Q – O indicators in US stocks are information technology

(68.97%), health care (64.81%) and industry (55.90%). The top three industries in the interpretation of the Q‑PB indicators in the three markets are energy, finance, and real estate.

The third step is to seek the cumulative rate of return data of the top three industries with high the Q‑O/ the Q‑PB Index Interpretation from January 2010 to December 2020, and get that except for the real estate industry in the Hong Kong, China stock market, other industries in other markets show that the rate of return of industries with high the Q‑O index interpretation is much higher than that of industries with high the Q‑PB index interpretation.

To sum up, the conclusion of the empirical analysis verifies the hypothesis, that is, the Q‑O index has a higher interpretation of the market than the Q‑PB index, and the return rate of the industry with a higher interpretation of the Q‑O index is higher than that of the industry with a higher interpretation of the Q‑PB index, then it can be obtained that there are incomplete records of MKT intangible assets in the report, and the higher the contribution of MKT intangible assets, the higher the return on investment.

4.5. O ratio and Q ratio

First, the O-rate focuses on the value of the irreplaceable asset and its dynamic value creation in an ideal capital market environment. Ever since the advancement of information technology, the relationship between the environment and the individual has become more systematic and integrated, and the contribution of the irreplaceable systemic value and the situational value greatly exceeds that of the individual product and individual modules. The probability of a Q rate being balanced in the short term is low. Whilst the Q rate focuses more on mean regression to 1, the O rate is more focused on uncovering the Matthew effect.

Second, through the definitions provided in our paper, we examine the contribution of intangible assets in an extreme context. The formula has been transformed to prove that the O rate in the form of the particular case of Q, i.e. the value of the enterprise in the case of average Q more significant than 2, the value of the enterprise beyond the normal value of Tobin Q and the equilibrium definition of value that is not within the functioning scope of Q. It just so happens that we define it as a characteristic of the new economy enterprises and conclude that it is a part of the business that produces a Matthew effect of growth with ownership of certain intangible assets.

Third, simply identify the most competitive target group or even the ultimate winners which have made investments in intangible assets. But we can not do this with Q, either in the range of 1 and 2, or Q is greater than 1 or small 1. As once the President of Coca-Cola said you could never burn down a Coca-Cola plant overnight, I can build a new plant easily as long as the brand exists.

Our O rate is exactly a very concise and vivid expression of the contribution of intangible assets to the success of an enterprise.

Fourth, empirically, we show firms in the TMT industry show their performance in higher Tobin Q than theory level for the long term and no indicators to confirm that will get adjustment by the risk balance mechanism. However, when we use the O rate to find that the difference between the net present value discount and the stock price is mainly due to the apportionment of the above-mentioned intangible assets, the so-called discrepancy contradiction is released in another space.

4.6. Why O ratio is important?

First, the O rate is just a side of a coin, which is actually a ratio that is inferred from the perspective of replacement cost and non-replacement cost. That is, O ratio focus on the contribution of assets that have not yet been quantitatively measured in the current traditional financial reporting system, but these assets play a core irreplaceable role in corporate competition.

In a free-market capitalist society, the balance between capital and capital pricing, which is measured by the Q rate, is achieved through market transactions, that is, the rise and fall of the stock market. In some figurative terms, it means that the equilibrium is achieved in the movement of investmental and speculative capital.

The results of long-term observations of Q and O rates

together suggest that 1) capital always tends to favour the most predictable long-term growth opportunity; 2), in the opposite trend, it's moving away from the predicted slower growth; and 3) there is a group of professional institutional investors who constantly update their understanding of the trend and use capital to express their investment views. Simply put, it's like a daily voting machine around the world, where everyday money managers use their invested capital to express optimism or apprehension about a company's provable future profit growth rate; while looking around at what environment the company is growing in, whether the place would change overnight, i. e., whether the company's growth story is trustworthy and understandable predictable and transparent, and whether the storyteller can make judgments based on common sense.

Second, in the case of not looking at such a process without O rates, we have found that there are counterexamples of Q rates in the new economic conditions that cannot be fully explained. There are clear counterexamples to claim that an efficient market should in the long run prove that the ratio of market value to replacement cost should be equal to 1, and this phenomenon can last for more than a decade or even as long as twenty years.

Third, from a dialectical point of view, we find that there is an asymmetry in the traditional view of assets. That is, there is a market obsessed with the concept of market value, and replacement costs are overly internalized to only focus on tangible assets. And if we look at the market externalities, that is, the contribution of intangible assets, from the perspective of the replacement cost of the non-resettable factors, we will introduce the market as a container of indivisibility, and then the market value and the reset process form a field effect that cannot ignore its definite word "market". If the capital market is an efficient market and if the Q principle remains generally correct, O must exist, that is, the replacement cost must be observed even if it is only a company, but also observe the market field of the intangible assets of this particular object and systematic.

Therefore, through the investment process and results, we observe the voting behavior and weighing behavior of investors, and we will conclude that true value investment in the new economic environment actually means buying the following companies, and theoretically should be measured by full asset value share:

1) traditional report undervalued systemic operating assets — intangible assets.

2) the proprietary intellectual property and intangible assets of enterprises, especially technology, can be continuously sold at very high gross profit points, that is, their P/S can maintain a high multiplier for a long time, thus creating the most insurmountable advantage period and strategic barriers.

3) the fastest growing part of the new economy, and it has

been positively promoted by the economic system and the market in both directions.

Finally, summarizing the above analysis, we can also reproduce the conclusions of this article from different dimensions of the definition of stock value. When people find a mismatch with the claim that "the value of a stock is the net present value of its future income" against the market capitalization of the above-mentioned companies, please do not forget a definition that textbooks and Buffett often use, that is, the ordinary stock price is the value of a company's assets as a share-sharing value. When we use the O rate to find that the difference between the net present value discount and the stock price is mainly due to the apportionment of the above-mentioned intangible assets, the so-called discrepancy contradiction is released in another space.

As a complement to the above analysis, the examples and data validation processes and principles of this article demonstrate that our concept diagram fully expresses this definition. At the same time, we found in our tests that once a new economy listed company fails to meet expectations, it is subject to a punitive reduction in market valuation, which cannot be explained by the proportion of profit per share reduction. Sometimes even a small failure to meet expectations can lead to a huge decline. This is often determined by the expectation of a huge loss of intangible assets owned by the company. And only companies like Apple and

Microsoft, the elephants of elephants, can protect their market value with their intangible assets. This also justifies our judgments and claims from an empirical point of view.

Summarizing this article about the dilemma faced by Tobin Q, in fact, we face the dilemma of market information and accounting information that we have found in investment practice. Thus to solve this contradiction, we can only achieve it by breaking through the limitations of the traditional accounting system.

Since the major asset intangibles valued by the winners of the new economy companies are not fully recognized by the traditional accounting system, this article is designed to understand the O rate of their contribution, which needs to be found in the market. This paper found that the only place where they can be valued is in the large regulated stock market or large private securitization market valuation mechanism that we call the public market, which is priced through the option effect of financial capital on intangible assets.

Today, institutional investors generally recognize that the value of a publicly traded stock must reflect the net present value of the company's future income and the market's assessment of the value of shareholder call options based on the company's entity and its environment and intangible assets. In short, there is no more reasonable and certain way to ascertain the value of a company's intangible assets or a local industry in the capital market than the market-based asset pricing model.

5. Research Deliverables

5.1. Research questions

In this section, we answer the research questions we proposed in Section 1.5.

1) We are confident that there is a positive relationship between the intangible or invisible equity gene ($E[SPIP]^2$) and the performance of market value in high tech market investment. From our second method of research based on big data survey and typical cases study, the relationship between the special invisible asset and the share price performance is stronger than normal if the stock market performs well.

2) In different development stages of a high-tech company, the correlation between the intangible asset and the equity performance become stronger when the company becomes the leader in its field and the leadership lasts for a long time.

3) The reason why this kind of intangible asset or invisible equity (or convertible) can contribute to stable and long-term growth in high tech market investment is this kind of new economy

players create an option like a convertible for shareholders so that it can contribute more than usual than a tangible asset which is depreciated over time.

4) How do the special intangible assets lead to premium and long-term outperformance? The answer is this kind of invisible capability can outperform well if its competitive advantage period lasts for the long term.

Through the method of induction and deduction, the first method and the second method, we also conduct cases studies. This paper summarizes the elephant genes (MKTinvisible or MKTintangible) of high-tech companies and identifies key elements in contributing to elephants in the making: 1) Having unique intellectual property rights, able to maintain a competitive advantage over a longer period of time, and having continuous innovation ability; 2) Ability to form a powerful ecosystem. The threshold for users to enter the system is low, but the cost of leaving the system is high; 3) Having the pricing power.

If a company has these three characteristics combined, that is, in line with the $(SPIP)^2$ equal to the CAP multiply GAP and plus a pricing equation presented in this paper, we believe that the company possesses the elephant gene to become an elephant, which can lead to strong share price outperformance relative to the average share price industry, and little impacted by the fluctuation of macroeconomic factors including interest rates, inflation and tax rates. The best strategy is to build a concentrated portfolio and hold them for a long period of time.

Competitive Advantage in the System

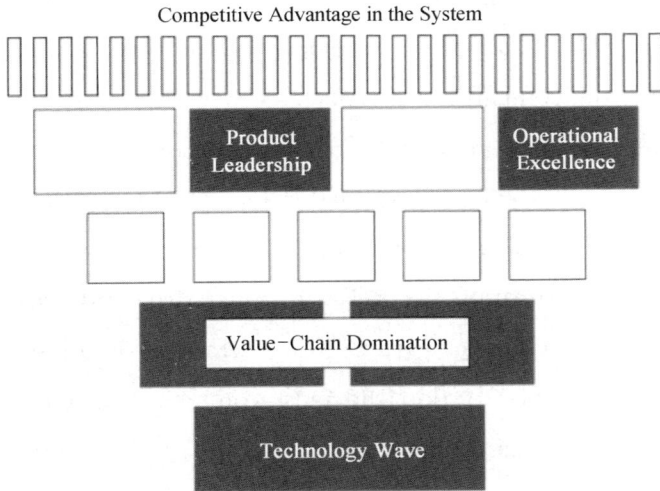

Figure 31   Identifying Competitive Advantage of Companies

Developing a strategy model that identifies business competitiveness in two dimensions: CAP, competitive advantage period, and GAP, competitive advantage, by which sustainable valuation premium is created together.

The contribution of this paper is that for the first time, it addresses Tobin Q's Dilemma on how to work in new economy valuation and create a new formula: from Q to O and a new concept for valuation of new economy companies. That is, the average Q comes into play when company is a market maker in the new economy, which is chronically above the marginal Q. This means the O rate into the blind spot of the average Q thoery. The Matthew effect dominates. And as it stands, the O-rate is becoming more widely applicable. It is also the first time to create a new term market-rate O to measure the standard market rate of replacement costs, i.e. the competitive advantage of new economic enterprises represented by the contribution of intangible assets per unit. At the same time, it is found that market-rate O can quickly find a nonfinancial indicator that is suitable for both growth and value investment. Estimation of relative competitive advantage and investment concept, i.e. $1 < O < 2$, which is the most suitable range for investors to find the most competitive players in the market value of high-tech enterprises in the new economy.

Specifically, Tobin Q, which focuses on equilibrium, responds to the weekly mean reversion of value, the theoretical self-consistency of market effectiveness, and more traditional tangible economy resource allocation. While, our new economy O-rate, which finds the Matthew effect in the process of value distribution and the winner-take-all in the intangible economy, is a manifestation of the law of participant differentiation when the market efficiency turnaround. And it shows the internal logic of intangible resource allocation in the new economy. When the overall economy mixes tangible and intangible, and the market maker emerges in the intangible economy in the natural elimination state, the average Q is higher than the marginal Q. It shows the

O-rate winner effect of the intangible economy; the whole theoretical cycle shows in dynamic changes of the concept diagram of this paper.

We also provide the CAP * GAP, which provides the evaluation system of new economic and technological factors for the definition of value investing, has a strong positive correlation with the core technologies and knowledge system advantages of value creation of enterprises in the new economy.

Further, my thesis concept map gets the core value of Buffet's moat of business theory and Sorso's bust and boom model of reflexivity driven by capital market.

5.2. The "O" rate awareness regarding intangible assets in the behavior of the investment gurus

A stock market is a weighing machine in the long term and a voting machine in the short term. This is a philosophy that Buffett and many investment gurus believe in. As a master trader and macro investor, Soros does not think highly of the so-called value, but he is still closely related to these masters in the sense of his view of long-term value and growth quality. His skepticism about equilibrium theory and doubt against conventional ideas are quite reminiscent of our papers.

Soros argues that the equilibrium concept of classical economics is a myth with too many assumptions, such as perfect competition, perfect information, homogeneous and infinitely separable products, and a downward sloping supply and demand curve, which I share similar view. Soros believes that in real life, people's buying and selling decisions depend on their expectations of future price movements. If a producer expects prices to fall, then he will be like a speculator, selling more products, not less, when prices begin to fall. Conversely, if prices rise, according to classical economics, supply will increase and demand will fall, so that price increases will be suppressed. We also believe that if people are confident the object of his purchase is in a role that has the status of being a market maker, whether as a consumer or an investor in this object, he is more confident to increase his positions. Especially in financial markets, scarcity and monopoly stimulate demand. Soros found that it is often the case that when a currency appreciates, and because a country's currency appreciation suppresses inflation, plus for other reasons, the appreciation of that currency will "self-fulfilling." Since the supply and demand curve is largely shaped by the market impact, what you get will be a trend rather than an equilibrium. When the O rate of the enterprise enters the winner zone of intangible assets or the seemingly irrational zone of Tobin Q being greater than 2, the unconventional phenomenon prevails, i.e. the Matthew effect of the trend accelerates the trend.

Soros sees the movement of stock prices as a superposition of fundamental trends and mainstream "biases" — often referred to as standard forecasts — both of which are affected by stock prices, which are either self-reinforcing or self-correcting.

Each cycle is special, but general rules can still be found:

1. When the trend continues, the importance of speculative trading increases.

2. Deviation (standard forecast) follows the trend; The longer the trend lasts, the greater the deviation.

3. Once the trend is formed, it will continue on its own — for a period of time.

Soros's generalisation is similar to the Matthew effect that emerges when the new economic O rate works. Once the intangible assets defined in this paper are confirmed to have their market-making capacity, their externality effects will form a trend-following effect. At the same time, the traditional Tobin value considers those with PB greater than 2 as expensive, in Soros's view such a number has no meaning as nothing is certain but rather depends on human cognition. The historic moment he sees will lead to a trend of ups and downs, and it is precisely the weakest valuation link in the eyes of the average person that the market finds offensive. Find where your opponent's defense is the weakest. This is Soros's way of investment, and it also testifies to the application of the Matthew effect in trading.

It can be summed up this way that Soros is a master of macro usage of intangible assets, which are invisible from the financial statements. But it can be captured with our MKTinvisible = MKTintangible.

US FAANG and Chinese new-economy hi-tech companies like ATMs have had the winner-take-all characteristics as we analysed in the concept, which fully demonstrates the Matthew effect. In contrast to Buffett, Soros is a man who recognizes the ups and downs and does not believe in classical equilibrium theory, but makes full use of people's fundamentalist worship of classical economic equilibrium theory and goes the opposite, adding leverage before and after the equilibrium is broken and then liquidate all positions afterwards.

Buffett fully recognized the volatility and uncertainty of the market, but in turn give up voting thinking, and chose the Matthew effect philosophy, choose among the strongest players.

As top of Buffett's investment philosophy, companies must have a favorable long-term outlook, which is often characterised by a very difficult-to-surmount moat that leads to and will continue to generate sustained returns, in other words, similar to well-protected economic concessions. This is a logic that is similar as we discuss in this paper, ie in the era of high growth and high price-to-earnings ratios, companies much form durable, non-replaceable intangible assets that are beyond traditional financial statements.

Buffett's second precept is companies must be governed by honest and capable people, and management must be both competent and oriented toward maximizing shareholder value. Being highly-integrated and trust-worthy, their management skills should be commensurate with their capital allocation skills. This idea is also highly identical with the concept of intellectual property rights and financial options as we discuss about the O rate. Third, the circle of competence, that is, the investment in enterprises within the scope of their own circle of ability. Fourth, stock prices are attractive. In terms of intrinsic value calculation in relation to price, the price must be "sensible" and there is a large security boundary.

Buffett-style investors are not bothered by companies that do not have a good economic profile or mediocre management, and focus only on a few great companies. This is in line with the SPIP squared under our field-effect concept focusing on the real winner no matter what external cycle it is, as long as the inner big logic with invisible power exists, it is an "elephant company" that can be holding onto. Buffett has in his portfolio the type of companies what he calls "destined to be so." These companies have a very long-term competitive advantage and will dominate their fields for 25 – 30 years. A company that doesn't have profound technology intangibles can't dominate a field for 30 years. These theories ring a bell with investment philosophies we summarize in this paper about high-tech investing. If Buffett had not invested in Apple in his later years, his investment career would perhaps not have reached such a brilliant height. It is with this investment in Apple that has pulled Respected Buffet, who has long listed technology investment as outside his circle of ability, into the camp of intangible asset value theory. Buffett rises on the national fortune, whilst Soros rides on the US movement against other countries' national fortunes, in short, sovereign intangible assets are what weapons in their good hands.

5.3. Further concerns

5.3.1. NFT

We have provided some explanation for the invisible option value, such as e. g. patents, consumers, patents, technological innovations related to individual companies, which is not included in the cash flow. To some extent, those invisible options are just like non-fungible tokens (NFTs). NFTs are tradeable rights to digital assets (images, music, videos, virtual creations) where ownership is recorded in smart contracts on a blockchain. Specifically, by using NFTs on smart contracts (Wood, 2014), creators can easily prove the existence and ownership of digital assets in the form of videos, images, art, event tickets, etc. NFT is unique and cannot be exchanged like for like (equivalent to unforgeable), making it suitable for identifying something or someone in a unique way. NFTs are traded through cryptocurrencies, and similar to cryptocurrencies, they are intended as pure assets.

One of the reasons we believe that stealth options are like NFTs is that these options are unique to high-tech companies and can be replicated by other competitors. In addition, these options cannot be sold at the beginning of the development of the whole industry, they can only be sold when the current period has become the final asset. And in the whole industry, the winner gets the final asset, while the loser has to bear all the initial investment cost.

Technology as an intangible asset is changing the boundaries of value and perceived value. In Web 3, ownership and control are decentralized. Users and creators can own Internet services in the form of owning non-fungible tokens (NFTs) and fungible tokens (FTs). Tokens give users property rights: i.e., the ability to own a part of the Internet.

NFTs enable users to own objects, which can be artwork, photos, code, music, text, game objects, credentials, governance rights, access passes, and whatever people dream up next. In effect, it's giving the option value to non-central non-sovereignty.

One of the most exciting aspects of Web 3 is the combinability of protocols and tokens. We saw this phenomenon in DeFi, where the value chain protocols are built on top of each other.

People are starting to use NFT to explore composability, for example, LOOT and its surrounding ecosystem is a very interesting example. We need to look for all kinds of exponential forces in this world because they are the signature signal for rapid growth in the future. It is possible to build financial services that are inclusive, fair, transparent, and compostable. On Wall Street, value flows inward to centralized institutions. And in DeFi, value flows outward to those at the edge. Intangibles are in the mix to once again change the assets and the way of evaluating an asset. The premise is that the world still exists without the assets being invisibly lost due to a change in sovereignty.

At the level of hardware tangible assets, the most powerful exponential force is Moore's Law. In the financial world, it is compound interest. And in the world of software, it is composability. The relationship between these three converges the future industry's understanding of Tobin Q. Its optimization must exist at the O-rate we define.

5.3.2. The importance of intangible assets

It is important and innovative to assess the market value of new economy players through the lens of intangible assets systematically contributing to new economy externalities. Developed markets have produced iconic companies such as the US high-tech mega-firms FAANG, the emerging market Chinese BTM, and the South Korean firms Samsung and TSMC. However, with the United States taking the initiative to launch a trade and technology decoupling war against the competition of major powers, the capital markets of continental Europe have emerged with different valuation factors for the new economy market players. As the most important intangible potential factors of irreplaceable assets, sovereignty bias, intellectual property bias, sharp confrontation between state power and private rights have erupted again. The previous trend of equalization of assets under different legal division systems through customer value and capital market pricing of technological intellectual property under the ideology that the earth is flat has been forced to reverse trend. The differential capital market premiums to institutional, geopolitical, and ideological factors that had not existed for half a century have become stronger than ever. From data security challenges and sovereignty factors in Europe for giants such as Facebook, Google, and Amazon, to the systematic crowding out of Chinese stocks from the US market, the generalization and amplification of data security has resulted in Chinese technology companies and digital economy players no longer enjoying the normal premiums to which the new economy types are entitled. While the elephants are moving steadily forward and opening up new forests, the map is being redrawn by US and European boundaries. The valuation choices given by capital markets to new economy players identified in this paper are experiencing unprecedented challenges.

Because of the tremendous intangible asset-driven nature inherent in the value composition of new economy players, irreplaceable constitutes the core anchor of value. This anchor has four major grips: 1) the huge private technological rights stretching into the public space, with intellectual property rights at the core; 2) the systemic rights under the legal system, with the digital subject at the core; 3) the national sovereignty factor; 4) the formation of technological monopolies and customer lock-in advantages. These four grips constitute the externalities of the new economy's superior players, and the solidity of their externalities is determined by the fact that the sovereignty factor and the other three are not interrupted by strong external forces. In the event of an interruption, there is often a systemic loss of value for the weaker party. The urgency of the new economy seeking a decentralized solution to payment security and a super sovereign platform for credit expansion also comes from the current external conflicts of dramatic change. The Russian-Ukrainian conflict, US-Chinese economic competition, and global governance competition will bring unprecedented turbulence to the new economy valuation under the O-rate determination found in this paper.

5.3.3. Other concerns

The O ratio was proposed and defined by me at the beginning as I attempted to address the relationship between valuation of large technology companies and their intangible assets and found the Tobin Q was inadequate in explaining the valuations in extreme situations.

To verify the new finding, I try to observe through a generalization process. Through researching, inducting, and exclusion of the basic definitions of various disciplines, I made abstraction, reasoning, and deduction. Later, from the perspective of the underlying logic of Tobin's theory itself and the emphasis on replaceable costs in the theory, I uncovered the truth that most people did not want to admit: it was just that people did not think of the problem from such an angle in the past.

It's phenomenal that new economy produces the "elephant" companies that become ever stronger and the market value of several "elephant" companies could exceed the output value of many sovereign countries. I try to address this phenomenon and the financial effects behind it through the O rate, such as the option effect and sunk cost embedded in intangible assets, and conclude that its explanatory power is universal and can be applied to some other new economy companies. As illustrated in the Concept Map, the vast majority of small companies have limited room for growth and are short-lived and become passers-by after absorbing the sunk cost, contributing to the winner-take-all phenomenon. These small companies had their O's at similar zone as "elephant" companies, but could slide very fast. This is very common among technology-based new economy companies. In fact, we have found the intangible assets have played important role in companies other than big tech firms. In other new economy companies, such as services companies with super brand equity, information technology extends the life cycle of their brands and enhances the option attribute of their brand value. We have verified that there is also a Matthew effect of O rates. This can be evidenced empirically in Buffett's successful investment in Apple, valuing high its intangible assets. In short, the reasoning process of MKTintangible = MKTinvisible explains the rise and fall of some of the new economy companies. They're the losers or interim winners in our O-rate value analysis fluctuating through the option value distribution mechanism. This leads them to become highly volatile subjects that could only stay in the "winner zone" of O rate curve temporarily. They are "meteors" which disappear from our screen sooner or later.

With regard to NFTs, as we have discussed, although their assets tend to be more intangible and decentralized, their value is generated essentially through a non-resettable system. This fits our O-rate lens observation. In fact, NFTs expand the value of the O rate that emphasises the value of the option and the irreplaceability. That is, the Matthew effect of value will move towards a liquid value carrier as the non-resettable value of the NFT changes. So NFT also follows the principles revealed in our Concept Map, which is not changed by the fact that most of its assets are intangible. I would have another paper arguing that Tencent Games is just an early-stage or false NFT, because some options are given a specific time frame in Tencent games. Each piece of the true NFT contains the options in MKTinvisible in the Concept Map we described, but under decentralized conditions, it is only more similar to ordinary warrants which has no expiration date. It is an American-style option.

If we believe there are multi-level sub-centers in the metaverse development path, the application of our theoretical Concept Map would not be affected at all. When analyzing the underlying logic of the metaverse, we find that as long as the O-rate rules can be adapted to non-centralization or treat individual branch centers as centers, the valuation mechanism does not need to be systematically reset. There must exist a Matthew effect and competitive options. In a metaverse example, such as the sandbox, it's like building a binary system step by step, one resembles the automatic increase of intellectual property, the other resembles a decentralized financial stack, corresponding to the rise and fall of option value in our Concept Map. The sandbox supports layer and the application layer underpins the continuous financialization of content and value through decentralized currencies and networks. The more game content, the stronger underlying value support. The more non-resettable, the higher the spire. Finally the Sands of the Ganges made the Tower.

To sum up, whether it's the NFT or this new economy

example offered by the metaverse sandbox, most of the assets are carriers of value built upon blockchains or identifiable signals. As long as they belong to an irreplaceable ecology that exemplifies individuality, they fall right into the field of the O-rate rule. At the same time, the value transfer mechanism of options + sunk costs happens to be a special format of the distributed pricing in my "O" theory. In a metaverse example such as sandbox, O ratio does not need to be redefined, we only need to find out options and fees for intangible assets in the formula MKTintangible = MKTinvisible.

Future contradictions could arise from the separation of individual rights by sovereign rights, in which property rights, including the rights of intangible assets, were to be aggregated, which will lead to the regression of the intangible economy to tangible. The storage of liquidity and wealth information in the financial value of the intangible economy would thus be destroyed and the intangible economy would exhibit a negative Matthew effect. The Matthew effect value change driven by the O rate of the intangible economy will reverse course and be driven by economic equilibrium change led by the marginal Q rate of the tangible economy. Both the virtual metaverse economy and the real new economy will be impacted as a result.

5.4. Potential limitations

This paper needs more mathematical tools to create a simple

model to help more analytical users. We will do more literature reviews to enhance the result and for a financial area to use. We also want to expand our research area into an earlier period of enter prises such as VC investment targets. The financial and innovation literature generally claims that venture capital (VC) investments spur the growth of new technology-based firms (NTBFs). However, it has proved difficult so far to separate the "treatment" effect of the VC investment from the "selection" effect attributable to the ability of the VC investor to screen high growth. The econometric results strongly support the view that our high-tech investment is positively influenced by the overall environment if the capital market works efficiently.

The treatment effect of high-tech investments makes the spiral of growth logic (our CAP * GAP) work well and especially, our O ratio can be proved as a rule as we research result in this paper.

For example, if we want to define high-tech invisible equity as our O value contribution factor, a tech-phobic may not use cloud service until it is the only remaining tool to perform a required task, but the phobic may not have an in-depth technical knowledge of how to use the service. In conclusion, this simple model can help average investors to use it easily. So, the investors finally will get benefit from its investment of technology if it is the next big elephant.

6. Conclusion

The general equilibrium theory or Q thoery developed by James Tobin (1969), the winner of the American Nobel Prize in economics, provides a theoretical framework for value evaluation. This paper reviews the application of Tobin Q in the equity value evaluation of listed companies through literature research. Tobin's "Q" represents the ratio of the market value of the company's existing shares (share capital) to the replacement cost of the company's physical assets. It points out that if Q (representing equilibrium) is greater than 1 ($Q > 1$), the additional investment in the enterprise is meaningful because the value generated will exceed the cost of the enterprise's assets. If Q is less than 1 ($Q < 1$), the company had better sell its assets. The ideal state is that Q is approximately equal to 1, indicating that the enterprise is in equilibrium.

Based on literature research, this paper proposes that Tobin Q thoery is logically self consistent, but Tobin Q calculation index ignores the role of intangible assets in pricing, which makes the empirical results unable to verify the effectiveness of TobinQ thoery, That is, the digitization effect of the overall capital market pricing system complements the ideal environment for resetting capital, and deducing the contribution of intangible assets is a part of the effectiveness of Q. Therefore, combined with the balanced accounting method of accounting and making full use of the efficient market hypothesis, this paper proposes to use the "field symmetric MKTintangible = MKTinvisible effect" of the ideal market as the code to supplement the intangible asset contribution and its capital value that cannot be completely recorded on both sides of the accounting statement, so as to help calculate the intangible asset contribution rate (O ratio). Thus, we can effectively infer the relationship between replacement cost and intangible capital.

Firstly, the impact of intangible assets on market value can be measured by the O ratio, which deduces that the real value source of new economic industry growth lies in the intangible capital formed by intangible assets. Secondly, this paper not only obtains the performance intensity of intangible assets by deductive analysis but also effectively proves the winner take all effect of growing listed companies or platform companies such as large technology companies, medical and biological industries, and consumer goods industries; It also shows that this effect makes Tobin Q, which is more important than the replacement of tangible assets in the traditional economic environment, invalid locally. Thirdly, this paper proposes as a supplementary tool from its new economic perspective, from the statistics of intangible assets in enterprise value growth, especially performance growth, which can not be calculated by Q, this paper also summarizes the statistical relationship between intangible assets and sales performance, and proves its contribution to roe, so as to prove that not only the replacement capital should include the intangible assets in the enterprise, but also the shared intangible capital environment. It is precisely because it is impossible or difficult to reset that large technology companies have obtained sustained high growth and high premium. Similarly, brands with a large contribution to intangible assets have become the flywheel of their growth because they enjoy this cross-cycle capital premium.

In this paper, the derivation of the mathematical equation used to obtain that when the O ratio is greater than 1 and less than 2, it can indicate that the company has large intangible assets, and the empirical analysis shows that the data analysis of 132 periods from January 2010 to December 2020 shows that the O ratio has an impact on all stocks in the A-share market, all stocks in the Hong Kong stock market. The explanatory degrees of intangible assets of enterprises in all stocks in the US stock market reached 75.00%, 28.04%, and 51.24% respectively, while the explanatory degrees of the original Tobin Q index were only 4.13%, 47.73%, and

18.96% respectively, which proved the effectiveness of the O ratio in the field of intangible asset pricing.

The O ratio greatly simplifies the process for investors to screen stocks with intangible assets. Applying the above O ratio, this paper puts forward the system weight IP growth contribution theory that can be applied to investment practice, which is referred to as SPIP theory. SPIP theory points out that only companies that really own core intellectual property rights and master system pricing power will become the winner of the final market value contribution. Its intangible assets can make the stock price outperform the market for a long time, and are immune to changes in macro interest rates, inflation, and tax rates. Through inductive and deductive methods, this paper demonstrates that the SPIP method has high practicality and can lock in super growth stocks such as Apple, Google, Microsoft, Tencent, and Alibaba 10 years ago.

The contribution of this paper is to put forward the concept of O ratio, define "yes" from "None", and define Tobin's theoretical value of replacement cost from nonresettable. Measuring the internality and replaceable of enterprises' tangible assets from the externality of intangible assets and the proportion of non-resettable assets, intangible assets provide a measurement for the characteristics of the new economy. This indicator is that intangible assets drive the characteristic irreplaceability as the core of the overall economy. Company value is no longer just the value within the company but contributes to the value of social systems. We have found the boundary of Tobin's theory in the new economy from the asset characteristics of the winner notification companies in the new economic competition, and from the dilemmas seen on its surface, we can see that the macroeconomy is undergoing new structural changes.

Through causal proof and statistical demonstration, it becomes a useful supplement to the current Tobin Q calculation index for the valuation of intangible assets and improves the interpretation and application ability of the Tobin Q index in the new economic environment. Furthermore, it provides a relatively complete and novel theory and perspective for the implementation of government policies, entrepreneurs' entrepreneurial methods, and investors' investment decisions.

References

[1] 丁守海.(2006).托宾 q 值影响投资了吗？——对我国投资理性的另一种检验.*数量经济技术经济研究*,*23*(12),10.

[2] 黄磊,王化成,& 裘益政.(2009).Tobin q 反映了企业价值吗——基于市场投机性的视角.*南开管理评论*(1),7.

[3] 连玉君,苏治,& 丁志国.(2008).现金-现金流敏感性能检验融资约束假说吗?.*统计研究*,*25*(10),8.

[4] 连玉君,& 钟经樊.(2007).中国上市公司资本结构动态调整机制研究.*南方经济*(1),16.

[5] 吴晓明,& 张春宇.(2009).托宾 q 文献综述及其在中国应用的局限性.*江苏商论*(27),198.

[6] Abel, A. B., & Eberly, J. C. (1993). A unified model of investment under uncertainty, *The American Economic Review*, *84*(5), 1369 – 1384.

[7] Aboody, D., & Lev, B. (1998). The value relevance of intangibles: The case of software capitalization. *Journal of Accounting Research*, *36*(3), 161 – 191.

[8] Almeida, H., Campello, M., & Galvao Jr, A. F. (2010).

Measurement errors in investment equations. *Review of Financial Studies*, *23*(9), 3279 - 3328.

[9] Bao, D. H., Lee, J., & Romeo, G. (2010). Comparisons on selected ratios between IFRS and US GAAP companies. *Journal of Financial Reporting and Accounting*, *8*(1), 22 - 34.

[10] Bayer, E., Srinivasan, S., Riedl, E. J., & Skiera, B. (2020). The impact of online display advertising and paid search advertising relative to offline advertising on firm performance and firm value. *International Journal of Research in Marketing*, *37*(4), 789 - 804.

[11] Cao, D., Lorenzoni, G., & Walentin, K. (2019). Financial frictions, investment, and Tobin'sq. *Journal of Monetary Economics*, *103*, 105 - 122.

[12] Chappell, H. W., & Cheng, D. C. (1982). Expectations, Tobin Q, and investment: a note. *The Journal of Finance*, *37*(1), 231 - 236.

[13] Chen, K. C., Cheng, D. C., & Hite, G. L. (1985). Systematic risk and market power: An application of Tobin Q. *BEBR faculty working paper*; *no. 1144*.

[14] Chirinko, R. S. (1987). Tobin Q and financial policy. *Journal of Monetary Economics*, *19*(1), 69 - 87.

[15] Chiu, Y. J., & Chen, Y. W. (2007). Using AHP in patent valuation. *Mathematical and Computer Modelling*, *46*(7 - 8), 1054 - 1062.

[16] Choi, W. W., Kwon, S. S., & Lobo, G. J. (2000). Market valuation of intangible assets. *Journal of Business Research*, *49*(1), 35 – 45.

[17] Chung, K. H., & Pruitt, S. W. (1994). A simple approximation of Tobin Q. *Financial management*, *23*(3), 70 – 74.

[18] Cooper, R., & Ejarque, J. (2003). Financial frictions and investment: requiem in q. *Review of Economic Dynamics*, *6*(4), 710 – 728.

[19] Corrado, C. A., & Hulten, C. R. (2010). How do you measure a "technological revolution"?. *American Economic Review*, *100*(2), 99 – 104.

[20] Daines, R. (2001). Does Delaware law improve firm value?. *Journal of Financial Economics*, *62*(3), 525 – 558.

[21] Edmans, A. (2011). Does the stock market fully value intangibles? Employee satisfaction and equity prices. *Journal of Financial Economics*, *101*(3), 621 – 640.

[22] Enache, L., & Srivastava, A. (2018). Should intangible investments be reported separately or commingled with operating expenses? New evidence. *Management Science*, *64*(7), 3446 – 3468.

[23] Erickson, T., & Whited, T. M. (2002). Two-step GMM estimation of the errors-in-variables model using high-order moments. *Econometric Theory*, *18*(3), 776 – 799.

[24] Erickson, T., & Whited, T. M. (2012). Treating measurement

error in Tobin Q. *The Review of Financial Studies*, *25*(4), 1286 – 1329.

[25] Erickson, T., Jiang, C. H., & Whited, T. M. (2014). Minimum distance estimation of the errors-in-variables model using linear cumulant equations. *Journal of Econometrics*, *183*(2), 211 – 221.

[26] Gomes, J. F. (2001). Financing investment. *American Economic Review*, *91*(5), 1263 – 1285.

[27] Haskel, J., & Westlake, S. (2019). *Le capitalisme sans capital*. *L'essor de l'économie immatérielle*. puf.

[28] Hayashi, F., & Inoue, T. (1991). The relation between firm growth and Q with multiple capital goods: Theory and evidence from panel data on Japanese firms. *Econometrica*, *59*(3), 731 – 753.

[29] Hennessy, C. A. (2004). Tobin Q, debt overhang, and investment. *Journal of Finance*, *59*(4), 1717 – 1742.

[30] Herendeen, J. B., & Grisley, W. (1988). A dynamic "q" model of investment, financing and asset pricing: An empirical test for the agricultural sector. *Southern Economic Journal*, *55*(2), 360 – 373.

[31] Hyun, S. S., & Perdue, R. R. (2017). Understanding the dimensions of customer relationships in the hotel and restaurant industries. *International Journal of Hospitality Management*, *64*, 73 – 84.

[32] Jerman, M., & Manzin, M. (2008). Accounting treatment of goodwill in IFRS and US GAAP. *Organizacija*, *41* (6), 218 – 225.

[33] Jiao, Y. (2010). Stakeholder welfare and firm value. *Journal of Banking & Finance*, *34*(10), 2549 – 2561.

[34] Jo, H., & Harjoto, M. A. (2011). Corporate governance and firm value: The impact of corporate social responsibility. *Journal of Business Ethics*, *103*(3), 351 – 383.

[35] Kaldor N. (1966). Marginal productivity and the macro-economic theories of distribution: Comment on Samuelson and Modigliani. *Review of Economic Studies*, *33* (4): 309 – 319.

[36] Kaplan, R. S., & Norton, D. P. (1996). Using the balanced scorecard as a strategic management system, *Harvard Business Review*, *74*(1), 75 – 85.

[37] Kaplan, R. S., & Norton, D. P. (2004). Measuring the strategic readiness of intangible assets. *Harvard Business Review*, *82*(2), 52 – 63.

[38] Katona, K. (2021). Intangible assets as possible indicators for the growth of the Hungarian firms. *International Journal of Accounting & Information Management*, *29*, 765 – 775.

[39] Klock, M., Thies, C. F., & Baum, C. F. (1991). Tobin Q and measurement error: Caveat investigator. *Journal of Economics and Business*, *43*(3), 241 – 252.

[40] Lang, L. H., & Litzenberger, R. H. (1989). Dividend announcements: cash flow signaling vs. free cash flow hypothesis?. *Journal of financial economics*, *24*(1), 181 - 191.

[41] Lang, L. H., Stulz, R., & Walkling, R. A. (1989). Managerial performance, Tobin Q, and the gains from successful tender offers. *Journal of Financial Economics*, *24*(1), 137 - 154.

[42] Lev, B. (2001). *Intangibles: Management, Measurement, and Reporting*. The Brookings Institution Press, Washington, D.C.

[43] Lindenberg, E. B., & Ross, S. A. (1981). Tobin Q ratio and industrial organization. *Journal of Business*, *54*(1), 1 - 32.

[44] Lim, S. C., Macias, A. J., & Moeller, T. (2020). Intangible assets and capital structure. *Journal of Banking & Finance*, 118, 105873.

[45] Lucas Jr, R. E., & Prescott, E. C. (1971). Investment under uncertainty. *Econometrica*, *39*(5), 659 - 681.

[46] Nagar, V., & Rajan, M. V. (2005). Measuring customer relationships: The case of the retail banking industry. *Management Science*, *51*(6), 904 - 919.

[47] Nakamura, L. (2003). *A trillion dollars a year in intangible investment and the new economy*, in Hand, J. R. M. and Lev., B. (eds.), Intangible Assets, Oxford University Press, Oxford, 20 - 35.

[48] Rubinstein, M. (2011). *A history of the theory of investments:*

My annotated bibliography, 35, John Wiley & Sons.

[49] Stewart, T. A. (2010). *Intellectual Capital: The new wealth of organization*. Currency.

[50] Tahat, Y. A., Ahmed, A. H., & Alhadab, M. M. (2018). The impact of intangibles on firms' financial and market performance: UK evidence. *Review of Quantitative Finance and Accounting*, *50*(4), 1147–1168.

[51] Tobin, J., & Brainard, W. C. (1976). *Asset markets and the cost of capital*. Cowles Foundation Discussion Papers 427, Cowles Foundation for Research in Economics, Yale University.

[52] Von Furstenberg, G. M., Lovell, M. C., & Tobin, J. (1977). Corporate investment: Does market valuation matter in the aggregate?. *Brookings papers on economic activity*, *1977*(2), 347–408.

[53] Wood, G. (2014). Ethereum: A secure decentralised generalised transaction ledger. *Ethereum project yellow paper*, *151*(2014), 1–32.

[54] Yoshikawa, H. (1980). On the "q" theory of investment. *The American Economic Review*, *70*(4), 739–743.

Appendix

Table A 1 Stock market value of computers and its peripheral equipment industry with market occupancy rate between 1 and 2 in 2008 – 2018

Code	12/31/08	12/31/09	12/31/10	12/31/11	12/31/12	12/31/13	12/31/14	12/31/15	12/31/16	12/31/17	12/31/18
AAPL.O	758.71	1 898.02	2 958.87	3 764.11	4 996.96	5 006.81	6 431.2	5 836.13	6 175.88	8 688.8	8 234.54
NTAP.O	46.12	116.45	198.64	130.07	120.2	140.21	129.2	77.56	97.13	147.59	153.1
STX.O	21.63	90.58	71.04	68.86	108.75	184.47	217.61	109.63	112.66	119.07	119.57
LNVGY.OO	25.08	59.65	64.11	68.83	93.51	126.49	146.08	112.79	67.32	67.78	89.71
PSTG.N	0	0	0	0	0	0	0	29.6	22.61	34.38	39.53
NCR.N	22.36	17.76	24.55	25.91	41.48	56.74	49.13	32.53	50.33	41.4	37.53
CRAY.O	0	0	0	0	6.29	11.11	14.08	13.21	8.43	9.79	14.44
ALOT.O	0	0	0	0	0.75	1	1.25	1.06	1.06	0.94	1.83
TACT.O	0	0	0	0	0.63	1.04	0.43	0.67	0.51	0.98	0.65
QUMU.O	0	0	0	0	0.58	1.11	1.25	0.25	0.22	0.22	0.35
BOXL.O	0	0	0	0	0	0	0	0	0	0.55	0.33

Table A 2 Stock market value of software industry with market ownership rate between 1 and 2 in 2008 – 2018

Code	12/31/08	12/31/09	12/31/10	12/31/11	12/31/12	12/31/13	12/31/14	12/31/15	12/31/16	12/31/17	12/31/18
MSFT.O	1 729.3	2 706.36	2 387.85	2 183.8	2 236.67	3 105.03	3 817.26	4 396.79	4 831.6	6 599.06	9 673.54
ADBE.O	112.01	192.23	154.48	138.96	186.19	297.16	361.67	467.64	508.83	860.89	1 340.74
VMW.N	92.5	170.7	370.49	351.21	403.57	386.07	354.31	238.7	324.03	505.21	812.63
SYMC.O	113.03	145.01	129.94	115.37	130.59	164.12	177.06	141.86	147.77	174.35	122.71
ATVI.O	112.26	138.92	147.2	140.97	118.05	125.47	145.47	284.33	268.37	478.76	323.94
INTU.O	76.14	97.34	153.13	156.32	176.08	217.4	263.2	254.76	294.13	403.36	667.5
CRM.N	39.05	92.14	173.45	137.99	238.7	332.8	374.25	520.58	476.96	738.41	1191.27
CTXS.O	42.44	75.98	128.26	113.24	122.28	115.93	102.58	116.36	139.29	132.59	124.61
CHKP.O	39.89	70.84	96.41	109.5	94.82	124.01	144.4	142.33	147.72	171.98	177.03
RHT.N	25.35	58.02	87	79.75	102.32	106.22	126.78	151.23	124.27	212.58	330.07
EA.O	51.47	57.77	54.35	68.27	43.71	70.88	145.75	213.03	237.66	323.51	274.4
NUAN.O	25.09	44.02	54.57	75.67	70.52	48.23	46.4	60.56	42.88	47.46	51.1
ANSS.O	24.93	38.97	47.72	52.92	62.4	80.5	74.43	81.53	80.03	125.25	152.88
SNPS.O	26.29	32.83	40.18	39.22	48.14	62.62	66.55	69.08	88.35	126.76	174.95
PTC.O	14.7	19.26	26.55	21.65	26.99	42.3	42.51	39.66	53.49	70.57	98.29

continued

Code	12/31/08	12/31/09	12/31/10	12/31/11	12/31/12	12/31/13	12/31/14	12/31/15	12/31/16	12/31/17	12/31/18
CDNS.O	9.38	16.1	22.07	28.32	37.92	40.4	55.53	61.91	72.31	118.08	179.83
PEGA.O	4.43	12.52	13.64	11.08	8.61	18.77	15.86	21.03	27.48	36.71	58.02
FTNT.O	0	11.74	24.06	33.59	33.71	30.9	51.03	53.43	52.12	75.98	132.75
FICO.N	8.23	9.92	9.36	12.8	14.91	21.94	22.94	29.55	36.89	45.95	85.73
TTWO.O	5.87	8.36	10.38	11.74	10.31	15.38	24.77	30.37	42.67	125.21	118.19
TYL.N	4.29	6.99	6.7	8.95	15.18	33.54	36.63	64.1	52.29	66.51	82.61
MANH.O	3.73	5.4	6.64	8.38	11.84	22.43	30.18	48.15	37.75	34.15	42.64
GLUU.O	0.15	0.35	0.92	2	1.51	3.05	4.18	3.2	2.59	4.99	12.1
RP.O	0	0	21.18	18.15	16.36	18.34	17.36	17.69	24.14	36.72	55.55
ZNGA.O	0	0	0	65.81	18.39	31.63	24.1	24.22	22.92	34.82	56.68
OTEX.O	0	0	0	29.32	32.64	54.31	70.95	58.64	75.06	94.7	109.06
PRGS.O	0	0	0	11.96	12.51	13.31	13.69	12.14	15.5	20.13	18.78
EPAY.O	0	0	0	8.32	9.72	13.76	9.53	11.27	10,14	14.04	19,58
DSGX.O	0	0	0	4.42	5.81	8.39	9.43	15.16	16.21	21.55	31.09
TNAV.O	0	0	0	3.22	3.31	2.59	2.66	2.35	3.04	2.44	3.44
MITK.O	0	0	0	1.78	0.84	1.81	1.01	1.31	2.03	3.11	3.95

continued

Code	12/31/08	12/31/09	12/31/10	12/31/11	12/31/12	12/31/13	12/31/14	12/31/15	12/31/16	12/31/17	12/31/18
QADA.O	0	0	0	1.67	2.25	2.7	3.46	3.78	5.62	7.22	9,02
QADB.O	0	0	0	1.67	2.25	2.7	3.46	3.78	5.62	7.22	9,02
PCYG.O	0	0	0	0.36	0.37	1.68	1.55	2.28	2.46	1.86	1.11
SAP.N	0	0	0	0	958.13	1 040.45	833.01	947.62	1 035.43	1 347.2	1 566.47
WDAY.O	0	0	0	0	90.47	145.53	152.61	154.58	132.84	213.65	467.8
NOW.N	0	0	0	0	37.95	78.61	101.44	139.18	123.4	225.18	496.75
SPLK.O	0	0	0	0	28.62	73.66	71.48	76.28	69.39	117.18	179,04
NICE.O	0	0	0	0	20.17	24.62	30.01	34.12	40.93	55.14	86.08
SSNC.O	0	0	0	0	18.26	36.59	49.24	67.23	58.01	83.33	143.75
ACIW.O	0	0	0	0	17.23	25.26	23.32	25.47	21.29	26.88	35.41
GWRE.N	0	0	0	0	16.47	32.87	35.23	43.01	36.26	55.96	86.09
VHC.A	0	0	0	0	14.98	9.94	2.85	1.37	1.25	2.18	3.96
VRNT.O	0	0	0	0	11.45	22.53	31.25	25.25	22.09	26.69	36.71
MSTR.O	0	0	0	0	10.54	14.04	18.37	20.44	22.57	15.03	13.73
BLKB.O	0	0	0	0	10.42	17.37	20.03	30.93	30.45	45.44	38.14
EBIX.O	0	0	0	0	5.98	5.6	6.15	10.96	18.49	24.93	15.29

continued

Code	12/31/08	12/31/09	12/31/10	12/31/11	12/31/12	12/31/13	12/31/14	12/31/15	12/31/16	12/31/17	12/31/18
TYPE.O	0	0	0	0	5.95	12.45	11.38	9.46	8.26	10.06	6.93
PRO.N	0	0	0	0	5.04	11.25	7.99	6.85	6.57	8.44	20.05
QLYS.O	0	0	0	0	4.65	7.48	12.68	11.39	11.3	22.51	35.4
PFPT.O	0	0	0	0	4.07	11.99	18.65	26.55	30.02	39.82	64.51
OSPN.O	0	0	0	0	3.2	3.06	11.19	6.71	5.49	5.58	5.6
SPNS.O	0	0	0	0	1.55	3.55	3.51	4.97	6.99	5.65	7.4
DMRC.O	0	0	0	0	1.48	1.43	2.29	3.26	3.16	4.1	7.77
SMSI.O	0	0	0	0	0.54	0.55	0.44	0.33	0.18	0.41	0.97
MNDO.O	0	0	0	0	0.38	0.38	0.75	0.49	0.47	0.53	0.43
GSB.A	0	0	0	0	0.26	0.45	0.46	0.84	0.86	0.77	1.44
FEYE.O	0	0	0	0	0	60.08	48.27	33.52	20.36	26.21	29.18
DATA.N	0	0	0	0	0	42.87	59.22	68.97	32.07	55.18	97.33
MODN.N	0	0	0	0	0	2.8	2.72	3.02	2.47	4.62	5.88
MAMS.O	0	0	0	0	0	0.72	0.8	0.99	0.8	0.94	1.13
ZEN.N	0	0	0	0	0	0	18.4	23.88	20.21	34.35	96.44
PAYC.N	0	0	0	0	0	0	14.17	21.49	26.35	46.8	121.83

continued

Code	12/31/08	12/31/09	12/31/10	12/31/11	12/31/12	12/31/13	12/31/14	12/31/15	12/31/16	12/31/17	12/31/18
CYBR.O	0	0	0	0	0	0	12.09	15.03	15.15	14.18	49.33
HUBS.N	0	0	0	0	0	0	10.56	19.32	16.74	33.04	77.14
VRNS.O	0	0	0	0	0	0	8.1	4.9	7.15	13.52	20.33
MOBL.O	0	0	0	0	0	0	7.58	2.94	3.3	3.75	6.13
RUBI.N	0	0	0	0	0	0	6	7.67	3.64	0.93	3
GLOB.N	0	0	0	0	0	0	5.25	12.83	11.41	16.1	32.17
ATEN.N	0	0	0	0	0	0	2.68	4.21	5.58	5.46	4.7
UPLD.O	0	0	0	0	0	0	1.46	1.11	1.6	4.5	10.21
TEAM.O	0	0	0	0	0	0	0	62.77	52.1	104	310.21
RPD.O	0	0	0	0	0	0	0	6.29	5.17	8.19	25.12
ZM.O	0	0	0	0	0	0	0	0	0	0	195.5
TWLO.N	0	0	0	0	0	0	0	0	25.14	21.96	169.07
OKTA.O	0	0	0	0	0	0	0	0	0	26.1	123.03
COUP.O	0	0	0	0	0	0	0	0	12.5	17.19	68.57
NTNX.O	0	0	0	0	0	0	0	0	37.78	56.6	63.99

continued

Code	12/31/08	12/31/09	12/31/10	12/31/11	12/31/12	12/31/13	12/31/14	12/31/15	12/31/16	12/31/17	12/31/18
SWI.N	0	0	0	0	0	0	0	0	0	0	55.9
AVLR.N	0	0	0	0	0	0	0	0	0	0	48.45
SMAR.N	0	0	0	0	0	0	0	0	0	0	45.73
BL.O	0	0	0	0	0	0	0	0	14.17	17.34	28.54
TENB.O	0	0	0	0	0	0	0	0	0	0	28.47
ALTR.O	0	0	0	0	0	0	0	0	0	15.05	26.53
EVBG.O	0	0	0	0	0	0	0	0	5.01	8.4	26.34
APPN.O	0	0	0	0	0	0	0	0	0	18.98	22.45
FSCT.O	0	0	0	0	0	0	0	0	0	12.09	14.99
TLND.O	0	0	0	0	0	0	0	0	6.21	10.7	14.58
SSTI.O	0	0	0	0	0	0	0	0	0	1.36	5.17
CLPS.O	0	0	0	0	0	0	0	0	0	0	0.86
DTSS.O	0	0	0	0	0	0	0	0	0	0	0.4
ZDGE.A	0	0	0	0	0	0	0	0	0.29	0.27	0.23
SGLB.O	0	0	0	0	0	0	0	0	0	0.1	0.13

Table A 3　Stock market value of internet service industry (US stock) with market ownership rate between 1 and 2 in 2008 – 2018

Code	12/31/08	12/31/09	12/31/10	12/31/11	12/31/12	12/31/13	12/31/14	12/31/15	12/31/16	12/31/17	12/31/18
GOOGL.O	901.5	1 816.71	1 740.49	1 892.66	2 072.81	3 763.7	3 594.9	5 281.68	5 390.68	7 294.58	7 886.83
FB.O	0	0	0	0	631.42	1 391.91	2 182.22	2 977.58	3 315.93	5 127.59	5 168.34
EQIX.O	20.08	41.73	37.52	48.07	100.58	88	127.99	187.79	255.12	354.57	417.42
EBAY.O	178.97	305.37	361.15	391.54	659.91	709.95	686.91	325.36	331.91	394.22	314.88
SHOP.N	0	0	0	0	0	0	0	20.66	34.44	90.3	304.52
MELI.O	0	0	0	0	34.68	47.59	56.37	50.49	68.95	138.95	292.24
TWTR.N	0	0	0	0	0	362.76	230.42	160.62	116.53	178.34	287.54
MTCH.O	0	0	0	0	0	0	0	33.64	43.53	85.52	194.71
CSGP.O	0	0	0	0	25.33	53.25	59.35	67.19	61.44	107.33	187.85
IAC.O	22.12	24.77	25.36	34.95	39.81	56.43	51.15	49.86	51.37	100.25	187.44
PINS.N	0	0	0	0	0	0	0	0	0	0	138.35
GDDY.N	0	0	0	0	0	0	0	50.49	58.04	83.83	132.54
AKAM.O	25.56	43.38	87.8	57.92	72.73	84.25	112.26	93.27	115.56	110.02	127.82
FDS.N	20.84	31.04	43.45	39.38	38.91	46.45	58.7	66.96	64.89	75.39	107.14

continued

Code	12/31/08	12/31/09	12/31/10	12/31/11	12/31/12	12/31/13	12/31/14	12/31/15	12/31/16	12/31/17	12/31/18
DBX.O	0	0	0	0	0	0	0	0	0	0	106.01
WB.O	0	0	0	0	0	0	29	41.37	86.14	228.87	98.16
DOCU.O	0	0	0	0	0	0	0	0	0	0	91.92
ZS.O	0	0	0	0	0	0	0	0	0	0	91.57
TTD.O	0	0	0	0	0	0	0	0	10.67	18.78	87.22
ZG.O	0	0	0	6.2	9.4	32.2	43.2	43.43	66.09	77.18	85.56
Z.O	0	0	0	0	0	0	0	43.43	66.09	77.18	85.56
MDB.O	0	0	0	0	0	0	0	0	0	15.01	76.86
CDAY.N	0	0	0	0	0	0	0	0	0	0	71.62
WIX.O	0	0	0	0	0	10.07	8.07	9.16	17.94	25.49	66.41
GRUB.N	0	0	0	0	0	0	29.75	20.57	32.2	62.25	60.06
PLAN.N	0	0	0	0	0	0	0	0	0	0	46.91
PS.O	0	0	0	0	0	0	0	0	0	0	46.01
CHGG.N	0	0	0	0	0	6.95	5.8	5.93	6.74	17.7	43.55
JCOM.O	0	0	0	0	13.8	23.06	29.39	39.47	39.31	36.32	41.01

continued

Code	12/31/08	12/31/09	12/31/10	12/31/11	12/31/12	12/31/13	12/31/14	12/31/15	12/31/16	12/31/17	12/31/18
TDC.N	25.74	53.02	69.19	81.21	102.55	72.47	64.6	34.53	35.29	46.54	40.29
ENV.N	0	0	0	0	4.51	13.65	16.98	12.53	15.18	22.09	35.36
OMCL.O	0	0	0	0	4.99	8.94	11.86	11.06	12.38	18.4	33.43
QTWO.N	0	0	0	0	0	0	6.54	10.26	11.58	15.36	32.65
APPF.O	0	0	0	0	0	0	0	4.9	8.04	14.09	32.33
CSOD.O	0	0	0	0	14.97	27.97	18.95	18.89	23.77	20.46	32.02
FIVN.O	0	0	0	0	0	0	2.21	4.45	7.52	13.85	30.21
ALRM.O	0	0	0	0	0	0	0	7.59	12.79	17.8	28.74
BOX.N	0	0	0	0	0	0	0	17.24	17.97	28.75	28
CMPR.O	0	0	0	12.28	11.23	18.69	24.4	25.51	28.99	37.21	27.63
YELP.N	0	0	0	0	11.97	48.87	39.91	21.88	29.92	34.78	24.63
ZUO.N	0	0	0	0	0	0	0	0	0	0	23.59
ZUO.N	0	0	0	0	0	0	0	0	0	0	23.59
SVMK.O	0	0	0	0	0	0	0	0	0	0	22.25
YEXT.N	0	0	0	0	0	0	0	0	0	10.98	20.78

continued

Code	12/31/08	12/31/09	12/31/10	12/31/11	12/31/12	12/31/13	12/31/14	12/31/15	12/31/16	12/31/17	12/31/18
FSLY.N	0	0	0	0	0	0	0	0	0	0	19.5
LPSN.O	0	0	0	0	7.35	8.07	7.99	3.87	4.38	6.85	18.66
SPSC.O	0	0	0	0	5.52	10.51	9.26	11.74	11.91	8.37	18.18
SAIL.N	0	0	0	0	0	0	0	0	0	12.41	16.29
CISN.N	0	0	0	0	0	0	0	0	0	14.56	16.24
INST.N	0	0	0	0	0	0	0	5.67	5.52	9.86	15.78
BCOR.O	0	0	0	0	6.41	12.27	5.66	4.01	6.15	10.19	15.72
GTT.N	0	0	0	0	0	1.7	4.48	6.23	10.69	20.4	14.48
SSTK.N	0	0	0	0	8.71	29.33	24.6	11.54	16.69	14.92	13.62
EB.N	0	0	0	0	0	0	0	0	0	0	13.02
EGOV.O	0	0	0	0	10.56	16.16	11.75	12.92	15.77	11	10.84
PRFT.O	0	0	0	0	3.63	7.34	6.12	5.89	6.31	6.66	10.48
DOMO.O	0	0	0	0	0	0	0	0	0	0	9.46
CARB.O	0	0	0	0	2.39	3.14	3.88	2.67	4.47	7.01	8.45
QNST.O	0	0	0	4.45	2.87	3.76	2.7	1.94	1.72	3.83	8.04

continued

Code	12/31/08	12/31/09	12/31/10	12/31/11	12/31/12	12/31/13	12/31/14	12/31/15	12/31/16	12/31/17	12/31/18
EIGI.O	0	0	0	0	0	17.69	24.13	14.42	13.16	12.05	6.85
TCX.O	0	0	0	0	0.64	1.53	2.2	2.25	3.68	7.41	6.66
AGMH.O	0	0	0	0	0	0	0	0	0	0	5.85
CTK.N	0	0	0	0	0	0	0	0	0	0	5.73
TTGT.O	0	0	0	0	2.19	2.19	3.68	2.57	2.37	3.84	5.49
ZIXI.O	0	0	0	0	1.71	2.76	2.05	2.87	2.65	2.44	5.24
WTRH.O	0	0	0	0	0	0	0	0	3.06	3.11	4.98
CRCM.N	0	0	0	0	0	0	2.62	2.31	2.47	5.43	4.64
BCOV.O	0	0	0	0	2.53	4.11	2.52	2.03	2.72	2.46	3.93
LLNW.O	0	0	0	0	2.18	1.93	2.73	1.49	2.65	4.84	3.69
AMBR.N	0	0	0	0	0	0	2.63	1.34	2.44	2	3.68
TLRA.N	0	0	0	0	0	2.9	1.47	1.08	1.29	2.06	3.62
INS.A	0	0	0	0	0.12	0.15	0.14	0.28	0.37	0.4	3.09
ECOM.N	0	0	0	0	0	9.86	5.38	3.49	3.7	2.39	2.72
TZOO.O	0	0	0	0	2.92	3.2	1.86	1.22	1.3	0.8	2.23

continued

Code	12/31/08	12/31/09	12/31/10	12/31/11	12/31/12	12/31/13	12/31/14	12/31/15	12/31/16	12/31/17	12/31/18
MCHX.O	0	0	0	0	1.54	3.33	1.93	1.63	1.14	1.41	2.15
HIVE.N	0	0	0	0	0	0	2.21	2.5	2.92	3.12	1.92
LEAF.N	0	0	0	0	8.4	5	1.21	1.11	1.29	2.05	1.91
VERI.O	0	0	0	0	0	0	0	0	0	3.47	1.79
SHSP.O	0	0	0	0	0	0	0.33	0.23	0.38	0.37	1.77
PCOM.O	0	0	0	0	1.69	3.9	2	1.47	1.17	1.53	1.76
CYRN.O	0	0	0	0	0.8	0.82	0.54	0.67	0.84	0.98	0.98
INAP.O	0	0	0	0	3.7	4.06	4.33	3.58	0.9	3.27	0.78
SRAX.O	0	0	0	0	0	0	0	0	0.43	0.45	0.59
CNET.O	0	0	0.77	0.22	0.18	0.19	0.33	0.25	0.12	0.13	0.2
NETE.O	0	0	0	0	0.99	1.41	0.52	0.21	0.08	0.27	0.18
IZEA.O	0	0	0	0	0	0	0	0	0.24	0.26	0.17
BVSN.O	0	0	0	0	0.42	0.46	0.29	0.29	0.23	0.18	0.06

Table A 4　Stock market value of internet service industry (Hong Kong, China stock) with market ownership rate between 1 and 2 in 2008 – 2018

Code	12/31/08	12/31/09	12/31/10	12/31/11	12/31/12	12/31/13	12/31/14	12/31/15	12/31/16	12/31/17	12/31/18
0700.HK	897.52	3 064.83	3 100.55	2 871.95	4 614.8	9 210	10 542.01	14 340.98	17 977.61	38 565.9	30 922.78
1686.HK	10.16	18.28	23.19	21.13	36.92	51.79	56.2	57.59	77.1	137.97	155.86
1089.HK	0	0	0	9.96	5.81	5.06	16.93	21.51	45.9	54.66	71.19
1762.HK	0	0	0	0	0	0	0	0	0	0	59.84
1806.HK	0	0	0	0	0	0	0	0	0	0	48.17
0797.HK	0	0	0	0	0	0	0	0	0	0	36.27
0395.HK	2.13	6.89	22.77	8.91	4.42	7.86	12.29	11.11	6.67	5.48	19.44
3738.HK	0	0	0	0	0	0	0	0	0	0	11.26
2022.HK	0	0	0	0	0	0	0	0	0	23.4	4.62
1782.HK	0	0	0	0	0	0	0	0	3.21	6.57	4.37
8420.HK	0	0	0	0	0	0	0	0	0	3.66	0.74

第三辑
货币与共同货币未来机制

共同责任＝共同负债

中文是富于智慧内涵的语言。责任人实际就是负债的人。但现实的金融世界中，这样的人常常把他所面临的债务风险都分散给了那些无法负责的人。掌握了发钞权的人就是一群这样的人。

技术无形经济时代人权还是人的权益＋人分布式的责任。

ESG 碳主题叙事之下的全球叙事经济学和叙事金融学。

气候危机是一场人类文明的根本性危机。它的危险，带来的一个宏观的机会就在于世界将通过金融和税收来整体定价共同责任和共同负债。

《基于"黄金＋碳"的共同货币基础研究》是作者十年前的一篇论文，这十年有两个现象证明了它的价值：一个是超主权和去中心化的支付工具如所预料出现了前所未有的发展；一个是碳经济碳金融正以一个文明拯救者形象浮现在大国博弈之间"其血玄黄"。未来十年，碳税、碳债、碳中和，将成为人类多赢对冲自然命运的关键时期，也将见证财富世界在新标准划分下的又一次无形巨变。共同货币必将出现。

基于"黄金+碳金融"的
共同货币制度研究

1 导　　论

1.1　问题的提出

　　2008 年金融危机席卷全球,使全球经济遭遇重创。追根究底,此次金融危机产生的本质原因是国际货币体系的问题。以主权信用货币为中心的现行国际货币体系存在的致命缺陷暴露无遗:即缺乏黄金的约束,肆意扩张,流动性泛滥并向全世界转嫁通胀风险。这就引发了世界范围内广泛的思考和讨论:国际货币体系的下一步到底应该落脚于何处;有没有一种超主权货币可以替代美元一家独大的情况并为全世界所理解和接受;困扰世人已久的特里芬难题到底有没有解,当如何解? 回顾现实与历史,将会看到这些问题的解决又是如何的迫切与重要。

　　过去二十年,发达国家累计了大量的债务,货币总量已经达到六百八十万亿,衍生品总量已经十几倍于全球 GDP。从前纽约联储副主席 John Exter 所归纳的金融倒三角形中我们或可有更直观的认识(详见图 2 - 4),金融资产的三角形在过去 20 年间逐渐形成了一个流动性严重失衡的结构。无论物理系统还是金融系统,只要存在结构失衡就会出现系统动荡。2008 年金融危机爆发的时候,国际货币研究界许多人惊呼:金融倒三角形已经完全坍塌了,甚至说是蒸发了。

那么究竟什么魔术盒能够变出这么大一幢货币魔幻大楼呢？其核心原因就是货币成本太低，借钱太容易。第一次借钱太容易的情形发生在 2000 年，当时是高科技与互联网的时代，大家对于未来抱有巨大的幻想，以美国为代表的发达国家出现了无风险资产的大赠送式投资，市场孕育出了一个惊人的市梦率。让梦想照进现实，用梦想换取金钱是当初的时代符号，最终导致了泡沫的破灭。

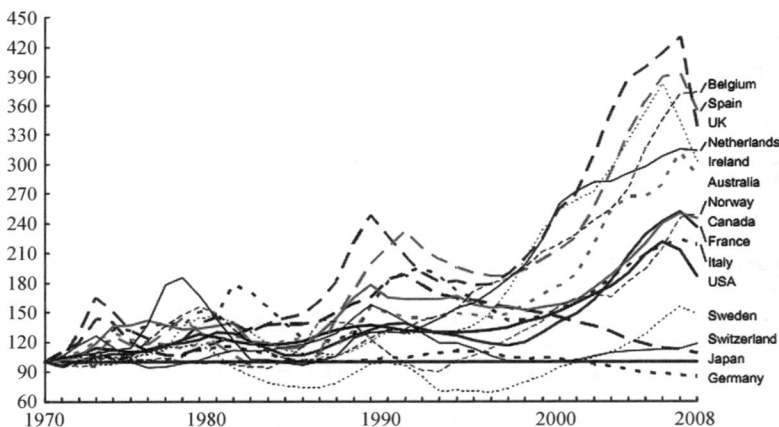

Housing price indices in many countries soared from the mid-1990s through 2007

Real house prices
1970 = 100

SOURCE: Bank of International Settlements, per national sources; Haver Analytics; McKinsey Global Institute analysis

图 1　自 2000 年开始，全球产生了空前的资产泡沫

而现在的货币危机则源于其后的 9.11 打击，以及美国长期以来的低利率和纸币泛滥的发展模式。近十余年来美国都依赖于"印纸币换取实物，用消费代替发展"的经济模式，长期依赖于中国等发展中国家的廉价制造业成品。以中国为例，美国国内的制造业比重不断降低,过着不劳动就使用中国廉价商品的悠闲日子。用巴菲特的话说,"我们从中国那得到了真实的商品,而只需要支付给他们一些纸片儿"。美元的量化宽松,把美元"贵出如粪土"。长此以往,中美两国之间就形成了一种"恐怖平衡",而这种"恐怖平衡"也带来了国际贸易的不平衡,同时也意味着货币系统随时坍塌的风险。

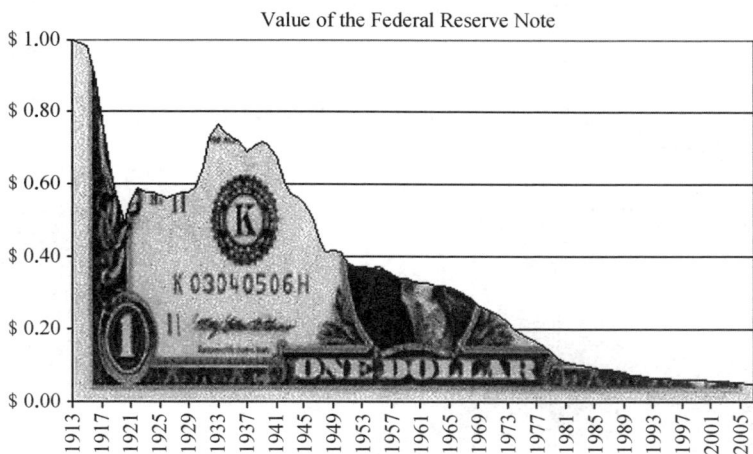

图 2　美元通货膨胀的历史数据

但现在的情况是,中国的发展趋势持续而稳定,而美国的经济走势仍然不明朗,美元在泛滥的债务面前就有着垮塌的趋势和风险。如果美国政府不主动改变它的政策,垮塌则会成为现实,到那时替代美元储备也将会提上各国的议事日程。从这个角度讲,即使没有 2008 年金融危机的当头棒喝,寻求替代美元的超主权货币也是必然之举。事实上,经济学界们对超主权货币的猜想从未停止过。70 年前,凯恩斯第一次提出超主权货币"班克"(Bancor),

但很遗憾并没有被布雷顿森林体系所采纳。G7 国际会议上,法国提出了一个 IMS(International Monetary System)的国际金融平衡观,旨在改变目前国际金融体系失衡的困境,但 IMS 并没有得到国际社会应有的重视,并不是因为大家不理解,而是国际社会认为短期里没有办法改变目前这一由强权的美国领导的国际货币体系。4 年前,中国人民银行行长周小川提出拓宽 SDR 的适用范围,从而满足各国对储备货币的要求;当前林毅夫则提出使用超主权的"纸黄金"代替目前的主权储备货币。对超主权货币的追寻仍在继续。

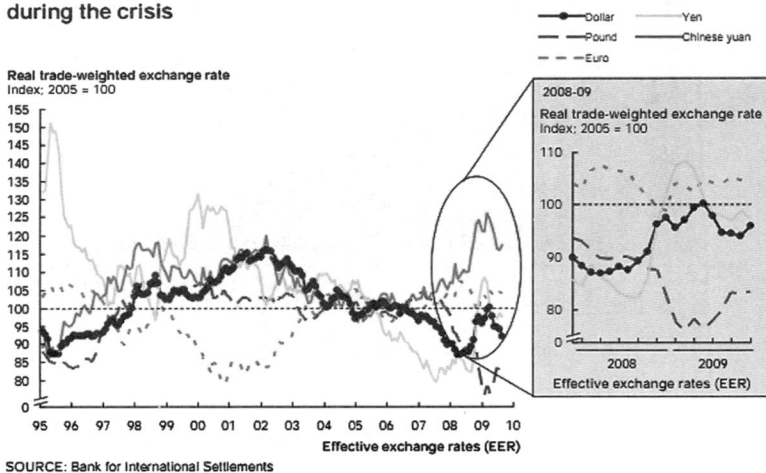

图 3　金融危机期间国际货币市场的巨幅波动

1.2　研究目的及意义

　　国际货币体系的稳定是全球经济发展、金融稳定的前提与基础,与大至国家、小至个人息息相关。建立新的国际金融秩序不仅有望增强中国在国际金融体系中的话语权,还有望巩固和提升中国的国际形象和地位。因此,从不同视角进行多种尝试是重要且必要的。本文拟结合本人在国际银行罗斯柴尔德银行的工作经历,基于本人对货币(特别是黄金)、国际金融的长期关注和思考,结合当下经济热点和未来趋势设计出一种新的超主权货币(本文称其为共同货币),以期为国际货币体系的改革、超主权货币的设计提供一种全新的思路,以期丰富超主权货币的研究理论,在多种构想的碰撞中为改善和增强发展中国家在国际货币体系中的地位尽绵薄之力。

1.3　创新点

作为一种启发:"共同但有区别的责任"是 20 多年来全球共同解决环境问题的基本原则,随着碳交易的激增和碳金融的快速发展,这一原则也隐含了引入碳金融共同解决国际宏观金融系统性危机的可能。

本文的核心思路是将超主权货币黄金与超主权信用碳排放权进行创造性结合并打包证券化,创造出本文所指共同货币。该共同货币因与稀缺的黄金挂钩可保持币值稳定和供应有序,因引入 IMF 实行货币政策与财政政策的集中统一和公开市场操作而保证总量可调。这一设计在国际国内尚属首创,或可解决由来已久的特里芬难题。

1.4　研究框架

本文的研究框架共分为五章,其中:第一章为导论,主要介绍研究背景、研究意义和本文的创新点;第二章为相关研究综述,主要介绍了国际货币体系的发展历程及不同阶段存在的主要问题、国际上关于世界性超主权货币的主要构想及各自的优缺点、现存区域性超主权货币的现状及其意义和不足以及有关现有货币体系的重要讨论;第三章详细介绍了本文关于共同货币的构想,包括共同货币构成元素、设计基础、设计思路和共同货币的内涵;第四章评述了共同货币相较于传统货币、已有超主权货币的优势,从多个角度分析了"黄金 + 碳金融"组合的光明前景;文章最后阐述了中国如何在本文所指共同货币的时代下抢占先机,争取人民币的国际货币地位。

2 相关研究综述

2.1 国际货币体系发展历程及评价

国际货币体系(International Monetary System)亦称为国际金融制度或国际货币制度,是指为适应国际交易与国际支付的需要,各国政府对货币在国际范围内发挥世界货币职能所确定的原则,采取的措施和建立的组织的统称。真正意义上的国际货币体系始于 19 世纪末金本位制度的确立,至今已相继经历了国际金本位制、布雷顿森林体系和牙买加体系三个历史阶段,在每一阶段都存在着一些矛盾与冲突,并由此导致了旧制度的崩溃与新制度的确立。鉴于先行货币制度的缺陷与国际货币体系改革特别是寻求超主权货币呼声的高起,总体来看,国际货币体系的核心将经历从超主权货币到主权货币再到新型超主权货币的变迁,并将最终回归黄金。

2.1.1 国际金本位制度

2.1.1.1 金本位制度简介

国际金本位制是以一定成色及重量的黄金为本位货币的制度,存在于 19 世纪末至第一次世界大战前,是历史上第一个国际货币制度,也是西方各国普遍实行的一种自发性质的国际货币制度,基于各国普遍采用的金本位制而建立。金本位制具有如下特点:黄金是国际货币体系的基础,可以自由输出输入国境,是国际储备资产和结算货币;金铸币可以自由流通和储藏,也可以按法定含金量自由铸造,各种金铸币或银行券可以自由兑换成黄金;各国货币的汇率由其含金量决定,国际收支由物价现金流机制自动调节。

2.1.1.2　金本位制度评价

该制度是一种较为稳定的货币制度,表现为:该体系下各国货币之间的比价、黄金以及其他代表黄金流通的铸币和银行券之间的比价、各国物价水平相对稳定;对汇率稳定、国际贸易、国际资本流动都可起到积极作用。由于黄金作为货币的天然优势,在国际金本位制存续的数十年中,世界经济得到了稳定的发展,以至于即使是今天依然有人怀念那个曾经辉煌的黄金时代。

金本位制也有其内在缺陷。首先黄金本身作为一种稀缺资源,在供给数量上是有限的,而随着经济的快速发展,对于黄金的需求却是无限的。即使是在科学技术高度发达的今天,黄金供给依然无法满足需求。据 2006 年世界黄金协会和北京黄金经济发展研究中心发布的《黄金投资价值研究报告》显示,2001—2005年,黄金供给便存在 227 吨的缺口。其次坚持金本位制度意味着一个国家不能控制它的货币政策,因为它的货币政策很大程度上受黄金生产和开采的制约。19 世纪 70 年代和 80 年代,黄金的生产规模很小,世界各国的货币供给增长缓慢,不能跟上世界经济发展的步伐,其结果是通货紧缩(物价水平下降)。然而,19 世纪 90

年代阿拉斯加和南非的黄金开采极大地扩张了黄金生产,引起了直到第一次世界大战的货币供给快速增长,通货膨胀(物价水平急剧上涨)。金本位制最终由于黄金供给的限制而崩溃。

2.1.2 布雷顿森林体系

2.1.2.1 布雷顿森林体系简介

"布雷顿森林体系"是指二战后以美元为中心的国际货币体系,也称固定汇率制度。1944 年 7 月,西方主要国家的代表在联合国国际货币金融会议上确立了该体系,由于此次会议是在美国新罕布什尔州布雷顿森林举行的,因此称之为"布雷顿森林体系。"该体系是以美元和黄金为基础的金汇兑本位制。其实质是建立一种以美元为中心的国际货币体系,基本内容包括美元与黄金挂钩、其他国家的货币与美元挂钩以及实行固定汇率制度。该体系的运转取决于美元的信誉和地位。《布雷顿森林协定》还创立了国际货币基金组织和世界银行。

2.1.2.2 布雷顿森林体系评价

在布雷顿森林体系存续的数十年中,对于维护国际金融秩序和国际金融关系,曾起到了重要的积极作用。

布雷顿森林体系的建立企图以美元来拯救世界货币体系,但最终也因美元的贬值而崩溃,可谓成也美元,败也美元。布雷顿森林体系崩溃的原因以"特里芬悖论"最为精辟。特里芬悖论,也可称为特里芬难题,它是美国耶鲁大学教授特里芬在 1960 年出版的《黄金与美元危机》中提出的一个观点。书中的描述是这样的:"由于美元与黄金挂钩,而其他国家的货币与美元挂钩,美元虽然因此而取得了国际核心货币的地位,但是各国为了发展国际贸易,必须用美元作为结算与储备货币,这样就会导致流出美国的货币在海外不断沉淀,对美国来说就会发生长期贸易逆差;而美元作为国际货币核心的前提是必须保持美元币值稳定与坚挺,这又要求美国必须是一个长期贸易顺差国。这两个要求互相矛盾,因此是一个悖论。"

2.1.3　牙买加体系

2.1.3.1　牙买加体系简介

牙买加体系的核心是浮动汇率制。20 世纪 70 年代布雷顿森林体系崩溃之后,国际金融领域陷入空前混乱与动荡。国际贸易及各国之间的经济联系受到了严重影响。因此,各国一致要求对国际货币制度进行改革,以建立一个新的国际货币体系。由此,国际货币基金组织成立了专门研究国际货币制度改革机构,在非洲国家牙买加召开会议,并最终签订了《牙买加协议》,并在此基础上建立了现行的国际货币体系。牙买加体系承认浮动汇率合法化,即汇率安排多样化,宣布"黄金非货币化",并强调特别提款权(SDR)的作用,增加了成员国在基金组织中的份额,扩大发展中国家的资金融通。

在该体系下,美元仍然保持了它的储备货币地位。但是各国不再将汇率盯紧美国,而是通过公开市场将本国货币与美元汇率保持在一个相对稳定的水平。这便是当今世界现在所使用的浮动汇率制度。在浮动汇率制度下,有的国家完全放任本国货币在公开市场上流通,另有些国家则会通过一些货币政策对本国汇率进行控制,全球金融体系的稳定完全依赖于自由市场的供给均衡。

2.1.3.2　牙买加体系评价

牙买加体系即我们今天所倚靠的国际货币体系,其最大的特点就是承认浮动汇率合法化和强调特别提款权(SDR)的作用。牙买加体系的建立对于维护现今的国际金融秩序有一定的积极作用:多元化的储备结构摆脱了布雷顿森林体系下各国货币间的僵硬关系,为国际经济提供了多种清偿货币,在较大程度上解决了储备货币供不应求的矛盾;多样化的汇率安排适应了多样化的、不同发展水平的各国经济,为各国维持经济发展与稳定提供了灵活性与独立性,同时有助于保持国内经济政策的连续性与稳定性;多种渠道并行,使国际收支的调节更为有效与及时。

但是牙买加体系内部依然问题众多。首先在该体系中,尽管可供一国选择的国际储备不单只是美元,还包括黄金储备、欧元、日元和英镑等国际性货币、IMF 的储备头寸、特别提款权(SDRs),但美元仍是各国外汇储备的主要组成部分,由此可见,原有货币体系的根本矛盾仍然没有得到解决。其次牙买加体系所提倡的 SDR 并非实际意义上的真正货币,只是一种记账符号,并且只能在各国政府间持有与流通,居民与企业却禁止持有,这在很大程度上限制了 SDR 所应有的作用。因而现在经济学接对于牙买加体系的评价基本上认为牙买加体系只是对现行国际货币体系既成事实的承认,并没有解决国际金融领域存在的根本问题。再次,在多元化国际储备格局下,储备货币发行国仍享有“铸币税”等多种好处,且又缺乏统一的稳定的货币标准,这本身就可能造成国际金融的不稳定。最后,汇率大起大落,变动不定,汇率体系极不稳定,增大了外汇风险,在一定程度上抑制了国际贸易与国际投资活动,对发展中国家这种负面影响尤为突出。

2.2　世界性超主权货币研究现状

如果说在布雷顿森林体系下,国际金融危机是偶然的、局部的,那么,在牙买加体系下,国际金融危机就成为经常的、全面的和影响深远的。1973 年浮动汇率普遍实行后,西方外汇市场货币汇价的波动、金价的起伏经常发生,小危机不断,大危机时有发生。2008 年金融危机再次提醒世人改革先行国际货币体系刻不容缓。

2.2.1　研究现状综述

国际货币体系从一开始就选择了超主权货币,并且直到主权货币成为世界货币之前都是如此。最开始的超主权货币是与银本位和金本位相对应的白银和黄金。但因各自的缺陷,都被历史淘汰。依靠黄金或白银的老路已经不可能建立行之有效的超主权货币。在未来是否会有新的超主权货币出现,目前有两种观点。一种持怀疑态度,认为:(1) 现代货币最为本质的特征就是建立在主权国家信用担保的基础上,离开了主权国家的信用担保,信用货币是无法确立的,更不用说成为交易结算、贮藏及投资的工具。(2) 国际储备货币若与主权国家脱钩或是没有国家主权为信用担保,那这种国际储备货币一定是世界各国政治协商的结果,即使这种政治协商可以进行,但由于当前各国的经济发展水平及在国际经济生活中的地位悬殊,各国在这种政治协商中的利益诉求相差很远。因此,在这种政治协商中要达到各国认可的一致意见是不容易的;即使能够达到这种一致意见,其成本也将十分昂贵。(3)货币的定价问题。因此他们认为货币的主权化已不可避免,超主权之路不可行。面对国际货币体系的困境,应考虑如何面对既有的现实,并在以美元为主导的国际货币体系的基础上寻求现实目标之路。对于人民币,则应当努力成为世界货币。另一种则对超主权货币始终心存希望,并在进行积极的探索和尝试。回顾这些主要的关于世界性超主权货币的构想以及未能成功实施的原因,可帮助我们启发创意,完善共同货币制度设计。

2.2.2　凯恩斯的 Bancor 方案

2.2.2.1　Bancor 简介

二次世界大战后期,英国著名经济学家梅纳特·凯恩斯提出了命名"Bancor"的世界货币方案。Bancor 主要用于国际贸易结算,将与各国主权货币共存,而非取代本国货币的流通。凯恩斯方案建议成立"国际结算或货币联盟"简称"清算同盟",发挥国际央行的作用,统一发行世界货币 Bancor,采取 30 种有代表性的商品(Commodities,粮食、石油、铜材等)作为一篮子确定币值的根据,其中包括黄金,以利于稳定币值。国际央行按照会员国战前 3 年的进出口贸易平均值作为最初分配份额,但是会员国并不需要缴纳黄金或外汇,相当于免费赠送。以后则以国际央行的利润,按份额给各国分配增加准备金;或者通过信贷扩张。逆差国可按份额向"同盟"借款,顺差国则应将顺差款项存入"同盟"账户或购买逆差国的商品。凯恩斯要求各国央行以本国拥有的"Bancor"为本位,保证本国货币与"Bancor"之间的币值维持确定比例;各国自己的货币应与"Bancor"保持一个固定的,但是可以调整的汇率。

凯恩斯计划中,所有国际贸易一律用"Bancor"计价,出口者收入"Bancor",进口者则付出"Bancor";一个国家若能很好的保持贸易平衡,在清算联盟的该国贸易账户中,"Bancor"余额应维持很小甚至等于零。他希望这种货币制度可以促进国家之间的贸易平衡。凡是出口超过进口的国家,称为"债权国"(Creditor nations),因顺差而获得贸易盈余;反之,凡是进口超过出口的国家称为"债务国"(Debtor nations),因逆差而造成贸易赤字。凯恩斯为了解决债权国过分顺差的问题,提出如果其储蓄超过一定水平时,储蓄国要向同盟支付利息,以促使债权国和债务国积极配合处理过分顺差或者过分逆差。如果债务国最后用完信贷额度,则采取贸易管制或者货币贬值。

2.2.2.1 Bancor 的缺陷

英国经济学家哈罗德(R. F. Harrod)向凯恩斯指出,"从长远看,清算联盟并没有为恢复平衡提供自动机制;如果所有债务国都用尽了它们的定额,则债权国将达到巨大的余额,这样我们就又回到原来的地方了"。凯恩斯方案有待阐明的问题很多,最大的疑点是:Bancor 作为一种全球性的信用货币,它自身的信用担保是什么? 其次,清算联盟靠什么发行 Bancor? 在当时情况下,只能进行透支,即向美国透支。这意味着美国将付出巨额物质财富,收回一堆 Bancor,但向当时几成一片废墟的战后国家什么也买不到。美国也将因此承担起调整巨大顺差的义务。但战后负债累累的英国,将凭借战前的良好经济记录,无需缴纳任何黄金和外汇,将凭空获得巨大份额的资金。该制度下,美国拥有的巨量黄金将不再具有国际货币的功能,美国也将失去国际金融的主导地位。在美国的强权政治下,凯恩斯方案注定出局。最后是选择代表性篮子里的商品,各国生产出来的这些商品所内含的要素价格可能相差很远,在这种情况下,以代表性的商品作为定价基础建立起来的国际储备货币也就无法准确地反映各国货币的比值关系。

2.2.3 周小川的 SDR 提议

2.2.3.1 SDR 简介

特别提款权(special drawing right,SDR)是国际货币基金组织创设的一种储备资产和记账单位,亦称"纸黄金(Paper Gold)"。它是基金组织分配给会员国的一种使用资金的权利。会员国在发生国际收支逆差时,可用它向基金组织指定的其他会员国换取外汇,以偿付国际收支逆差或偿还基金组织的贷款,还可与黄金、自由兑换货币一样充当国际储备。但由于其只是一种记账单位,不是真正货币,使用时必须先换成其他货币,不能直接用于贸易或非贸易的支付。

2.2.3.2 SDR 提议产生的背景

2009 年 4 月 2 日伦敦第二轮 G20 金融峰会召开前,继中国总理温家宝首次对中国在美的庞大投资面临巨大风险表达担忧,以及副总理王岐山要求改革国际金融体系之后,中国人民银行网站3 月 24 日刊发行长周小川署名文章《关于改革国际货币体系的思考》。周小川认为:国际储备货币的币值首先应有一个稳定的基准和明确的发行规则以保证供给的有序;其次,其供给总量还可及时、灵活地根据需求的变化进行增减调节;第三,这种调节必须是超脱于任何一国的经济状况和利益。当前以主权信用货币作为主要国际储备货币是历史上少有的特例,必须创造性地改革和完善现行国际货币体系,推动国际储备货币向着币值稳定、供应有序、总量可调的方向完善,才能从根本上维护全球经济金融稳定。

金融危机的爆发并在全球范围内迅速蔓延,反映出当前国际货币体系的内在缺陷和系统性风险,应当创造一种与主权国家脱钩、并能保持币值长期稳定的国际储备货币,从而避免主权信用货币作为储备货币的内在缺陷,是国际货币体系改革的理想目标。

2.2.3.3　SDR 提议的内涵

周小川认为在建立超主权货币当前还应特别考虑充分发挥 SDR 的作用。SDR 具有超主权储备货币的特征和潜力。同时它的扩大发行有利于基金组织克服在经费、话语权和代表权改革方面所面临的困难。因此,应基于各成员国在政治上的积极配合,着力推动 SDR 的分配;应尽快通过 1997 年第四次章程修订及相应的 SDR 分配决议,以使 1981 年后加入的成员国也能享受到 SDR 的好处。在此基础上考虑进一步扩大 SDR 的发行。此外,需拓宽 SDR 的使用范围,真正满足各国对储备货币的要求:

(1)建立起 SDR 与其他货币之间的清算关系。改变当前 SDR 只能用于政府或国际组织之间国际结算的现状,使其能成为国际贸易和金融交易公认的支付手段。

(2)积极推动在国际贸易、大宗商品定价、投资和企业记账中使用 SDR 计价。不仅有利于加强 SDR 的作用,也能有效减少因使用主权储备货币计价而造成的资产价格波动和相关风险。

(3)积极推动创立 SDR 计值的资产,增强其吸引力,IMF 也正在研究 SDR 计值的有价证券。

（4）进一步完善 SDR 的定值和发行方式。SDR 定值的篮子货币范围应扩大到世界主要经济大国,也可将 GDP 作为权重考虑因素之一。此外,为进一步提升市场对其币值的信心,SDR 的发行也可从人为计算币值向有以实际资产支持的方式转变,可以考虑吸收各国现有的储备货币以作为其发行准备。

此外,通过基金组织集中管理成员国的部分储备,以增强国际社会应对危机、维护国际货币金融体系稳定的能力,作为加强 SDR 作用的有力手段。

2.2.3.4　方案评价

从根本上讲,SDR 是一揽子现有货币的组合,它将基本满足外汇储备的多样化需求,这样的多样化可以很容易地通过使用现有的货币实现。此外,SDR 本质上仍是依赖美元和几种主要货币的复合产物,依然跳不出特里芬悖论的怪圈,该方案只是在此基础上增加了其他国家的表决权而已。所以周小川也仅仅是从理论进行提议,呼吁国际社会朝超主权货币的方向共同迈进,但目前他也承认重建具有稳定的定值基准并为各国所接受的新储备货币可能是个长期内才能实现的目标。

2.2.4　林毅夫的纸黄金构想

2.2.4.1　构想简介

林毅夫认为 2008 年这场国际金融经济危机产生的背后,国际货币体系是根本原因。美国作为储备货币国为了解决国内的问题,在宏观货币政策的追求当中只考虑本国利益,结果就产生了对全世界的影响。而未来,随着其他经济体的快速发展,可能会出现多个储备货币,这样的体系可能更不稳定,可能会产生大量国际炒家和投机行为,对储备货币发行国和非储备货币发行国都不利。

他认为,解决之道是改革国际货币体系,在保留每个国家的货币的同时建立新的全球储备货币"纸黄金",并且两者以固定汇率挂钩。林毅夫所指"纸黄金"与 SDR 不同,是凯恩斯提出的"Bancor"的改进版。与 Bancor 不同的是,Bancor 是跟一揽子的大宗商品挂钩,而"纸黄金"实际上是用信用,而不是用黄金做基础。如果大家接受它,它便具有黄金的作用。每个国家用它作储备,来发自己国内的货币,就可以同时避免目前存在的几个问题:(1)用黄金做储备,会有内生的通缩的压力;(2)用国家货币做储备货币,会出现国家利益跟世界利益的冲突;(3)如果只用共同的货币,而不是储备货币,不能发行本国货币,也可能出现现在欧元区的问题。

2.2.4.2　构想评价

林毅夫的方案还仅限于一种猜想,尚未提及特别丰富和具体的内容,是否真如其所述可以解决上述三大问题,仍有待后续了解。从方案成型到获得国际社会的通过再到经受实践检验,更将经历一个漫长而复杂的过程。从这个角度讲,超主权货币问题的解决仍无实质进展。

2.3　区域性超主权货币研究现状

2.3.1　欧元体制

近期出现的欧洲主权债务危机,尽管让欧元体制的先天缺陷暴露无遗,但不能不说欧元的出现是货币史上一次非常有益的实践。总结这一成功运行十几年的超主权货币的经验教训,有利于在新的共同货币探索中扬长避短。

2.3.1.1　欧元体制简介

欧元是欧盟中 17 个国家的货币,分别是爱尔兰、奥地利、比利时、德国法国、芬兰、荷兰、卢森堡、葡萄牙、西班牙、希腊、意大利、斯洛文尼亚、塞浦路斯、马耳他、斯洛伐克、爱沙尼亚。欧元由欧洲中央银行(European Central Bank, ECB)和各欧元区国家的中央银行组成的欧洲中央银行系统(European System of Central Banks, ESCB)负责管理,有独立制定货币政策的权力,欧元区国家的中央银行参与欧元纸币和欧元硬币的印刷、铸造与发行,并负责欧元区支付系统的运作。

现行欧元体制的主要内容是:第一,欧元区 17 国有共同的中央银行,共同使用同一种货币,货币发行权归欧洲央行;第二,欧洲央行与一般国家的央行不同,它的目标很单一,就是稳定币值;第三,为了达到稳定币值的目标,《马斯特里赫特条约》规定,欧元区成员国财政赤字占 GDP 比重不得超过 3%,政府债务余额占 GDP 比重不得超过 60%。

2.3.1.2　欧元之于国际货币体系的意义

欧元是区域货币一体化的产物,它的形成在很大程度上体现了对固定汇率的回归。欧元之父罗伯特.蒙代尔认为,欧元的重要意义在于它能改变世界的政治格局、货币格局与权力格局。欧元诞生之时便马上成为了世界第二大货币,超过了之前的日元和马克。欧元为世界各国提供了新的能与美元抗衡的国际储备资产,这不仅意味着各国货币当局选择机会的增加,同时对美元霸权也可起到某种程度的制约作用,从而克服"世界美元本位制"固有的一些缺陷。欧元作为欧洲单一货币,可以作为许多国家汇率政策中的钉住货币或参考货币,也将对国际汇率制度改革产生深远影响。欧元对国际储备结构的影响是渐进的和长期的,美元的霸主地位在短时间内不会动摇。随着欧盟经济的发展,欧元在世界各国的外汇储备中会逐渐增加,但欧元的国际储备货币地位最终还取决于市场判断。

2.3.1.3 欧元体制的内在缺陷

当前,欧元区的货币政策和财政政策设计机制为:欧洲央行执行统一的货币政策,各国自行执行财政政策和发行国债。欧盟仅规定加入欧元的各国财政赤字占 GDP 的比例必须低于 3% 的底线,以确保各国国债具有欧元的担保功能,维护欧元的价值稳定。一个国家调控宏观经济的核心手段就是货币手段和财政手段,两者必须相互协调才能发挥最大效应。在欧元区货币政策统一调控背景下,财政政策成为各国抵御外来风险的唯一盾牌,这势必将加大各国的财政风险。

欧元区国家没有货币发行权,有三大弊端:第一,经济困难时,很难独立用货币政策刺激经济,经济过热时也无法收缩货币。第二,政府债务更倾向于外债,因为缺乏央行在公开市场上买卖国债的操作。第三,只能通过财政盈余来缩减债务(不管是出售国有资产、增税,还是缩减政府支出,都是为了积累财政盈余),而财政盈余是抑制经济的紧缩性财政政策,它虽然有可能缩减债务,但也有可能损害经济增长和税基,反过来导致政府总债务/GDP 指标恶化。所以,欧元区国家一旦陷入政府债务问题,就可能难以自拔,日趋严重。欧元体制设计上的这一先天不足,是近期欧洲主权债务危机愈演愈烈的一大根源。此外,欧元区经济结构失衡也是欧元经济一直面临的重大难题。

2.3.2　亚洲共同货币

亚洲国家在 1997 年金融危机后深刻认识到了加强亚洲区域货币与金融合作的重要性,并进行了有益的探索。实践中,亚洲国家提出多种模式,主要有以下几种:

2.3.2.1　亚洲货币基金模式(AMF 模式)

这一模式最早是由时任日本大藏大臣的宫泽喜一在 1997 年 9 月提出,目的是亚洲的主要经济体联合起来共同抗御 1997 年金融危机。该模式设想由中国、日本、韩国以及东盟各国共同筹资 1 000 亿美元组成紧急救援基金,为当时遭遇金融危机严重打击需实施紧急援助的东亚国家给予货币援助。亚洲货币基金来源主要是三方面:(1)从成员国借款;(2)从国际资本市场借款;(3)扩展对成员国借款的担保,建立亚洲货币基金的根本目的在于维护地区金融稳定及促进区域经济增长。

2.3.2.2　"10＋3"模式

1999 年,东盟成员国(ASEAN)扩大到覆盖整个东南亚 10 个国家。2000 年 11 月 26 日,"10＋3"会议就建立双方互换机制达成了共识,就推进亚洲地区金融货币合作达成了协议。会议提出了建立"10＋3"早期预警交流的防范未来的金融危机。

2.3.2.3 "清迈协议"模式

2000 年 5 月,东盟 10 国与中国、日本、韩国的财政部长在泰国清迈达成了以双边货币互换为核心的紧急融资框架协议,即"清迈协议"(Chiang Mai Initiative),其主要目的是建立一种地区紧急援助的机制,主要包括两方面内容:(1)扩展原已签订的东盟货币互换协议;(2)在 10 + 3 之内建立双边货币互换协议(bilateral swap arrangements),"10 + 3"的中央银行将货币互换款由原来的 2 亿美元提高到了 10 亿美元。

2.3.2.4 单一货币"亚元"(ACU)模式

最早提出亚元论设想的是被誉为"欧元之父"的经济学家蒙代尔,他于 2001 年在访问中国时提出:亚洲应形成单一货币。关于亚元的具体构想,学术界有几种方案:一是以日元为核心建立亚洲统一货币体质;二是以人民币为核心建立亚元体系;三是参考欧元的发展经验,先建立记账的"亚洲货币单位",然后再逐渐实现单一货币亚元的流通。

2.4 有关现有货币体系的重要讨论

2.4.1 一些看似相反的现象

尽管大多数人认为现有货币体系受制于美元,且美国通过一系列量化宽松政策转移本国通胀压力,罔顾他国利益,国际社会应当寻求超主权货币的庇护,重新寻求与黄金的联系。但学术界研究发现另外一些结果可能并不支持对现有货币体系的抨击,以及将黄金引入超主权货币设计中的论述。这些结果包括：（1）黄金目前处于历史高位，通胀恐慌过后会大幅回撤；（2）美国滥发货币并不一定导致通货膨胀；（3）美联储一系列量化宽松政策并非有意转移国内风险，而是长期以来一以贯之的货币政策。

首先，从历史统计数据来看：如果黄金价格在 1900 年是 1 美元，那么扣除通胀后在 2000 年是 0.72 美元。换言之，黄金在 100 年中还跑输了通胀，其平均回报率比通胀率(3%)略低。过去一个多世纪曾经发生过两次黄金大幅跑赢通胀的大牛市，第一次是 1970 年至 1980 年的高通胀年代，当对通胀的担忧过去后，黄金经历了 1980—2001 年的大熊市，扣除通胀后的实际价格跌了 80%；第二次大牛市即从 2001 年到最近。黄金在 2011 年底的实际价格已经接近 1980 年的高位。历史告诉我们，黄金回报率在长期会回归通胀率，在通胀恐慌过去后会大幅回撤。黄金的价格表现极不稳定，不能很好地反映黄金的内在价值。

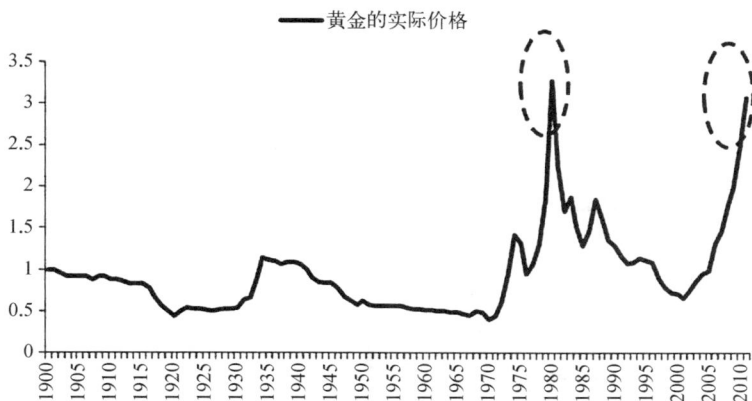

图 4　1900—2012 年黄金价格走势图

其次,部分学者认为美国目前处于流动性陷阱时期,货币增发与通胀脱钩,美国货币滥发并不会引发通胀。所谓流动性陷阱,是指即便利率接近零,经济中的总需求依然持续低于生产能力的现象。这种现象往往是在资产泡沫破灭后发生,其具体表现为公司资产负债表恶化,需要去杠杆,而银行为规避危险而惜贷。由于对信贷没有需求,传统的货币政策(减息)不起作用。数据显示,美联储在金融危机以来基础货币增发了 3 倍多,但是广义货币(M2)增加很少;换言之,美国的"滥发货币"只停留在基础货币层面,没有反映到广义货币中去。其原因就是由于流动性陷阱,货币流通的速度大大减慢,抵消了基础货币的增发。广义货币没有实质性的增加,就不会引发通货膨胀。目前包括美国、英国、日本和欧元区在内的主要发达经济体,其基准利率均接近零,同时它们也都在大规模使用量化宽松政策,但这些经济体的 M2 增长都非常有限,不会引发通胀。

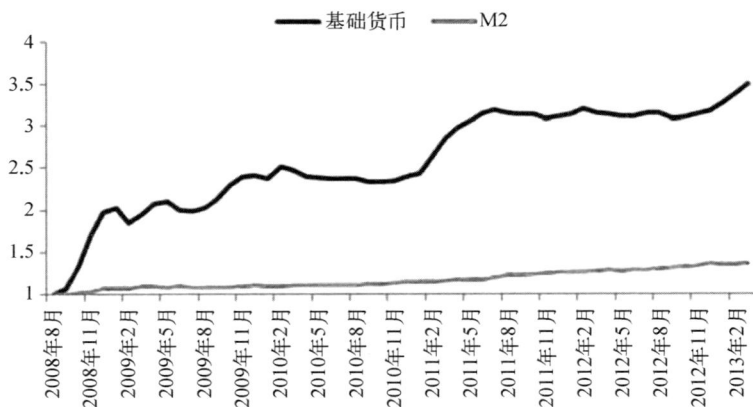

图 5 金融危机后美国基础货币与 M2 的走势比较

即使 M2 数量巨大,增速超过 GDP 也未必引发通胀,货币增长率与通胀并非一对一的关系。西方经济学家迈克尔·博多(Michael Bordo)和拉斯·杨(Lars Jonung)在 1961 年研究了五个发达国家(美国、英国、加拿大、瑞典和挪威)100 多年的数据,发现这些国家 M2 对 GDP 的比率表现出了倒 U 型的特点:在经济发展的早期逐渐增加,在后期下降。他们和后来经济学家的解释是,随着收入的增加,交易日趋频繁,城镇化,商业银行的普及,再加上金融体系不完善等因素,人们对货币的需求会逐渐增加,由此导致 M2 对 GDP 比率的上升,因而货币的额外增加不见得会导致通胀。后期随着其他投资机会的增加(金融化),信用卡和取款机的普及,养老金和保险体系的完善等因素,人们对货币的需求以及 M2 对 GDP 的比率又会下降。后来的学者进一步研究发现即便是成熟国家,该比率也可能在增加;且金融自由化和创新、通胀预期和利率,都可能改变这个比率,或者说改变货币供给和通胀的关系。

最后,通过模拟利率与实际利率的对比,发现美国的量化宽松实际上是一以贯之的货币政策。这一结论似乎隐含美国滥发货币属无心之过,并非有意为之的意味。学者们将解释美国货币政策的著名法则泰勒法则(Taylor's Rule)加以演化,得到美国模拟利率公式:模拟利率 = 1 + 1.3 × 通胀率 − 2 × 失业缺口。其中,失业缺口 = 实际失业率 − 自然失业率。结果显示,两条利率曲线在 2008 年之前高度重合,这揭示了美联储制定利率政策的规则,即随着通胀率的上升提高利率,随着失业率的上升降低利率。金融危机发生后,美国通胀率不断走低,失业率则节节上升,甚至一度接近 10%,这远高于 5.2% 的自然失业率。按照模拟利率的计算公式,此时美国的利率水平应该为负数,也就是图 2－3 中的黑色阴影区域。但联邦基金利率最低只能为零,也就是蓝线 2008 年至今的状态,因此货币政策这时候就产生了一个缺口。

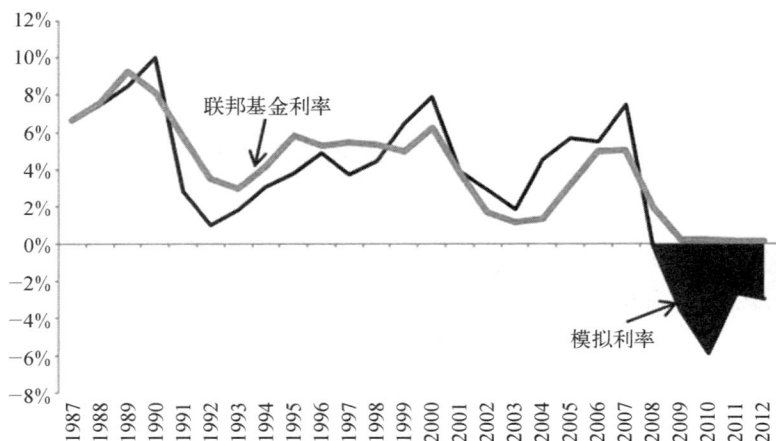

图 6　1987—2012 年联邦基金利率与模拟利率走势比较

为了弥补这个缺口,美联储不再盯住利率,而是在零利率的水平上继续增发美元,即采用量化宽松的货币政策。从这点来说,零利率和量化宽松政策不是美国为逃避债务负担而改变了以往的货币政策准则,而是在延续其一贯的货币政策制定规则。

2.4.2　一个有力的解释——John Exter 倒金字塔理论

尽管美国现有的货币体系呈现基础货币数量大,但 M2 增长有限,总体来看似乎并不会引发通胀。但根据前纽约联储副主席 John Exter 的倒金字塔理论,从金融资产的具体构成来看实则潜

藏通货紧缩与通货膨胀双重风险,可能出于两种风险对 M2 在量
上的中和,尚未从总体上反映出来。

　　倒置金字塔理论是 John Exter 在 1960 年时任花旗银行副总
裁时发表的。如下图所示,各种资产按照其资产规模从上到下排
列,根基部分是拥有货币属性的黄金,黄金既不会造成任何债务,
资产规模也是最少,因此排在最下方。在黄金上面的是美元等法
定货币,有直接购买力,但是存在兑现的债务风险。更上层的是广
义货币(美国国债等),比美元等纸币流动性要差,到期将要返还美
元(美元债务)。最上层为股票、房地产等流动性最低的负债资产。

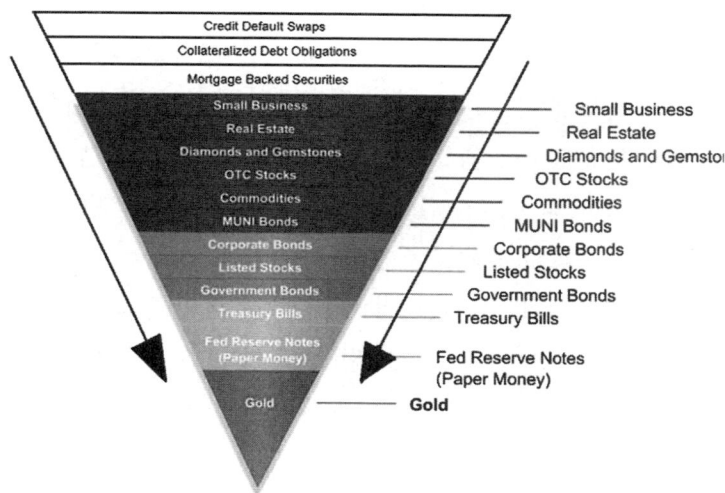

图 7　John Exter 金融倒金字塔

　　一方面,货币供应增加导致股票、房地产等资产泡沫过大而破
裂,引发股票、房地产价格下跌,将导致通货紧缩。自从美元成为
债务抵押货币以来,不断增加的货币供应扩大了美元债务。John

Exter 认为债务增加会加大经济的杠杆性,货币供应量急速膨胀推动了经济的表面繁荣,促使越来越多的债权人将他们的资产往倒金字塔的顶部转移,也就是购买股票、房地产等流动性低但收益率高(在经济繁荣的时候)的资产,这样会大大增加低流动性资产的规模。但问题是,一旦债务饱和,货币供应却不可能无限制的膨胀,最终债务将庞大得让经济无法支撑,就会出现破产与拖欠债务不断增加的情况(如 2008 年的金融危机)。届时货币供应收缩(信贷紧缩),债权人的资产将会快速转移到倒金字塔的下方,先将股票与房屋债换成美国国债,之后再换成黄金。整个过程会由于债务抵押资产价格的下跌,最终导致通货紧缩。

另一方面,我们却将在部分金融资产上看到通货膨胀。美元与黄金都具有货币属性,均可用于商品的定价。以石油价格为例,我们可以说每桶石油价值多少美元或价值多少盎司的黄金。通过计算,金价 1 050 美元/盎司时石油价格 77 美元/桶,得出黄金/原油比率为 1/14,即每盎司黄金值 14 桶石油。从美元发行以来,虽然黄金与石油以美元的标价均不断上涨,但黄金与石油的比例一直在 1/15 上下波动,可以说是恒定不变的。用同样稀缺的商品标价黄金,黄金的内在价值仍可获得稳定的反映。

按照 John Exter 的倒置金字塔理论,当发生信贷紧缩时,债权人的资金会往倒金字塔的底部流动,即将房地产、股票转向美国国债与美元,再转向黄金。这样会促使黄金的价格升高。由于黄金与其他商品(石油等)的比率是基本上恒定不变的,因此其他商品以美元标价的价格也会增加。当资产持续流向黄金,金价可能会升至 2 000 甚至 3 000,那么石油价格也会相应升至 133 甚至 200。

这就等于构成了通货膨胀。

　　因此,长期来看,美国经济正在受着通胀与通缩的双重煎熬。一方面是信贷萎缩,股票与房屋价格下跌。另一方面是金价的上行带动整体商品价格的上升。因此,在接下来的几年里边,美国人将会看到他们的资产下降,而实物能源价格增加的痛苦局面。

3 共同货币的制度设计

3.1 共同货币的构成元素

3.1.1 黄金

"金银天然不是货币,货币天然是金银",这是马克思的经典论断。黄金数量少、难选冶、价值高,并具有良好的耐腐蚀性、延展性和分割性;同时具有形式统一,质地均匀,坚固耐用,价值稳定,便于携带的特点,天然具备货币属性,是最适于充当货币的商品。黄金自古以来就被视为五金之首,有"金属之王"的称号,享有其它金属无法比拟的盛誉。

黄金是第一种公认的超主权储备货币,长久以来一直是全世界公认的价值度量衡,被称为货币的货币。尽管随着全球经济的快速发展,黄金的产量已远远不能满足全球经济体的流动性需求,以至于它原本的货币功能被各国央行所发行的货币所替代;但是,黄金长期以来仍是全球经济的终极价值体现,没有任何一个国家可以简单地操控全球黄金的价格。尽管几经演变,但人类社会一直蕴藏着回归黄金的内在需求。

历史已经证明,在黄金作为主要货币的时期,即所谓的黄金时代。那个时代总是经济发达,文化进步,政局稳定。而一旦黄金的价值坍塌,则情况完全相反,古今中外皆是如此。在中国的宋朝,曾经有过经济上的黄金时代。那时,中国成为世界上最早使用纸币的国家,或者叫非黄金货币的国家,这种纸币就是交子。交子的广泛流通,带来了短暂的繁荣和流通的加速,同时也带来了巨大的灾难。交子的发行失控导致了严重的通货膨胀,异族的入侵和整个商业文明的中断。所以那个时代的哲学家邵雍——中国哲学整体观和价值体系的集大成者,发明了元、世、会、运的伟大的预测系统,做出了一个断言:历史上所有朝代的更迭,根本的原因都是"不信黄金是祸胎"。这位预言家说:一旦黄金作为价值中枢的体系被动摇,最终将导致平民百姓流离失所,帝王将相失去荣耀,落后战胜先进,野蛮战胜文明。他并没有使用现代政治的术语,但他用他的语言告诉我们,黄金是个人自由和政治自由的必要因素。"浩荡天门一线开,几人归去几人还;山河虽好非完璧,不信黄金是祸胎。"《梅花诗》里的描述不由得让现代人产生了历史的穿越感。即使是现在,即使是被奉为民主立宪、三权分立的资本主义样板的美国,在其立国之初,官方也明确表明,黄金是所有伟大文明的标准。这可以在 1896 年出版的 American Federation List 中查到原文。不信黄金是祸胎,在 2008 年被再次验证。正是在这个自诩为西方文明典范的国家,由一个最理解黄金价值的美联储主席,点燃了一颗信用无限膨胀炸毁全球金融大厦的手雷,再次验证了不信黄金是祸胎这一真理。回归黄金的内在需求再次显现,一些试图证明现代文明的纸币内含的价值感比黄金更珍贵和可信赖的价值体系都在经历着重新检验。这一点从格林斯潘的关于黄金与人类自由的论述中可以得到确认。

3.1.2 碳排放权

对碳排放量的控制是当今世界对全球环境保护的共同目标，碳排放权指向大气中排放二氧化碳等温室气体的权力。全世界各国在对"碳排放权"政策的实施上已经达成了共识。这是一种全球共同但有区别的责任，并不是某一个或几个国家能够简单操纵的。

联合国政府间气候变化专门委员会通过艰难谈判，于 1992 年 5 月 9 日通过《联合国气候变化框架公约》，于 1997 年 12 月在日本京都通过了《公约》的第一个附加协议，即《京都议定书》（简称《议定书》）。《议定书》把市场机制作为解决二氧化碳为代表的温室气体排放问题的新路径，即把二氧化碳排放权作为一种商品，可自由进行交易，即碳排放权交易，简称碳交易。实际上，碳排放权交易的概念早在 1968 年便已产生，当时美国经济学家戴尔斯首先提出了"排放权交易"概念，即建立合法的污染物排放的权利，将其通过排放许可证的形式表现出来，令环境资源可以像商品一样买卖。

碳排放交易是为促进全球温室气体减排，减少全球二氧化碳排放所采用的市场机制。按照《京都议定书》的规定，协议国家承诺在一定时期内实现一定的碳排放减排目标，各国再将自己的减排目标分配给国内不同的企业。当某国不能按期实现减排目标时，可以从拥有超额配额或排放许可证的国家（主要是发展中国家）购买一定数量的配额或排放许可证，以完成自己的减排目标。同样的，在一国内部，不能按期实现减排目标的企业也可以从拥有超额配额或排放许可证的企业那里购买一定数量的配额或排放许可证以完成自己的减排目标,排放权交易市场由此形成。

当时据联合国和世界银行预测,全球碳交易在 2008 年至 2012 年间,市场规模每年可达 600 亿美元。2012 年全球碳交易市场容量为 1 500 亿美元,有望超过石油市场成为世界第一大市场。碳交易成为世界最大宗商品势不可挡。因此,当商品货币的候选对象发生变化时,超主权金融功能的碳交易就会成为金融的宠儿。

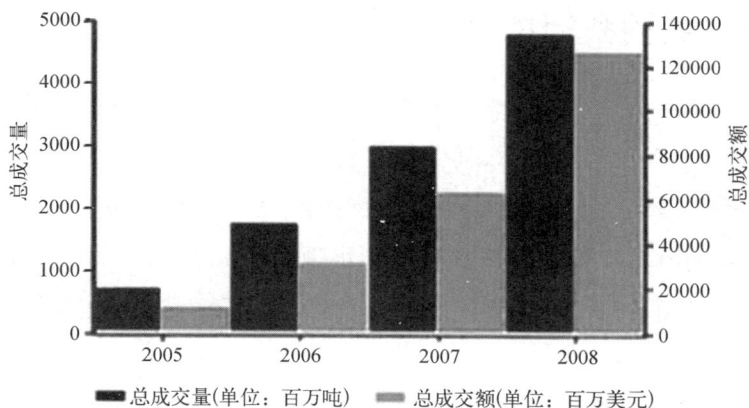

■总成交量(单位:百万吨)　■总成交额(单位:百万美元)

资料来源:中国行业研究网

图 8　碳排放权交易量持续增长

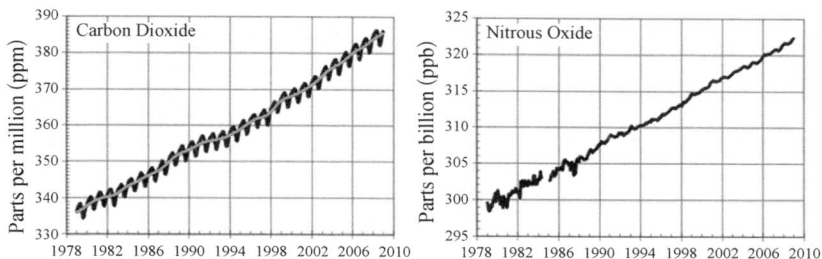

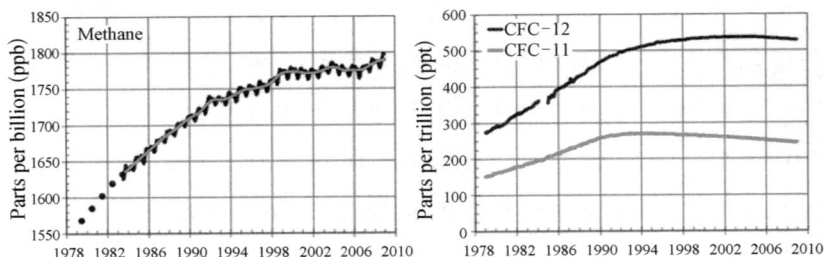

资料来源：中国行业研究网

图9　全球碳排放总量持续增长

3.2　共同货币的理论基础

根据凯恩斯的货币论,国家货币有三种形式,即商品货币、不兑现货币以及管理货币,其中不兑现货币与管理货币共同构成表征货币。表征货币又称代用货币指由足值货币的代表物,包括银行券、辅币等执行货币基本职能的货币形态。表征货币作为足值货币的价值符号,其本身的内在价值虽然低于额定价值,但由于它可以同足值货币等价交换,并以此维持其代表地位,所以仍可以按照足值货币的额定价值流通。

商品货币是由某种可以自由获得、并且非垄断的实际性商品的一个单位组成,并且该商品也曾经执行过人们熟悉的货币目的,但是商品货币的供应受其稀有性以及生产成本的限制,这一点与其他商品是相同的。共同货币的构成元素之一的黄金便是一种标准化的商品货币。

不兑现纸币属于表征货币,除小面值货币外,通常都是纸质货币,由国家制造和发行。但是依照法律,不兑现货币无法兑换为除其本身之外的其他货币形式,并且以客观标准来看,并没有固定价值。

管理货币同不兑现纸币相似,二者的不同之处在于国家负责对管理货币的发行情况进行管理,目的是为了通过兑换和其他方法来确保管理货币以客观标准来看有一固定价值。商品货币与管理货币的相似之处在于他们都与价值客观标准相联系。而管理货币和不兑现纸币的相似之处则在于他们都属于表征货币(或纸币),除按照一国法律和习俗外,本身并没有什么内在价值。因此从某种意义上来说,管理货币是商品货币和不兑现纸币的混合体。当负责管理的权威机构按百分之百的客观标准来持有管理货币的时候,管理货币就退化成商品货币,如果管理货币失去了客观标准的限制,就成了不兑现货币。本文所指共同货币即是这样一种管理货币。凯恩斯又指出,相对于管理货币的形式,人们更容易辨认出管理货币的标准,而且往往把以某种人们熟知的事物作为标准的管理货币看作是商品货币,而将那些不熟悉的事物作为标准的货币看作是"伪装"的不兑现货币。本文所指共同货币以人们熟知的黄金为标准,以碳排放配额证券化后的产品为形式,有利于增强人们对共同货币的信心和接受度,并被当做商品货币予以流通。

实际上凯恩斯的管理货币理论是对过去许多货币理论的再发现。在中国,早在两千多年前管仲就有过类似的论述。在《管子》货币本位思想中这样写道:"先王度用珠玉、黄金、刀布之重轻而为上、中、下三币。""人君"具体操作三币时,要善于高、下中币,以制下、上之用。所谓"高、下中币"就是通过调节黄金币这种"中币"的交换价值,使其围绕贡金币自身实际价值一高一下、时高时下;至于中币的交换价值高于或低于它的实际价值多少,以及何时高、何时下,国家都要善于掌握条件,因时制宜、因地制宜。也就是说,国家要掌握中币,通过"高、下中币"这种能动调节黄金币购买力的办法来制约下币和上币的购买力,进而制约国家和百姓的货币购买力。这里的中币对应凯恩斯货币理论中的管理货币,上币对应于商品货币,而下币则对应于不兑现货币,通过国家(凯恩斯货币理论中负责管理的权威机构)的管理实现中币在上币、下币之间汇兑关系的调节,也使其管理货币职能得以实现。

3.3　共同货币的设计基础

共同货币的设计基于各国现行国际储备货币。它是指一国政府持有的可直接用于国际支付的国际通用的货币资金,是政府为维持本国货币汇率随时动用的对外支付或干预外汇市场的一部分国际清偿能力。作为国际储备的货币资金必须具备两个条件:(1)于政府所有并可自由支配;(2)具有较高的流动性,即这些资产是国际通用的,且政府可以随时用于国际支付或干预外汇市场。按照国际货币基金组织对会员国规定的统计标准,一国的国际储备货币构成分四类:

● 政府持有的货币性黄金储备,即实物黄金;

● 政府持有的可自由兑换的货币,如美元、欧元等;

● 在国际货币基金组织的储备头寸;

● 国际货币基金组织分配给该国尚未动用的特别提款权(SDR),又称纸黄金。

国际储备货币来源:

● 政府或中央银行收购的黄金；

● 国际收支顺差，尤其是经常账户项目的顺差，这是增加国际储备货币的主要来源；

● 中央银行干预外汇市场收进的外汇，即为了防止本币汇率上升，在外汇市场上抛售本币，收进外汇而增加的国际储备货币；

● 国际货币基金组织分配的特别提款权；

● 政府或中央银行向国外借款可暂时补充国际储备货币，但随着借款的运用或者归还，这些外汇储备又会减少到原来的水平。

以我国中央银行资产负债表为例，共同货币设计的基础基于国外资产，包括外汇、货币黄金和其他国外资产，如下表所示：

表1　中国人民银行资产负债表(2012年6月)

总资产	286 071.05	总负债	286 071.05
国外资产	239 978.29	储备货币	228 050.85
外汇	235 189.82	货币发行	54 294.32
货币黄金	669.84	其他存款性公司存款	173 756.53
其他国外资产	4 118.63	不计入储备货币的金融性公司存款	1 182.27
对政府债权	15 349.06	发行债券	18 690.90
其中：中央政府 Of which	15 349.06	国外负债	1 097.06
对其他存款性公司债权	13 303.72	政府存款	27 550.26
对其他金融性公司债权	10 625.33	自有资金	219.75
对非金融性部门债权	24.99	其他负债	9 279.95
其他资产	6 789.65		

3.4 共同货币设计思路

IMF 作为共同货币战略的监管和执行机构,基于全球 GDP 总量(或碳排放总量)发行一定价值的金边碳债券,即本文所指共同货币,并按各国的 GDP 占比分配碳排放指标,碳排放指标与一定价值的碳券相对应,可与 IMF 等量交换,由此形成各国的初始碳券储备。该金边碳券以各国国际储备中的可自由兑换货币、在 IMF 的储备头寸、纸黄金以及主权货币支付本金,以实物黄金支付利息。这种设计解决了黄金只能用作储备货币无法流通的问题,同时通过金边碳券与黄金的绑定对各主权货币形成约束。

该共同货币因与超主权可衡量的黄金和碳排放配额同时挂钩,可以保证币值的稳定和供应的有序。IMF 履行金边碳券的发行职能,并与各个国家自由交易金边碳券(具体执行过程中,可使用数字黄金代替实物黄金进行利息支付),形成各国的碳券储备,以此为依据发行主权货币。同时,IMF 集中采用货币手段和财政手段对共同货币进行调节,并通过诸如回购等公开市场手段控制流通中的共同货币数量。

在该共同货币制度下,国际间交易、结算、计价、记账等均可采用共同货币,各国国内经济活动仍采用本国货币。共同货币的使用方式类似于欧元,只是范围扩大到了全世界。各国央行仍然拥有独立的货币发行权利,只是需根据共同货币储备发行本国货币。某国若需增发货币,需使用国际储备货币先购买共同货币形成相应的储备。

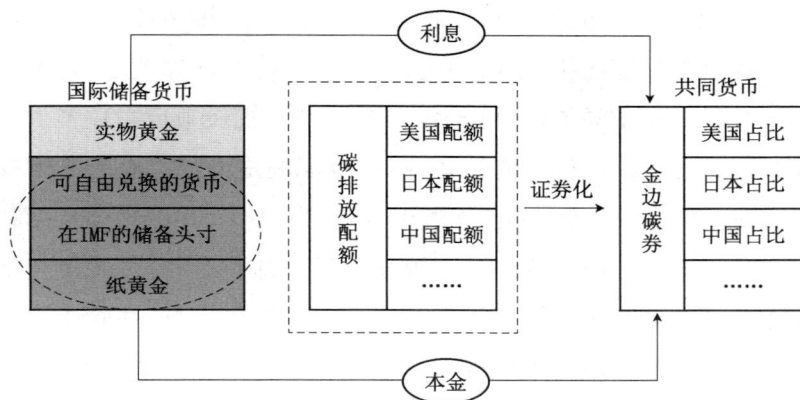

图 10 共同货币设计过程

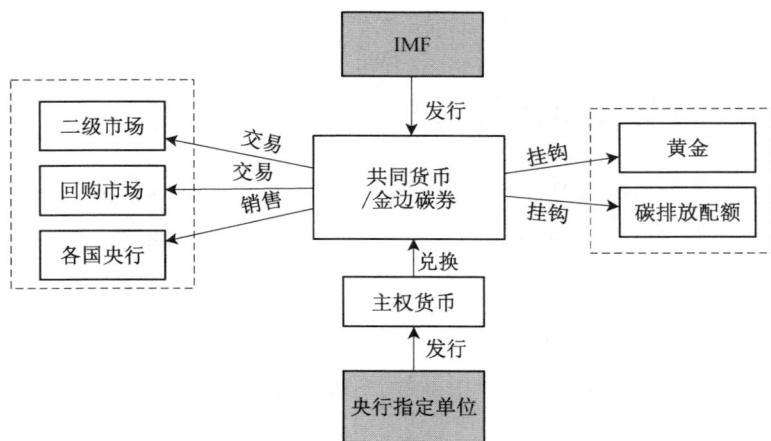

图 11 共同货币交易过程

3.5 共同货币定义及职能

上述共同货币是一种适用于全球市场的超主权货币,可充当一般等价物,具有价值尺度、流通手段、支付手段、贮藏手段、世界货币的职能。它与交易货币的不同在于它是一种储备货币(与黄金和碳排放配额挂钩,币值稳定),它与储备货币(如黄金)的不同在于它是一种交易货币,可与各个国家的主权货币自由兑换。由于黄金是各国的终极价值储备,碳排放配额是世界共有的制度安排,因此共同货币是一种世界货币,可作为通行全球的价值尺度和流通手段。从其流动性和资产规模来看,共同货币在金融倒金字塔中的位置如图3-5所示。从另一个角度反映出该共同货币是一种介于商品货币与不兑现纸币之间的管理货币。依据IMF(前述权威机构)对客观标准的遵守程度,也赋予共同货币在商品货币与不兑现货币之间相互转换的弹性,有利于IMF更加灵活的执行货币政策。

3.6　共同货币运行机制

按照管仲上、中、下三币的思想,在共同货币制度下,有同样的划分和调节方法。黄金为上币、碳券为中币,美元、欧元及其他可自由兑换货币为下币,通过碳券与黄金和可自由兑换货币的绑定,调节碳券的购买力便可制约黄金和美元等可自由兑换货币。而碳券在金融倒三角中的位置也就处于黄金和美元之间(这与按流动性和资产规模确定的位置一致),如图3-5所示。

根据费雪方程 PQ=MV,即最基础的货币供应量与单位货币的周转速度的乘积等于全部商品的价格与商品数量的乘积,也即某个时点一定量的货币总量构成的购买力一定等于这个时点的社会商品价格总和。而 P.Q 之积的上升和下降,体现为 GDP 的上升和下降,GDP 的上升和下降又直接反应经济的规模总量和发展速

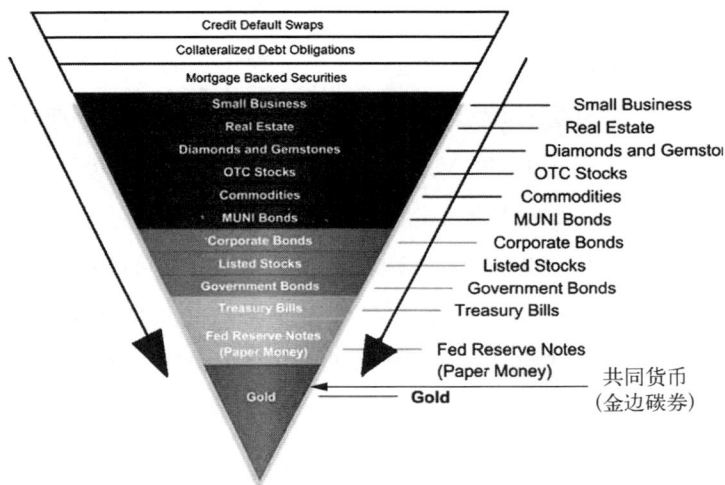

图 12　共同货币在金融倒三角中的位置

度。经济发展状况的一个重要的衡量指标便是碳排放量的多寡。
因此费雪方程式的左边本身蕴含着碳排放量、碳排放指标对 P.Q,
进而对 M.V 的影响。而 MV 实际上就是货币政策。如增加 M,
具体而言就是加大信贷规模,增加现金投放,放松信贷条件。在本
文所指共同货币制度下,M 即为碳券。具体来讲,各个国家根据
GDP 占比获得碳排放指标。碳券实质上为一种期权,其初始价格
由碳排放指标公开交易所形成的价值贴现而定。在此基础上,各
国以黄金支付利息,以国际储备支付本金购买碳券,形成相应储
备,作为发行本国货币的基础。某国若想加快发展,提高 GDP,则
必须在分配的碳排放指标基础上为增加的部分(即 ΔGDP,或者说
ΔP.Q)支付对价。在无共同货币的限制下,要增加 GDP,各国一般
直接采用积极的货币政策,增发本币。而在共同货币制度下,各国

则必须动用国际储备(而非本币)购买等值的碳券形成储备,以储备为基础增发本币。也即通过过去积累的实际财富来换取未来的经济增长,而非随意开动印钞机,同时不同国家的货币形成相互制约。因 ΔGDP 导致的 M.V 的增量(即 ΔMV),在货币流通速度不变的情况下,全部体现为 ΔM,即碳券供应量的增加。而无论 ΔM 的值是多少,都以各国的实际财富积累为支撑,并且以各国实际财富的存量为上限。由此可避免碳券的贬值以及主权国家的操纵。在碳排放权交易市场上, ΔGDP 体现为碳排放权需求的增加,在供给一定的情况下,表现为碳排放权价格的上升,那些未增加碳排放需求或碳排放指标有剩余的国家和企业将从交易中获利。而碳排放指标有剩余的国家通常为欠发达国家和发展中国家,这对他们因少消耗稀缺的资源形成补偿。简而言之,对于有 ΔGDP 需求的国家来讲,它需要使用等值的国际储备换取增发本币的权利,同时需用较高的价格从市场上买回碳排放指标,最终实现超配额的经济增长。

4 共同货币制度的前景分析

4.1 特里芬难题的可能解

已有关于共同货币的探讨,无非集中于现有货币的一揽子组合、商品的一揽子组合还是一种新发行的货币。如果"超主权储备货币"是一揽子现有货币(如现在的 SDR),它将基本满足外汇储备的多样化需求,这样的多样化可以很容易通过使用现有的货币实现。这就是 SDR 被讥讽为"I Owe you nothing, when"的实质,因为它没有价值。回顾前述央行行长周小川提出的储备货币问题,他指出目前的流动性安排是不稳定的根源,并可能造成危机。他也特别提到了"特里芬难题",由于美元是主要储备货币,国际流动性供给依赖于美国具有足够大的经常账户赤字,但是这种赤字本身会加剧全球经济失衡和不稳定。但他的建议仍然没有真正走出 SDR 的范围。如果共同货币是一揽子商品(如 Bancor),那么商品的标准如何确定,发行的信用担保是什么。如果共同货币通过发行新货币产生。这种新货币要么对任何现有主要货币永不贬值,意味着它的供应将受到严重限制;要么按照预先指定的规则发行,可以对现有货币贬值,这将确保国际流动性的供应,但只能对汇率波动和估值亏损提供部分保护。因此仍然存在一个新的"特里芬难题",无论在单一国家还是在多边框架下都无法避免。

"特里芬难题"还要追溯到国际资本市场不发达的时期。当时,国际流动资金仅用来解决货币管理当局之间的支付问题,而现在国际流动性大部分由私人或者私人机构提供,银行间市场在这一进程中发挥了关键作用。资本市场在短期越集中,私人部门将提供越多的国际流动性。危机发生时,公共部门必须替代私人部门提供流动性。在一国国内,表现为公共部门履行最后贷款人功能;当外币资产出现短缺时,外汇储备机构将履行这个角色。

这一种"特里芬难题"就目前看来或许只有借助超主权的黄金和碳排放权的金融化框架才能得到政治层面跨主权国的共同支持。黄金自不必说,单看碳排放权。首先,碳排放权是基于国际社会的严格减排目标,这意味着碳排放权本身的稀缺性和内在价值在长时间内都是稳定的。其次,碳排放的额度是由国际会议共同协商决定的,这让碳券的供给拥有了可延伸性,国际社会可以通过调节碳排放权的供给来平衡经济与环境的二元关系。这样一来,共同货币的流动性就能够得到适当的调节,并且碳排放权的内在稀缺性也可以受到国际政治和环境压力的双重保护。

因此与目前的美元主权货币和欧元、SDR 等超主权货币相比,我们所提出的共同货币有着更强、更普遍的信用基础—黄金和碳指标。这为共同货币提供了解决特里芬难题所必须的约束力。因为有黄金和碳指标的内在资产价值,因此共同货币与其他货币是共存并且可以兑换的,这就为共同货币提供了解决特里芬难题所必须的流动性。更重要的是,无论是欧元、SDR、美元、Bancor,都无法实现由黄金和碳指标的组合所提供的流动性和约束力,这两大效用是国际储备货币的必须条件。而目前的种种货币方案在流动性和约束力上的失衡,也是货币问题愈发严重的结症所在。

4.2　共同货币优于纸币的储备功能

货币的四个基本属性价值尺度、流通手段、支付手段、贮藏手段缺一不可。纸币的缺陷就在于它不能作为贮藏手段,尤其是世界发生动荡的时候,主权国家之间的信用立即受到质疑,甚至出现主权违约,纸币在这种预期之下不可能成为超主权通行的货币或储备货币。所以它具有潜在的不稳定性。比如中国绝大部分外汇储备集中于美元资产,如果美元这种基于信用的纸币崩溃,中国将承受巨大的损失。

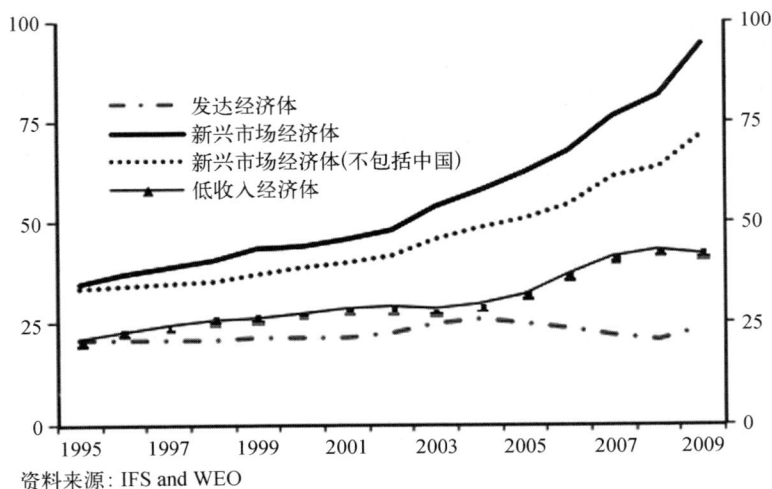

资料来源: IFS and WEO

图13　新兴市场国家储备的持续增长

　　共同货币最重要的角色就是提供价值贮藏功能,来取代美元这一主权货币贬值所可能带来的国家财富流失。财富储藏的核心就是现在的财富"索取凭证"必须能够在另一个未来时间和空间下不受损失地公平地折现为其数量或价值可衡量为索取凭证面值的物。这里的公平因而也就超过了一般理解的等价格原则。因为如果没有一个足够的某种物品的市场,交易各方或者双方在进行交易时一般很难进行公平的价值评估。借助于交易市场是人类早就发现的一种博弈机制,它的公平性是超人性的。财富储藏的核心要素是"既存价值 + 远期变动价值",逻辑上讲,既存价值体现了货币的商品属性,而远期变动价值则反映了货币的信用属性,它描述了货币利率套利。共同货币便是依赖于碳交易这一公开市场。

　　黄金本是价值储藏者。而把碳排放权作为一个"物"来看,因为每个签署《京都议定书》的国家都要承受碳排放量指标,长期来看,碳指标亦可作为贮藏手段。碳交易标价货币绑定权以及由此衍生出来的货币职能将对打破单边美元霸权,促使国际货币格局进一步多元化。但碳交易的可信度和独立性还有赖于"刚性化"和超主权的约束力。

4.3　优于传统货币的弹性

　　如果真的会诞生共同货币,相较黄金等传统意义上的货币,以碳指标作为其组成部分之一的好处是什么? 相比于黄金的刚性和黄金本位下对各个中央银行的"去纸币化",这意味着各国信用功能和主权信用的消失,这必然是各个主权国家所不愿接受的。他们必然会以发展受限为由来反对或抵制这一趋势。而引入低碳因素之后,由于二氧化碳排放量具备高度的"弹性",可以"人为"控制调整。同时,限制保证了它的"稀缺性"。它又是一个经济活动的可靠"信号显示替代变量",与用电量一样,二氧化碳排放量可以用来评估经济增长的水平,因此可以根据预期调整。

此前宏观经济学家和货币学家都曾提出一篮子商品指数来代替商品属性,使货币与更合理和科学的"有形物"挂钩,如凯恩斯提出的 Bancor,也有人提出与石油和其他几种核心战略资源挂钩。虽然说二氧化碳并不是唯一一个"弹性"货币因子,但从目前的态势看,它因能承载一种特殊的政治因素而使得全球大部分主权国家和人民愿意分担其共同的责任,从而具有最大可能成为世界单一货币的构成元素之一。这不仅是因为它理论上的合理性,更根本的原因在于,使用二氧化碳作为货币元素,可以最大程度地满足世界统治治理规则的整体利益。作为世界货币游戏规则制定者,欧美发达国家势必选择对自己最有利的货币元素,而发展中国家也必然会从宏观上抢占先机才不致于最后把发展出来的物质成果又变为交税性质的责任金。

4.4 符合发展中国家和发达国家共同利益

从目前来看,中国并没有承担减排义务,游戏规则似乎对中国更加有利。但在大的危机到来时,中国终归要体现出分担全球义务的一面。削减碳排是主权国家层面未来一定会承担的治理责任。虽然目前中国还没有承担明确的义务,导致国内企业一直在低价出售二氧化碳排放权,等到将来它们也需要购买排放权时,市场价格必定非常高昂,这其实是在透支未来,非常不明智。目前,游戏规则是欧美制定的,他们只是在等待宏观上总体的获取利益的结构性安排。

全球环保战略西方社会已经渗透了40年,有理由相信背后若无强大的整体利益驱动,谁也不会大费时间和金钱宣传二氧化碳排放量的理念?认识到这一步,发展中国家不妨主动面对金融世界的游戏规则。如果游戏规则已经被重新改写,按照这个规则,对碳排指标的需求应该是柔中带刚的。随着各国迫于国际压力对节能减排作出承诺并签订合约,各国对碳指标的需求一定是刚性的。

《京都议定书》以国家主权为责任主体,为每个国家确定二氧化碳排放的"上限",然后要求各国承担减排义务。同时条件约定,无论是发达国家还是发展中国家,如果达不到各自的减排指标,就必须从二氧化碳的排放量市场上买入他国多余的排放指标,这是一个负责和跨国道德义务的金融规定,符合世界经济可持续发展的总体目标。

4.5　碳金融可自由进退

理论上,碳排放权已经从政治层面降落到金融层面。但由于信用度易被操作,它的金融性目前还未被广泛认可。但这是第一次用国际条约的形式赋予了二氧化碳排放配额的潜在金融价值。这样一来,未来,二氧化碳排放配额作为可交易的金融产品将与一切债券、股票一样可自由挂牌与转让,并可以在银行抵押贷款。如果信用度不受小于主权国家机构的操纵而影响它的公信力,通过和最终价值财富表现形式的黄金挂钩,它将最终成为中央银行基础货币的构成部分。

最重要的,即使碳指标最后进入了货币和债务系统中,它仍然可以在未来全身而退。这取决于技术进步和意识形态的整体改变。比如就二氧化碳等温室气体是否是导致全球变暖的主要元凶这个问题,科学界还存在一些争议,有些学者甚至认为,全球变暖的主要原因是地轴角度的变化。人类活动引起的气候变化比恐龙要小得多,但是在金融战略上,碳指标是很好的武器,低碳也是一张很好的政治牌。它很可能会被用来进行共同货币理念的推广。如果碳指标最后因为生产力和技术的改进变得不再重要,也一定会有另一个人类共同的责任的东西来替代它,就像铜钱被替代一样,下币的替代并不影响管理货币的功能和整体货币体系的稳定性。下币的初始定价原则也一般是市场决定价格的,因此碳交易附在金边债券上发现其可转债内在的期权价值就变得非常工具化,而省去了不必要的国际政治会议的理念沟通变成利益交换的操作。

在当前,低碳金融很可能只是一个非常好的金融创新概念,它非常适合在目前纸币系统整体出现问题和各国央行的行为更加政治化以后被用于解决和协调流动性控制。但由于欧美各国从理论上和组织体系上还没有达成一致,发展中国家还有足够的时间和力量进行博弈,金价还没有涨到足够高,所以一致行动的动机尚未被充分激发出来。

5 论中国如何在共同货币时代中抢占先机

　　中国作为第一大发展中国家和最大的碳排放权供应国,无疑应当抓住历史机遇,抢占人民币在共同货币系统中的制高点。凭借中国的经济总量,政治地位和金融调控能力,中国推行超主权的碳券的战略将会水到渠成。其核心思路也并不复杂,即让人民币借助碳券的东风,成为世界储备货币,树立中国低碳强国和金融强国的地位。

　　除引入金边债券外,在中国国内,可按前述本金和利息支付方式购入共同货币形成储备发行中国碳券,以供国内交易。由中国人民银行的指定代表机构作为碳券的发行主体,如汇金公司、国家碳交易所和中债增信公司等。央行则规定碳券成为人民币的储备货币。并且在发行的过程中规定碳券和京都议定书的对接性,即碳券的法律效用和时效。

　　和政府发行的主权货币相比,碳券因其超主权性成为了国际共同货币的潜在选择。目前的国际货币体系采取的浮动汇率制,在这一制度下汇率无时无刻不在变化,这对国际贸易造成了巨大的交易成本。如前所述,央行行长周小川曾提出用国际共同货币作为储备货币,他认为"这种超主权国际储备货币,币值首先应有一个稳定的基准和明确的发行规则以保证供给的有序；其次，其供给总量还可及时、灵活地根据需求的变化进行增减调节；第三，这种调节必须是超脱于任何一国的经济状况和利益。"世界的一体化是不可逆转的趋势，而当国家化的碳金融市场更加成熟后，各国可以重新建立类似布雷顿森林体系的国际货币体系。在目前所有的金融资产中，只有和黄金挂钩的碳券才能够同时满足周小川行长提出的三个要求。

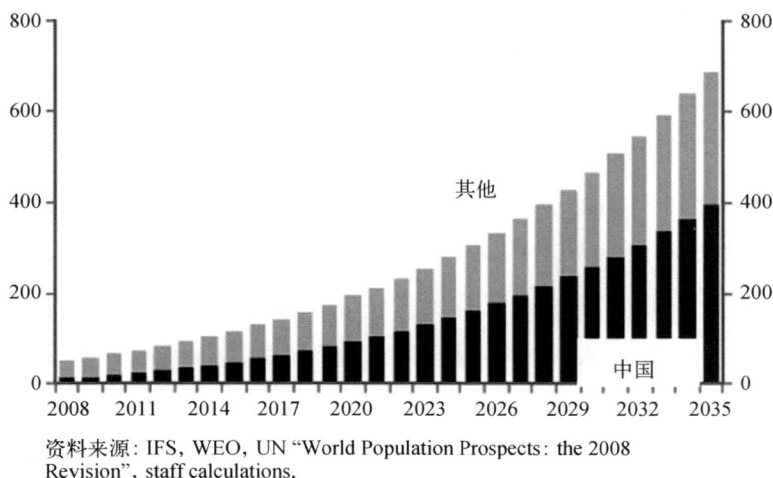

资料来源：IFS, WEO, UN "World Population Prospects: the 2008 Revision", staff calculations.

图 14　世界储备货币和中国储备货币的增长预测

中国稳定的政治、巨大的经济总量和贸易总量已经足以支持人民币成为重要的国际储备货币。目前人民币缺少一个历史契机来迈出这一步。而碳券的发行则将弥补人民币在国际货币市场的流动性短缺，塑造人民币的国际信用基础和道德水位，迎合国际社会对超主权货币的需求。

碳券的发行满足了发展中国家对于公平碳金融清偿工具的需求。碳金融的运作是一个极其复杂的工程,需要金融、法律、环境和外交上的多方努力。无论是在软件和硬件上,目前的绝大多数发展中国家并不具备从事碳金融的基础,少数参与碳金融的尝试也多半会沦为国际金融机构的鱼肉。往往是发达国家出价,发展中国家被动接受。京都议定书的第一原则就是碳排放权人人平等,在发达国家碳排放过度的背景下,碳排放作为稀缺资源就成为了发展中国家的巨大财富。如果没有一个交易平台和交易媒介,那宝贵的碳排放权就会遭到国际金融机构的盘剥。

因此发展中国际急需一个强有力的代言人,以及一个稳定的交易工具来加入碳排放权的市场,以争取自身应得的平等权利。在发展中国家的急切需求中,碳券就有了成为超主权货币的土壤,而人民币则会因为和碳券挂钩成为同等稀缺的国际清偿工具。碳券的出现将缓解发达国家和发展中国家的权利不对称,极大地刺激碳金融的国际交易量。也将为人民币成为国际储备货币提供一次重大契机。

所以通过中国发行碳券,并将碳券与黄金挂钩,例如,以数字黄金支付碳券的利息。这不仅将为国际社会提供一个系统的、完整的、可持续的碳金融解决方案。并且,碳券所带来的高度流动性和安全性,将帮助人民币获得高于三大主权货币的信用基础,推动人民币成为重要国际储备货币。这对于保护中国的国家财富,树立中国金融强国的地位无疑是有重要历史意义的。

虽然碳券有着诸多的优点,但仍然面对着许多挑战。挑战首先来自于国际政治的博弈。如果各国不能适度牺牲本国利益,换取人类共同利益,确立严格的减排目标和奖惩机制,那碳券就难以获得其信用基础。在哥本哈根会议上,各国政府之间的艰难博弈就使得这次全球瞩目的会议无果而终。此外,碳券的信用基础是其稀缺性的稳定,而碳的稀缺性是由经济发展速度和碳减排目标共同决定的,如果两者不能保持一致,就会出现碳券的膨胀或者紧缩。这意味着经济的衰退和无效的政治协商都会影响到碳券的价值基础。2006 年,美国退出《京都议定书》,这一事件就同时反映出了这样一个瓶颈。如果未来联合国和 IMF 形成了碳金理念并全球共同遵守,则新的二元系统会形成新的经济格局。

综上所述,若从金融系统与实体经济的平衡关系、金融系统自身的结构和碳排放权的金融属性的这三个维度出发,提出用国际共同货币逐步取代目前的主权货币——美元作为国际主要储备,旨在重建目前国际金融体系摇摇欲坠的信用基础的中间轴。这一方案的核心提议是由中国央行或其指定合作单位发行碳券,使得碳排放权的价值和货币资产的价值发生金融互换,用《京都议定书》规定的人类共同但有区别的责任解决超主权货币的信用基础。由于碳排放权的刚性和全球性,因此碳在主要央行的流动性安排支持下,在大国排放权交易量的保证下,将形成长期保值的货币因素。因为人类的碳排放额度在可预见的未来都是高度稀缺的,无论经济保持增长或陷入衰退碳排放都不会减少,而增量在有规律地创造出来。由于碳交易量的迅猛增长,碳交易市场对于标准化和公平性的需求将推动碳券的交易和多边兑换,进而使得碳券成为共同货币的重要组成因素。而中国则能通过共同货币和碳金融结合的战略,将在这一次国际货币系统的变革中树立起金融强国的地位。

参 考 文 献

［1］周小川.关于改革国际货币体系的思考.中国人民银行,2009 -
03.

［2］王遥.碳金融：全球视野与中国布局.中国经济出版社,2010 -
08.

［3］（美）米什金.货币.银行和金融市场经济学.北京：北京大学
出版社,2007 - 08.

［4］（英）约翰.梅纳德.凯恩斯.货币论第一卷.西安：陕西师范大
学出版社,2008 - 07.4～15.

［5］Sonia Labatt and Rodney R. White. Carbon Finance：The
Financial Implications of Climate Change. Wiley & Sons,
Inc, 2007.

［6］Cooper, R. Necessary Reform? The IMF and International
Financial Architecture. Harvard International Review, Vol.
30, Vol. 4, 2009. 52～55.

［7］Camdessus, M. Toward a New International Monetary System,
Speech at the International Conference, Guanghua School of
Management. Peking, China, 2009 - 11 - 17.

[8] Caballero, R. J., and A. Krishnamurthy. Global Imbalances and Financial Fragility. NBER Working Paper 14688, 2009 – 01.

[9] Corden, W. M. Those Current Account Imbalances: A Sceptical View. The World Economy, Vol. 30 (3), 2007.

[10] Clark, P., and J. Polak. International Liquidity and the Role of the SDR in the International Monetary System. International Monetary Fund Staff Papers Vol. 51 (1), 2004.

[11] Eichengreen, B. Out of the Box Thoughts About the International Financial Architecture. IMF Working Paper 09/ 116. Washington: International Monetary Fund, 2009.

[12] Ferdinand Lips. Gold Wars: The Battle Against Sound Money As Seen From A Swiss Perspective, February, FAME, 2002.

[13] George Parker etc.. European call for 'Bretton Woods II'. Financial Times, 2008 – 10.

[14] Goldberg, L. S. Is the International Role of the Dollar Changing. Current Issues in Economics and Finance, Federal Reserve Bank of New York, Vol. 16 (1), 2010.

[15] Hviding, K., M. Nowak, and L. A. Ricci. Can Higher Reserves Help Reduce Exchange Rate Volatility. IMF Working Paper 04/ 189. Washington: International Monetary Fund, 2004. 23

[16] Any exorbitant privilege? implications of reserve currencies for competitiveness. Mckinsey Global Institute, 2009 – 12.

[17] Global capital markets: Entering a new era. McKinsey Global Institute, 2009 - 09.

[18] Get Ready for a World Currency. The Economist, Vol. 306, 1988 - 01 - 09.

[19] Jean-Pierre Landau. International monetary arrangements. Banque De France, 2010 - 09.

[20] Flandreau, M., and C. Jobst. The Empirics of International Currencies: Historical Evidence. CEPR Discussion Paper 5529, 2006.

[21] Isabelle Mateos y Lago, Rupa Duttagupta, and Rishi Goyal. The Debate on the International Monetary System. International Monetary Fund, 2009 - 11 - 11.

[22] State and Trends of the Carbon Market. World Bank and IETA. Cologne, 2006.

[23] Bayoumi, T., and B. Eichengreen. The Stability of the Gold Standard and the Evolution of the International Monetary System. CEPR Discussion Paper, 1995 - 10. 1248.

跋　一

我认识本书作者温天起缘于 2006 年,他当时促成了我们中国银行和法国罗斯柴尔德家族银行的一项合作。我发现他的特点就是不断学习和研究所看过的和经历过的一切并提升为思维模式或商业模式。所以,他 2005 年和我的老领导黄洪在上海开始两家机构的合作,以及他后来于 2007—2008 拜访中国银行卢森堡分行,推动了中国银行和他所在银行总行在欧洲的合作都是如此。温天的特点是研究战略策划专长和整合管理项目的能力。有时我们中国银行这边是一个战略部在研究,他们那边好像就是他和两三个同事就搞定了。从他身上我看到外资的团队支持是矩阵形的,他们每一个人都是一个独立作战单位也是支持整体系统的节点,是一种真正的有机体。

欧洲私人银行和中资大型商业银行的区别还是非常明显的。私人银行专注于资产管理和财富管理,它们提供的是专家型服务。

温天这本书从三个方面关注了别人未及深思的问题。一个是他从亲身经历阐述了稳健的资本管理人对多赢对冲策略的使用以获得跨代际财富传承。另一个是温天对无形经济估值问题的研究,这是一个世界级难题。我在欧洲多年,也曾担任欧盟中国商会会长,欧洲和中国在认知方面关于无形资产和知识产权有很大歧见。中国现在在有些领域已形成了让欧洲不可以小视的领先优势,主体体现在数字经济和平台经济方面。不过这方面的资本和估值理论金融界深入研究的人不多。温天心无旁骛将这个问题写出博士论文并提升了诺奖得主理论的解释力,深化了应用。这难能可贵。第三,温天写的《基于黄金+碳的共同货币机制研究》,简明扼要,概括角度超过了受身份限制的央行的视角。从未来长期视角,看待人类共同财富价值符号的价值来源——黄金+碳,如果说未来加密区块链更加成熟,气候变化趋势更加确定,加上这一套机制设计,其共同货币机制明显比欧元这一共同货币更具普遍性。未来充满不确定性。人类五千年形成的财富符号将进化出什么样的机制,自有它自身的选择机制。连老一代金融家和监管部门领导都希望温天更多写出关于黄金投资和无形资产有价值的洞见。

原欧盟中国商会会长、中国银行卢森堡分行行长、中国银行卢森堡有限公司董事长　周立红

跋二：朋友和天命的 "多赢对冲"

    我和 LCF 罗斯柴尔德银行中国区执行董事总经理温天相识于他此前的工作机构华安基金管理有限公司。我们整整在一起工作了三年。2001 年我作为第一个外国人基金经理，经过巴克莱资产和英国的朋友天命公司的资产管理实践，看好中国资产管理市场，在报纸上看到华安准备发行第一只开放式基金，便决定到最有机会的中国大陆来闯荡一下。我的梦想是成为中国的基金经理，把我的职业生涯的空间打开。

    也许人是真的有"天命"，加入华安后我和温天在一起工作。当我想在上海安家的时候，既为投资也为长期生活在中国做打算。温天领着我一起看房，最后他向我推荐了他的小区，帮我一起去中国银行办外国人的按揭，当我的担保人。我们成了无话不说的朋友。直到现在我在平安罗素投资管理有限公司做执行副总经理，在中国的十年，我与温天很有缘分，总是不断在资产管理的各个年会上遇到他。每一次我们遇到一起，都能看到他在做一件非常有挑战性的事。他不断想出新产品的创意，并把当年设想的奥运体育概念在罗斯柴尔德做成了"2008 金牌金"黄金挂钩产品。后来他申请 QFII,领导罗斯柴尔德与中国海洋石油公司下属公司合资中海基金,并介绍中国银行入股罗斯柴尔德。每一年都能看到他做成了在别人看来不可想象的事。

我至今还记得,在华安的每一个星期,温天都让我通过画图的方式向他介绍国外的投资产品、策略、流程以及风险控制和交易执行。甚至我们两个在所住的小区遇到时也常常"看图说话"。我们两人的小孩在一边玩,我们则交流各自的想法。基金中的基金正是两年前我们交流时他提到的一个想法。不过,现在我在做的是基金中基金长线做多的品种,而温天提出的多赢对冲投资则是对冲基金的基金。

我们在华安基金的时候,参与了中国第一个开放基金的发行。第二个产品我就成为指数基金的经理。温天很快熟悉了各类公募基金产品的各个参与方,同时提出了种种有中国特色的产品设计、投资策略、市场发行、投研管理的理念。温天把全球的基金管理模式在纸上画下了不下几百张他所说的"脑图",每天不停地琢磨。我记得 2003 年和 2004 年时就是他琢磨出了用信托来发行 fund of fund,以满足基金首发的规模。他找我们的股东单位上国投来做平台,请上海证大投资来做主投资人和投资顾问。这种做法三年以后成为阳光私募的标准。国有股减持政策导致的一次熊市中,华安基金在首发基金时非常担心首发的规模。那时候,温天就想出很多策略跟新华人寿等一些管理公司的投资人士进行交流。他提出了保单的 FOF。2004 年,当这些通过第三方来管理 fund of fund 的方法引入国内的公募投资领域时,大家还浑然没有察觉当时这种模式是国际上很流行的机构投资者操作模式。

现在看到温天在爱德蒙罗斯柴尔德资产管理研究对冲基金中的基金和各种复杂多样的结构产品以及另类投资，我既感到开心，同时也深感他的不容易。他在工作中还继续学习专业会计和金融财务方向的 MBA，十年时间把自己变成了一个多面专家，富有激情地开拓每一项工作。大概由于职业习惯，他把大量的时间用在写作上面。他常常说写作使人充实。长时间在中国的环境，我深知有些地方并不是很鼓励思维特别活跃的创意型资产管理人才。温天能在国企和老牌的外资机构生存，他自己一定也是一个多赢对冲策略的高手了。他告诉我在罗斯柴尔德既要从事合资基金公司的商业投资合作谈判，甚至股权拍卖、增资，同时还要跟中国银行等开发渠道，探讨定制产品，并且有时候也参与私募股权投资的一些跨境工作。但他最喜欢的其实是看人，发现资产管理的天才。

所以他今天把《多赢对冲投资》总结出来，非常不易，并且跟踪了中国很多阳光私募的做法，我一点也不感到意外，同时我也很愿意为他写一段话，让读者朋友喜欢他写的这些非常专门化的东西。

当我们再一次在陆家嘴论坛相遇的时候，发现今年我们又可以找到共同的话题。我说我就想起我们当初做了那么多图，现在这些结构在中国资产管理市场都呈现出来了。十年大变样啊！中国基金中的基金和对冲基金的基金一定会成为全国数一数二的市场。我们庆幸自己找到了好的国家、好的工作。

平安罗素投资管理（上海）有限公司副总经理　殷觅智

修 订 说 明

　　这本书初版是 2010 年我对国外成熟市场复合基金(FOHF)投资策略实践的介绍。我只聚焦于家族传承最关键的部分。同时只是少量编辑介绍国内信托为代表的阳光私募。经过十年发展。国际上量化投资比十年前更流行,从基金管理来说尤其是复合基金投资变得比过去更被机构和家族办公室接受。国内也变得形式多样。因此,这次修订时我就索性把国内部分和国外排行榜机制和案例部分全部删除,只剩下我的著作部分,同时增加了过去十年我两项金融研究原创成果。一个是我花了五年时间在香港城大读研究型博士,集中研究了当代最成功的科技业和服务业上市公司为何会创造出超过任何对冲基金单一策略的表现之后总结出一般性规律。这一论文理论上的突破受到肯定。我这次索性将博士论文翻译成中文作为本书第二部分。另外,我将自己的另一篇论文《基于黄金＋碳的共同货币机制研究》作为第三部分加入。这是过去十年大家已经认识到和看到的一个趋势变化。我的论文当时即被视为重要提示作为《长江》杂志封面文章。黄金和碳的问题,是人类未来财富和命运的问题。

　　此外,我删除了初版代序和我关于如何管理对冲基金的讲演。

我非常感谢董事长米歇尔先生同意我在初版中使用他的讲演文章。我的助手王凯申先生既是见证人也是译者。这次修订版的序言既有黄洪先生充满个人情怀和鼓励的回忆,也有我尊敬的老师从文化和创造的角度对我本次重点新增内容的方法论意义提炼。本书所讲三个方面保持关注以前其他作者未曾深思的问题。老一代金融家和监管领导都希望年轻一代更多写出关于黄金投资和无形资产有价值的洞见。我将证监会原主席周道炯当年给我的题字也附在书中,正是他的鼓励支持了我这十年的研究。

希望这次修订呈现给大家中国内地首位私人银行家兼基金经理在罗斯柴尔德家族银行和各类基金投资实战二十年研究的三件宝:多赢对冲策略;无形经济 O 率;黄金 + 碳与共同货币代表未来机遇,能获得您的认可,与您共同进步。

本书修订,感谢复旦大学出版社徐惠平先生和我的责任编辑岑品杰老师,十二年过去,我们契阔当年的约定,这本书由当初的急就篇变为现在收集了我金融研究人生十八年思考结晶。

在此感谢我在复旦大学时代的学术领路人顾晓鸣教授和香港城大商学院金融系主任王军波教授,我的推荐人原中国银行高管、现日本上田八木货币经纪中国有限公司总裁黄洪博士和前欧盟中国商会会长、原中国银行卢森堡分行行长周立红女士,当然在此我仍要感谢我在国际银行七年多工作期间对我帮助甚多的原爱德蒙罗斯柴尔德法国银行董事长米歇尔,居伊行长,马克-萨缪尔董事长,马克-利维总裁和禄洪先生,汉柏荷先生等其他同事。

感谢香港城大和长江商学院各位指导和评论过我论文设计的教授。他们有 DBA 项目主任 OZER 教授,金融系主任 Junbo

Wang 教授,会计系主任 Sidey Liang 教授,金融系吴雪平副教授,评委 Steven Wei 教授,DR. Qi Yaxuan 和欣然推荐本书的各路业界朋友殷觅智,王国卫等业界大咖。

我的好朋友周烨、黄建和方李喆、鲁恒超,我也必须在这里感谢他们,没有他们的帮助,我是不可能完成这本书并最终付印。

最后感谢我太太和家人。过去十二年,我因为这些研究而疏忽了和他们相聚共享天伦之乐。有时,让家人在异国他乡帮助我处理电脑程序成为我研究助理。没有家人真诚谅解就没有我今天呈现给大家的这些成果。

欢迎大家和我保持联系,指正谬误,共同切磋。我的邮箱地址为:wentian@worldtopexecutives.cn

来噻港股通基金　管理合伙人

世界高管无形经济研究中心　首席专家　温天

图书在版编目(CIP)数据

多赢对冲投资/温天编著. —上海：复旦大学出版社，2011.6(2022.11 重印)
ISBN 978-7-309-08204-3

Ⅰ. 多… Ⅱ. 温… Ⅲ. 对冲基金-投资-研究 Ⅳ. ①F830.59

中国版本图书馆 CIP 数据核字(2011)第 112869 号

多赢对冲投资
DUOYING DUICHONG TOUZI
温 天 编著
责任编辑/岑品杰

复旦大学出版社有限公司出版发行
上海市国权路 579 号 邮编：200433
网址：fupnet@fudanpress.com http://www.fudanpress.com
门市零售：86-21-65102580 团体订购：86-21-65104505
出版部电话：86-21-65642845
上海四维数字图文有限公司

开本 890×1240 1/32 印张 17 字数 365 千
2011 年 6 月第 1 版
2022 年 11 月第 1 版第 2 次印刷

ISBN 978-7-309-08204-3/F·1710
定价：108.00 元